U0492743

厦门大学法学院社会法研究所主办

社会法论丛

2014年卷（总第1卷）

SOCIAL LAW REVIEW　VOLUME 1

蒋月　主编

社会科学文献出版社
SOCIAL SCIENCES ACADEMIC PRESS (CHINA)

创刊词

《社会法论丛》同大家见面了，社会法学领域多了一个专业交流、学术争鸣的平台。

《社会法论丛》是厦门大学法学院社会法研究所主办的社会法学专业园地。这份书刊的宗旨是：定位在社会法领域，兼及相关领域和交叉领域；立足于理论研究、实务探讨、交叉研究。现开设了"理论探索与争鸣"、"劳动法研究"、"社会保障法研究"和"域外法观察"四个固定栏目。未来将根据需要增设新栏目或专题。期望通过学术切磋、专业交流，探索社会法学的丰富内涵，将社会法的理论、观点、意见、学说、案例等生动地呈现给我们的读者。期待论丛成为社会法领域的一个具有深度和厚度、有特色风味的学术平台。

《社会法论丛》的创刊，生逢其时。21世纪是一个崭新的时代。我国经济社会正在快速发展、转型，社会矛盾和冲突不容回避，社会公平、社会正义当须坚持、坚守和弘扬。从20世纪90年代中期以来，特别是2000年以后，我国加快了社会立法步伐，一系列社会法法案颁布实施，未来定将有新的社会立法案获准通过。劳动仲裁、社会争议司法裁判由陌生到熟悉。社会法研究领域更是话题不断、新人辈出、日趋活跃，由边缘上升为主流，欣欣向荣。社会法进入了生机勃勃的年代。

《社会法论丛》创刊，得益于人和。编制一本社会法专刊，是存于我心头许久的愿望。有幸得到了社会法领域同仁的真诚关爱和热情支持，终能付诸行动。中国社会法学研究会名誉会长、北京大学法学院教授贾俊玲亲笔致辞，鼓励办好这份刊物。诸多专家学者、实务界同仁慷慨投稿，支持这个新生事物诞生。

我坚信，要实现社会公平正义，推进社会法研究是一项重要的工作。在这个个体更趋自由、社会观念更新、社会变迁加剧的时代，社会法必将大有作为。

期待和祝愿《社会法论丛》茁壮成长。

蒋 月

2013年11月26日

创刊致辞

中国社会法已进入较快的发展阶程。厦门大学法学院社会法研究所创办的《社会法论丛》，为社会法学人又开辟了一片广阔的学术交流园地。

社会法是一个非常广泛的法学领域，目前，其基础理论尚不够成熟，相关的社会关系纷繁复杂，各类主体的法律权益也处在深入探索中。不断拓新社会法的理论研究和法制实践，是当代社会法学界的历史使命。

祝《社会法论丛》刊发更多的优秀成果，将其打造成一流的法学集刊。

贾俊玲

2013.11.7.

目录 Contents

【理论探索与争鸣】

3　关于如何界定社会法的再思考　　　　　　　　　　　王全兴

16　什么是社会法？　　　　　　　　　　　　　　　　　余少祥

【劳动法研究】

51　论我国无固定期限劳动合同制度之完善
　　　——以法律适用为视角　　　　　　　　　刘金祥　孙　珏

67　"工资"概念与实践标准　　　　　　　　　　　　　黄巧燕

82　《劳动保障监察条例》修订中的若干基本问题　　　　翟玉娟

99　工会劳动法律监督若干立法难点探析　　　　　　　许建宇

110　《职业病防治法》实施效果之实证研究　　　　　　蒋　月

156　劳动关系三方协调机制的运行现状与完善路径
　　　——以福建省厦门市为例　　　　　　　　　　　潘　峰

176　论工会代表诉讼权利范围的扩大
　　　——基于对《工会法》第20条的立法分析　李海明　孙　蕊

192　劳动争议案件举证责任研究　　　　　　　　　　　罗海燕

【社会保障法研究】

209　社会保险费与税之法学思辨　　　　　　　　郑尚元　李文静

224　论社会保险人的组织形式　　　　　　　　　　　　张荣芳

233　《社会保险法》实施情况调研报告：以长三角地区12个城市
　　　为样本　　　　　　　　　　　　　　　　　　　　周长征

248　新《工伤保险条例》下工伤死亡待遇立法评估
　　　——以救济能力为视角　　　　　　　　　　　　冯　源

274　海峡两岸工伤保险制度比较研究　　　　　　　　　林荣泉

【域外法观察】

291　台湾地区工会法强制入会相关规定与工作权间之调和　　　　　邱骏彦

312　育婴休假法律问题探讨
　　　　——基于台湾地区劳动立法和学说的考察　　　　　　　　胡玉浪

326　美国失业保险之费率制度及其性质：以台湾地区的就业
　　　保险观察　　　　　　　　　　　　　　　　　　　　　　谢棋楠

339　美国老年人的退休保障　　　　　戴维·英格利士 著　　贺　赞 译

351　美国慈善捐赠法　　　　　　　　戴维·英格利士 著　　贺　赞等译

356　遵守与妥协：男女同工同酬的法理学
　　　　　　　　　　　　Cher Weixia Chen 著　　王铀镱　张卉婕 译

365　跨国流动人口与妇女劳动力社会保障权利探析
　　　　——欧盟法的考察　　　　　　　　　　　　　　　　　郝鲁怡

384　征稿启事

385　注释体例

Contents

Theoretical Exploration and Contention

Rethinking of Defining the Social Law　　　　　　　Wang Quanxing / 3
What Is Social Law?　　　　　　　　　　　　　　　Yu Shaoxiang / 16

Labor Law Studies

On Improvement of Non-Fixed Term Labor Contract System
　　—In the Perspective of Law Application
　　　　　　　　　　　　　　　　　　Liu Jinxiang & Sun Jue / 51
On the Definition of Wages and the Practical Standard　　Huang Qiaoyan / 67
Some Basic Problems in Revising of the Labor Security Supervision
　　Regulation　　　　　　　　　　　　　　　　Zhai Yujuan / 82
Legislative Difficulties in the Labor Supervision of Labor Union
　　Law　　　　　　　　　　　　　　　　　　　　Xu Jianyu / 99
A Survey on the Effects of the Implementation of the Occupational
　　Disease Prevention Law of the PRC　　　　　　　　Jiang Yue / 110
The Current Situation and Improvement Path on Labor Relationship Tripartite
　　Coordination Mechanism
　　—On the Basis of the Practice in Xiamen, Fujian　　Pan Feng / 156
The Increasing Range of Litigation Rights for Trade Union Representatives
　　—Based on the Legislative Analysis of Article 20 in Trade Union Law
　　　　　　　　　　　　　　　　　　　Li Haiming & Sun Rui / 176
On Burden of Proof in Labor Dispute Cases　　　　　　Luo Haiyan / 192

Social Security Law Studies

Legal Recognition of the Premium and Tax in Social Insurance
　　　　　　　　　　　　　　　　　Zheng Shangyuan & Li Wenjing / 209

The Organization Forms of the Social Insurer　　　Zhang Rongfang / 224

Investigation Report on the Implementation of the "Social Insurance
　　Law": Taking 12 Cities in the Yangtze River Delta Region as
　　Samples　　　Zhou Changzheng / 233

The Assessment of Death Benefits under the New "Industrial Injury Insurance
　　Regulations"
　　—From the Perspective of Regard Relief Capacity　　　Feng Yuan / 248

A Comparative Study on Industrial Injury Insurance System between
　　the Two Sides of the Taiwan Strait　　　Lin Rongquan / 274

Reviews of Overseas Social Law

Reconciliation between Compulsory Union Membership Rules in Taiwan's
　　Labor Union Law and the Right to Work　　　Qiu Junyan / 291

Legal Issue on Child Care Leave
　　—An Observation of the Labor Legislation and Theory
　　in Taiwan　　　Hu Yulang / 312

Unemployment Insurance Rates System and Its Properties in the US:
　　Employment Insurance Observation in Taiwan　　　Xie Qinan / 326

Assuring Retirement Security for America's Elderly　　　David English / 339

The US Law on Charitable Gifts　　　David English / 351

Compliance & Compromise: The Jurisprudence of Gender Pay
　　Equity　　　Cher Weixia Chen / 356

On the Trans-national Flow Population and Social Security
　　Rights of Female Labors
　　—An Observation on Law of the EU　　　Hao Luyi / 365

Contributions Wanted　　　384
Notes Style　　　385

理论探索与争鸣

关于如何界定社会法的再思考[*]

王全兴[**]

目 次

一 对社会法界定的两点反思

（一）不同观点之间不宜纠结于对错之争，甚至不存在对错之分

（二）与其重视调整对象和范围的界定，不如重视法律机制的界定

二 社会法中的法律机制举例

（一）"三方"兼"三层"机制

（二）企业社会责任运动机制

（三）社会保险机制

（四）社会救助机制

三 上述法律机制举例的启示

（一）应当重视"政府—社会—私人（市场）"的互动机制

（二）应当贯彻社会管理创新的精神

（三）应当重视社会法与相关法律因素的融合

（四）不应忽视法律机制在社会法界定中的局限性

---

[*] 2004 年，笔者应德国马普社会法研究中心的邀请赴慕尼黑参加一次关于中德社会法比较研究的学术会议，并受邀指定交流中国关于社会法界定的新动态，于是，与管斌合作撰写了题为《社会法在中国的界定及其意义》的论文。该文除译成德文发表外，还发表在漆多俊教授主编的《经济法论丛》第 11 卷（中国方正出版社，2005）。本文是笔者撰写的关于社会法界定问题的第二篇论文，故称之为"再思考"。

[**] 王全兴，上海财经大学法学院教授、湖南大学法学院教授、博士生导师，主要学术领域为经济法、社会法。

摘　要： 我国法学界从法律调整对象和范围的维度界定社会法所形成的多种观点，各有其理由和意义，不存在对错之分。然而，对社会法与其重视调整对象和范围的界定，不如重视法律机制的界定。鉴于社会法中有多个成员，且法律机制呈现多元格局，现阶段应当着重从法律机制的个例来界定和辨别社会法与公法、私法或相关法律部门之间的差异。劳动法和社会保障法中的"三方"兼"三层"机制、企业社会责任运动机制、社会保险机制、社会救助机制表明，从法律机制维度界定社会法，应当重视"政府—社会—私人（市场）"的互动机制对于提炼社会法一般法律机制的意义；应当贯彻社会管理创新的精神，针对社会体制改革中的问题研究如何完善社会法的法律机制；应当重视社会法的法律机制对公法、私法或经济法等法律部门中相关法律因素的吸收和融合；还应当意识到法律机制对于界定社会法的局限性，在社会法界定的研究中重视法律机制维度与政策目标维度的结合。

关键词： 社会法　社会法界定　法律机制　政策目标

"社会法"概念在我国法学界的出现，可追溯到20世纪的二三十年代；[①] 到21世纪初，它的使用频率越来越高，并且其界定问题是至今仍未降温的热点。鉴于社会法界定问题的热烈纷争，在2013年中国社会法学研究会的年会上，有学者把社会法界定问题提高到关乎我国社会法学发展前途与命运的高度，甚至建议由中国社会法学研究会承担对我国社会法做出统一界定的任务。由此令人联想到我国法学界自20世纪70年代末以来关于经济法界定问题的经久不息的争论，其中确有值得社会法学界吸取的教训。[②] 诚然，社会法界定问题对社会法学研究而言，肯定极为重要。法国社会学家迪尔凯姆曾指出，"一切论证所最不可缺少的首要条件"和第

---

① 在20世纪二三十年代，一些有海外留学背景的学者开始向国内介绍西方国家的社会法，如黄右昌在其1930年出版的《法律的新分类》中就有"社会法"这一类别；李景禧在上海东吴大学法学院《法学杂志》第9卷第6期（1936年），发表了《社会法的基础观念》；陆季藩在《法律评论》第13卷第19期（1936年），发表了《社会法在现代法制体系中之地位》，在第13卷第36和第38期发表了《社会法意义之商榷》；等等。参见张世明《中国经济法历史渊源原论》，中国民主法制出版社，2002，第252~258页。

② 王全兴：《社会法学研究应当吸取经济法学研究的教训》，《浙江学刊》2004年第1期。

一步工作应该是"界定他所要研究的对象,以便自己和他人知道在研究什么"。① 中国台湾地区黄越钦教授也曾指出:"任何法规范之产生与形成都是从概念始,概念是思考的基本前提,是一种认知的基础,也是科学知识的基本素材。"② 然而,笔者认为,明确界定"社会法是什么"固然重要,而"如何界定社会法"的方法问题则更为重要。

一 对社会法界定的两点反思

关于社会法界定的讨论,多从法律调整对象和范围的维度展开。综观诸多观点,可大致划分为四个层次③:(1)作为独立法律部门的社会法,有的限定为社会保障法,有的限定为劳动法与社会保障法,有的认为,除劳动法和社会保障法外,还包括老年人、妇女、未成年人、残疾人等特殊群体权益保障法。(2)作为法律群体的社会法,即包括第三法域中除经济法之外的其他法律部门,如劳动法、社会保障法、教育法、卫生法、环境保护法等若干法律部门。(3)作为法域的社会法,即介于公法与私法之间的第三法域,经济法、环境法等被包括其中,又称广义社会法。(4)作为法律社会化现象或观念的社会法,除第三法域外,还包括公法和私法中的法律社会化现象。面对这些不同观点及其争论,需要反思的至少有以下两点。

(一)不同观点之间不宜纠结于对错之争,甚至不存在对错之分

上述不同观点中,每一种对社会法的理解都有其理由和依据,且在理论研究和法制实践中都有其特殊意义。将社会法界定为一个独立法律部门,便于在研究劳动法和社会保障法的制度设计和法律适用的同时,着力研究劳动法与社会保障法的共同原理、规则以及在制度设计和法律适用上的相互关系。将社会法界定为法律群体或第三法域,既有助于以劳动(就

---

① 参见〔法〕E. 迪尔凯姆《社会学方法的准则》,狄玉明译,商务印书馆,2003,第54页。
② 参见黄越钦《劳动法新论》,中国政法大学出版社,2003,第19页。
③ 王全兴、管斌:《经济法与社会法关系初探》,《现代法学》2003年第2期;王全兴:《社会法学研究应当吸取经济法学研究的教训》,《浙江学刊》2004年第1期。

业)和社会保障这两大最为重要的民生主题和社会问题为核心,从多个维度构建保障民生和社会安全的法律体系;又有助于从民生与经济、生态等因素的关系,在经济法和环境与自然资源法等法律部门的政策目标体系中嵌入民生和社会安全目标;还有助于在第三法域范围内对公法与私法相融合的各种法律机制进行系统化安排,并按照社会法的理念提炼第三法域的政策目标体系和通用法律机制。将社会法理解为法律社会化现象,与第三法域形成于私法社会化和公法社会化之一定阶段的历史相吻合,不仅有利于揭示三大法域之间是相互渗透的关系,而不是板块拼接的关系;而且有助于整合整个法律体系的资源,实现保障民生和社会安全的政策目标。可见,界定社会法的上述不同观点,不是相互排斥的关系,而是相互补充的关系。

社会法基础理论可以有三种模式:一是涵盖劳动法和社会保障法的社会法基础理论;二是涵盖社会法群体的社会法基础理论;三是涵盖第三法域的社会法基础理论。为此,切忌仅以劳动法或社会保障法为样本得出社会法基础理论。在这三种模式之间,其理论成熟度可能是一个按照其涵盖范围由小到大的循序渐进过程,前一种模式社会法基础理论的成熟,是后一种模式社会法基础理论赖以成熟的基础。

(二) 与其重视调整对象和范围的界定,不如重视法律机制的界定

社会法中的各个成员之所以作为私法社会化和公法社会化的产物而相继面世,主要不在于出现新的调整对象,而在于出现可弥补原有法律机制之不足的新型法律机制。例如,西方国家劳动关系由民法调整演变到由劳动法调整,实质上是调整劳动关系的法律机制的转变,即由契约自由转变为限制雇主契约自由而保障劳动者契约自由。又如,我国在计划经济体制下的劳动法不同于市场化的经济体制改革后的劳动法,前者是行政法机制,后者则为社会法机制。再如,税收自国家产生之日起作为筹集国家财力的一种手段就已存在,但直到税收成为国家调控经济之手段的现代,税法才具有经济法属性;而在此之前,税法则属于行政法。在此意义上,社会法实质上是不同于公法机制和私法机制的一系列新型法律机制。值得注意的是,对社会法无论做上述哪个层次的理解,它都包括多种不同的法律

机制。例如，不仅劳动法与社会保障法的法律机制不同，而且社会保障法中，社会保险机制不同于社会救助机制，即使在社会保险法中，工伤保险与其他险种的法律机制也有所不同。至于社会法的其他组成部分，法律机制也各自有别。面对这种法律机制多元的局面，社会法界定应当着重于从法律机制上与公法、私法、经济法等相区别，并且，先一种一种地界定特有的具体法律机制，待有了一定积累后再从较高层次提炼出涵盖范围更广的法律机制。

二 社会法中的法律机制举例

基于以上论述，在现阶段应当着重从法律机制的个例来界定和辨别社会法与公法、私法或其他法律部门之间的差异。在公认作为社会法成员的劳动法和社会保障法中，下述法律机制尤为值得重视。

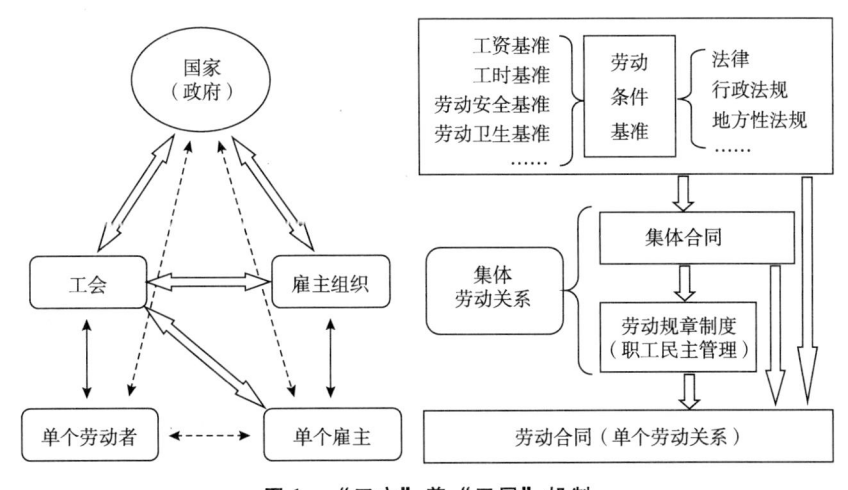

（一）"三方"兼"三层"机制

"三方"兼"三层"机制，是劳动法的一种主要法律机制，如图1所示。其中，"三方"机制，是政府和劳资双方共同参与劳资双方利益的协调，以确保劳动关系和谐的机制。政府相对于劳资双方，是居中协调者，而不是居高临下的控制者，劳动法律政策的制定、实施过程和劳动关系协调的全过程都由三方共同参与。由于劳资双方主体各有个体和

图1 "三方"兼"三层"机制

团体两种形式，故"三方"机制又表现为"三层"机制，即政府干预、集体劳动关系和单个劳动关系之间的互动机制，政府与单个劳动关系既直接互动又通过集体劳动关系间接互动。这集中体现在劳动条件基准、集体合同、劳动规章制度和劳动合同这四种文件的效力关系上。即在由"劳动条件基准（法律→行政法规→地方性法规→……）→集体合同→劳动规章制度→劳动合同"构成的效力高低等级顺序中，一方面，较高等级文件的内容可以补充较低等级文件，换言之，较低等级文件不必重复较高等级文件的规定；另一方面，较低等级文件所规定的劳动者利益，不得低于较高等级文件所规定的标准。

（二）企业社会责任运动机制

企业的劳动法义务是企业社会责任的重要内容，企业社会责任运动机制是利用社会力量实现劳动基准的一种重要机制。在这种机制中，劳动基准转化为企业社会责任标准，通过企业社会责任标准的制定和实施，将劳动基准实施于单个劳动关系的运行（见图2）。其要点有：（1）在生产经营链条中处于控制地位的企业与处于被控制地位的企业在企业社会责任运动中具有控制与被控制的关系，前者可称为主控企业，后者可称为被控企业。（2）主控企业出于承担社会责任以扩大商机和均衡不同企业用工成本

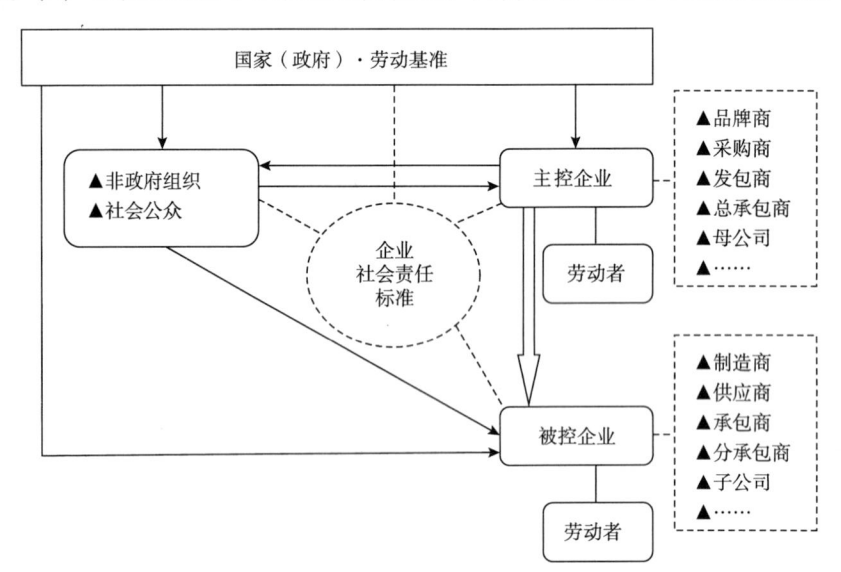

图 2　企业社会责任运动机制

等考虑,向社会承诺监督和保障被控企业对其所雇劳动者履行劳动法义务。即主控企业不仅自身履行社会责任,还有监督和保障被控企业履行社会责任的责任。(3)由主控企业或其成立的非政府组织,以国际劳工标准和被控企业所在国家劳动法为依据制定企业社会责任标准,要求被控企业遵守。(4)主控企业一方面通过选择贸易伙伴、订单约束、委托非政府组织查厂等方式,监督被控企业遵守企业社会责任标准;另一方面,为被控企业遵守企业社会责任标准提供必要保障。(5)非政府组织一方面通过制定企业社会责任标准、受托查厂等方式,促使企业履行劳动法义务;另一方面,通过发动社会公众、组织社会行动、利用社会媒体等方式,形成社会压力,促使企业遵守企业社会责任标准。(6)无论是主控企业对被控企业的控制,还是非政府组织和社会公众对企业的控制,都要受政府及其有关部门的监督。可见,在政府干预与单个劳动关系之间,企业社会责任运动是一种以主控企业为主导、多种社会力量共同参与、社会连带控制与经济控制相结合,以企业社会责任标准落实劳动基准的社会协调机制。[①]

(三) 社会保险机制

图3显示,我国的社会保险由劳动保险转化而来。就法律机制而言,劳动保险并不具有社会法属性。在计划经济时期,国有企业的劳动保险,形式上是企业保险,即企业内的互助性劳动保险;而基于国有企业与国家之间存在统收统支的财务关系,实质上是国家劳动保险。市场化的经济体制改革启动后,国有企业产权改革割断了统收统支的财务关系,对于自负盈亏的国有企业而言,劳动保险在实质上也成为企业劳动保险。1992年,国家将社会主义市场经济确立为经济体制改革的目标模式,启动于1986年的劳动保险社会化改革终于全面展开。1994年出台的《劳动法》规定,"国家发展社会保险事业,建立社会保险制度,设立社会保险基金,使劳动者在年老、患病、工伤、失业、生育等情况下获得帮助和补偿","社会保险基金按照保险类型确定资金来源,逐步实行社会统筹","用人单位和劳动者必须依法参加社会保险,缴纳社会保险费"。由此,社会化的劳动

---

① 王全兴、谢天长:《我国劳动关系协调机制整体推进论纲》,《法商研究》2012年第3期。

保险才具有社会法属性，但由于其覆盖范围仅以劳动关系为界限，故此阶段的社会保险仍然是劳动法体系中的社会保险。2010年出台的《社会保险法》，是我国第一部明确规定社会保险范围突破劳动关系界限而扩及全体居民的法案。这标志着我国社会保险又一次启动转型，即由劳动法体系的社会保险转向社会保障法体系的社会保险。

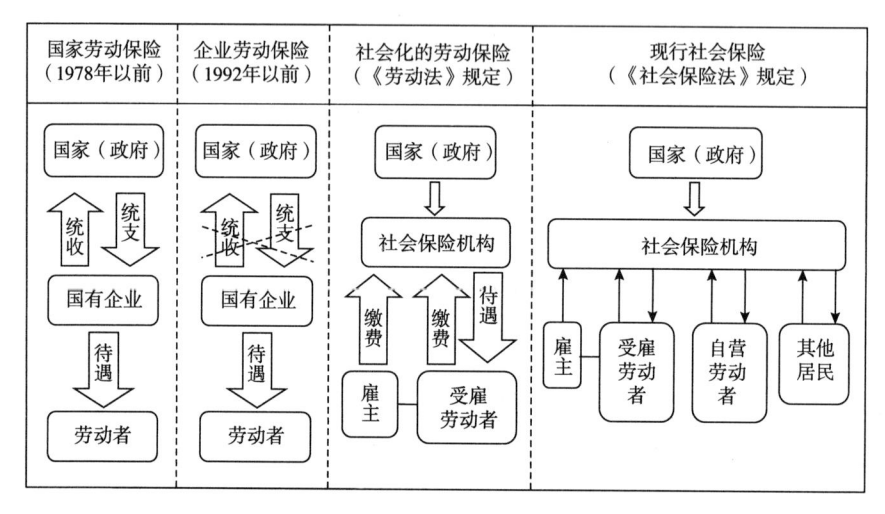

图3 劳动保险向社会保险的转化

（四）社会救助机制

在社会保障体系中，社会救助是对社会保险的补充，即对社会保险未能顾及或帮助不够的生活困难群体提供的一种兜底性生活保障。在法律机制上，社会救助与社会保险的根本区别在于，社会保险是一种权利与义务相一致、缴纳保险费与享受保险待遇相对应的机制；社会救助则是一种权利与义务不对称、享受救助待遇不以付出对应代价为前提的机制。社会救助基金既可由政府筹集，也可由社会筹集；既来源于国家财政，又来源于社会捐赠。在由多元救助主体和多元救助形式构成的社会救助体系中，包括多个维度的组合，如官方救助、民间救助、官民结合救助的组合，普惠性救助与对特定群体救助的组合，输血式救助与造血式救助的组合，综合性救助与专项救助的组合，临时性救助与经常性救助的组合（见图4）。

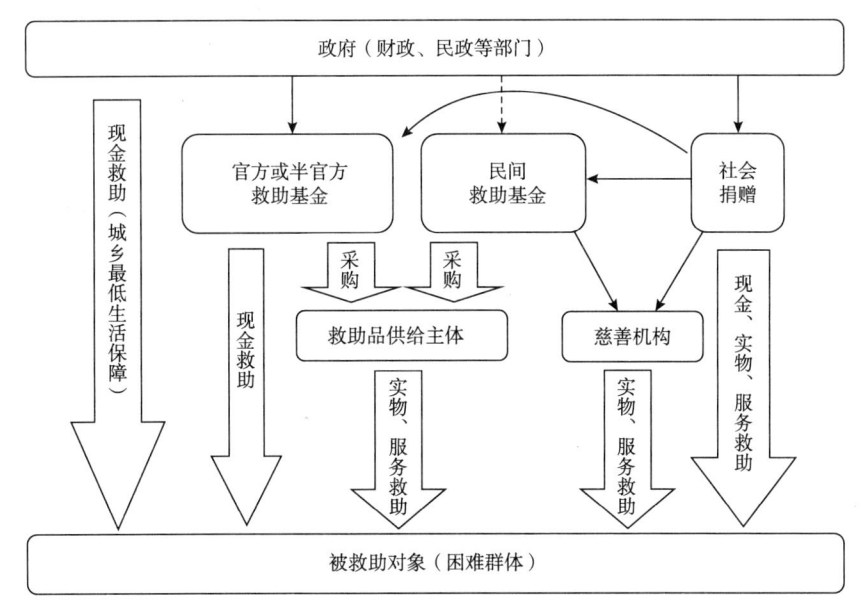

图 4　社会救助机制

三　上述法律机制举例的启示

上述法律机制举例表明,一方面,从具体法律机制上厘清社会法与私法、公法、经济法等之间的区别,虽然未必一目了然,却也能显而易见;另一方面,由于具体法律机制的多元,若试图提炼出能涵盖社会法体系各个组成部分的一般法律机制,则相当艰难。尽管如此,在上述法律机制举例中,对于研究社会法的法律机制,至少有如下几点启示。

(一) 应当重视"政府—社会—私人(市场)"的互动机制

与公法突出政府干预、私法突出私人自治(市场调节、契约自由)相对应,上述法律机制举例则突出在政府干预与私人自治之间嵌入社会机制。例如,劳动法中的集体劳动关系协调机制和企业社会责任运动机制;社会保险法中的社会保险机构和社会保险基金统筹机制;社会救助法中的社会捐赠、民间社会救助基金和慈善机构。由此,似乎可以将政府、社会和私人(市场)这三个层次的互动推论为社会法不同于公法和私法的一般法律机制。因为,公法强调的是政府对私人(市场)的依法干预,私法强

11

调的是私人（市场）非依法不受政府干预，一般都只涉及政府与私人（市场）的关系，而社会法强调的是社会力量介于政府与私人（市场）之间作为中间层次的地位和作用，亦即"政府—社会—私人（市场）"的互动。

值得注意的是，私人（市场）层次存在不同的利益群体，尤其是强势群体与弱势群体，故在社会中间层次也会分化为分别代表或倾向特定群体利益的不同社会力量及其相应的社会中间层主体，① 如劳动者组织、雇主组织和中立性社会组织。因此，在"政府—社会—私人（市场）"的互动机制中，政府与利益对立双方社会组织之间的"三方"协调机制，也是社会法领域中一种较有普适性的法律机制。

（二）应当贯彻社会管理创新的精神

虽然是出于界定社会法的需要研究法律机制，但其研究目的不应当只限于界定社会法，更为重要的应当是揭示现行法律机制中的问题，完善社会法的法律机制设计。基于加强社会建设和构建和谐社会的需要，改革重点由经济体制改革转向社会体制改革，党中央提出了"加强和创新社会管理"②的重大战略。党的十八大报告将其任务确定为，"要围绕构建中国特色社会主义社会管理体系，加快形成党委领导、政府负责、社会协同、公众参与、法治保障的社会管理体制"。其中的亮点在于，将"社会协同、公众参与"列入社会管理体系，并置同"党委领导、政府负责"相并列的地位。这表明社会管理创新的关键是重构政府与社会的关系，即提高社会力量在社会管理体系中的地位，实现政府与社会力量对社会领域的共同治理。③ 研究社会法的法律机制，就应当以此为方向，着力研究如何完善政府与社会力量共同治理的法治保障。

在现行社会管理体制中，强政府而弱社会、体制内社会力量与体制外社会力量分割、非政府组织定位模糊、社会行动规范缺失等，已成为导致社会矛盾协调机制失灵的突出问题。加强和创新社会管理，就是要以解决这些突出问题为突破口；研究社会法的法律机制，当然应当以解决这些突

---

① 王全兴：《经济法基础理论专题研究》，中国检察出版社，2002，第499~580页。
② 胡锦涛在庆祝中国共产党成立90周年大会上的讲话（2011年7月1日），http://www.gov.cn/ldhd/2011-07/01/content_1897720_3.htm，最后访问日期：2013年11月5日。
③ 王全兴、谢天长：《我国劳动关系协调机制整体推进论纲》，《法商研究》2012年第3期。

出问题为重点。

(三) 应当重视社会法与相关法律因素的融合

从上述法律机制举例中可以发现,其所依托的法律部门已不限于劳动法或社会保障法,或者说,其中包含与劳动法或社会保障法相关的其他法律因素。例如,公民劳动权和社会保障权的定位和保障、政府干预及其与社会中间层机制的边界,应当上升到宪政层面,作为人权保障、法治政府、公民社会构建的问题进行制度设计;劳动合同运行和劳动争议处理不仅适用劳动法,还在一定条件下需要补充适用相关民法规范;[①] 劳动和社会保障监察在内容上是实施劳动和社会保险基准,而在形式上则为行政法所规范;集体劳动关系协调机制,尤其是其中的职工民主管理,对公司治理结构的影响越来越强烈;企业社会责任运动机制中,企业履行社会责任是现代公司法赋予企业的义务,社会连带控制中的各种控制渠道和控制手段是对民商法、行政法、经济法、国际贸易法中相应法律手段的综合运用;社会保险机制作为社会安全机制与商业保险机制的融合,虽然有许多区别于商业保险的特征,却仍然保留为实现社会安全目标所需要的商业保险规则;社会救助机制中,政府和社会救助基金对救助品(实物和服务)的采购,社会救助基金的运营,社会捐赠的法律后果,都需要在一定程度上适用民商法规则。因此,界定社会法,不仅要明确社会法与相关法的区别和分工,而且要探寻社会法与相关法的联系和合作。甚至可以说,分工固然重要,而分工是为了更好地合作。故在社会法的法律机制中如何科学地吸收和利用相关法律因素,应当成为社会法界定研究的重要课题。

(四) 不应忽视法律机制在社会法界定中的局限性

笔者虽然强调从法律机制的维度界定社会法的重要性,但这毕竟只是界定社会法的维度之一,仍然有其局限性。故还需要将法律机制维度与其他维度相结合,对社会法做全方位的综合界定。其中,法律机制维度与政策目标维度相结合最为重要,或者说远比调整对象和范围的维度更重要。政策目标决定法律机制的设计,法律机制的设计是为了实现政策目标。尤

---

① 王全兴、黄昆:《劳动合同法律适用的若干规则》,《北方法学》2009 年第 3 期。

其在法律机制类同或相近似的场合，如劳动合同法与民事合同法、社会保险法与商业保险法、社会法与经济法或环境与自然资源法之间，其政策目标的不同重于其法律机制的差异，且其法律机制的差异取决于其政策目标的不同。值得注意的是，政策目标的不同，主要在于由政治、经济、社会、生态等政策目标，或者由效率、公平、安全等政策目标，或者由民生、发展等政策目标所构成的政策目标体系的结构不同。例如，在劳动合同法的政策目标体系中，社会公平目标优于其他目标；在社会保险法的政策目标体系中，社会安全目标优于其他目标；在经济法、环境与自然资源法的政策目标体系中，分别是经济发展目标或生态安全目标优先；在社会法的政策目标体系中，则是民生目标、社会安全目标和社会公平目标优先。

Rethinking of Defining the Social Law

Wang Quanxing

Abstract: Concerning the regulating object and the scope, there are varieties of views about the definition of social law in the domestic field, each has its reason and the significance, there is no right or wrong. However, paying attention to the legal mechanism of the social law is rather important than to its adjusting object and scope. Given that there are more than one member in the social law and the legal mechanism follow diverse patterns, we should emphatically judge the difference of social law and public law, private law or related legal department from the single legal mechanism. "Three sides of labor and social security act" and "three layers" mechanism in labor law and social security law, the enterprise social responsibility acting mechanism, social insurance and social relief mechanism showed paying attention to "the government – society – private (market)" interaction mechanism is of great sense to refine the common legal mechanism of social law; we should follow the spirit of innovation of social management, study how to perfect legal mechanism of social law in social system reform; we should also pay attention to social law mechanism's absorption and fusion of relevant legal factors in public law and private law or economic law, etc.; we should also be aware of the limitations of legal mechanism on defining social law, and attaches great importance to combining the legal mechanism with policy objective.

Key words: Social Law; Definition of Social Law; The Legal Mechanism; Policy Goals

什么是社会法？

余少祥[*]

目　次

一　国外有关论述梳理
　　（一）德国
　　（二）法国
　　（三）英国
　　（四）美国
　　（五）日本
二　国内有关论述梳理
　　（一）社会法无法清晰定义，不具有法律学上的地位和意义
　　（二）将社会法分广义、中义、狭义等不同层次
　　（三）在法域意义上定义社会法
　　（四）在部门法意义上定义社会法
三　社会法定义与解析
　　（一）社会法如何定义
　　（二）定义解析
　　（三）需要区别的两个概念

摘　要：社会法作为一个法律部门存在已久，但对于什么是社会法，

---

[*] 余少祥，中国社会科学院法学研究所副研究员，法学博士，主要学术领域为法理学、社会法学。

至今并没有权威的定义。社会法一词最早为德国法所用，后流传于英美、日本等国。国外理论界对于社会法的定义各有不同。我国法学研究者也从不同层面研究"社会法"，有的学者主张社会法无法清晰定义，不是法学的概念，还有学者将社会法分成不同层次来理解，也有学者从法域或者部门法的角度研究社会法。对社会法下定义要把握三个关键词——弱者的生活安全、提供社会福利、国家和社会帮助。因此，可以将社会法定义为：社会法是由国家制定和颁布的旨在保护社会弱者的生活安全，提供社会福利，促进民生福祉，具有国家和社会帮助或给付性质的法律法规的概称。

关键词： 社会法　定义　国外学说　国内论述

19世纪中期以后，以私法和市场经济为特征的自由资本主义为人类带来了越来越多的物质财富，也诱发了越来越多的社会问题，如贫富分化、大企业垄断市场、消费者权益受损、弱势群体生存困难、自然和人文环境遭到破坏等。特别是在一些发达的资本主义国家，工业革命的成果落在少数人手里，社会对这部分财富完全失去支配权。由于社会风险因素增多，社会安全和个人生存受到威胁，劳工反抗运动高涨，资本主义社会遇到了空前的危机。[1] 在此情况下，马克思和恩格斯提出了"暴力革命"、武装夺取资产阶级政权的革命纲领。资产阶级国家和社会改良主义者力图通过干预私人经济来解决市场化和工业化所带来的社会问题，并运用行政、法律手段对各类社会问题进行调节，以强化私权主体的社会责任，调和各种利益矛盾和冲突。在此过程中，公法手段被不断运用于过去与自身不相干的劳动、社会福利救济、教育和经济等领域。这一时期，国家颁布了大量的带有强制性的法律法规来规制私人契约，目的是以政府这只强有力的手保护交易中处于弱势地位的当事人的利益，保护民生福祉。[2] 公法和私法在解决社会问题时的不足，造成了公法私法化和私法公法化，并最终导致经济法、社会法等新的法律部门的诞生。

---

[1] 白小平：《社会权初探》，《社科纵横》2004年第4期。
[2] 余少祥：《社会法：维系民生之法》，《今日中国论坛》2009年第1期。

什么是社会法？迄今为止并没有权威统一的定义。据考证，这一新型的法律观念首先产生于德国。[①] 1811 年，德皇威廉一世在一次演说中，首次提及"社会立法"（Social Legislation），随后这一概念被传入法国、日本和其他国家。作为社会立法的直接成果和现代法学中的特定术语，"社会法"（Social Law）一词是法国和德国学者最早开始使用的，汉字"社会法"的使用则最早出现在日本。在英美国家，由于历史、文化和法律传统不同，没有直接使用"社会法"的概念，只有"社会立法"的概念，但其表述的法律思想和内涵同"社会法"是相同的，因此本文将在同一意义上使用这两个特定概念。

一　国外有关论述梳理

（一）德国

在德国，社会法理论和实践相对发达，一般理论认为，"社会法的产生是福利国家推行的政策"，是"保护社会中处于弱者地位的社会主体的结果"。[②] 目前，主流观点是将社会法等同于独立法律部门的"社会安全法"，包括社会保护法、社会补偿法、社会促进法与社会扶助法。根据1990年德国劳动与社会部颁布的《社会安全概要》（1997年改称《社会法概要》），"社会安全是指社会法法典所规范的劳动促进（包括职业训练、职业介绍与失业保险等）、教育促进、健康保险、年金保险、伤害保险、战争被害人补偿、暴力犯罪被害人补偿、房屋津贴、子女津贴、社会扶助以及非属于社会法典的公务员照护、政府雇员照护、服兵役或民役者照护、残障者的复建和重建等"。[③] 根据《德国社会法典》第3～10条规定，社会法包括培训和劳动援助、社会保险、健康损害的社会赔偿、家庭支出

[①] 从法律规定看，世界上很早就有社会立法。如1349年英国国王爱德华三世就颁布了一项关于弱势群体救济的法令，但当时的法学研究还没有像现在一样完整的学科分类体系，也没有"社会立法"或"社会法"的概念。参阅《简明不列颠百科全书》，中国大百科全书出版社，1986，第121页。

[②] 郑尚元：《社会法的存在与社会法理论探索》，《法律科学》2003年第3期。

[③] 郭明政：《社会法之概念、范畴与体系》，《政大法学评论——以德国法制为例之比较观察》第58期（1997年）。

的补贴、对适当住房的补贴、青少年援助、社会救济和残疾人适应社会等方面的法律。至于"其他调整公民之间相互关系的规定,尽管其宗旨也是保护社会弱者,却不包含在社会法中"。[1]

此外,还有一个颇具代表性的观点是,社会法"等于社会保障法",[2]"一般提到社会保障法的概念时,往往是作为社会法的同义词使用"。[3] 不过也有一部分学者持反对意见,而且"社会保障法的概念在德国并没有被普遍接受"。[4] 德国学者汉斯·F. 察哈尔教授说:"社会法可以理解成反映社会政策的法律。'社会政策'主要意味着:保证所有人的生存合乎人的尊严,缩小贫富之间的差距,以及消除或限制经济上的依赖关系。"[5] 他认为,社会法是"一种社会保障,是为一国的社会政策服务的,如社会救济、困难儿童补助、医疗津贴等有关的法律,都属于社会法的范围"。[6] 但察哈尔教授也承认,"这种社会法的概念是含糊的,并没有具体说明它包括哪些法律领域"。[7] 尽管如此,德国学界和社会政策界有一个共识是,社会法在原则上"属于公法范畴",[8]"社会法主要属于公法领域"。[9]

(二) 法国

在法国,社会法的含义十分广泛,"凡是有关公共秩序和利益、劳动关系以及经济安全保障的法律,并且不属于传统公法所界定的研究范围的,都可以称为社会法",而学界所称社会法是指"以研究劳动关系为

---

[1] 林嘉:《论社会保障法的社会法本质——兼论劳动法与社会保障法的关系》,《法学家》2002年第1期。
[2] 史探径:《我国社会保障法的几个理论问题》,《法学研究》1998年第4期。
[3] 〔德〕贝尔恩德·巴龙·冯·麦戴尔:《德国社会(保障)法:定义、内容和界定》,陈蔚如译,载郑功成、沈洁主编《社会保障研究》,中国劳动社会保障出版社,2005,第87页。
[4] 〔德〕贝尔恩德·巴龙·冯·麦戴尔:《德国社会(保障)法:定义、内容和界定》,陈蔚如译,载郑功成、沈洁主编《社会保障研究》,中国劳动社会保障出版社,2005,第87页。
[5] 〔德〕汉斯·F. 察哈尔:《德意志联邦共和国的社会法》,于李殷译,《国外法学》1982年第1期。
[6] 潘念之主编《法学总论》,知识出版社,1981,第38页。
[7] 〔德〕汉斯·F. 察哈尔:《德意志联邦共和国的社会法》,于李殷译,《国外法学》1982年第1期。
[8] 〔德〕汉斯·F. 察哈尔:《德意志联邦共和国的社会法》,于李殷译,《国外法学》1982年第1期。
[9] 谢荣堂:《社会法入门》,元照出版公司,2001,第18页。

主要内容的劳动法和研究社会安全制度相关法律规范的社会安全法"。① 因此,法国虽然存在社会法理论,却不存在以"社会法"命名的"社会法典"。② 在制定法和实在法中,常常出现"社会保障"、"社会安全"和"社会安全权"等语词,但大多没有直接使用"社会法"一词。1956 年,法国颁布了《社会安全法典》,社会安全法被认为是"国家或社会运用集体的力量建立的为预防或解决生、老、病、死、伤残、失业、职业灾害等社会风险所造成的危害的社会防护体系",且与实施以上社会安全制度相关的法律规范被统称为"社会法"。③ 台湾学者郝凤鸣说,法国社会法之所以"以'社会安全法'称之,其主要原因在于社会法在法文之含义广泛",而"一般法学研究者所称之社会法,包括以研究劳动关系为主要内容的劳动法,以及研究社会安全制度相关法规范的社会安全法"。④ 也有学者认为,法国法上的社会法是指"规范以受薪者或者独立劳动者身份出现的社会成员从事某种职业活动的行为以及由此而产生的法律后果的法律部门",其体系主要包括两大部分,即劳动法和社会保障法。⑤

(三) 英国

在英国的法律体系中,没有单独的社会法,类似的法律被称为"社会安全法"(Social Security Law or the Law of Social Security),此外,社会法的概念常常被"社会立法"所代替。⑥ 查阅《元照英美法词典》,没有发现社会法一词,只有"社会立法"的概念,它被定义为"是对具有显著社会意义事项立法的统称,例如涉及教育、住房、租金、保健、福利、抚恤抚养方面的法律"。⑦《牛津法律大辞典》的解释基本与此相同:是对具有普遍社会意义的立法的统称,包括涉及教育、居住、租金的控制、健康福利设施、抚恤金以及其他社会保障方面的立法。⑧ 哈耶克认为,社会立法

---

① 史际春等主编《经济法学评论》,中国法制出版社,2004,第 411 页。
② 郝凤鸣:《法国社会安全法之概念、体系与范畴》,《政大法学评论》第 58 期 (1997 年)。
③ 竺效:《"社会法"概念考析——兼议我国学术界关于社会法语词之使用》,《法律适用》2004 年第 3 期。
④ 郝凤鸣:《法国社会安全法之概念、体系与范畴》,《政大法学评论》第 58 期 (1997 年)。
⑤ 史际春等主编《经济法学评论》,中国法制出版社,2004,第 411 页。
⑥ 程福财:《"社会保障"一词的由来》,《社会》2000 年第 11 期。
⑦ 薛波主编《元照英美法词典》,法律出版社,2003,第 1267 页。
⑧ 〔英〕沃克编《牛津法律大辞典》,邓正来等译,光明日报出版社,1988,第 833 页。

涵盖了三种含义："首先，这个术语主要是指取消由过去制定的法律所确定的差别待遇或歧视"，"其次，'社会立法'也可以意指政府为某些不幸的少数群体（即那些弱者或那些无法自食其力的人）提供一些对他们来说具有特殊重要性的服务"，[①]"还有第三种'社会的'立法。这种立法的目的乃在于把私人的活动导向特定的目的并有利于特定的群体"，[②]是受实质社会正义的理想激励而做出的种种努力。1975 年，英国颁布《社会安全法》，其意义与美国的社会立法比较接近，并于 1979 年、1980 年多次修订。在学术研究和讨论中，英国也使用"社会福利法"（Welfare Law）一词，并将社会政策看成"影响公共福利的国家行为"。[③]根据《朗文法律词典》的解释，Welfare Law 一般指有关社会安全法（Social Security Legislation），工厂安全（Safety），工人福利（Welfare），公共健康、住宅（Housing），消费者保护，雇佣安全（Security of Employment），生活福利设施保护（Preservation of Amenities），法律援助（Legal Aid）等法律领域。可以看出，在英国的法律体系中，除了"社会安全法"、"社会立法"和"社会福利法"等，几乎没有与目前国内讨论的"社会法"严格对应的概念。[④]

（四）美国

在美国，社会法被称为"社会立法"、"社会福利法"或"社会保障法"（Social Security Act）。克拉克在其所著《社会立法》一书中说："我们今天所谓社会立法，这一名词第一次被使用与俾斯麦的贡献有关。他在 20 世纪 80 年代曾为防备劳工遭受疾病、灾害、残疾、老年等意外事故而立法，后来有些人限制其意义，是为着处于不利情况下人群的利益而立法。另一些人则夸大其意义，是为着一般社会福利而立法。我们使用这个名词应该包含着两者的意义。"[⑤] 根据克拉克的解释，社会立法作为专门法

[①]〔英〕哈耶克：《法律、立法与自由》第 1 卷，邓正来等译，中国大百科全书出版社，2000，第 220 页。
[②]〔英〕哈耶克：《法律、立法与自由》第 1 卷，邓正来等译，中国大百科全书出版社，2000，第 221 页。
[③]〔英〕迈克尔·希尔：《理解社会政策》，刘升华译，商务印书馆，2003，第 13 页。
[④] 竺效：《"社会法"概念考析——兼议我国学术界关于社会法语词之使用》，《法律适用》2004 年第 3 期。
[⑤] 曾繁正等编译《西方国家法律制度、社会政策及立法》，红旗出版社，1998，第 171 页。

律用语,是有特定含义的,即它"是制定的法律,以保护及改进社会中某些有特殊需要的人群之利益,或社会的一般福利"。[①] 因此,绝不能望文生义,将"社会立法"理解为所有的、与社会有关的立法。美国的法律不像大陆法系国家那样划定很多法律部门,但多数学者在多数场合都认为,社会法是包括劳动法、社会事业法以及社会保险法等社会立法在内的、原理相近的法律群,[②] 主要有四个方面的内容:(1)在收入方面提供支持和补助,包括老年退休、失业补助、贫困救济、病残补助、退伍安置、遗属抚恤等;(2)在支出方面提供支持和补助,包括健康医疗、社会服务、住房、儿童照顾和家庭问题补助等;(3)在教育和培训方面提供支持和补助;(4)对遭受某种损失者给予支持和补助,包括劳动保护、食品医药、公共卫生、环境保护、交通安全、妇幼营养等。[③] 可见,美国社会法体系的核心内容在于政府的"支持和补助",与社会事业、政策体系是相对应的,不论叫什么名称,其宗旨和目标都是为特定弱势人群提供帮助、提升社会整体福利。

(五)日本

社会法概念在日本兴起,其起源可以追溯到明治宪法时代,但其真正成为独立的法领域,并获得实定法上的根据,还是"二战"之后的事。彼时,不论在理论上还是实务上,社会法均有长足的发展,对于基本概念、范畴和体系的讨论也比较多。[④] 但到目前为止,社会法的概念范畴尚有很多争议,其"作为一个统合性法概念的实用性也受到怀疑","不仅社会法各法领域间彼此性质悬隔极大,即连同一法领域间亦时有适用不同法理之事"。[⑤] 略举几例即可说明。日本学者佐藤孝弘认为,随着资本主义的发展,在一国之内的公民之间贫富差距拉开以后,当这些贫富差距一定程度上影响社会局势的稳定时,为了改善社会的不公平,国家需要制定新的法律体系为社会法。[⑥] 片冈景教授认为,社会法"乃是基于资本主义之构造

[①] 陈国钧:《社会政策与社会立法》,三民书局,1984,第111页。
[②] 王为农等:《社会法的基本问题:概念与特征》,《财经问题研究》2002年第11期。
[③] 朱传一主编《美国社会保障制度》,劳动人事出版社,1986,第2页。
[④] 郑尚元:《社会法的定位和未来》,《中国法学》2003年第5期。
[⑤] 蔡茂寅:《社会法之概念、体系与范畴——以日本法为例之比较观察》,《政大法学评论》第58期(1997年)。
[⑥] 〔日〕佐藤孝弘:《社会法法律范畴区分之我见》,《财经界》2007年第1期。

性矛盾的受损阶级的实践要求,透过国家的有限度让步,以确保此等阶级之生存为价值理念,所成立的法体系"。① 菊池勇夫认为,社会法是"以社会改良主义为理念的社会政策立法",② 包括劳动法、经济法以及社会事业法等。星野英一认为,"以维护社会经济弱者阶层的生存及其福利的增进为目的的诸法律在学术上按体系分类,称为'社会法'"。③ 不仅如此,对于社会法之"社会"是"全体社会"还是"部分社会",学者之间也有较大分歧。例如,菊池勇夫等持"全体社会说",沼田稻次郎等则持"部分社会说"。前者认为,社会法领域只有在统合受到社会正义激励的劳动法、社会保障法乃至经济法时方得成立,后者则不把经济法放在社会法领域之列。

由于各派观点不能统一,社会法在日本作为一个"说明概念"尽管有学问上的意义,并且有助于"思考经济",但其转化成"工具概念"的疑虑一直难以消除。④ 20世纪70年代以后,日本学者已经放弃了对社会法统一理论体系的构建。⑤ 近年来,随着社会法各个领域之日渐成熟,学者的研究方向转向诸如劳动法、社会保障法等社会法各论的理论精细化与体系之严整化。⑥ 但是,这并不意味着学界对社会法的理解缺乏基本共识。概括说来,各派学说基本上承认社会法具有以下特征:(1)社会法乃是资本主义经济体制所生矛盾之法学层面的反映;(2)社会法之成立不得欠缺身为资本主义受害者的社会集团的由下而上的实践运动;(3)此等矛盾反映在法学层面,并非以不同阶级间之力与力的对抗关系为始终,而系发展为法学上价值理念之对立。⑦ 也就是说,社会法是基于实质正义,为维护社会弱势群体生存、提升社会福利而实施的法律。基于类似的理解和认识,有学者将日本社会法的内容体系归纳为:劳动安全卫生法、劳动者灾害补偿保险法、劳动基准法、雇佣对策

---

① 樊启荣等:《社会法的范畴及体系的展开——兼论社会保障法体系之构造》,《时代法学》2005年第?期。
② 王为农等:《社会法的基本问题:概念与特征》,《财经问题研究》2002年第11期。
③ 〔日〕星野英一:《私法中的人——以民法财产法为中心》,王闯译,载梁慧星主编《民商法论丛》第8卷,法律出版社,1997,第186页。
④ 蔡茂寅:《社会法之概念、体系与范畴——以日本法为例之比较观察》,《政大法学评论》第58期(1997年)。
⑤ 王为农:《日本的社会法学理论:形成与发展》,《浙江学刊》2004年第1期。
⑥ 郑尚元:《社会法的定位和未来》,《中国法学》2003年第5期。
⑦ 毛德龙:《论世界各国社会法理论之发展趋势》,中律网,http://www.148com.com/html/709/7844.html,最后访问日期:2013年10月12日。

法、职业安定法；国民健康保险法、厚生年金保险法、国民年金法、社会福利事业法、儿童及老人福祉法、心身障害者对策基本法；医疗法、药事法、食品卫生法、预防接种法、优生保护法、旅馆业法、环境保护法、公营住宅法、住宅建设计划法等。①

二　国内有关论述梳理

作为一门法律科学，社会法研究在欧美、日本早已成熟，有的甚至是"过去式"的议论，② 但在新中国则刚刚得到关注。③ 尽管如此，"为数不多的法学研究者们也总是从不同的侧面，在不同意义上使用'社会法'这一术语，使得其含义极为模糊、不确定，从而造成了社会法一词的多义性，给人们之间的交流带来了一定的麻烦和困难"。④ 根据学者统计，国内对于社会法大约有 40 种不同定义，⑤ 各类解释更是不胜枚举，甚至前后矛盾。总体上说，界定这一概念，目前有四种主流观点。

（一）社会法无法清晰定义，不具有法律学上的地位和意义

这种观点认为，社会法只是一个法哲学或文化概念，它是社会中的一种法律现象，没有确定的含义，不构成统一的学科名称。台湾学者陈继胜说："罗列社会法范围内的各法规仍难找出其共同的自主性，学术上无法成为法的理论体系，故社会法此一名词尚无法律学上的实质意义及地位。"⑥ 黄右昌

---

① 张守文：《社会法论略》，《中外法学》1996 年第 6 期。
② 蔡茂寅：《社会法之概念、体系与范畴——以日本法为例之比较观察》，《政大法学评论》第 58 期（1997 年）。
③ 在 1949 年以前，我国老一辈学者对于社会法也曾有一定的研究，如黄右昌、李景禧、吴传颐等都有较为精深的论著存世。之后，由于种种原因，社会法及其分支学科的研究在大陆一度中断，直到 20 世纪 90 年代以后，有关研究和学科建设才陆续恢复，在此之前，"社会法"一词只是散见于各类辞书和译著之中。参阅余少祥《社会法学基础理论研究评述》，《法律文献信息与研究》2010 年第 2 期。另参阅史探径《社会法学》，中国劳动社会保障出版社，2007，第 12 页。
④ 张俊娜：《"社会法"词语使用之探析——基于法律术语的个案思考》，《现代语文》2006 年第 3 期。
⑤ 李昌麒等：《经济法与社会法关系的再认识——基于法社会学研究的进路》，《法学家》2005 年第 6 期。
⑥ 陈继盛：《劳工法体系之基本认识》，《劳工研究季刊》第 77 期。

认为，社会法（或社会化法）乃指"所有基于社会政策之立法"，故很难抽象概括出其同质性和共同特征。一方面，经济法乃"摇动公法私法的界限之一大关键"；另一方面，社会法之名词，似为国家法，"其范围不止包括劳动法，甚至连经济法、民法亦属社会法之范畴"。以法律的社会化眼光视之，不主张公、私法之区别。[①] 大陆学者樊启荣等认为，社会法仅仅是一种法律观念，它不像传统法学部门如民法、刑法一样，"既为独立之法学领域，亦为统一之实定法名称"，"由于作为社会法所指称的'社会'的确无一个明确而具体的边界，加之作为其哲学和思想基础的'社会国'和'社会权利'并无确定的内涵"，"社会法在内容上随之呈现多样化的风貌，在外延上随着实定法的变动从而产生扩大与缩小的不安定现象"。[②] 王为农等则将社会法阐释为区别于"国家法"和"地方法规"的法律规范，认为社会法是由社会团体制定的并且仅适用于其内部的一种行为规范。如张世明提出的："社会法乃社会自己所制定之法，与国家机关所制定的恰好相对立。"[③] 王全兴教授认为，社会法至今并没有统一的名称和确定的含义，"国际社会法在英文与中文中尚未成为明确的用语"。[④] 竺效认为，"我们无需也不能给社会法拟出一个既科学又统一的定义，只能通过历史的方法、归纳的方法和比较的方法来准确把握社会法的意义，并在今后的学术讨论和法律实践中指明所使用的'社会法'用语的层次"。[⑤] 高云鹏等认为，社会法是一个综合多种法领域的上位阶概念，它是生存权及其保障作为各个法领域的连接纽带，"迄今为止作为社会法所指称的'社会'尚无一个明确而具体的边界，社会法也还只是法学上所'构想'之概念"。[⑥] 也有学者提出，学术上很难概括出社会法的定义，"寻求恰当社会法概念"的正确方法是"外延列举式的界定"；[⑦] 社会法属于"很典型的专题法的范畴"，[⑧]

---

① 郭明政：《社会法之概念、范畴与体系——以德国法制为例之比较观察》，《政大法学评论》第58期（1997年）。
② 樊启荣等：《社会法的范畴及体系的展开——兼论社会保障法体系之构造》，《时代法学》2005年第2期。
③ 张世明：《中国经济法历史渊源原论》，中国民主法制出版社，2002，第121页。
④ 王全兴：《经济法基础理论与专题研究》，中国检察出版社，2002，第715页。
⑤ 竺效：《"社会法"意义辨析》，《法商研究》2004年第2期。
⑥ 杨士林等主编《社会法理论探索》，中国人民公安大学出版社，2010，第21页。
⑦ 丛晓峰主编《社会法专题研究》，知识产权出版社，2007，第48页。
⑧ 丛晓峰主编《社会法专题研究》，知识产权出版社，2007，第50页。

"社会法最起码在相当长的时期内,不是典型的法学领域"。① 此类观点基本上是将社会法作为某种法学思想或思潮,并非"实定法意义上的界定"。②

(二) 将社会法分广义、中义、狭义等不同层次

这种观点认为,社会法在不同的层面有不同的内涵,将社会法分为广义、中义、狭义等不同层次,主张从不同的层面、不同角度去理解社会法。其中较有代表性的有竺效的"四分说"、程信和的"三分说"和王为农等的"二分说"。所谓"四分说",是将国内关于社会法的观点分为四种类型,分别称为泛义、广义、中义和狭义的社会法。竺效认为,我们只需"了解、辨别和掌握可以从哪些不同角度和层面上使用'社会法'这一法学术语即可,无需过多地深究社会法的概念,甚至试图得到一个能被较为普遍地接受的定义"。但他后来又说:"目前看来,必须根据实际情况而改变这一主张了。"③ 最后将社会法定位为劳动与社会保障法。程信和将社会法分为广义、中义和狭义,认为"比较起来,广义说失之过广,狭义说失之过狭,惟中义说较为合适一些"。但他又说,"中义说亦有不足之处,即它与现代'社会发展'的要求存在一定差距"。④ 可见,无论是"三分说"还是"四分说",本身并没有强力的理论支撑,只是对现有观点做了一个分类而已。

相比较而言,持"二分说"的学者更为普遍,而且更具"理论性"。比如,王为农等认为,应从两个方面理解和把握社会法:从广义上讲,它指的是相对已有的"公法"和"私法"而言的,以社会的公共利益为本位的"第三法域"内的立法及其表现形态;从狭义上讲,则是指以劳动法和社会保障法为核心的独立的法律部门。⑤ 张守文认为,广义的社会法体系是与社会事业、政策体系相对应的,一般包括社会保障法、劳动法、环境法、自然资源法、卫生法、住宅法等部门法;狭义的社会法仅指社会保障法。⑥ 李吉宁认为,广义的社会法,由以实现国民经济正常经营为目的的经济法,以

---

① 丛晓峰主编《社会法专题研究》,知识产权出版社,2007,第51页。
② 林嘉主编《社会法评论》第3卷,中国人民大学出版社,2008,第149页。
③ 竺效:《法学体系中存在中义的社会法吗?——"社会法"语词使用之确定化设想》,《法律科学》2005年第2期。
④ 程信和:《关于社会法问题——兼论开展人口法研究》,《南方人口》1996年第3期。
⑤ 王为农等:《社会法的基本问题:概念与特征》,《财经问题研究》2002年第11期。
⑥ 张守文:《社会法论略》,《中外法学》1996年第6期。

实现社会利益平衡的社会保障法、劳动法，以实现人与自然关系平衡的环境法等组成；狭义的社会法，由社会保险法、社会救助与救济法、社会福利法构成。[1] 郑尚元认为，至少第三法域中的环境保护法、社会保障法、劳动法、知识产权法、经济法等都属于广义的社会法，而狭义的社会法仅指社会保障法。[2] 林嘉教授也认为"社会法有广义和狭义之分"，"狭义的社会法，通常是专指社会保障法"，但她提出将社会法看成一个法域更加合理。[3] 鉴于社会法概念在不同的层面有不同的含义，有学者提出，在目前情况下，试图建立"一种普遍接受的社会法定义"在很大程度上是"一种学术上美好的愿望"，"既然社会法可以在许多不同的层面上加以使用，在学术讨论和法律实践中需要指明当下的论述是从哪个角度、何种定位上使用'社会法'的"。[4] 这种观点与竺效前期的观点基本一致，在实践中是行不通的。

（三）在法域意义上定义社会法

这种观点在日本一度流行，认为社会法不是一个法律部门，也不能构成独立的学科，它是一个法域，是介于公法与私法之间，具有公、私法融合特征的法律法规的总称。[5] 台湾学者陈国钧说："社会法，乃是一个概括的名词，是指为了解决许多问题而制定的有关各种社会法规的总称"，"事实上，它不是只有一种社会法规，乃是先后分别依照实际需要而制定的各种社会法规，把这些许多有关的社会法规集合在一起，便被广泛地称作社会法或社会立法"。[6] 韩忠谟则明确将社会法界定为公法、私法之外的第三法域，认为社会法"主要指团体性质之社会法"。[7] 法治斌也持同样观点，认为社会法是公、私法之外的第三法域或团体法，"举凡合作社法、农会法、

---

[1] 李吉宁：《构建当代中国社会法体系的实证分析》，《理论界》2006年第1期。
[2] 郑尚元：《社会法语境与法律社会化——"社会法"的再解释》，《清华法学》2008年第3期。
[3] 林嘉：《论社会保障法的社会法本质——兼论劳动法与社会保障法的关系》，《法学家》2002年第1期。
[4] 姜登峰：《"社会法"概念的基本分析》，《佳木斯大学社会科学学报》2007年第4期。
[5] 参阅竺效《"社会法"概念考析——兼议我国学术界关于社会法语词之使用》，《法律适用》2004年第3期。
[6] 陈国钧：《社会政策与社会立法》，三民书局，1984，第112页。
[7] 郭明政：《社会法之概念、范畴与体系——以德国法制为例之比较观察》，《政大法学评论》第58期（1997年）。

工会法、团体契约法、土地法、出版法、专利法、著作权法等皆属之"。① 史尚宽认为，在经济之自由竞争阶段，经济与政治完全分离，规制经济关系的私法与规制政治关系的公法是明显对立的。后来，有了经济统制，渐有公、私法混合之法域，而出现中间之法域，即为社会法，包括经济法和劳动法。②

在中国大陆，较早系统论证社会法"法域"的是董保华等人，他们在其著作《社会法原论》中提出"公法—社会法—私法"三元法律结构，认为社会法就是第三法域，第三法域就是社会法。③ 之前，也有学者将社会法称为一个"法域"，但没有提供详细论证。如孙笑侠认为，由于传统两大结构要素存在不适应现代社会的情况，法律体系发生了重大变革，这就是在现代市场经济社会里出现了第三种法律体系结构要素——社会法。④ 史探径认为，社会法"是资本主义国家在市场经济发展中，为实现国家干预经济的目的，在修正私法绝对自治等旧法学理论的基础上提出的，它不属于私法或公法，而是公、私法融合交错的一个新的法律领域。它不是一个法律部门"。⑤ 王人博教授在种明钊主编的《社会保障法律制度研究》一书中说："这些规范，从一定意义上说，是政治国家实现其社会管理职能的重要手段。它们的出现导致在传统公法和私法之外又产生了一个新的法域。由于它们都是以社会公共利益的维护作为其基本的价值追求，因而，被人们称为社会法。"⑥《社会法原论》出版后，持"法域说"观点的学者一度有所增加。⑦ 赵红梅在《私法与社

---

① 郭明政：《社会法之概念、范畴与体系——以德国法制为例之比较观察》，《政大法学评论》第 58 期（1997 年）。
② 史尚宽：《民法总论》，中国政法大学出版社，2000，第 57 页。
③ 董保华等：《社会法原论》，中国政法大学出版社，2001，第 21 页。另参阅蓝山《可持续发展立法两大支柱：经济法与社会法》，《河北法学》1999 年第 4 期；张翀：《社会法与市民社会——第三法域探微》，《安徽师范大学学报》2006 年第 3 期；赵兼：《作为第三法域的社会法新论》，湘潭大学 2011 年硕士学位论文。
④ 孙笑侠：《宽容的干预和中立的法律——中国的市场经济社会需要怎样的法律》，《法学》1993 第 7 期。
⑤ 史探径：《我国社会保障法的几个理论问题》，《法学研究》1998 年第 4 期。
⑥ 种明钊主编《社会保障法律制度研究》，法律出版社，2000，第 21 页。
⑦ 另参阅吕世伦等《根本法、市民法、公民法和社会法——社会与国家关系视野中的法体系初探》，《求是学刊》2005 年第 5 期；张鹏菲：《社会法性质的法理学浅析》，《法制与社会》2007 年第 12 期；张翀：《社会法与市民社会——第三法域探微》，《安徽师范大学学报》2006 年第 3 期；朱晓喆：《社会法中的人——兼谈现代社会与法律人格的变迁》，《法学》2002 年第 8 期。

会法》中明确提出:"本书所进行的研究,是将社会法界定为独立于公法与私法外的第三法域,而不是涵盖劳动法、社会保障法、弱势群体保护法法律制度的法律部门。"① 在另一篇文章中,她再次断言"第三法域之社会法必将与私法分离"。② 王广彬认为,社会法"以社会主义为指导思想",③ "正是因为已有的私法和公法不能完全满足社会主义的要求,因而要求产生一系列新的法律部门,如劳动法、社会保障法等法律部门。这些新的法律部门构成了一个新的法域,大家名之为社会法"。④ 陈根发认为,社会法是指"为了实现社会政策而制定的诸如劳动法、消费者保护法和住宅法等所构成的、可以与公法和私法排列到一起的第三大法律体系"。⑤ 总体来说,这一观点认为,所有第三法域的法都是社会法,包括劳动法、经济法、环境保护法等。

(四) 在部门法意义上定义社会法

这种观点认为,社会法不是一个法哲学或文化概念,也不是一个法域,而是具有特定内涵的完整的法律部门,以此为研究对象的学科即为社会法学。但这个"特定内涵"究竟是什么?学者们一直众说纷纭,莫衷一是。

从民国时期的研究看,基本上是在实在法层面诠释法律社会化和社会法的。吴传颐先生认为,"通常认为社会法不过是保护经济弱者福祉的法,并不足以理解社会法发达的真相","社会法思想有四种意味:第一,剥去平等化、抽象化的人格者概念的表皮,从每个人社会地位之差别性——权势者或者无力者,而予以适当估量";"第二,基于个别的社会权势者和无力者地位的不同,进一步考虑怎样保护后者抑制前者";"第三,社会法的思维,设想每个人为社会成员之一,好像螺丝钉之为机械的构成分子一样。所以纵然是私的关系,也得作为社会关系之一来把握";"第四,社会

---

① 赵红梅:《私法与社会法:第三法域之社会法基本理论范式》,中国政法大学出版社,2009,第49页。
② 赵红梅:《第三法域社会法理论之再勃兴》,《中外法学》2009年第3期。
③ 林嘉主编《社会法评论》第3卷,中国人民大学出版社,2008,第134页。
④ 林嘉主编《社会法评论》第3卷,中国人民大学出版社,2008,第137页。
⑤ 陈根发:《日本"法体系"划分中的若干问题——以公法、私法和社会法的划分为中心》,法律教育网,http://www.chinalawedu.com/news/16900/178/2004/12/ma466922393414221400290784_147316.htm,最后访问日期:2013年10月11日。

法的形式和现实,不能如现存制定法的形式和现实,发生南辕北辙的现象。必须在新的平面或立体上开始调和和适应的工作了"。① 在中国台湾,至今仍有一批学者继承了民国时候的传统,将社会法作为"部门法"定位研究。如郝凤鸣认为,社会法是关于社会保障制度之法律规范体系,它"既非公法与私法以外所有第三法域,也不包含全部之劳动法,仅限于与劳工福利、社会福利、社会保障或社会安全制度相关之法律规范"。② 王泽鉴认为,社会法是以社会安全立法为主轴展开的,大凡社会保险法、社会救助法、社会福利法、职业训练法、就业服务法、农民健康保险法等均属于社会法研究的范畴。③ 郭明政认为社会法是社会安全法。他举例说,德国也有学者将社会法界定为"公法与私法之间的第三法域",但一直未能引起广泛响应。④

在中国大陆,较早提出社会法"部门法"定位的是中国社会科学院法学研究所。1993 年 8 月,该所课题组在完成的研究报告《建立社会主义市场经济法律体系的理论思考和对策建议》中提出,我国的社会主义市场经济法律体系框架主要由民商法、经济法和社会法三个板块构成,并提出社会法包括劳动法和社会保障法的构想。⑤ 不久,时任所长的王家福教授在全国人大常委会所做的"法制讲座"中进一步提出,社会法作为法律部门,主要包含三类法律:第一类是劳动法、劳动就业法等;第二类是社会保险法,如养老保险法、医疗保险法、失业保险法等;第三类是社会救济法。⑥ 1996 年,王家福等在《光明日报》撰文,提出了"社会法的主旨是保护劳动者权益,提供社会保障,对社会弱者予以救济"的思想。⑦ 此后,全国人大常委会几乎全盘采纳了这些建言,将社会法定位为与民商法、行

---

① 吴传颐:《社会法和社会法学》,《中华法学杂志》1948 年第 1 期,第 7 卷。
② 张俊娜:《"社会法"词语使用之探析——基于法律术语的个案思考》,《现代语文》2006 年第 3 期。
③ 郭明政:《社会法之概念、范畴与体系——以德国法制为例之比较观察》,《政大法学评论》第 58 期(1997 年)。
④ 郭明政:《社会法之概念、范畴与体系——以德国法制为例之比较观察》,《政大法学评论》第 58 期(1997 年)。
⑤ 中国社会科学院法学所课题组:《建立社会主义市场经济法律体系的理论思考和对策建议》,《法学研究》1993 年第 6 期。
⑥ 肖扬主编《社会主义市场经济法制建设讲座》,中国方正出版社,1995,第 18 页。
⑦ 王家福等:《论依法治国》,《光明日报》1996 年 9 月 28 日。

政法、经济法、刑法等并列的"七个法律部门"之一。根据法律委员会的解释,社会法是"规范劳动关系、社会保障、社会福利和特殊群体权益保障方面的法律关系的总和"。① 最高人民法院在其编制的《中华人民共和国法库》中也将社会法定位为独立的部门法,认为社会法是社会保障制度的基本法律规范,包括对劳动者、失业者、丧失劳动能力和其他需要社会扶助的社会成员权益的保障制度。在更早的时候,曾庆敏主编的《法学大辞典》也是这样定位的,认为社会法"主要是指关于劳动和社会福利方面的法律"。②

目前,国内有相当数量的学者持部门法说。如张守文认为,社会法在法律体系中应当是一个独立的法律部门,各国的社会立法都是以其社会保障政策和社会保障制度为核心的,这一共同之处使得社会法在狭义上常常被理解为社会保障法。③ 覃有土等认为,社会法是"为了解决许多社会问题而制定的有关各种社会法规的总称,用以保护某些特别需要扶助人群的经济生活安全,或是用以普遍促进社会大众的福利"。④ 叶静漪等认为,社会法是"以社会整体利益为取向、促进和谐社会发展为宗旨,调整社会保障(社会保险、社会救助、社会福利、社会优抚等)关系和劳资关系,着眼于保障和促进公民生存和发展权利、条件与能力的法律规范的总称。从我国目前的制度实践来看,可以认为主要包括了社会保障法和劳动法"。⑤ 郑尚元认为,社会法属于第三法域而不是第三法域的代名词,它是一个法律门类,而不是法律理念;⑥ 社会法是同一或同类属性的法律,是"具有独特调整对象的现代法律"。⑦ 宋小卫认为,社会法"是调整有关劳动关系、社会保障关系以及弱势群体保护和某些社会自治团体行为的法律规范的总和,它是国家从社会整体利益出发,为弥补市场经济的缺陷,保护劳动者和儿童、老年人、残疾人和失业者等弱势群体正当权益的需要,增进社会稳定与均衡发展而产生的一种立法"。⑧ 汤黎虹在其专著《社会法通

---

① 杨景宇:《我国的立法体制、法律体系和立法原则》,《吉林人大》2003年第11期。
② 曾庆敏主编《法学大辞典》,上海辞书出版社,1988,第797页。
③ 张守文:《社会法论略》,《中外法学》1996年第6期。
④ 覃有土等:《社会保障法》,法律出版社,1997,第75页。
⑤ 陈甦主编《民生保障与社会法建设》,社会科学文献出版社,2009,第14页。
⑥ 郑尚元:《社会法的特有属性与范畴》,《法学》2004年第5期。
⑦ 郑尚元:《社会法的定位和未来》,《中国法学》2003年第5期。
⑧ 宋小卫:《保障社会弱势群体共享大众传播资源——解读社会法的有关规定》,《新闻与传播研究》2004年第1期。

论》中，认为社会法是"架构"社会管理体制、规范狭义社会行为、调整狭义社会关系的独立的法律部门。

需要说明的是，尽管国内学界对社会法的认识存在较大差异，但这并不意味着学者们对所有的问题都没有达成共识。目前来说，关于"社会法是调整劳动关系与社会福利关系的法律"，"社会保障和社会安全的法律属于社会法"等观点还是被普遍接受的。也就是说，最"狭义的"社会法得到了学者们的一致认同。从中国社会法学研究会历届年会的内容来看，基本上是围绕劳动法和社会保障法展开讨论的，只有2011年和2012年的年会分别增加了"教育法"、"卫生法"和"慈善法"的子议题。应该说这是一个非常了不起的进步，拓宽了学者们的研究视域。从年会的主流观点看，基本上也是一种部门法定位，认为社会法是为了解决某些特定的社会问题，是为社会的现实需要服务的，而且持这种观点的学者越来越多。笔者早年也曾信奉"法域"说，并且陆续写过一些文章对其基础理论问题进行探讨，但近年来越来越倾向于部门法定位，并最终确立了这一基本主张。

三　社会法定义与解析

（一）社会法如何定义

上述可见，社会法在世界范围内并没有权威统一的定义，甚至连统一的名称也没有。因为在不同的国家对这一概念有不同的理解，在同一国家也有不同的解释抑或不同的称谓。在我国，学者对社会法语词之使用，则"很明显不如民商法、行政法、刑法等固定成熟的术语那么明确"，[1] 这是一个很大的、不能不解决的问题。

首先，社会立法是世界潮流，学术研究方兴未艾，作为学术研究的对象，我们必须对这一概念进行界定，厘清其内涵，这是我们一代学人的使命和责任。博登海默说："概念乃是解决法律问题所必须的和必不可少的工具。没有限定严格的专门概念，我们便不能清楚地和理性地思考法律问题。"[2] 迪尔凯姆说："社会学家的第一步工作应该是界定他所要研究的事

---

[1] 王为农等：《社会法的基本问题：概念与特征》，《财经问题研究》2002年第11期。
[2] 〔美〕博登海默：《法理学》，邓正来译，中国政法大学出版社，1999，第486页。

物,以使自己和他人知道他在研究什么。这是一切论证和检验所最不可缺少的首要条件。"① 对社会法究竟是什么应当有清楚的认识,社会法概念并非不可捉摸的"自在之物",其内涵和外延可以界定且必须界定。

其次,学问的东西(特别是法学概念)切忌模糊不清,模棱两可,必须有清晰、准确的定义。因此,将社会法分为广义(包含泛义)、中义和狭义并不合适,应当在确定的意义上使用这一概念,就像谈到民法、刑法、行政法等概念一样,人们很清楚每一个学科在研究和讨论什么。正如有学者所说:"如果对社会法没有一个基本的共识,各个学者在使用时就容易形成自话自语,不利于学科的交流与对话和社会法自身理论的发展。此外从效率的角度分析,如果我们每一次在使用社会法时都必须先说明是在哪一层面使用,未免太过烦琐和成本太高。"② 因此,将社会法分类定义亦不可行。

再次,单纯从研究角度看,"法域说"有一定道理,但其缺陷是显而易见的,其理论也是不周延的。"第三法域"确实存在,将社会法归结为"第三法域"也没有错,但是将社会法等同于"第三法域"则错了。很显然,如果社会法是与"公法"和"私法"同位阶的概念,它怎么可能成为一个学科,又怎么可能对之进行规范研究和制度研究呢?

最后,对社会法的概念不能望文生义,不能认为所有与社会有关或与社会问题相关的法律都是社会法,比如民法、刑法、行政法等都与社会有关,显然这些都不是社会法——社会法有特定的内涵、独立的研究对象和独特的法律特征。当然,和其他学科一样,社会法的内容也不是一成不变的。随着社会生活、历史文化的变迁,社会法的内涵和外延都将发生一定的变化。恩格斯说:"法的发展进程大部分只在于首先设法消除那些由于将经济关系直接翻译成法律原则而产生的矛盾,建立和谐的法的体系,然后是经济进一步发展的影响和强制力又一再突破这个体系,并使它陷入新的矛盾。"③ 由于社会法的进程也是不断发展的矛盾运动,而且它"还在形成中",④ 我们讨论社会法的界定等问题,只是为了给性质、宗旨、目的和研

---

① 〔法〕E. 迪尔凯姆:《社会学方法的准则》,狄玉明译,商务印书馆,2003,第54页。
② 李昌麒等:《经济法与社会法关系的再认识——基于法社会学研究的进路》,《法学家》2005年第6期。
③ 《马克思恩格斯全集》第4卷,人民出版社,1985,第483页。
④ 吴传颐:《社会法和社会法学》,《中华法学杂志》1948年第7卷第1期。

究对象同类的法律一个统一的名称，使研究更加科学和方便。实际上，任何所谓的概念定义都不是终极真理，都是相对于一定的历史时期而言的。

基于上述考虑，可以对社会法下一个基本定义：社会法是由国家制定和颁布的旨在保护社会弱者的生活安全，提供社会福利，促进民生福祉，具有国家和社会帮助或给付性质的法律法规的概称。

（二）定义解析

这个定义有点类似于一些学者所谓的"狭义的"社会法，但笔者反对这样的认识和定位。因为根本就没有"广义的（包括泛义）"和"中义的"社会法，它们是学者对现有研究进行归纳和总结时提出的概念，并非现实生活和法律体系中的客观实在。把握社会法基本定义有三个关键词——弱者的生活安全、提供社会福利、国家和社会帮助，前两者体现了社会法的基本理念，是社会法的内在精神直至最高本体，第三者是社会法的基本前提，是法律实施的必然要求。简言之，即"两个理念、一个前提"。

1. 弱者的生活安全

（1）社会法上的社会弱者。所谓社会弱者，就是人们平时所称的弱势群体。弱势群体有绝对性，也有相对性。因为"强"和"弱"本身是相对的，比如，相对于铁路运营和管理部门，乘客是弱势群体；相对于房地产开发商和物业管理公司，住户是弱势群体。[1] 社会法上的弱势群体既包括绝对弱势群体，也包括相对弱势群体，但不是所有的相对弱势群体，如前述"乘客"和"住户"就不是社会法的研究对象。所谓绝对弱势群体，"是由于自身能力、自然或社会因素影响，其生存状态、生活质量和生存环境低于所在社会一般民众，或由于制度、法律、政策等排斥，其基本权利得不到所在社会体制保障，被边缘化、容易受到伤害的社会成员的概称"，主要包括"经济贫困"、"权利贫困"和"能力贫困"群体。[2] 绝对弱势群体有其通常的衡量标准，在一定的社会条件下可以用具体明确的标准进行判定。比如，通过考查最低生活保障标准，可以确定"经济贫困群体"；通过考查法律规定的平等权利的实现程度，可以确定"权利贫困群体"；通

---

[1] 余少祥：《弱者的权利——社会弱势群体保护的法理研究》，社会科学文献出版社，2008，第15页。

[2] 余少祥：《法律语境中弱势群体概念构建分析》，《中国法学》2009年第3期。

过现代医学标准，可以确定"能力贫困群体"。相比之下，社会法上的相对弱势群体则较难界定——它主要是指在社会生活中处于相对不利地位的一类人群。比如，相对于资方，劳动者是弱势群体；相对于社会大众，遭遇生活不幸者是弱势群体；相对于健康人士，老弱病残者是弱势群体。这些都是特定意义的、生活中的脆弱人群，也是社会法保护和研究的对象。

（2）社会法起源于弱者保护。在社会生活中，有天生的强势群体和弱势群体之分，而且市场经济会导致强者愈强、弱者愈弱。此时如果没有公权力介入来保护弱者的利益，将使社会关系的失衡状态加剧并最终导致严重的社会问题。[①] 社会法正是基于保护弱者的理念产生的。正如亚当·斯密所说，那种集体行动所产生的种种好处并没有落到穷人和普通大众的手中，而是在攫取普通居民的情况下，使集体行动产生的好处为既得利益集团所占有。[②] 尤其是现代社会，各种财产制度和利益协调方式，在理论上都是以当事人之间地位的平等为前提的，而在实际契约关系中，经济上的强者常常利用其经济上的优势欺压弱者，形成事实上的不平等契约关系。同时，随处可见的格式合同，使处于弱势一方的当事人只能做出完全接受或完全拒绝的选择，很难做出真正符合本意的意思表示，如果任由契约双方当事人确定相互之间的权利和义务，必定会造成实质上的不公正，这时就需要利用社会法对契约关系中的弱势一方予以保护。[③] 因此，从本质上说，社会法是立足于现实中强弱分化的人的真实状况，用具体的"不平等的人"和"团体化的人"重塑现代社会中的法律人格，用倾斜保护和特别保护的方式明确处于相对弱势一方主体的权利，严格相对强势一方主体的义务和责任，实现对社会弱者和民生的关怀。事实上，社会法这种"具体的人格"正是由社会弱者的身份造成的，[④] 它"从维护社会均衡出发，以保护弱者为其精髓"，[⑤] 其宗旨乃是"弱者救助、反歧视与倾斜保护"。[⑥] 在我国，尤其是当前贫富分化等社会问题越来越严重的情况下，通过完善

[①] 史探径：《社会法论》，中国劳动社会保障出版社，2007，第23页。
[②] 贾品荣：《改革第一难题：破除既得利益集团》，《中国经济时报》2007年6月28日。
[③] 何自荣：《社会法基本问题探究——从私法与公法比较之视角》，《昆明理工大学学报》2009年第8期。
[④] 丛晓峰主编《社会法专题研究》，知识产权出版社，2007，第49页。
[⑤] 郑少华：《经济法的本质：一种社会法观的解说》，《法学》1999年第2期。
[⑥] 郑尚元：《社会法的存在与社会法理论探索》，《法律科学》2003年第3期。

社会立法，保障公民的社会权，使人们实现真正的解放——社会解放，对构建和谐社会具有重大而深远的理论和现实意义。

（3）社会法保护的内容主要是生活安全。社会法产生的目的是"基于对社会中弱者的基本生活和基本权利保障"，[①] 主要是解决"社会弱者的生存和发展问题"，[②] 其保护的内容主要是生活安全，而不是人身安全和财产安全等。因此，社会法关注的焦点在社会分配领域，其基本立场是，"在承认每个自然人的能力禀赋与资源占有存在诸多差异的前提下，追求结果与实质意义的平等与公平"，[③] 是一种"利益分配的平均正义立场"。[④] 社会法的这一独特性质决定了并非所有的保护社会弱者的法律都是社会法，也不是具有对社会弱者特别保护条款的法律就是社会法，而只有保护社会弱者"生活安全"的法律才是社会法。比如，我国《合同法》规定，格式合同中应对不利于弱者的免责条款进行严格限制，在合同解释存在两种以上可能时，应选择有利于弱者的解释；我国《民事诉讼法》规定，对追索赡养费、抚养费、抚育费、抚恤金、医疗费用的当事人的财产，可以裁定"先予执行"。显然《合同法》和《民事诉讼法》都不是社会法。[⑤] 再如，我国宪法、刑法、婚姻法等都涉及妇女权益保护问题，但这些法律都不是社会法，因为其规制的对象是所有社会成员，并非针对妇女这一特定的处于相对弱势地位的群体，而且其立法的内容不是"生活安全"。[⑥] 概言之，社会法保护的是社会弱者的"基本生活权益和生存权益"，[⑦] 这是一种要求确保其"生存或生活上必要诸条件的权利"，[⑧] 其深刻的法理基础乃是作为

[①] 郑尚元：《社会法的存在与社会法理论探索》，《法律科学》2003年第3期。
[②] 林嘉主编《社会法评论》第3卷，中国人民大学出版社，2008，第141页。
[③] 余少祥：《关注社会法，促进社会和谐》，《中国社会科学院院报》2006年8月31日，第003版。
[④] 司春燕：《浅析消费法律关系的社会法属性》，《桂海论丛》2007年第2期。
[⑤] 有学者提出，形式平等、实质不平等的消费法律关系应当由社会法调整，因此消费者权益保护法是社会法。这一观点的错误是不言而喻的：一方面泛化了社会弱者的概念；另一方面该法是关于交易安全而非生活安全的立法。参阅司春燕《浅析消费法律关系的社会法属性》，《桂海论丛》2007年第2期。
[⑥] 有学者认为，经济法"侧重于保护和扶持经济性弱者"，因此是社会法的一部分。这种观点将所有保护社会弱者的法律都归结为社会法，是因为偏离了"生活安全"，这也是其最终滑向"法域"泥潭的根本原因。参阅郑少华《经济法的本质：一种社会法观的解说》，《法学》1999年第2期。
[⑦] 林嘉主编《社会法评论》第3卷，中国人民大学出版社，2008，第163页。
[⑧] 许志雄：《社会权论》，罗文图书公司，1991，第6页。

第三代人权核心内容的生存权。① 现代社会，生存权被揭示为"在人的所有欲望中，生存的欲望具有优先地位"。② 早期社会法正是以实现社会成员的生存权为最终目标，它是"依靠人与人之间积极的相爱相让，而不是消极的相约相制，来推行人道，实现大同"。③

2. 提供社会福利

（1）社会法上的社会福利。社会福利是指国家依法为所有公民普遍提供旨在保证一定生活水平和尽可能提高生活质量的资金和服务的社会保障制度。在西方国家，把"凡是为改善和提高全体社会成员物质、精神生活而采取的措施、提供的设施和服务等都称为社会福利"。④ 而福利经济学中所使用的福利概念"在本质上是极其宽泛的"，它"事实上包括对个人有用的一切东西——个人能够消费的物品与服务，社会环境的满足感，个人的自我实现，对他人的同情心，等等"。⑤ 社会法上的社会福利主要指社会服务事业及设施，一般来说其制度有四个特点：第一，社会福利是社会矛盾的调节器；第二，每一项社会福利计划的出台都带有明显的功利主义目的，并且以缓和某些突出的社会矛盾为终极目标；第三，社会福利为所有公民提供，利益投向呈一维性，即不要求被服务对象缴纳费用，只要他属于立法和政策划定的范围之内，就能按规定得到应该享受的津贴服务；第四，社会福利较社会保险而言是较高层次的社会服务，是在国家财力允许的范围内、在既定的生活水平的基础上，尽力提高被服务对象的生活质量。社会法上的社会福利既可以由国家提供，也可以由私人和社会组织提供，如企业年金、企业福利和公益捐赠等，都是社会福利。因此，社会福利不同于公共福利，后者一般由国家和政府提供。社会福利也不同于"共同福利"，⑥ 后者享有的主体是全体社会成员，而前者享有的主体既包括全体社会成员，也包括部分社会成员。如老年津贴只有符合条件的老年人才

---

① 在国际上，奥地利法学家安东·门格尔最早将生存权作为"法的权利"进行表述。1886年，他在《全部劳动权史论》中提出，劳动权、劳动收益权、生存权是造成新一代人权——经济基本权的基础。参阅胡敏洁《福利权研究》，法律出版社，2007，第7页。
② 〔英〕马歇尔：《公民权与社会阶级》，刘继同译，《国外社会科学》2003年第1期。
③ 夏勇：《中国民权哲学》，三联书店，2004，第152页。
④ 夏正林：《社会权规范研究》，山东人民出版社，2007，第99页。
⑤ 〔美〕路易斯·卡普洛等：《公平与福利》，冯玉军等译，法律出版社，2007，第18～19页。
⑥ 林嘉主编《社会法评论》第2卷，中国人民大学出版社，2007，第16页。

能享有，它是社会福利但不是共同福利。而且，"福利"也不同于"福祉"，福祉包括福利又不限于福利。福利一般指物质意义的东西，福祉则含有更高层次的东西，既包括物质生活，也包括精神和文化生活等。

(2) 提供社会福利是社会法发展的新阶段。随着社会的发展，社会法不再仅仅满足于对社会弱者的生存权保障，对人的发展权和人的尊严的维护也越来越突出，如教育、医疗、住房保障显然超过了一般生存权的保障范围。由此，社会法的发展进入一个新的历史阶段——为社会成员提供社会福利。特别是20世纪，"一些新的社会、经济需求不仅仅依靠社会经济系统来满足，而且使用法律术语来设计和表达"，[1] 这时"发展、自决、少数人受保护，乃至达到相当的生活标准、免于饥饿、体质和心理健康、带薪休假、就业等一切可以被看做与人的尊严有关的利益，几乎都被宣布为权利"。[2] 随着人权概念的扩展，"尤其是经济、社会、文化权利概念的兴起，越来越引人注目"，"为相关学说的建立和改造提供了新的分析框架"。[3] 在经济领域，人们认为，经济问题与伦理问题密切相关，人类经济生活应满足高尚的、完善的伦理道德方面的欲望，国家应通过立法，实行经济和社会改革，推进社会福利，维护国民生活安全和国家稳定。这时，政府的功能已"不止于保障国民的权利和强制其实行义务，更重要在积极地支援那些处于经济劣势状况的弱者，进而促进社会一般人的福利，以改善社会全体的生活"。[4] 这一新的发展使社会法上的社会由"部分社会"逐渐转变为"全体社会"，社会法的关注对象也由特定的"社会弱势群体"扩大到"全体社会成员"。这种由国家推动的"社会保护扩展到保障每个人的社会权利"的趋势，是"福利国家发展的典型特色"，[5] 也是"政治解放和社会和谐得以增进的标志"。[6] 台湾学者陈国钧在阐释社会法的含义时，将其内容分为广义和狭义两种，认为狭义的社会法"指以保护处于经济劣势下的一群人生活安全所制定的社会安全立法"，广义的社会法则"着眼于增进社会福利"，"凡以改善大众生活状况，促进社会一般福利，

---

[1] 夏勇：《中国民权哲学》，三联书店，2004，第169页。
[2] 夏勇：《中国民权哲学》，三联书店，2004，第171页。
[3] 夏勇：《中国民权哲学》，三联书店，2004，第321页。
[4] 曾繁正等编译《西方国家法律制度、社会政策及立法》，红旗出版社，1998，第168页。
[5] 〔德〕考夫曼：《社会福利国家面临的挑战》，王学东译，商务印书馆，2004，第23页。
[6] 夏勇：《中国民权哲学》，三联书店，2004，第176页。

而制定的有关法律皆属之"。① 日本学者加古佑二郎将社会法上的社会仅仅定位为"部分社会",认为社会法"实际上是保护由处于社会的从属地位的劳动者、经济上的弱势者所组成的社会集团的利益,而并非是所有的社会集团的利益之法律规范",② 否认其社会福利内涵,是错误的。

(3) 提供社会福利是社会法成熟的重要标志。如果说社会法保护社会弱者生活安全的理念包含了对特殊群体的关照,其社会福利理念则"包含着对所有个人平等关怀的基本内涵",③ 是社会法成熟的重要标志和体现。这两大理念如车之两轮、鸟之两翼,构成了社会法最基本的内核和最高本体(需要说明的是,社会福利理念的立足点是"社会整体福祉"而不是"社会总体福祉",后者通常是指"福利总量",前者则意味着每个人都享有)。这个界定和国外通行的关于"社会立法"内涵的阐释是一致的,即"凡是依据社会政策制定,用以保护某些特殊需要扶助人群的生活安全或用以促进社会大众福利的立法,便是社会立法"。④ 前述星野英一、克拉克和陈国钧等都是从维护"社会弱者生存"及提供"社会福利"两个角度界定社会法基本内涵的。现代社会,"福利一词有特定的含义,它通常用于表示经济和文化较为发达的条件下社会成员近乎'不劳而获'的需求",其"需求的整体内容是社会成员的物质享受、精神享受的完善与发展"。⑤ 从历史上看,社会法的内涵从保护弱者发展为提供和促进社会福利,是福利权发展的必然结果,⑥ 它意味着福利需求是"可要求的或可主张的",⑦ 而且是"要求公权者积极作为的权利"。⑧ 根据美国学者安德森·内森的表述,福利被认为"不仅仅是国家对人民承诺的义务之一,而且是国家的主要义务"。⑨ 社会法将福利权上升为法律权利,强调个人独立于市场之外,

---

① 陈国钧:《社会政策与社会立法》,三民书局,1984,第116页。
② 王为农:《日本的社会法学理论:形成和发展》,《浙江学刊》2004年第1期。
③ 〔美〕路易斯·卡普洛:《公平与福利》,冯玉军等译,法律出版社,2007,第21页。
④ 曾繁正等编译《西方国家法律制度、社会政策及立法》,红旗出版社,1998,第168页。
⑤ 夏勇主编《走向权利的时代》,中国政法大学出版社,2000,第622页。
⑥ 福利权在外延上与公共福利制度(主要是社会保障制度)相关联,涉及医疗保险、失业保险、最低社会保障制度、社会福利、养老保险、各种津(补)贴、社会救助等,包括享受免费医疗、义务教育和其他相关公共福利的权利。参阅胡敏洁《福利权研究》,法律出版社,2007,第7页。
⑦ 夏勇主编《走向权利的时代》,中国政法大学出版社,2000,第628页。
⑧ 夏勇主编《走向权利的时代》,中国政法大学出版社,2000,第631页。
⑨ 夏勇主编《公法》第1卷,法律出版社,1999,第74页。

依据资格而非能力获取国家提供的福利,[1] 因此该种义务在很大程度上是"非对应性义务",[2] 即不以社会成员的贡献为代价,只要他具有相应的资格即能享有相应的福利。正是在这个意义上,"'福利国家'的术语几乎与'社会法治国'术语同时被使用着"。[3] 台湾学者许育典将"社会法治国"称为"社会国",认为其基本内涵包括社会形成、社会安全和社会正义等。社会形成意味着,现代社会国家更少采用命令控制方式,而是更多使用租税、补助或者提供基本措施的手段,来照顾人民生活;社会安全意味着国家必须保障人民享有一个合乎人性尊严的生存条件,以减轻或者避免人民面临经济困境;社会正义意味着国家必须努力调和因权力分配、贫穷、教育程度等差异所产生的对立与矛盾,并竭力谋求社会平等的建立。[4] 这是社会国的基本内涵,也是社会法发展到向全社会提供"社会福利"的体现和反映。

3. 国家和社会帮助

(1) 国家和社会帮助是社会法最显著的特征。也就是说,国家和社会是法律上直接的义务主体和当事人,[5] 而不仅仅是居中调节者和最终裁决者,这是社会法与其他部门法最主要的区别。现代社会,由于市场经济不可避免造成贫富悬殊,人们逐渐认识到,"政府应该承担保护公民免受工业社会生活之诸多不幸的任务,并通过积极的政策来满足新的经济、社会需求",[6] 即通过国家和社会的积极作为,给予公民一定的生活救济或福利帮助,以避免实质不平等与形式不平等的矛盾扩大化。这就突破了过去公权力不介入私人领域的理念,使国家的职能出现了重大变化,即由"消极国家"向"积极国家"转变,由"守夜人"式的国家向"福利国家"转变,因为"纠正社会和经济的弊病乃是政府的职责,这种看法反映了人们

---

[1] 〔丹麦〕考斯塔·艾斯平 – 安德森:《福利资本主义的三个世界》,郑秉文译,法律出版社,2003,第22页。
[2] 夏勇:《中国民权哲学》,三联书店,2004,第76页。
[3] 胡敏洁:《福利权研究》,法律出版社,2007,第55页。
[4] 许育典:《社会国》,《月旦法学教室》2003年第12期。
[5] 目前,所有的社会法都确立了国家的责任和义务,如促进就业法、社会保险法、社会救助与社会福利法等都明确了国家的责任和义务。并非所有的社会法都规定了社会义务,如社会保险法要求每个人都要缴纳社会保险费,这是个人的社会责任,也是社会义务,而慈善法中的社会捐赠不是社会义务,也不是法律责任,仅仅是一种道德责任。这是国家和社会作为社会法义务主体的最主要区别。
[6] 夏勇:《中国民权哲学》,三联书店,2004,第169~170页。

的情感"。① 正如丹宁勋爵所描述的,"在过去,政府只关注治安、国防和外交,把工业留给了实业家和商人,把福利事业留给了慈善机构",但20世纪以来,"政府要关注生活的各个方面,我们有'福利国家'和'计划国家'之称"。② 台湾学者陈新民说,在福利国家(亦称社会法治国),"却不似自由主义法治国专注于个人财产,而是以'个人劳动'为着眼的社会",③ 政府与个人或社会产生了一种"服务性"的法律关系,来保障社会的福祉,是"反映社会所有参与者利益的一种妥协性质的产物"。④ 新自由主义者哈耶克也毫不掩饰地承认,在"一个极为广泛的非强制性活动的领域",政府承担着"对贫困者、时运不济者和残疾者进行救济""确立最低限度的维系生计的标准""推行社会保障和教育"等责任和义务。⑤ 夏勇教授在《走向权利的时代》中将社会成员的需求归结为"温饱、安宁、公正、自由、福利",⑥ 应该说这些在社会法中都有体现和反映,只不过社会法上的安宁主要是指"生活的安宁",自由主要是指"免于匮乏的自由"。社会法上的"积极国家"是社会权的必然要求,它是"对国家请求为一定行为的权利,从而区别于以排除国家介入为目的的自由权",⑦ 其核心思想是:强调运用国家权力对经济生活进行适度干预和调节,对私有财产权予以适当限制,倡导社会保险、社会救济、劳工保护和劳资合作等社会权利,以解决自由市场经济发展中出现的严重分配不公等社会问题。

(2)国家和社会帮助的内容。社会法上国家和社会帮助的内容主要是两个方面,一是物质帮助,一是权利帮助,其中前者为最核心内容。

前述可知,在市场条件下,社会成员拥有的资源数量、能力素质等有差别,导致他们的竞争机会不均等,形成客观上的收入分配不公和强弱悬殊。于是,处于强势地位的主体就会充分利用其有利地位攫取自己的利

---

① 姜明安主编《行政法与行政诉讼法》,北京大学出版社,1999,第4页。
② 〔英〕丹宁勋爵:《法律的训诫》,杨百揆、刘庸安等译,法律出版社,1999,第61页。
③ 陈新民:《公法学札记》,中国政法大学出版社,2001,第93页。
④ 陈新民:《公法学札记》,中国政法大学出版社,2001,第95页。
⑤ 〔英〕哈耶克:《法律、立法与自由》(第2、3卷),邓正来等译,中国大百科全书出版社,2000,第332~333页。
⑥ 夏勇主编《走向权利的时代》,中国政法大学出版社,2000,第620~622页。
⑦ 〔日〕芦部信喜:《宪法》,林来梵等译,北京大学出版社,2006,第242页。

益，将弱势一方主体置于更加不利的境地，甚至威胁到他们的基本生存，造成整个社会经济生活不稳定。这时，"法律就要对各种利益的重要性作出估量和平衡，并为协调利益冲突提供标准和方法，使利益得到协调和整合"。① 为了弥补市场机制这种与生俱来的内在缺陷，就要通过市场之外的诸如国家的、社会的力量予以矫正，以克服市场竞争和私法自治产生的种种弊端：对社会弱者给予一定的物质帮助，并以社会福利的方式维护全体社会成员的生活安全。从客观上说，社会法的产生涉及诸多因素，在国家和社会的物质帮助方面，它至少与以下因素有关：一方面，市场优胜劣汰，必然产生弱势群体，需要有完善的规则进行调整；另一方面，在面临自然灾害时，需要更为稳定和系统化的社会规则来构建安全网络。不仅如此，"社会法的产生还与道德、可持续发展、社会政策目标等诸多因素有关"。② 正是在这个意义上，有学者将社会法理解为"调整在国家保障自然人基本生活权利过程中发生的具有国家给付性的社会关系的法"。③ 汤黎虹教授认为，社会法"是应当履行社会帮扶义务（责任）的主体依法帮扶享有被帮扶权利的主体的'帮扶'之法"，也是从国家和社会帮助的角度对社会法进行界定的。他将社会法的调整对象理解为"扶助弱势群体、增进社会公益和维护社会安定三个方面的关系"，并做了一系列解释。④ 其实，在这"三个关系"定位中，只有第一个定位是准确的，第二个定位则过于宽泛。社会公共利益包含很多内容，社会福利只是其中的一部分，⑤ 对此我们不能以偏概全，更不能"以全概偏"。其第三个关系定位的错误是不言而喻的，"社会安定"是法律的社会功能而不是法律调整的对象。退一步说，即便"社会安定"是一种社会关系，也不能说"调整""社会安定关系"的法律就是社会法，因为刑法、民法、行政法等几乎所有的部门法都有维护社会安定的功能，我们不能说这些法律都是社会法。按照台湾学

---

① 何自荣：《社会法基本问题探究——从私法与公法比较之视角》，《昆明理工大学学报》（社会科学版）2009年第8期。
② 杨旭：《经济法与社会法关系考察》，《河北法学》2004年第9期。
③ 扈春海：《社会法的界定论》，载林嘉主编《社会法评论》第3卷，中国人民大学出版社，2008，第158页。另参阅郑尚元《社会法的定位和未来》，《中国法学》2003年第5期。
④ 汤黎虹：《社会法特征之我见》，《法治研究》2009年第11期。
⑤ 余少祥：《论公共利益的行政保护——法律原理与法律方法》，《环球法律评论》2008年第3期。

者陈国钧的理解，社会法就是一种以国家和社会帮助或给付为内容的法律，其特征是"用以保护某些特别要扶助人群的经济生活安全，或是用以普遍促进社会大众的福利"。①

社会法中国家和社会帮助的另一项重要内容是权利帮助。从广义上说，权利帮助包括物质救济。为了使"国家和社会帮助"的内容更加清晰，本文分别论述这两个问题。社会法的基本理念之一是扶助弱势群体，对私权进行适当限制。所谓"势"，根据《辞海》解释是指权力。《周书·君陈》王曰，"无依势作威"，也就是我们所说的"权势"，包括政治势力和社会势力等。"弱势"在一定意义上就是"弱权"，即不能依靠自身或家庭的力量维持起码生活水平，或者维护自身正当权益。② 由于缺乏"权势"和基本的社会支持系统与个体支持体系等，弱势群体很容易受到社会伤害。黑格尔认为，市民社会是个人追逐私利的领域，是一切人反对一切人的战场。他说："在市民社会中，每个人都以自身为目的，其他一切在他看来都是虚无。但是，如果他不同其他人发生关系，他就不能达到他的全部目的。因此，其他人便成为特殊的人达到目的的手段"；③ "市民社会的市民，就是私人，他们都把本身利益作为自己的目的"。④ 黑格尔所谓的"市民"，实际上就是亚当·斯密所说的"经济人"和边沁所谓的"功利主义者"，其自身利益最大化乃是他们一切行动的目标。他所谓的"市民社会"也就是私法中的社会，这是一个"个人主义"的社会，强调个人权利的优先性，宣扬个人优先于国家和社会。由于个人的逐利性与公共利益之间会出现不可避免的矛盾，国家权力不得不进入私人领域，对某些私权进行适当限制，使"每个人的基本权利，因维护尊严和自由之需，都得到最低限度的保障"。⑤ 比如，制定完善的社会保障制度是国家的主要义务之一，"构成了基本权利的内容"。⑥ 吴传颐在阐述社会法的本质时，认为其中一个重要方面是"对私权附以社会的义务"。他说："这点意义上，社会法和中世纪的封建法颇相近似，都以义务为权利实质的基础，权

---

① 陈国钧：《社会政策与社会立法》，三民书局，1984，第112页。
② 余少祥：《法律语境中弱势群体概念构建分析》，《中国法学》2009年第3期。
③ 〔德〕黑格尔：《法哲学原理》，范扬译，商务印书馆，1961，第197页。
④ 〔德〕黑格尔：《法哲学原理》，范扬译，商务印书馆，1961，第201页。
⑤ 夏勇：《中国民权哲学》，三联书店，2004，序，第13页。
⑥ 〔日〕芦部信喜：《宪法》，李鸿喜译，元照出版公司，1995，第103页。

利的授予只是使权利人负终局义务的手段。"①实际上,这也体现了社会法与传统私法有很大的不同。在传统私法领域中,权利和义务是对等的,在社会法中二者则不必然对等,如最低生活保障、社会救助、社会福利等权利的享有者并不以承担相应的义务为前提,其义务主体固化为国家和社会,与权利人没有关系。社会法正是通过不附随义务的手段实现对社会成员的"权利帮助"的,这是社会法不同于公法和私法的重要特征之一。也是在这个意义上,可以说社会法蕴含了"人权的内在精神",即"人道精神、法治精神和大同精神",②它通过固化权利义务关系,致力于缩小贫富差距,维护社会成员的生活安全,实现社会和谐。

(三) 需要区别的两个概念

有学者认为,社会法学与"社会学法学"(sociological jurisprudence)是同一概念,它"与法律社会学(亦称法社会学 sociology of law)是两个基本一致、略有区别的概念","前者是从学派即从研究方法和理论重心上说的,后者是从学科意义即从法学与社会学跨学科的意义上说的"。③ 这个认识是十分错误的,必须予以澄清。其一,社会法学与社会学法学不是同一概念。"社会法学"是以社会法为研究对象形成的学科,主要研究社会法的起源发展、理论基础、性质定位、价值原则、法律机制、功能结构、内容体系等,也包括一些分支学科如劳动法、社会保障法和慈善法等的研究。在学术定位上,社会法学是法学的分支学科。"社会学法学"则是将法律置于社会背景之中,以社会学的方法研究法律现象与其他社会现象的相互关系,是社会学和法学之间的一门边缘学科。社会学法学是社会学的分支之一,是"作为社会学的法律科学",④ 其研究有助于人们从社会整体观念出发,认识法律的社会基础和社会作用,从而更好地利用法律的控制作用解决社会问题。其二,社会法学与法律社会学不是"基本一致"的概

---

① 吴传颐:《社会法和社会法学》,《中华法学杂志》1948 年第 7 卷第 1 期。
② 夏勇:《中国民权哲学》,三联书店,2004,第 150 页。
③ 董保华等:《社会法原论》,中国政法大学出版社,2001,第 36 页;史探径:《社会法学》,中国劳动社会保障出版社,2007,第 15 页;李宁等:《社会法的本土化建构》,学林出版社,2008,第 8 页。
④ 〔奥〕欧根·埃利希:《法社会学原理》,舒国滢译,中国大百科全书出版社,2009,第 26 页。

念，社会学法学与法律社会学才是基本一致或同一概念。作为专业术语，"法律社会学"一词最早出现在1892年于意大利佛罗伦萨出版的社会学家昂齐洛迪的著作《法律哲学与社会学》中，[①] 主张以社会学的方法研究法律的实行、功能和效果等，与社会学法学的观点基本一致。有些西方国家将社会学法学称为"法律社会学"（sociology of law）（或译为"法社会学"）、"法律与社会"（law and society）或"法学与社会科学"（law and social science）。尽管名称不一，但含义基本一致。目前西方炙手可热的经济分析法学、批判法学、女权主义法学等学说，大多被认为是社会学法学的当代变种。

社会学法学与社会法学在内涵和外延上有很大的不同。第一，学科的目标不同。社会法学研究既有理论研究，又有规范研究和制度设计，其目标是通过相关立法，保护社会弱者乃至全体社会成员的生活安全，促进社会和谐。社会学法学视法律为一种社会现象，强调法律和社会之间的关系，强调社会利益对法律和社会发展的重要性，它"把法律经验看作可变的和场合性的"，[②] 其目标是"使法律机构能够'更完全、更理智地考虑那些法律必须从它们出发并且将被运用于它们的社会事实'"。[③] 如奥地利学者埃利希认为，"法之所以始终处于变动不居的状态，是因为人类不断地向法提出新的任务"，[④] 因此"法学的永久的重大任务就是要解决生活变动的要求和既定法律的字面意义之间的矛盾"。[⑤] 这与社会法学的规范研究完全不同。第二，二者研究的对象不同。社会法学研究的对象是具体的法律规则、法律制度、法律体系及其背后的法理，包括社会法的基本特征和法律原则等。与社会法学对应的概念是民法学、刑法学、行政法学、诉讼法学等。社会学法学的研究对象是社会现象、社会事实及其对法律的影响。因此，社会学法学并不研究具体的法律制度和法律规定，它在很大程度上

[①] 参见徐逸仁《法律社会学浅论》，《上海大学学报》（社科版）1988年第6期。
[②] 〔美〕P. 诺内特等：《转变中的法律与社会：迈向回应型法》，季卫东、张志铭译，中国政法大学出版社，2004，第10页。
[③] 〔美〕P. 诺内特等：《转变中的法律与社会：迈向回应型法》，季卫东、张志铭译，中国政法大学出版社，2004，第82页。
[④] 〔奥〕欧根·埃利希：《法社会学原理》，舒国滢译，中国大百科全书出版社，2009，第440页。
[⑤] 〔奥〕欧根·埃利希：《法社会学原理》，舒国滢译，中国大百科全书出版社，2009，第442页。

是一个法理学派或法学思潮,与其对应的概念是自然法学、分析实证法学、历史法学等。作为当代西方最主要的法学流派之一,社会学法学支派繁多,如自由法学派、利益法学派、现实主义法学派、社会连带主义法学派、社会心理法学派等。由于派系纷繁,社会学法学目前尚无确切的定义。第三,学科的结构不同。社会法学可以分为总论和分论两个部分,总论主要研究社会法的基础理论,即"义理、考据和辞章",分论主要研究具体的法律制度及其内容体系,如究竟哪些法律是社会法,等等。社会学法学的结构则无章可循,因为法律与社会的关系是一个大框架,究竟构建一个什么样的框架,完全取决于研究者的学术兴趣和注意中心。如诺内特把法律分为"压制型法"①、"自治型法"② 和"回应型法"③,提出要"在更经验的意义上研究法律",认为社会学法学应"更多地回应社会需要",④ 因它和现实主义法学的真正计划"在于回应型法,而非社会学"。⑤ 但这些都只是一家之说,社会学法学至今并没有形成权威的学科结构,甚至真正意义上的学科。第四,研究的内容不同。社会法学研究的内容本章已有详述,社会学法学研究的内容则完全不同。后者主要研究法在社会生活中的实际效能,法律与社会之间、法律现象与其他社会现象之间、法律与人之间的相互联系和相互作用等。如埃利希认为,"法条由于法律制度的变迁而丧失功能",⑥ 因而"任何法律发展都建立在社会发展之上"。⑦ 这与社会法学研究注重解决社会问题的思路有很大的不同。可见,社会法学和社会学法学虽然只有一字之差,但二者不在一个层面,甚

---

① 〔美〕P. 诺内特等:《转变中的法律与社会:迈向回应型法》,季卫东、张志铭译,中国政法大学出版社,2004,第 31 页。
② 〔美〕P. 诺内特等:《转变中的法律与社会:迈向回应型法》,季卫东、张志铭译,中国政法大学出版社,2004,第 59 页。
③ 〔美〕P. 诺内特等:《转变中的法律与社会:迈向回应型法》,季卫东、张志铭译,中国政法大学出版社,2004,第 81 页。
④ 〔美〕P. 诺内特等:《转变中的法律与社会:迈向回应型法》,季卫东、张志铭译,中国政法大学出版社,2004,第 81 页。
⑤ 〔美〕P. 诺内特等:《转变中的法律与社会:迈向回应型法》,季卫东、张志铭译,中国政法大学出版社,2004,第 115 页。
⑥ 〔奥〕欧根·埃利希:《法社会学原理》,舒国滢译,中国大百科全书出版社,2009,第 433 页。
⑦ 〔奥〕欧根·埃利希:《法社会学原理》,舒国滢译,中国大百科全书出版社,2009,第 436 页。

至可以说是"风马牛不相及"的概念。

What Is Social Law?
Yu Shaoxiang

Abstract: Social law has existed as a legal department for a long time, but so far there is no authoritative definition about social law. Social law first show up in Germany and France, then it spread in Britain, America, Japan and other countries, but foreign theorists have different definition of social law. Chinese researchers also study "social law" on different levels. Some scholars declare that social law is not clearly defined, not a concept of law, some others divide the concept into different levels to understand, and there are scholars study the social law from the aspect of jurisdictions or departments. To definite the social law, one should understand three key words – security of the weak, social welfare, national and social assistance, therefore social law can be defined as: the law formulated and issued by government, which is designed to protect life safety of the weak, provide social welfare and promote people's livelihood and welfare, with the state and society help or benefits.

Key words: Definition of Social Law; Foreign Theory; Domestic Theory

劳动法研究

论我国无固定期限劳动合同制度之完善

——以法律适用为视角[*]

刘金祥 孙 珏[**]

目 次

一 我国无固定期限劳动合同制度的现状
  （一）《劳动合同法》关于无固定期限劳动合同的规定
  （二）无固定期限劳动合同制度存在的问题
二 我国无固定期限劳动合同法律适用中存在的问题
  （一）第三次续签无固定期限劳动合同规定形同虚设
  （二）各地劳动者特殊时期顺延的规定截然相反造成同案不同决
  （三）无固定期限劳动合同语境中的"双倍工资"规定实为摆设条款
  （四）签订无固定期限劳动合同要求劳动者事先提出程序的不甚合理
  （五）劳务派遣的员工不得签订无固定期限劳动合同的规定颇为不公
三 域外无固定期限劳动合同立法借鉴
四 我国无固定期限劳动合同制度完善的建议
  （一）规范第三次续签的法定情形
  （二）统一各地劳动者特殊时期顺延的法律适用
  （三）"双倍工资"罚则与制度奖励合理并用，维护劳资双方合法权益
  （四）设置合理的提前续签期限，从程序上对劳动者倾斜保护
  （五）修改立法，将劳务派遣员工纳入无固定期限劳动合同保护范畴

---

[*] 本文系笔者主持的国家社科基金一般项目"重大劳资矛盾预警与处置法制机制研究"（项目编号：2012BFX117）、上海市教育委员会科研创新重点项目"我国劳资关系调整模式多元化路径的反思和重构"（项目编号：12ZS047）的阶段性研究成果。

[**] 刘金祥，华东理工大学法学院教授、博士生导师；孙珏，华东理工大学法学院经济法专业研究生。

摘　要：从2008年1月1日《劳动合同法》实施以来，我国无固定期限劳动合同在法律适用中问题不断。在劳动者和用人单位市场地位极其不平衡的环境中，无固定期限劳动合同处于劳动者渴望签订而用人单位力图规避的尴尬地位，该问题受到了社会高度关注。然而2012年《劳动合同法》首次修正审议只对劳务派遣做了相应的调整和修订，对当下备受瞩目的无固定期限劳动合同制度并未涉及。2008年以来，最高人民法院分别于2010年和2013年发布了《关于审理劳动争议案件适用法律若干问题的解释（三）》和《关于审理劳动争议案件适用法律若干问题的解释（四）》，两个司法解释同样对当下备受瞩目的无固定期限劳动合同只字不提。本文从无固定期限劳动合同法律适用存在的诸多问题分析入手，试图提出解决问题的路径，以期进一步完善无固定期限劳动合同制度，更好地维护劳动者的合法权益。

关键词：无固定期限劳动合同　法律适用　立法借鉴　制度完善

一　我国无固定期限劳动合同制度的现状

（一）《劳动合同法》关于无固定期限劳动合同的规定

我国无固定期限劳动合同的相关规定主要见诸《劳动合同法》第14条，这一规定是从《劳动法》第20条发展而来的。《劳动法》第20条第2款规定："劳动者在同一用人单位连续工作满十年以上，当事人双方同意续延劳动合同的，如果劳动者提出订立无固定期限劳动合同，应当订立无固定期限劳动合同。"《劳动合同法》对此做了重大修改和补充：（1）第40条第1款明确了无固定期限的定义，无固定期限并非没有终止之日，而是双方没有就终止之日达成合意，就此将学界和实务界一直争议的无固定期限劳动合同的终止时间问题明确下来；（2）更改双方同意续延劳动合同这一规定，取消了用人单位同意的条件，赋予劳动者最大权利，让劳动者完全占主动，力求促成无固定期限劳动合同的签订，对劳动者倾斜保护；（3）扩大了劳动者签订无固定期限劳动合同的适用范围，除劳动者在用人单位连续工作满十年外，用人单位初次实行劳动合同制度或者国有企业改制重新订立劳动合同时，劳动者在该用人单位连续工作满十年且距法定退休年龄不足十年的,以及连续订立两次固定期限劳动合同,且劳动者没有本法第 39 条和第 40 条第 1 项、第 2 项规定的情形,连续订立合同的;(4)增加了事实劳动关系默认为签订无固定期限劳动合同的条款,用人单位自用工之日起满一年不与劳动者签订书面劳动合同的,视为用人单位与劳动者已订立了无固定期限劳动合同。[①]

(二) 无固定期限劳动合同制度存在的问题

虽然《劳动合同法》第 14 条的规则对无固定期限劳动合同制度做了进步性的修改和补充,但是实践中往往仍然无法实现立法者对于普及无固定期限劳动合同的愿望。有数据显示,固定期限劳动合同占据着劳动合同大约 70% 的比例,在这些固定期限劳动合同中又存在大量的短期合同,其中三年以下的短期合同达到了 80%,一年期的劳动合同签订率非常高,一年一签的劳动合同也占据了相当大的比例。与固定期限劳动合同的高占有率相比,无固定期限劳动合同的签订率则显得微不足道,国有和非国有企业的无固定期限劳动合同的签订率都保持在非常低的水平上。[②]

为何出现这种与立法者初衷南辕北辙的结果,原因还是出自制度本身。自从《劳动合同法》颁布实施以来,围绕无固定期限劳动合同的争议便一直存在:法律的单方强制色彩过于强烈,无固定期限劳动合同的稳固性与用人单位自身的成本利益往往不相符,导致用人单位对无固定期限劳动合同的抵触成为普遍存在的现象。从法律本身来看,随着劳动合同越来越普及,无固定期限劳动合同制度的立法漏洞越发明显,在单项制度设置以及与其他制度的连接上都存在硬伤,对于一些细节的处理显得非常模糊:法律和政府颁布的行政法规之间存在落差,一些涉及劳资双方利益的平衡机制难以得到真正的实施,某些规定看似美好但经不起推敲,缺少合理的实践环境,等等。诸如上述的立法不完善使得无固定期限劳动合同的条文在一定程度上形同虚设,这些不足迫使我们进一步研究劳动合同制

---

① 姜颖:《无固定期限劳动合同立法完善之探讨》,《中国劳动关系学院学报》2008 年第 5 期。
② 数据出自中华人民共和国人力资源和社会保障部规划与统计,转引自姜颖《无固定期限劳动合同立法完善之探讨》,《中国劳动关系学院学报》2008 年第 5 期。

度，特别是无固定期限劳动合同制度，力求完善理论体系，从而尽早解决实际问题。

二 我国无固定期限劳动合同法律适用中存在的问题

（一）第三次续签无固定期限劳动合同规定形同虚设

《劳动合同法》第 14 条规定："有下列情形之一的，劳动者提出或者同意续订、订立劳动合同的，除劳动者提出订立固定期限劳动合同外，应当订立无固定期限劳动合同：……（三）连续订立二次固定期限劳动合同，且劳动者没有本法第三十九条和第四十条第一项、第二项规定的情形，续订劳动合同的。"在实际操作中，劳动者想从两次固定期限转成无固定期限的前提有二：一是前两次是连续的固定期限劳动合同；二是第二次固定期限到期需要续签。

实践中出现了三种规避的现象。（1）通过离职相威胁。例如，王丽红 2009 年 3 月与一家外贸公司签订劳动合同，在公司从事会计工作。对于公司的工资福利，王丽红还算满意，唯一使她担心的是工作的稳定性。公司与她签订的劳动合同时间为一年，这意味着每年的 3 月份都要续签合同。她的劳动合同写明"本合同×××年 4 月 1 日终止，本合同期限届满前，甲乙双方经协商同意，可以续订劳动合同"。这意味着，如果单位在每年的 4 月 1 日前，不和她续订劳动合同，她就会失业。转眼 2012 年 3 月份就到了，公司的人事主管叫王丽红到办公室，拿出了两份文件要她签署。王丽红拿起文件一看，大吃一惊。一份文件是，员工自愿申请与公司签订固定期限劳动合同；另一份是新的劳动合同，上面写的时间还是一年，就是说这仍是一份固定期限劳动合同。"按照《劳动合同法》规定，公司不是应该和我签无固定期限劳动合同吗？"王丽红问人事主管。"你说的没有错，可法律条文是死的，人是活的。"人事主管冷静地看着王丽红说，"你如果不签这两份文件，公司就不同意和你续订劳动合同。是签文件还是离职，你自己选吧。"[①] 王丽红不得已，只能在这两份文件上签字。

[①] 降蕴彰：《劳动合同法今年修改，重点规范劳动派遣用工》，网址：http://www.doc88.com/p-999957147610.html，最后访问日期：2012 年 3 月 26 日。

(2) 通过签订完成一定工作任务的合同来规避。《劳动合同法》第 14 条第 3 项中明确指出第三次签订无固定期限劳动合同的前提是连续签订了两次固定期限劳动合同,这就缩小了劳动合同的范围,将以完成一定任务为期限的劳动合同排除在外。用人单位为了规避这一条款便可以在第一次签订了固定期限劳动合同后第二次签订一个完成一定工作任务的合同,这样既能达到用人干活的目的,也成功地逃避了第三次续签要签订无固定期限劳动合同的情形,因此导致《劳动合同法》第 14 条的第 3 项无法付诸实行。(3) 通过变更延长手段逃避。针对《劳动合同法》第 40 条第 3 项的第二个前提条件,劳动者可能会遭遇更多的尴尬,用人单位在劳动者第二次固定期限劳动合同运行中期或者即将结束时完全有可能对合同的期限加以变更,防止合同的到期而无限延长,使第二次固定期限劳动合同成为一个事实上的无固定期限劳动合同,却始终没有无固定期限劳动合同的名分。

上述现象,使得广大劳动者纷纷叹息:"无固定"想说爱你真是不容易。

(二) 各地劳动者特殊时期顺延的规定截然相反造成同案不同决

劳动者的特殊时期主要是指劳动者医疗期、女职工的三期等这些不得不暂时停工的时期。以医疗期为例,就上海和北京两地而言,在对待医疗期是否可以顺延这一问题上就出现了偏差。北京的做法是,只要是在劳动合同期限内发生就医情形,合同期限就可以顺延至医疗期满,如果此时劳动者在此用人单位工作满十年,就可以续签无固定期限劳动合同。上海的做法则是,合同期限的延续只是为了照顾劳动者的特殊情况,对合同终止时间进行了相应的延长,而非不得终止。所以即使由于法定顺延,劳动合同期限超过了十年,劳动合同期满,合同也可以自然终止。同样的问题出现了两种截然不同的处理,这对劳动者和用人单位而言其结果显然也是相差甚远。此外,与上海同为长三角地区的江苏省的做法则与北京相似。《江苏省关于审理劳动争议案件的指导意见》第 9 条规定:"劳动合同期限届满后,因下列情形而延续,致使劳动者在同一用人单位连续工作满十年,劳动者提出订立无固定期限劳动合同的,应予支持:(一) 从事接触职业病危害作业的劳动者未进行离岗前职业健康检查,或者疑似职业病病人在诊断或者医学观察期间的;(二) 患病或者非因工负伤,在规定的医疗期内的；（三）女职工在孕期、产期、哺乳期的。"北京、江苏、上海的规定都是在《劳动合同法》的基础上做出的适用规范，但各地做法的不统一必然会产生同案不同决，造成对劳动者的不公平对待。

（三）无固定期限劳动合同语境中的"双倍工资"规定实为摆设条款

《劳动合同法》第82条规定："用人单位自用工之日起超过一个月不满一年未与劳动者订立书面劳动合同的，应当向劳动者每月支付二倍的工资。用人单位违反本法规定不与劳动者订立无固定期限劳动合同的，自应当订立无固定期限劳动合同之日起向劳动者每月支付二倍的工资。"这一条款分为两个部分：前一款对事实劳动关系进行了相关的规制，第二款用罚则对无固定期限劳动合同的订立加以促使。然而"双倍工资"罚则法律适用主要还是围绕第一部分的事实劳动关系展开的，难以发现第二部分的无固定期限劳动合同的"双倍工资"罚则在劳动争议仲裁和司法审判中是否有过实际运用，这一空白使得《劳动合同法》第82条第2款形同虚设，成为摆设条款。

（四）签订无固定期限劳动合同要求劳动者事先提出程序的不甚合理

沈女士在公司连续工作了十年，在合同期满后，公司通知其第二天不用上班了。沈女士认为自己连续工作已经满十年，符合签订无固定期限劳动合同的情形，公司所谓的终止合同的行为构成违法解除。但公司以沈女士在合同到期前未提出续订为由不同意订立无固定期限劳动合同，双方因此闹上法庭。对于公司的说法，沈女士感到很困惑，签订无固定期限劳动合同是否一定要在期满前提出？口头提出还是必须书面提出？员工又该如何证明自己曾经提出过？如果单位只同意签订固定期限劳动合同或干脆不续订劳动合同，又该怎么办呢？[1]

劳动者何时提出签订无固定期限劳动合同才有效，在《劳动合同法》里并无明文规定。但有一种观点认为，《劳动合同法》第14条所规

---

[1] 李轶捷：《"无固定"，想说爱你不容易》，《劳动报》2010年11月20日。

定的签订无固定期限劳动合同的几种法定情形有一个共同前提：用人单位和劳动者必须有一方向对方提出续订，且要签订无固定期限劳动合同，如果这个前提条件没有达到，那么用人单位和劳动者要么继续维持现有的法律状态，要么接受既成的法律事实。同时，2008年9月18日颁布的《劳动合同法实施条例》第11条也明确规定："除劳动者与用人单位协商一致的情形外，劳动者依照劳动合同法第十四条第二款的规定，提出订立无固定期限劳动合同的，用人单位应当与其订立无固定期限劳动合同……"①

据上述观点，劳动者要求订立无固定期限劳动合同，必须在双方还存在劳动关系的时候提出，不能等到双方劳动合同已过期、劳动关系已经终止后提出。对此，劳动者想要签订无固定期限劳动合同就必须在前一次的固定期限劳动合同到期前提出请求。这里出现了两个问题：一是劳动者自身要对《劳动合同法》有所掌握，需要知道提出签订无固定期限的时间要求；二是即便劳动者知道其中的规则，向用人单位提出续签的请求是否能够得到用人单位的采纳。这种情况下，预期提示会不会变成用人单位逃避签订无固定期限劳动合同的预警值得我们反思。虽然《劳动合同法》第14条及相关的条文力图促成无固定期限劳动合同的签订，但是法律并非牢不可破，它赋予劳动者的权利并不能因此就直接转化成实现自身权利的能力，这一点在劳资关系紧张的大背景下尤为突出，在无固定期限劳动合同受到各方质疑的条件下这种情形则难以避免。

（五）劳务派遣的员工不得签订无固定期限劳动合同的规定颇为不公

如今，劳务派遣已经成为劳动力市场上的一种越发常态化的用工方式，用人单位变成用工单位，与劳动者之间没有直接的劳动关系使得劳动者对劳务派遣心存芥蒂。劳动者和用人单位之间的非直接劳动合同关系以及直接的用工作业关系导致了一系列劳资纠纷的发生，这也是影响经济社会稳定的社会性问题。《劳动合同法》第66条规定："劳务派遣一般在临时性、辅助性或者替代性的工作岗位上实施。"临时性要求工作时间不超

---

① 李轶捷：《"无固定"，想说爱你不容易》，《劳动报》2010年11月20日。

过6个月的最高规定,辅助性则体现在劳务派遣工作是为主营业岗位提供服务的次要位置,替代性一般表现为职工因脱产学习、休假等原因在一定期间内无法工作,需要他人替代岗位完成工作任务。相比于其他用工方式,劳务派遣的"三性"决定了劳务派遣往往处于劳动者和用人单位心理以及事实上的最底层,工作的动荡性和待遇的不平等使得劳动者缺少安全感和归属感,这对于用人单位和整个社会稳定都是不利的。对于劳务派遣的期限,《劳动合同法》第58条第2款规定:"劳务派遣单位应当与被派遣劳动者订立二年以上的固定期限劳动合同……"然而却没有条文明确规定劳务派遣是否可以签订无固定期限劳动合同,这一规定对用人单位而言是非常有利的,却让劳动者处于极为不利的地位,几乎没有任何能力保障自己的工作稳定。

三 域外无固定期限劳动合同立法借鉴

英国无固定期限劳动合同制度坚持着"雇佣自由"的基本理论,公法对劳动法的影响微不足道。虽然无固定期限劳动合同是主要的劳动合同类型,但是双方当事人随时可以解除劳动合同,合同订立、变更和解除十分自由,几乎不会受到国家的强制干预,主要是双方当事人来约定劳动合同的内容和期间等,仍然依据"雇佣自由"理论来调整劳动关系。美国劳动法以"雇佣自由"为基本原则,强调劳动合同双方当事人意思自治。[①] 在"雇佣自由"原则指导下制定出来的美国劳动法对于无固定期限劳动合同的签订和解除相当宽松,因此,一般情况下用人单位在与劳动者签订无固定期限劳动合同时,并不需要担心与劳动者签订无固定期限劳动合同会加大自己的负担和解除合同向劳动者支付经济补偿金。目前,无固定期限劳动合同的解除受到违反公序良俗原则和公共利益原则的限制,以及对报复性解除劳动合同等不利于劳动者的限制。司法实践当中加强了对于劳动者利益的保护,虽然美国用人单位解除无固定期限劳动合同受到了一些限制,但是那些限制条件仍相当宽松,除用人单位恶意或者报复性解除以外,其他情况下仍然保留"雇佣自由"的原则。

[①] J. 豪尔特·弗克凯:《雇佣合同法》[2008-4-16], http://ssrn.com/abstract=617891。

法国无固定期限劳动合同的内容和类型规定得非常具体，国家通过立法和公权力来强制干预劳动合同类型，保障无固定期限劳动合同的统治地位，对于我国完善劳动合同制度具有较大的借鉴意义。首先，无固定期限劳动合同在法国是常态化的劳动合同形式。法国劳动法规定了无固定期限劳动合同的条件和要求，在法律上用具体规定来严格控制固定期限劳动合同的使用范围，以确保更好地保护劳动者的合法权益。[1] 其次，法国劳动法关于无固定期限劳动合同的内容相当丰富，另外突出的特点是专门有一章对"劳动合同期限"进行规定，涉及的条文很多，规定具体全面。德国用人单位与劳动者签订无固定期限劳动合同比较容易，不像我国用人单位怕一旦签订无固定期限劳动合同就难以摆脱劳动者，采取各种途径规避签订无固定期限劳动合同。德国无固定期限劳动合同比较突出的特点是，正常解除与非正常解除无固定期限劳动合同的两种方式与其他存在明显的区别。台湾地区法律只在临时性、短期性、季节性和有些特定性行业允许用人单位与劳动者签订定期劳动合同，非常严格地限制其他领域适用定期劳动合同，从而保障不定期劳动合同的主导地位。[2] 日本企业为保存和发展自己，并考虑劳动者利益，与劳动者签订终身合同。[3] 日本终身雇佣制度并不是法律形式确定下来的，而是企业自发形成的，所以其没有法律效力。日本终身雇佣制度具有全国性行业规则的性质，具有比较高的权威，企业一般都受到行业规则的限制。除社会上发生经济危机或者企业本身出现严重问题无法正常运行和确实需要裁员情况之外，在企业长期上班的正式员工不得被随意解雇。[4] 一般的临时工和合同工等无法签订终身合同，只是日本大企业和少部分中小企业与劳动者签订终身合同。由此可见，日本部分具有实力的企业才能与正式员工签订终身合同，并不是日本所有劳动者都享受终身雇佣制度，而是终身制要受到一定范围的限制。日本的终身雇佣制是极为稳定的无固定期限劳动合同，与其他国家的无固定期限劳动合同存在很大的区别。

---

[1] 郑爱青：《法国劳动合同法概要》，光明日报出版社，2010，第41页。
[2] 《劳动基准法》第9条："劳动契约分为定期契约及不定期契约。临时性、短期性、季节性及特定性工作得为定期契约；有继续工作应为不定期契约。"
[3] 彭小坤：《劳动合同单方面解除制度研究》，法律出版社，2009，第8页。
[4] 平井常雄：《论日本终身雇佣制》，华东政法大学硕士学位论文，2006，第21页。

大陆法系国家和地区劳动法的共同点，几乎都是对于固定期限劳动合同的适用范围、次数、最长期限和签订条件做出了非常详细和明确的规定，使得无固定期限劳动合同成为常态化的合同类型，在保证用人单位利益的前提下保护好劳动者利益，平衡劳资关系以及维护社会稳定。但是在解除无固定期限劳动合同的条件方面存在很大的不同。法国劳动法规定，只有出现"实际的、重大原因的"情形时，用人单位才能行使单方解除无固定期限劳动合同的权利。法国法律对于正当理由进行概括性的表述，促使法律的灵活适用，避免造成显失公平和法律的僵化。而我国劳动合同法对于用人单位单方解除合同做出了十分具体的规定，使用人单位对于无固定期限劳动合同产生恐惧感，不愿意与劳动者签订无固定期限劳动合同，因为一旦签订了就难以解除合同。除此之外，法国政府对于大量签订无固定期限劳动合同的企业予以优惠政策，这也是法国企业愿意签订无固定期限劳动合同的重要原因。我国法律只规定了无固定期限劳动合同制度，而没有别的配套措施，这对于企业不太公平。德国劳动法不仅在法律形式上确保了无固定期限劳动合同的主要合同形式，而且还制定《解雇保护法》来进一步保证劳动者的合法权益。不过《解雇保护法》规定得相当合理，适用无固定期限劳动合同按照企业规模大小来确定，禁止适用于小企业。从这一点可以看出，德国劳动法对于小企业的发展很照顾，给中小企业发展创造了有利环境。用人单位单方解除无固定期限劳动合同的条件与法国一样，必须提出社会正当理由。我国台湾地区劳动法规定了定期劳动合同和不定期劳动合同，而且通过对定期劳动合同进行非常详细的规定，让不定期劳动合同成为主要的劳动合同类型。日本终身雇佣制合同不被所有企业适用，也不对所有劳动者适用。而我国无固定期限劳动合同不分企业规模大小普遍适用于所有企业和符合法律条件的所有劳动者，有点不切实际。

四 我国无固定期限劳动合同制度完善的建议

纵观英美法系和大陆法系国家和地区的无固定期限劳动合同制度，我们不难发现各国和地区都是立足于本国或本地区具体情况，从劳动力市场实际需要出发建立起具体制度的。相比于英美法系国家"契约自由"理念下"雇佣自由"的无固定期限劳动合同制度，我国对大陆法系国家强制性规定的借鉴更符合我国国情的需要。因此需要我们从实际问题出发,完善无固定期限劳动合同的具体规定,修补法律适用中出现的漏洞,力促无固定期限劳动合同常态化,通过修改立法、颁布司法解释、案例制度指导等途径解决以下问题。

(一) 规范第三次续签的法定情形

(1) 对劳动者在两次签订固定期限劳动合同后,第三次又签订固定期限合同的问题如何解决?笔者认为可以通过变更途径予以救济。对于双方第三次续签了固定期限的劳动合同,劳动者要求变更为无固定期限劳动合同的,应予支持。首先,当双方签订固定期限劳动合同时,劳动者已经符合《劳动合同法》第14条规定的可签订无固定期限劳动合同的条件,此时与劳动者签订无固定期限劳动合同就成了用人单位的义务,除非劳动者自己提出订立固定期限劳动合同。如果双方仍然订立了固定期限劳动合同,劳动者在此固定期限的劳动合同存续期间,要求将原来的固定期限劳动合同变更为无固定期限劳动合同的,人民法院应予以支持。[①] 其次,这样规定符合《劳动合同法》的立法宗旨,更能保护劳动者的利益,也与立法机关的立法意图一致。2007年6月29日全国人大常委在关于劳动合同法新闻发布会上对此问题进行了说明:"为了解决劳动合同短期化的问题,要作这样的规定,并且劳动者是在没有出错的情况下,是遵纪守法、努力工作的情况下,已经连续两次签订固定期限劳动合同,已经付出了劳动,在工作期间能够胜任用人单位工作的情况下,用人单位和劳动者签无固定期限劳动合同也是合理的。"

(2) 劳动者对延长合同期限提出质疑,用人单位可能还会对劳动者解说两种合同事实上并无差别,用用工长期制来搪塞劳动者的异议,在目前用人单位相比于劳动者绝对强势的大背景下,以此切断劳动者要求进入第三次续签无固定期限劳动合同的可能性,使得这一条款陷入了被架空的尴尬地步。[②]《中华人民共和国劳动合同法实施条例(草案)》针对第三次续

[①] 王林清:《无固定期限劳动合同的司法处断》,中外民商裁判网,http://www.zwmscp.com/a/minshangfazonglun/minshangfazonglun/2010/0712/8142.html,最后访问日期:2010年4月29日。

[②] 徐小洪:《〈劳动合同法〉若干条款实施中存在的问题》,《北京市工会干部学院学报》2009年第1期。

签无固定期限劳动合同这个问题曾经有过特别说明。该草案第 11 条规定："固定期限劳动合同中约定合同到期后自动延续的，视为续订固定期限劳动合同。符合劳动法第十四条关于订立无固定期限劳动合同情形的，应当订立无固定期限劳动合同。"然而在《中华人民共和国劳动合同法实施条例》中却没有再出现这一规定，只涉及《劳动合同法》第 14 条第 2 款，对第 3 项并无补充。因此，笔者认为，《劳动合同法》对于无固定期限劳动合同进行修订（或者司法解释）时，可以对第三次续签的前期法定情况进行研究，完善《劳动合同法》第 14 条第 3 项条款。保留《中华人民共和国劳动合同法实施条例（草案）》中对于第二次固定期限劳动合同延长期限的规定，默示合同期限结点后自动续签为无固定期限劳动合同的法律后果，降低用人单位利用合同期限的终结这一敏感时期胁迫劳动者放弃签订无固定期限劳动合同的可能性。防止劳动者第一次或者第二次固定期限劳动合同被无限延长，从而对防止合同短期化、用工长期化的现象普遍化将会起到积极的作用。

（3）《劳动合同法》对于以完成一定任务为期限的劳动合同进行了比较简单的规定，但是实际操作中这种劳动合同被大量运用在项目承包、季节性、临时性的工作中。相比于无固定期限劳动合同，这种劳动合同非常容易操作也更加节省成本，《劳动合同法》第 14 条第 3 项为用人单位提供了一个非常有利的空子，将以一定任务为期限的劳动合同置于了用工风险之外，可以与固定期限劳动合同交叉使用达到逃避签订无固定期限劳动合同的目的。应当将《劳动合同法》第 14 条第 3 项的两次固定期限劳动合同的范围扩大，将以完成一定任务为期限的劳动合同一并归入，这样将防止用人单位偷换概念，打消用人单位恶意逃避法律和社会责任的念头，保护劳动者合法利益。

（二）统一各地劳动者特殊时期顺延的法律适用

《劳动法》第 29 条第 2 项规定，"患病或者负伤，在规定的医疗期内的"，用人单位不得解除劳动合同。《劳动合同法》第 42 条第 3 项也做出相似规定，"患病或者非因工负伤，在规定的医疗期内的"，用人单位不得解除劳动合同。《劳动合同法》第 45 条规定："劳动合同期满，有本法第四十二条规定情形之一的，劳动合同应当顺延至相应的情形消失时终止。"

这相比于《劳动法》对这块的缺失而言有了很大的进步，弥补了合同期在医疗期内期满的法律漏洞，然而从实际效果来看，问题依然存在。根据上海市《关于适用〈劳动合同法〉若干问题的意见》第4条第3款规定："因法定顺延事由，使得劳动者在同一家单位工作超过十年的，是否作为签订无固定期限劳动合同的理由：劳动合同期满，合同自然终止。合同期限的延续只是为了照顾劳动者的特殊情况，对合同终止时间进行了相应的延长，而非不得终止。《劳动合同法》第四十五条也明确规定：'劳动合同期满，有本法第四十二条规定情形之一的，劳动合同应当延续至相应的情形消失时终止。'在法律没有对终止的情况做出特别规定的情况下，不得违反法律关于合同终止的有关规定随意扩大解释，将订立无固定期限劳动合同的后果纳入其中。因此，法定的延续事由消失时，合同自然终止。"

为了杜绝这一现象发生，统一各地的法律适用，需要对《劳动合同法》进行相应的调整。笔者认为无论是扩大顺延医疗期的解释还是保持原本的解释，都需要一个相对公平的处理方式。扩大解释能使劳动者顺利进入订立无固定期限劳动合同的模式中，有利于更加稳定整个社会的劳动关系。

最高人民法院通过颁布这一类指导性案例，力求全国统一正确适用法律，切实体现司法公正和司法统一，实现裁判尺度的统一和司法个案的公正。所以无论劳动合同法怎样看待这个问题，采纳扩大解释或者不扩大解释之观点，都应该对此做出规定，以免分歧。这对维护和谐稳定的劳动关系非常重要。

(三)"双倍工资"罚则与制度奖励合理并用，维护劳资双方合法权益

针对二倍条款下的无固定期限劳动合同法律适用空白，笔者认为应该对整个无固定期限劳动合同的相关条文进行分析。相比于固定期限劳动合同，无固定期限劳动合同具有法定强制性，对用人单位而言限制了用工灵活性，也一定程度地增加了用工成本。然而这两个合同对劳动者和用人单位进入的条件都是一样的，但是在出口的条件上却截然不同，前者宽松后者严格，固定期限劳动合同只要到期便能够终止，无固定期限劳动合同除非出现劳动者自身的严重错误否则难以终止。这一先天条件加上制度的后

期设置使得用人单位想方设法规避劳动者进入签订无固定期限劳动合同的情形,这就使得《劳动合同法》第 82 条第 2 款不可避免地出现真空。所以笔者认为鉴于制度的连贯性,对于无固定期限劳动合同还需要进行进一步的论证,牵一发而动全身,只有从整个制度出发才能避免这一条款的尴尬。因此,需要协调固定期限劳动合同制度和无固定期限劳动合同制度的衔接性,在对待固定期限和无固定期限劳动合同上要做到配置合理,在进出两种劳动合同上可以考虑适用前者严进严出、后者宽进宽出的模式,给签订无固定期限劳动合同的用人单位设置制度奖励,而非一味单方强制或者强调不签订无固定期限劳动合同的惩罚措施。在无固定期限劳动合同明显缺少竞争力的大背景下,给用人单位一个考虑空间,也更多地给无固定期限劳动合同更多的生存空间,使得用人单位更多自愿性地选择与劳动者签订无固定期限劳动合同。

(四)设置合理的提前续签期限,从程序上对劳动者倾斜保护

曾经发生过一个典型案例,某公司员工历年续签合同,最后一份合同结束当日收到用人单位的解聘通知,此时此员工并不知道《劳动合同法》对劳动者提出续签无固定期限劳动合同的具体要求,于是几日后以《劳动合同法》第 14 条第 1 款为依据提出续签无固定期限劳动合同,此请求遭到了用人单位的拒绝。可见《劳动合同法》关于这一问题的设置还比较模糊,劳动者难免会因为不了解规则造成依法被解除劳动关系。另外,用人单位对签订无固定期限存在普遍的抵触,能够有办法避免与劳动者建立无固定期限劳动合同关系当然更加符合用人单位的自身利益。虽然《劳动合同法》第 14 条赋予了劳动者订立无固定期限劳动合同的权利,但是这并非意味着只要劳动者提出签订无固定期限劳动合同,用人单位就必然同意。何以解忧,笔者认为《劳动合同法》要求劳动者提前提出签订无固定期限劳动合同的规定其实是非理性的。劳动合同的期满之日和劳动关系的终止之日既然是同一天,为了防止有些劳动者在不知情情况下吃哑巴亏,是否可以扩大续签的时间范围,将提出续签无固定期限劳动合同的时间从这一时间节点之前顺延至劳动合同期满后,给出一个时效范围,可以是 15 天或者更长。当然还需要完善无固定期限劳动合同签订的相关规定,形成一个连贯性的模式,这值得我们继续探究。

（五）修改立法，将劳务派遣员工纳入无固定期限劳动合同保护范畴

虽然《劳动合同法》没有明文规定，但是《劳动合同法》第14条规定："有下列情形之一，劳动者提出或者同意续订、签订劳动合同的，除劳动者提出订立固定期限劳动合同外，应当订立无固定期限劳动合同：……（三）连续订立二次固定期限劳动合同，且劳动者没有本法第三十九条和第四十条第一项、第二项规定的情形，续订劳动合同的。"既然《劳动合同法》要求劳务派遣签订固定期限劳动合同，那么就有可能存在第三次续签的问题。但立法本身存在一些矛盾，劳务派遣的临时性、辅助性和替代性决定了劳务派遣的工作性质是临时性的，不存在固定期限的问题，用工单位可以随时结束用工。但是《劳动合同法》为了考虑劳动者的利益以及整个社会的稳定效应，对劳务派遣又做了合同期限的强制规定，这就打破了劳务派遣用工模式。既然《劳动合同法》本身已经改进劳务派遣，那么为什么不能进一步予以改进呢？

在涉及第三次续签的问题上如果只强制规定用人单位与劳动者签订两年以上的固定期限劳动合同，则会衍生出更多的问题，使得劳务派遣的员工处于进退两难的境地：劳务派遣的三方当事人机制使得劳务派遣的劳动者处在尴尬的位置，与一般单位的非劳务派遣的固定期限劳动合同工相比，其劳动场所并不是劳务派遣单位本身，从而使得劳务派遣员工缺少合理的维权平台，他们的申诉也显得名不正言不顺；然而法律赋予签订强制性固定期限劳动合同又为其提供了事实上的对话权，他们完全有条件提出签订无固定期限劳动合同。劳务派遣作为目前劳动力市场无法替代的一种用工模式，劳动合同立法应当更多地考虑其实际效果，劳动者与劳务派遣公司之间的关系归根到底也是劳动者与用人单位的关系，劳动者与用人单位在连续签订两次固定期限劳动合同后，劳动者提出或者同意续订、订立劳动合同的，应当订立无固定期限劳动合同。从劳务派遣的实际情况来看，连续签订了两次固定期限或者符合签订两次固定期限的情况非常多，但真正能够签订无固定期限劳动合同的却少之又少，当然这一点在非派遣制用工上也非常普遍，但是作为《劳动合同法》还是应当一视同仁，防止因为立法的对待偏差出现后期操作的歧视，在签订无固定期限劳动合同上应当更加开放，将劳务派遣引入无固定期限劳动合同制度的轨道上来。

总之,《劳动合同法》的宗旨是完善劳动合同制度,保护劳动者的合法权利,构建和发展和谐稳定的劳动关系。因此劳动合同立法是一个不断完善的过程,总会出现阶段性的问题和漏洞,我们要做的就是在实践中发现问题并解决问题,这是任何立法发展的必然趋势。希望本文能够给大家提供一些有用的观点和建议,使得无固定期限劳动合同制度能够更加合理有效,将劳动者的弱势地位风险进一步降低,维护劳动者合法权利,从而维护社会和谐稳定。

On Improvement of Non-fixed Term Labor Contract System
—In the Perspective of Law Application

Liu Jinxiang & Sun Jue

Abstract: The "labor contract law" which has been implemented since January 1, 2008, exposed many problems in the legal application. Laborers and employers are in extremely unbalanced market position, laborers eager to sign non-fixed term labor contract and the employers try to avoid. This problem has highly received social attention. However, the first revision review of "labor contract law" in 2012 only made corresponding adjustment and the revision for dispatching, the high-profile non-fixed term labor contract system is not involved. Since 2008, the supreme people's court released "issues about the trial of labor dispute case applicable law explanation (3)" in 2010 and "issues about the trial of labor dispute case applicable law explanation (4)" in 2013, the two judicial interpretations also said nothing non-fixed term labor contract. This article analyzes the existing problems of legal application of the non-fixed term labor contract, attempts to put forward the path to solve the problem, in order to further improve the non-fixed term labor contract system, and better protect the legitimate rights and interests of workers.

Key words: Non-fixed Term Labor Contract; Application of Law; The Legislative Reference; System Improvement

"工资"概念与实践标准

黄巧燕[*]

目　次

一　"工资"的概念
　（一）我国现时的"工资"定义
　（二）尝试给"工资"下定义
　（三）现行"工资"概念下的实践操作
二　最低工资组成部分应剔除项目问题
三　平均工资的统计口径及适用范围
四　结语

摘　要：我国劳动法规定大量以"工资"为基数的支付项目，但没有对各项目应当包含或排除的"工资"范围做出明确规定，各地法院司法实践中各有取舍；在地区平均工资的统计口径及适用对象、最低工资组成应剔除项目等问题上，地方政府似乎有独立的决定权，故虽有全国性的"工资"、"平均工资"和"最低工资"的统一称谓，但各地同样称谓的数据几乎没有可比性。应当尽快确定工资的法律定义，统一相关标准或统计口径，保证不同地区的劳动者权益相当，不同地区的用人单位"苦乐均衡"。

关键词：工资　最低工资　平均工资　统计口径

近十年来，《劳动合同法》、《劳动争议调解仲裁法》和《社会保险

---

[*] 黄巧燕，中山大学法学院讲师，主要学术领域为劳动法、合同法、公司法。

法》等调整劳动关系及与劳动关系有密切关系的法律法规虽然陆续公布实施，但调整工资关系（包括与之密切相关的工资集体谈判）的法律法规迟迟不能出台，令人真切感到改革确实进入攻坚阶段。目前的态势实在令人失望，似乎有知难而退的趋势。[1] 唯期望探索不停止，研究能继续。本文即力求讲一些大实话，但愿对工资条例的制定有所裨益。

一 "工资"的概念

对劳动法上的"工资"尝试做出界定，实际上是一个为"工资"下定义以使其成为法律概念的过程。法律概念对于法律的运作与法学研究均有重要意义，而其首要意义在于法律运作过程中的意义。清晰的法律概念可以提高法律的明确化程度，使法律的运作过程标准明确、界限明确，裁判统一性可以得到保障。众所周知，依内涵与外延相对确定及相对不确定之别，法律概念有确定性概念与不确定性概念之分。虽然确定与否是一个程度问题，"确定性""不确定性"这些词本身是相对的，确定性法律概念与不确定性法律概念的区分也是相对的，[2] 但依照法的原理，确定性法律概念的解释不允许自由裁量，如"童工""未成年工"这些概念是确定的，只能依法而释；不确定性法律概念在运用时需要法官或执法者自由裁量，"劳动关系"应属于典型的不确定性法律概念。笔者个人认为，法律概念还有一类，即介乎确定性与不确定性之间的概念，具体指那些内涵明确，但外延不明确或不需要明确的概念，如"用人单位""劳动合同"这些概念。"工资"实际上就是介乎于确定性与不确定性之间的概念。

（一）我国现时的"工资"定义

遗憾的是，我国至今未颁布有起码位阶并有普遍适用效力的工资条例，有关"工资"的定义，只能从地方性法规或部委一级的规章或规范性文件中查考。

---

[1] 王晓慧：《消息称工资条例分拆推出 垄断国企仍是最大阻力》，华夏时报［微博］2013年7月4日，http://finance.qq.com/a/20130704/017463.htm，最后访问日期：2013年7月28日。

[2] 张文显：《法理学》（第三版），法律出版社，第116页。

部委一级规定，主要是原劳动部《工资支付暂行规定》的"本规定所称工资是指用人单位依据劳动合同的规定，以各种形式支付给劳动者的工资报酬"。该定义的片面与问题显而易见，不仅有同义反复情况，缺乏内涵性规定，违背下定义的基本规则，也无法适用于大量没有以书面劳动合同为基础的劳动争议；如果签订了书面劳动合同，该定义更使得用人单位在支付以工资为基数的各项待遇时，均可以劳动合同规定的数额为限，而现实中劳动合同规定的工资数额，不管是管理人员还是技术或生产工人，往往仅是当地最低工资，并不是劳动者的真实劳动收入（这种情况目前仍然大量存在）。可惜，该规定仍然是目前我国最高位阶的"工资"概念，还时不时被作为依据而提及。

该规定颁布几个月后，也许是意识到上述定义的缺陷，原劳动部《关于贯彻执行〈中华人民共和国劳动法〉若干问题的意见》又规定："劳动法中的'工资'是指用人单位依据国家有关规定或劳动合同的约定，以货币形式直接支付给本单位劳动者的劳动报酬，一般包括计时工资、计件工资、奖金、津贴和补贴、延长工作时间的工资报酬以及特殊情况下支付的工资等。"这个规定尝试给出更具包容性的定义，堵住仅以劳动合同规定数额作为工资收入的漏洞〔其对工资范围的规定，采用的是1990年国家统计局发布的《关于工资总额组成的规定》（国家统计局令第1号）关于工资总额的规定〕，而该定义的"劳动报酬"的表述，似乎也为"工资"给出了内涵性解释。相比第一个定义，该定义更具科学性。但因为该定义出自部门规范性文件，法律层次太低，使得我国"工资"概念目前不仅是一个不确定的概念，甚至还不算一个正式的法律概念。

而劳动法律法规中，以工资为基数的支付项目举不胜举，包括加班工资、经济补偿金、不提供书面劳动合同的"双倍工资"，工伤停工留薪期工资福利、工伤伤残待遇、年休假工资、病假工资等。现有法律法规对如何确定上述各"工资"基数的范围，规定不一，甚至有的根本没有规定。即使有的似乎已经做出了现实中足以确定其"基数"或"范围"的规定，如工伤伤残待遇按本人"缴费工资"一定百分比计算，但"缴费"的"工资"也不一定是真实的工资，该基数的规定导致的争议层出不穷，[①] 更

[①] 《广东省工伤保险条例》第58条专门规定：用人单位少报职工工资，未足额缴纳工伤保险费，造成工伤职工享受的工伤保险待遇降低的，工伤保险待遇差额部分由用人单位向工伤职工补足。

别说大部分属于范围不清、由司法机构自由裁量的支付项目。最典型的要数用人单位一定期限内不向劳动者提供书面劳动合同应当向劳动者每月支付的双倍"工资",就该双倍"工资"以什么为基数,不同地方的法院做出了明显不一样的选择。①

(二)尝试给"工资"下定义

基于市场经济条件下用人单位的用人自主权(包括薪资决定权)不应当随便减损或剥夺的基本市场经济规则,也基于用人单位实际上有工资项目设计问题上无穷无尽的想象力和创造力,笔者认为,应当根据内涵确定、外延不一定确定的原则界定"工资"。故"工资"定义的原则应当是:不侵犯用人单位工资决定的自主权;减少用人单位通过设计工资项目而不当减轻各项以工资为基数的支付责任的空间;促使用人单位设计合理的工资制度。而劳动法上的"工资"定义的目标应当是保证劳动法律法规实施过程中,工资范围能够依据"定义"加以确定,特别是在司法实践中能够根据该定义确定各种情况下支付"工资"的范围或以工资基数确定相关支付数额时的范围。

基于上述各项支付的现有规定,可以总结出现实生活中有关工资争议的焦点在于:确定各项支付责任时何时,应当包含或排除"工资"中的某些项目。结合各项以工资为基数的支付责任的特点,笔者认为,给"工资"下定义时,首先应当确定"工资"的一般概念(内涵);同时说明什么是"正常工作时间"的工资;说明何种项目的支付应当以"正常

---

① 广东省高级人民法院、广东省劳动人事争议仲裁委员会2012年《关于审理劳动人事争议案件若干问题的座谈会纪要》第14条认为:"用人单位自用工之日起超过一个月不满一年未与劳动者签订书面劳动合同,或者虽通知劳动者签订书面劳动合同但劳动者无正当理由拒不签订,用人单位未书面通知劳动者终止劳动关系的,应当按照《劳动合同法》第八十二条的规定向劳动者每月支付二倍工资。二倍工资差额的计算基数为劳动者当月应得工资,但不包括以下两项:(一)支付周期超过一个月的劳动报酬,如季度奖、半年奖、年终奖、年底双薪以及按照季度、半年、年结算的业务提成等;(二)未确定支付周期的劳动报酬,如一次性的奖金,特殊情况下支付的津贴、补贴等。"

江苏省高级人民法院、省劳动人事争议仲裁委员会《关于审理劳动人事争议案件的指导意见(二)》(苏高法审委〔2011〕14号)第2条则规定:"用人单位因未与劳动者签订书面劳动合同而应每月支付的二倍工资,按照劳动者当月的应得工资予以确定,包括计时工资或者计件工资以及加班加点工资、奖金、津贴和补贴等货币性收入。劳动者当月工资包含季度奖、半年奖、年终奖的,应按分摊后该月实际应得奖金数予以确定。"

工作时间"工资为基数,何种项目的支付应当以劳动者个人上年度或事件发生前12个月的工资总额的平均数计算,但不规定一个确定不变的外延（范围）。

定义"工资"概念时,应当强调工资是"劳动所得"或"劳动报酬",强调工资是用人单位"按劳分配"给劳动者的收入,只要属于"按劳分配"的支付项目,均应当纳入"工资"范围,其余性质的支付,则有机会排除出"工资"行列。而"劳动所得"的强调,并不是一概否认一定情况下没有实践付出也能够获得工资的法定情形存在,只要是"法定"项目,即使与"劳动所得"不完全匹配,也应当列入工资范围,以此限制用人单位过分运用设置工资项目的自主权。从国际劳工组织,中国台湾、澳门等地区的工资定义[①]中,可以看到对"工资是劳动所得"的明显的强调。另外,基于工资是劳动关系下劳动报酬的特有表述,故"工资"的内涵最起码的表述应当是工资属于"劳动关系下的劳动所得"。具体的表达方式可以是"用人单位支付给劳动者的劳动所得"。

工资的外延,可以通过下列方法确定:列举一定的支付项目,明确其属于工资组成部分,即以"包括……"的表达方式列举;排除一些支付项目,如上所述,凡是非"劳动所得",均不属于工资,即使某些支付项目和待遇项目同样基于劳动关系而产生。基于上述看法,笔者认为,原劳动部在《关于贯彻执行〈中华人民共和国劳动法〉若干问题的意见》的"工资"定义,稍加完善即可使用。

（三）现行"工资"概念下的实践操作

即使将来"工资"内涵及外延的确定性增强,如上所述,用人单位

---

① 国际劳工组织大会在《1949年工资保障公约》第1条将"工资"定义为:"无论名称为何或计算方法如何,而能以货币表明,并能以双方协议或国家法律或条例确定,依据书面或非书面的雇用合同为已作或将作的工作或为已有或将有的劳动,雇主应付给受雇用人的报酬或收入。"

中国台湾地区《劳动基准法》第2条第3款规定:"工资:谓劳工因工作而获得之报酬;包括工资、薪金及按计时、计日、计月、计件以现金或实物等方式给付之奖金、津贴及其它任何名义之经常性给与均属之。"

我国澳门特别行政区法令《澳门劳资关系》第五章规定:"所有得以金钱计算而无论其名称及计算方式若何;按服务的提供应有及由雇主与工作者之间的协议、章程、惯例或法律规定而订出的支付,即为工资。"

工资决定权包括工资项目的设置权等的自主权仍然存在，司法实践中仍然需要运用"工资"的基本定义及包含或排除的一般项目等规定对不同的项目进行评价或分析，以便确定相关项目是否应当纳入某个支付项目的基数中。概念的确定性增强会使这个评价或分析过程的逻辑及技术色彩加深，但仍然是一个价值判断过程，执行者仍然需要依法做出独立的判断。

而大量的以"工资"为基数的支付项目，在现有规定中，在"工资"二字前面往往以定语加以修饰，"定语"不同，说明不同项目下工资外延不一致。故定义"工资"时，固然要考虑一般性问题，但更应当考虑且应当首先考虑每一个支付项目的特殊性，准确适用"工资"定义处理个案。

下面对现行部分以"工资"为基数的支付项目做一简单分析。

1. 以"正常工作时间"工资为基数的加班工资

依照现有的上述规定，加班工资是正常工作时间工资的一定百分比，这意味着只要在正常工作时间付出劳动就可以获得的工资收入，均应当是加班工资基数的组成部分；非正常工作时间工资如加班加点工资不是基数的组成部分。

现实中，用人单位支付的"技术津贴"、"全勤奖"、"超产奖"和"绩效奖"等每个月都会有的奖金或津贴是否应当作为加班费计算基数组成部分，关键仍然是这些项目是否是正常工作时间（即法定标准工作时间）内提供正常劳动后就可以领取的报酬。如果这些奖励是劳动者全部劳动（包括加班劳动）的报酬之一，实际上意味着用人单位已经对加班劳动做了一定补偿，故这些奖励性项目不能全部算作"正常工作时间工资"。笔者认为合适的计算方法是：将加班时间按法定比例换算成正常工作时间，如休息日加班按照200%的比例换算成正常工作时间，如此类推；与 21.75×8 这个正常工作时间相加得出一个总数；分别算出 21.75×8 这个正常工作时间与换算后加班时间在总数中的比例；按照这个比例，将"技术津贴"、"全勤奖"、"超产奖"和"绩效奖"等这些报酬按照计算出来的比例分配为两份，即一份是正常工作时间的份额，另一份是加班时间的份额；将前一个份额算入计算加班工资的正常工作时间的基数，后一个份额则属于已经支付的加班费。

2. 以劳动合同解除或者终止前劳动者 12 个月的平均工资为基数的经济补偿金

《劳动合同法》第 47 条规定："经济补偿按劳动者在本单位工作的年限，每满一年支付一个月工资的标准向劳动者支付……月工资是指劳动者在劳动合同解除或者终止前十二个月的平均工资。"既然是"平均工资"，显然暗含一个法律指向：该基数是一个变动的数，不能是固定的数。故不能将劳动合同或者规章制度事先规定的固定工资数额确定为经济补偿金的基数，而应当是在劳动合同解除或者终止前劳动者每月真实收入总和的平均数。

3. 以"工资"为基数的不签订书面劳动合同的惩罚性支付

《劳动合同法》规定用人单位自用工之日起超过一个月不满一年未与劳动者订立书面劳动合同的，应当向劳动者每月支付二倍的工资。如上所述，现有法律仅有"工资"二字，没有据以确定基数的进一步规定。

作为用人单位不提供书面劳动合同的法律责任，笔者个人认为，该项支付属于惩罚性支付。对于惩罚性支付，应当依循"可预见性"的原则，不应当是一个变动基数上的"平均数"，否则会出现人为的以改变基数为目的的投机性选择；另外，该惩罚性支付的目的是促使用人单位签订劳动合同，以使劳动者获得坚实的劳动关系的证明，其目的不是增加劳动者的收入，并不是越多越好；用人单位基于劳动者加班已经支付的加班费和基于劳动者特殊劳动贡献而支付的报酬，不应当纳入该项"工资"范围内，否则会使得加班等额外劳动报酬远远超过法律规定的标准。

4. 工伤待遇中的"工资"

工伤后的停工留薪待遇，在法律上表述为："职工因工作遭受事故伤害或者患职业病需要暂停工作接受工伤医疗的，在停工留薪期内，原工资福利待遇不变，由所在单位按月支付。"该条规定的目的是保证劳动者不因工伤而减少收入，保障劳动者及其家人能够维持工伤前的生活水平，以免劳动者在遭受工伤伤痛的同时，还要承受收入减少的风险。因停工留薪待遇构成用人单位的工伤事故成本和风险之一，起到促使用人单位关注安全生产，有效预防工伤事故发生的作用。

在这个规定下，如果工伤劳动者领取的工资或福利基于业绩或加班时间有浮动，应当取一定周期的平均数作为基数，最合理的就是工伤前 12 个月的平均工资及福利收入；如果工作时间不满一年，则取工作周期内的平均数；如果该劳动者尚未领取过工资，支付标准应当是用人单位同类或相近岗位劳动者的工资收入，包括受伤前的加班加点工资、各类奖金、不同形式的法定或用人单位内部福利等。①

实践中，劳动者被确诊患职业病前，已经因为职业病发作和反应开始就诊并请假，工资因为病假已经在减少，但职业病尚未被诊断出来。职业病诊断结果确定后，支付停工留薪待遇时的"原工资福利"的计算周期，往往会发生争议。如果按职业病确诊"前十二个月"的平均工资福利计算，"前十二个月"工资显然因病假而减少，如此计算的"原工资福利待遇"对劳动者非常不利。有劳动者认为应当剔除因病假而收入减少的月份，将全勤月份的工资福利待遇作为"原工资福利"基数，而实际上，只要有证据证明确诊前的病假与职业病有关，所谓"病假"，已经不是一般疾病的"病假"，该病假工资本应当按照原标准发放，用人单位在劳动者职业病检查或就诊请假期间"减少"劳动者工资福利，已经违法了，自然不能按照违法的基数计算停工留薪期的工资福利待遇。

现行法律规定工伤后留有残疾的，伤残待遇以本人工资一定百分比计算，而本人工资则以社会保险的"缴费工资"为准。按照规定，缴费工资是职工上一年度本人月平均工资且在当地职工平均工资的60%~300%的范围内进行核定，故缴费工资是一个固定的数，其还有一个核定程序。但这些规定并不足以解决现实中缴费工资往往低于真实工资的问题。如果劳动者有证据证明其工资收入高于缴费工资，即用人单位没有足额缴纳社会保险费用，所谓"缴费工资"，只能是工伤保险机构负责支付的待遇的基数，用人单位应当补足真实工资与缴费工资之间的差额，才符合"伤残待遇以本人工资一定百分比计算"的基本规则。

---

① 在广东省，曾有一段时间，裁判文件所认定的工资，很多时候只是劳动合同规定的工伤劳动者的基本工资（基本工资与劳动者实际工资收入往往有很大差距），有的甚至只是当地最低工资标准。有关认定被质疑时，理由居然是劳动者工伤治疗期间没有劳动付出，更没有业绩或加班，只能按照基本工资或最低工资支付。

可喜的是，2011年修改的《广东省工伤保险条例》特别增加了一个条款，明确规定"本条例所称原工资福利待遇，是指工伤职工在本单位受工伤前十二个月的平均工资福利待遇。工伤职工在本单位工作不足十二个月的，以实际月数计算平均工资福利待遇"。这个修改是对过去仲裁庭和法院按基本工资或最低工资裁判停工留薪待遇的明确否定。

5. 以"正常工作期间工资收入"为基数的年休假工资

现行规定认为"职工在年休假期间享受与正常工作期间相同的工资收入",这里的工资收入是否应当包括正常工作期间可能有的加班工资、奖金、津贴等,似有疑问。如果包括所有项目,则年休假工资与工伤后的停工留薪待遇完全一样,似有不妥。笔者认为,这里的"月平均工资"与作为经济补偿金基数的"月平均工资"不能相提并论,与工伤停工留薪期的"原工资福利待遇"也不能同日而语。"正常工作期间"工资收入应当理解为法定工作时间内工资收入,应当剔除加班工资;而休假期间不存在"中班、夜班、高温、低温、井下、有毒有害等特殊工作环境、条件下"工作的事实,基于上述条件下工作才应当享受的法定津贴也不应当被算在年休假工资收入范围之内。

6. 不能低于最低工资标准的80%的病假(医疗期)工资

按照现行规定,职工患病或非因工负伤治疗期间,在规定的医疗期内由企业按规定支付其病假工资或疾病救济费,支付多少病假工资或疾病救济费,基本上属于用人单位的自主权,但病假工资不能低于当地最低工资标准的80%。在这样的规定下,最低工资标准成为保底的病假工资,标准高低直接影响劳动者的病假待遇。

实际上,法律法规虽然有统一的"最低工资"概念,也一再提及"平均工资"一词,但这两个概念下工资的组成、统计口径等并不统一。下面就现实中这两个概念令人困惑的问题也稍做分析。

二 最低工资组成部分应剔除项目问题

根据最低工资的基本内涵及支付原则,在劳动者提供正常劳动的情况下,判断用人单位支付给劳动者的工资是否低于当地最低工资标准,应当剔除某些非正常工作贡献而获得的劳动报酬或待遇。原劳动和社会保障部《最低工资规定》认为应当剔除的项目包括"(一)延长工作时间工资;(二)中班、夜班、高温、低温、井下、有毒有害等特殊工作环境、条件下的津贴;(三)法律、法规和国家规定的劳动者福利待遇等"。但实践中,哪些项目应当剔除,各地规定不一。大部分地区规定剔除项目时,沿用的是原劳动和社会保障部的上述规定。但北京市、上海市规定应当剔除的项目不仅包括全国性规定写明的各项目，还包括个人依法缴纳的社会保险费和住房公积金，①上海市更规定"伙食补贴（饭贴）、上下班交通费补贴、住房补贴"也应当剔除。②

上述不一致，不仅使得各地最低工资如平均工资一样缺乏可比性，也使得各地劳动者权益难以"苦乐均衡"。如上所述，关于劳动者病假工资，目前的全国性规定或地方性规定都有基本相同的保底要求，即用人单位支付病假工资不得低于当地最低工资标准的80%，而当最低工资剔除项目不一时，患病劳动者的最低保障程度将有明显差别；另外，依照法律规定，加班工资基数不得低于最低工资标准，当个案中不得不以最低工资标准确定加班工资或评价加班工资是否符合工资支付规定时，因最低工资剔除项目不一样，劳动者加班工资标准实际上也不一样。另外，与最低工资存在"联动"关系的支付项目还包括失业保险金、最低生活保障，最低工资标准与剔除项目的不一致，使得这些联动项目的支付水平难以评价。

从对工资的统计及使用习惯看，"工资"都是指毛收入，"工资"不是劳动者可支配的实得金额，工资实际上拨付给劳动者之前，还要扣缴所得税和社会保险费或者其他各项法定费用（如果有的话）。③故笔者认为北京市、上海市的处理方案违反工资的一般原理，并不可取。④法律明确规定用人单位和个人依法缴纳社会保险费；劳动者的社会保险费均以本人工资的一定比例缴纳，且除了失业保险费以外，其他费用缴纳后全部直接进入个人账户。虽然法律对账户上资金的支配权做了一定限制，但仍然属于个人劳动报酬之一。将劳动者应当缴纳的社会保险费用排除在最低工资组成部分之外，易使劳动者产生其个人无须支付社会保险费用的错觉，影响社会保险费用共同缴纳、责任共同分担意识的建立，也使得劳动者误解其工

---

① 北京市人力资源和社会保障局：《关于调整北京市2013年最低工资标准的通知》，京人社劳发〔2012〕349号。
② 上海市人力资源和社会保障局：《关于调整本市最低工资标准的通知》，沪人社综发〔2013〕16号。
③ 国际劳工组织2008/2009年"全球工资报告"《最低工资与集体谈判——工资确定机制政策一致性》，第23页。
④ 让人啼笑皆非的是，该两城市如此特别的处理方案还使得在其他地方工作的部分劳动者对当地最低工资标准产生误解，认为其他地方政府公布的最低工资含有欺骗、忽悠的成分，甚至去信要求地方政府解释。

资收入水平，以"本人工资的一定比例缴纳"社会保险费用的规定等于被束之高阁，用人单位则陷入"吃力不讨好"的状态。

三 平均工资的统计口径及适用范围

从我国现行法律规定看，与社会保险、劳动权益相关的多个支付项目或待遇不仅与本人工资相关，更与地区性职工平均工资直接相关。最典型的是《劳动合同法》有关经济补偿金上限的规定[1]和《工伤保险条例》中工伤待遇的规定。[2]《社会保险法》关于基本养老金的规定也涉及"当地职工平均工资"。[3] 另外，因工死亡丧葬补助金等工伤待遇等也与当地职工平均工资相关。[4]

就职工平均工资的数据，国家统计局2008年以前公布的一直是"城镇单位在岗职工平均工资"，并不区分私营单位或非私营单位；2009~2011年，则分"私营单位就业人员年平均工资"和"非私营单位在岗职工年平均工资"两类；2012年，仍然分为私营单位与非私营单位两类，但非私营单位平均工资的称谓改为"非私营单位就业人员年平均工资"。但上述法律法规均没有将"职工平均工资"分为私营和非私营单位

---

[1] 《劳动合同法》第47条规定："经济补偿按劳动者在本单位工作的年限，每满一年支付一个月工资的标准向劳动者支付。六个月以上不满一年的，按一年计算；不满六个月的，向劳动者支付半个月工资的经济补偿。

劳动者月工资高于用人单位所在直辖市、设区的市级人民政府公布的本地区上年度职工月平均工资三倍的，向其支付经济补偿的标准按职工月平均工资三倍的数额支付，向其支付经济补偿的年限最高不超过十二年。

本条所称月工资是指劳动者在劳动合同解除或者终止前十二个月的平均工资。"

[2] 《工伤保险条例》第64条规定："本条例所称工资总额，是指用人单位直接支付给本单位全部职工的劳动报酬总额。本条例所称本人工资，是指工伤职工因工作遭受事故伤害或者患职业病前12个月平均月缴费工资。本人工资高于统筹地区职工平均工资300%的，按照统筹地区职工平均工资的300%计算；本人工资低于统筹地区职工平均工资60%的，按照统筹地区职工平均工资的60%计算。"

第39条规定："职工因工死亡，其近亲属按照下列规定从工伤保险基金领取丧葬补助金、供养亲属抚恤金和一次性工亡补助金：（一）丧葬补助金为6个月的统筹地区上年度职工月平均工资；……"

[3] 《社会保险法》第15条规定："基本养老金由统筹养老金和个人账户养老金组成。基本养老金根据个人累计缴费年限、缴费工资、当地职工平均工资、个人账户金额、城镇人口平均预期寿命等因素确定。"

[4] 《工伤保险条例》第39条。

两类。

虽然自 2009 年以后有两组数据，但最高人民法院认为，《中华人民共和国国家赔偿法》第 33 条规定的"国家上年度职工日平均工资"为城镇"非私营单位在岗职工（即原'全国在岗职工'）"日平均工资。[①] 照此类推，似乎凡是提及"职工平均工资"的，其标准均应是"非私营单位在岗职工平均工资"。

而在地方层面，对需要按本市职工平均工资计算的事项，执行哪个数据，则各有各的做法，显得很不统一。基本上分为三类：在公布私营单位与非私营单位两类数据的同时，还公布一个两者的平均数；在公布私营单位与非私营单位两类数据时，适用时"就高不就低"；在公布私营单位与非私营单位两类数据时，适用时"就低不就高"。

第一类，如北京市，其公布 2012 年平均工资数据时，既公布"城镇私营单位平均工资"数据，也公布"非私营单位平均工资"数据，同时还公布一个似乎是两者平均数的第三个数据，称为"全市职工平均工资"，并清楚规定"凡按 2012 年度北京职工平均工资计算的事项，均按此数据执行"。[②] 此类的地区如浙江省，除了分私营和非私营的数据外，还会公布一个"全社会单位平均工资（全社会在岗职工平均工资）"以供适用。

上海市则只公布一个"本市职工平均工资"数据，如 2012 年的数据，[③] 公布时清楚规定"凡按 2012 年本市职工平均工资计算的事项，均按本通知执行"。

第二类，如重庆市和广东省广州市等。同样为直辖市，重庆市既公布"城镇私营单位平均工资"数据，也公布"非私营单位平均工资"数据，但不公布"全市职工平均工资"数据，而是规定"人力资源和社会保障工作（社会保险工作）中，适用上年度全市城镇经济单位在岗职工平均工资的，按重庆市统计局公布的全市城镇非私营单位在岗职工年平

---

① 见最高人民法院《关于 2013 年作出的国家赔偿决定涉及侵犯公民人身自由权赔偿金计算标准的通知》以及 2010 年以来历年同类通知。
② 北京市人力资源和社会保障局：《北京市统计局关于公布 2012 年度北京市职工平均工资的通知》，京人社规发〔2013〕151 号。
③ 《关于本市 2012 年职工平均工资有关事宜的通知》，沪人社综〔2013〕151 号。

均工资"执行。① 采用类似处理方案的还有广州市,既公布"城镇私营单位平均工资"数据,也公布"城镇非私营单位就业人员年平均工资"数据,还公布一个"全市在岗职工月平均工资",从2012年数据看,该数据比"城镇非私营单位就业人员年平均工资"还略高,② 在计算社会保险、计生奖、经济补偿金、丧葬费、抚恤金等有关人力资源和社会保障事项的缴费和待遇标准时,凡涉及以"本市上年度职工月平均工资"为基数的,都用"全市上年度在岗职工月平均工资"代替。③ 重庆市和广州市上述适用的结果实际上是"就高不就低"。

第三类的个别地区(如广东省的中山市和东莞市),统计局公布的职工平均工资并没有分为私营及非私营两类,而是分为"全市职工平均工资"和"城镇非私营单位就业人员平均工资",两个数据之间的差距很大,④ 而在涉及需要按该市职工平均工资计算的事项时,均按前一个数据执行,执行结果是"就低不就高"。

实际上,因为统计口径并不完全相同,不同省之间甚至同一个省的不同城市之间的平均工资完全没有可比性。而适用过程中混乱的适用标准,不仅令人无所适从,更令人担忧法律的权威性,既然现行法律规定中与社会保险、劳动权益相关的多个支付项目或待遇与地区性职工平均工资直接相关,但各地统计口径和适用范围的区别,实际上会导致不同地区劳动者"苦乐不均"的情况出现。

显然,有必要尽快统一平均工资的统计口径、数据类型及适用范围。法律规定"职工平均工资"的目的,是在一定的环节上消除不同行业、不同性质所有制企业和不同劳动者的收入差距,在资源分配上公平对待所有人,特别是处于特殊情形如工伤或退休的劳动者;一定程度上,按"职工

---

① 《重庆市人力资源和社会保障局关于2011年度适用上年度全市城镇经济单位在岗职工平均工资有关问题的通知》,渝人社发〔2011〕133号,其后几年均有同类通知。
② 《2012年广州平均工资是多少?》,广州本地宝,http://gz.bendibao.com/life/201373/128493.shtml,最后访问时间:2013年7月25日。且从广东省省级数据看,适用情况完全相同。
③ 《关于广州市使用在岗职工平均工资数据代替职工平均工资数据的复函》,粤人社函〔2012〕2672号。
④ 广东省中山市统计局:全市职工年平均工资为24956元,月平均工资为2080元,城镇非私营单位就业人员年平均工资为55413元,月平均工资为4618元,其中在岗职工年平均工资55480元,月平均工资4623元。

平均工资"支付相关项目,也是为了尽量避免相关项目支付结果出现"贫富"悬殊情况。而既然是"平均工资",其统计口径越宽泛,被统计的对象越广,其越能够体现"平均"效果,实现"平均"的目的。"就高"或"就低",均可能变为"畸高"或"畸低",不符合"平均"的本质要求与意义。"过高"可能使各类费用或成本如社会保险等人力成本与经济条件或现实支付能力脱节;"过低"则可能导致部分劳动者应获得的保障难以与立法设计相符,如伤残待遇过低,会严重影响工伤伤残劳动者分享经济发展成果,而原因竟然是劳动者遭遇工伤。故笔者认为,在各地已经陆续完善统计制度、已经开始公布私营单位和非私营单位两类平均工资数据时,寻求两者之间的"平均"数据已经不难,故应当像北京市、浙江省那样公布更具平均意义的数据。

四 结语

劳动者工作的基本目的是获得工资收入以满足自己及家人的基本生活需要,而用人单位的人力资源成本也是一个组织运转过程中最为关注的成本问题,调整工资关系的基本法律规定"工资条例"一再推迟出台,导致"工资"概念不确定、范围不清晰、统计标准不一致的这些问题迟迟得不到解决。这种状况的一再维持,恐怕会使劳动者"有尊严的生活"只能停留在"梦想"阶段。应借制定"工资条例"的契机,统一"工资""平均工资"的概念,并对判断是否足额支付最低工资时应剔除的项目做出更具体的规定。

参考文献

1. 国际劳工组织 2008/2009 年、2010/2011 年、2012/2013 年"全球工资报告"。
2. 黄越钦:《劳动法新论》,中国政法大学出版社,2003。
3. 曹燕:《劳动法中工资概念的反思与重构》,《法学家》2011 年第 4 期。
4. 侯玲玲:《劳动法上工资概念之研究》,《理论研究》2009 年 6 月刊(内刊)。

On the Definition of Wages and the Practical Standard

Huang Qiaoyan

Abstract: Many items of payment are based on wages sums, but there is yet no clear regulation that defines wages. In judicial practice, the decisions vary from courts to courts. In matters such as the statistic scope and applicable targets of local average wages, or which items should be removed from the composition of minimum wages, it seems that the local governments have huge the power on decisions. However, there is no comparability between different regions. The unified standard shall be enacted as soon as possible to make sure the employees and the employers share the same rights and interests between different regions respectively.

Key words: Wages; Average Wages; Minimum Wages; Statistics Standard

《劳动保障监察条例》修订中的若干基本问题

翟玉娟[*]

目　次

一　劳动保障监察的体制
　　（一）现行监察体制的弊端
　　（二）劳动监察机构应享有劳动法和社会保障法之监督检查权
二　劳动保障监察的范围
　　（一）关于劳动保障监察范围的学说与法例
　　（二）我国现行法定劳动保障监察的范围
三　劳动保障监察的对象
　　（一）劳动监察对象范围应随新法颁行而扩大
　　（二）实践中有关劳动监察对象的争议
四　劳动监察与劳动仲裁
　　（一）根据争议性质予以分类
　　（二）凡劳动合同制度均属于劳动监察范围
　　（三）具体情况具体分析
五　劳动监察执法手段问题
六　劳动监察机构和人员问题
　　（一）劳动监察机构存在的问题
　　（二）劳动监察人员问题
七　关于劳动监察的时限

---

[*] 翟玉娟，深圳大学法学院教授，主要学术领域为劳动法、社会保障法、民事诉讼法。

摘　要：《劳动保障监察条例》实施九年多来，暴露出许多问题，部分内容严重不能适应实践的需要。在《劳动合同法》和《劳动争议调解仲裁法》等法律颁布后，该条例的部分内容与两法存在较多的冲突，2013年《劳动合同法》修订又增加了劳动监察对劳务派遣业务的监管。为适应法律和形势的需要，该条例应尽快加以全面修订，应准确定位劳动监察，扩大适用对象，合理界定劳动争议和劳动监察的界限，规范行政处理、行政处罚的程序，赋予劳动监察部门适当的执法手段和措施，并设定劳动监察员的任职条件。

关键词：劳动监察　监察功能　监察范围　监察程序

劳动监察制度是国家运用公权力保障劳动、社会保障法律实施，保障劳动者权益实现的重要制度。中国劳动监察法律制度除了《中华人民共和国劳动法》（以下简称《劳动法》）等法律外，目前在实践中适用较多的法规是《劳动保障监察条例》，该条例于2004年11月1日颁布，2004年12月1日起正式施行。从当时的历史条件看，该条例是首次全面规范劳动监察的职能、范围、程序的专门法案。2006年底，国务院法制办及有关部门对该条例进行了立法后评估，认为该条例对于维护劳动者的合法权益，促进用人单位和劳动者建立和谐稳定的劳动关系，对经济社会协调和可持续发展提供了制度保障。[①] 然而，随着中国社会和经济的发展，劳动关系领域中的新情况和新问题不断涌现，条例已经不能完全适应实践的需要。尤其是在2007年后我国相继颁布了《中华人民共和国劳动合同法》（以下简称《劳动合同法》）、《中华人民共和国劳动争议调解仲裁法》（以下简称《劳动争议调解仲裁法》）及《中华人民共和国就业促进法》、《中华人民共和国社会保险法》（以下简称《社会保险法》）等法律及其他法规，《劳动保障监察条例》作为保障劳动、社会保险法律法规贯彻执行的重要法律制度不但与新颁布的法律之间存在冲突，并且已经远远不能适应实践的需要，全面地修订该条例已经势在必行。为此，本文就劳动保障监察制度修订完善的若干问题略陈管见，供立法部门参考。

[①] 李建等：《〈劳动保障监察条例〉立法后评估报告》，《中国劳动》2007年第5期。

一 劳动保障监察的体制

根据《劳动保障监察条例》，劳动保障监察既包括对劳动法律、法规、规章实施的监督，也包括对社会保障法律、法规、规章实施的监督。目前，劳动行政部门的劳动监察与社会保险经办机构的监督分而治之，这种体制与我国行政机构的设置、改变有紧密联系。1993年时，劳动部先后颁布了《劳动监察规定》和《劳动监察程序规定》等多个部门规章，监察范围仅限于劳动类的法律、法规、规章。1998年3月，在原劳动部基础上组建劳动和社会保障部之后，职能范围延伸至社会保障，又在各级劳动部门增设了管理社会保险的部门，形成了当前由人力资源和社会保障部门内的劳动监察监督劳动法律的实施，对社会保险的监督依法由社会保险经办机构负责。

（一）现行监察体制的弊端

社会保险经办机构与劳动监察在职能上有重合，在执法上又有交叉，统一的人力资源和社会保障部门劳动法律和社会保险法律存有两套机构，适用两套法律法规，这种体制滋生不少弊端。

第一，增加用人单位负担。同一个用人单位要面对人保部门两个机构的监督检查，给用人单位的正常生产经营带来诸多不便，劳动监察和社会保险经办机构都可以对缴费单位行使调查和检查权。

第二，执法关系不畅。社会保险经办机构的调查和检查权来自劳动监察机构的委托。当社会保险经办机构认为缴费单位行为存在违法时，可以对缴费单位进行责令改正，但用人单位拒不改正或者有拒绝稽核、毁灭账册等行为的，社会保险经办机构不能直接处罚，而应当报请劳动保障监察部门给予处罚。劳动监察部门在发现用人单位社会保险问题时，涉及社会保险费的缴纳要交给社会保险稽核部门，社会保险经办机构发现被稽核对象拒绝稽核或伪造、编造、故意毁灭有关账册、材料，迟延缴纳社会保险费，只有责令改正权，而无行政处罚权，社会保险经办机构为了避免程序上的繁杂，很可能对违法问题避重就轻。易引发两个部门之间相互推诿、行政执法不力等一系列问题。① 虽然社会保险经办机构是以稽核的形式履行行政部门委托的法定职责，劳动监察是以监察的形式维护劳动者权益，但两部门在社会保险缴纳情况的管理方面拥有相同的执法权力、采取相同或相似的执法措施，重叠执法，效率低下。劳动监察和社会保险经办机构同属于人力资源和社会保障部的内部机构，社会保险同时由人保部门的两个机构分别实行监督、处理，在社会保险监察职能上存在重合和交叉，无论在理论上还是在实践中都存在问题。

（二）劳动监察机构应享有劳动法和社会保障法之监督检查权

有的人认为社会保险稽核是比较复杂和专业性较强的工作，从事这项工作的人员不仅需要熟练掌握财会知识，更需要精通审计方法和技巧，建议做大做强社会保险稽核，加大社会保险稽核工作的投入力度，配备强有力的社会保险稽核工作队伍，成立社会保险稽核大队，②把社会保险经办机构的性质定位为执行一定行政管理职能的事业单位。③ 笔者认为这种观点有严重的部门利益倾向，不但不应该将两个监察功能分裂开来，而且应将两个机构进行有机整合，使现有劳动监察真正成为劳动保障监察机构，同时拥有对劳动法律和社会保障法律的监督检查权。这样做主要有以下优越性：

第一，增加监察工作成效，提高监察效率。将不同的职能交给同一个行政部门的不同内部机构，必然涉及协调、等待和认识不同的问题，只能导致不愿管、不想管的相互推诿，将劳动监察职能与社会保险监察职能合并，不仅可以提高监察的效率，减少用人单位面对多个政府部门的压力，还可以全面发现用人单位存在的问题，及时进行处理，进行有效监督。

第二，强化监察系统的预防能力。劳动监察的发展趋势不仅是对违法情况进行及时查处，更重要的是预防工作，劳动监察和社会稽核职能统一行使，可以及时发现问题，促使用人单位及时改正。

建议修订《劳动保障监察条例》时，从减少部门之间的摩擦、提高工作效率角度彻底解决劳动监察和社会保险监察分割的现状，结束同一个部门内

---

① 刘国庆：《浅谈建立社会保险稽核制度》，《今日科苑》2008 年第 20 期。
② 刘择：《社会保险稽核工作存在的问题与对策研究》，《社会保障研究》2009 年第 6 期。
③ 叶静漪：《社会保险经办机构的法律定位》，《法学杂志》2012 年第 5 期。

部两套执法体系现象,将劳动监察机构和社会保险稽核部门进行整合,以法律统一规定,在人力资源和社会保障部门内部统一行使监督权和执法权。

二 劳动保障监察的范围

(一) 关于劳动保障监察范围的学说与法例

关于劳动监察的范围,主要有三种学说主张或立法例:其一,劳动监察的功能范围仅限于劳动基准(标准)法;其二,以全部具有强行性的劳动法规范为劳动监察之对象;其三,以劳动法之整体或全部为劳动监察之功能范围。①

有学者认为第二种主张更合理,劳动法中的任意性规范属于劳资双方自治的领域,国家既然将其让当事人自治,道理上就不宜再把它纳入劳动行政管制之内。仅以劳动基准为限,将不利于劳工权益保护和国家于劳动生活领域中强力意见的贯彻,最终将不利于正常劳动秩序的维持。② 有的学者进一步将强行性劳动法律规范划分为关于劳动者实体权利义务的法律规范和关于劳动关系运行规则的法律规范。劳动监察监督的劳动法律规范应当只限于关于劳动者实体权利的强制性法律规范和关于劳动关系运行规则的强行性法律规范。③ 有的学者从广义角度理解劳动监察,认为劳动监察,是授权劳动保障行政机关以国家名义对用人单位贯彻执行劳动和社会保障法律、法规、规章情况进行强制性的监督检查,以纠正违法行为,保证各项劳动法律、法规、规章的实施。④

按照传统法学理论,法律规范被分为强制性规范和任意性规范,劳动基准属于强制性规范,强制性的法律规范就是基准性的法律规范,但我国劳动法律中,由于对劳动合同干预的条款较多,《劳动合同法》中有较多的强制性规范,虽然强制性规范的判断,不能仅仅根据规范本身

---

① 李运华:《论劳工就业权之权利救济——劳动监察制度的解释与适用》,《学习与实践》2012年第1期。
② 李运华:《论劳工就业权之权利救济——劳动监察制度的解释与适用》,《学习与实践》2012年第1期。
③ 王全兴:《劳动法》,法律出版社,2008,第470页。
④ 黎建飞:《劳动法的理论与实践》,中国人民公安大学出版社,2004,第550页。

的字句进行，更不能先入为主地认为该种规范就属于强制性规范。但《劳动合同法》中有关"不得"和"应当"的表达在一定程度上说明了国家对劳动合同关系干预较多，就出现了我国劳动法律中强制性规范与基准性规范不一致的情况。劳动基准是政府对劳动条件的干预，是对劳动条件的最低标准管制。用人单位违反法律义务应分为两种情况。一是违反劳动基准法的义务，如违反最低工资、最高工时等，这些基准规定属于国家干预劳动关系的直接体现，用人单位违反法律义务不仅是对个别劳动者利益的侵犯，也是对公共利益的侵犯，劳动监察应对用人单位违反劳动基准法的内容进行监督检查。二是用人单位违反了对劳动者的义务，并没有违反劳动基准法，用人单位应承担的是对劳动者的义务，用人单位没有执行以致产生争议，劳动者应通过劳动争议的途径寻求解决。劳动监察应仅限于对劳动基准执行情况的监督，只有当用人单位违反对国家承担的义务时，劳动监察才能对其进行监督处罚。用人单位违反了对劳动者的义务，虽然属于强行法的范畴，劳动监察部门也不能对其进行行政处罚。史尚宽先生认为："国家干涉契约之内容，对于雇佣人命令以一定之事项为内容或限制禁止以一定之事项为内容。关于契约之形成或禁止，对于雇佣人规定强制或处罚者甚少。普通法律所不容许之契约内容，仅其约定为民法上之无效，不生处罚之结果。"[1] 我国劳动监察应以基准性的规定为主要监管对象。

劳动监察的强制执行作用在不同国家或地区大不相同。在有些国家，这种作用是普遍性的，适用于全部劳动和社会法规。例如在西班牙，劳工与社会安全监察是一个综合组织，这个组织不仅处理职业安全与健康的问题，还处理劳工关系的所有方面包括雇佣和社会安全。[2] 在另一些国家，局限于工作条件的某些方面，如针对妇女和儿童的工作，有的国家明确将工资排除在监察机构的任务之外。根据国际劳工组织1947年《劳动监察公约》，劳动监察制度的职能包括保证执行有关工作条件和在岗工人的保护的法律规定，诸如有关工时、工资、安全、卫生和福利、儿童和年轻人就业及其他有关事项的规定，而且还要向雇主和工人提供

---

[1] 史尚宽：《劳动法原论》，世界书局，1934，第383页。
[2] 杨莹：《全球行动：劳动监察（一）》，《现代职业安全》2007年第2期。

有关执行法律规定最有效手段的技术信息和咨询及向主管当局通告现有法律规定没有明确覆盖到的任何缺陷和弊端。在不影响劳动监察权威性和公正性前提下，会员国还可以授予劳动监察员更多的职责。近年来，有的国家通过劳动监察不断加强劳工工作条件、产业关系、职业安全卫生和就业方面的预防工作。① 国际上其他国家劳动监察的职责范围，都限于对劳动条件的监督监察，有的国家劳动监察根据体制因素涉及多个或部分劳动条件。

中国台湾地区劳动监察主要依据《劳动检查法》。该法规定劳动检查的范围：(1) 依照劳动检查法规定应检查的事实；(2) 劳动基准法令规定的事项；(3) 劳工安全卫生法令规定的事项；(4) 其他依劳动法令应办理的事项。其中劳动基准法涉及的内容主要包括劳动契约、工资（包括禁止性别歧视）、工作时间及休息休假、童工女工、退休、职业灾害补偿、技术生和工作规则。劳工安全卫生法的内容包括劳动卫生设施和安全卫生管理。台湾学者认为台湾地区立法将非劳动条件（如退休与职灾补偿）也纳入了劳动基准的范畴，混乱了体制，也对劳资关系恶化具有责任。②

(二) 我国现行法定劳动保障监察的范围

《劳动保障监察条例》明显采用了广义劳动监察的概念。该条例第 1 条开宗明义指出劳动保障监察是"为了贯彻实施劳动和社会保障法律、法规和规章"，将我国的劳动保障监察定位为对所有劳动和社会保障法律、法规、规章进行监督检查，条例第 10 条规定了劳动保障行政部门的主要职责，第 11 条规定了劳动监察的具体事项。《劳动合同法》设专条规定了劳动行政部门的监督检查职责，对原有劳动监察涉及劳动合同的部分做了更深一步的扩展规定，还规定了任何组织或者个人对违反《劳动合同法》的行为都有权举报，劳动行政部门应当及时核实、处理。可见我国劳动监察的范围不仅包括宏观的宣传教育职能和对劳动基准的监督执行，还包括对劳动关系的管理职能。近年来有的学者开始反思劳动监察的范围，认为劳

---

① 〔德〕沃尔夫根·冯·李希霍芬:《劳动监察——监察职业指南》，刘燕斌等译，中国劳动社会保障出版社，2004，第 28 页。
② 黄越钦:《劳动法新论》，中国政法大学出版社，2001，第 203 页。

动监督检查更多地应关注于用人单位是否遵守劳动基准上，不宜直接对任意法规范添加强制性因素，对于劳动合同中的私法要素和任意性规范，劳动监督检查不宜介入。① 有的学者认为用人单位与劳动者订立劳动合同的情况属于司法自治范畴，将其列入劳动监察，直接导致劳动监察制度定位模糊。② 有的学者认为劳动监察应与劳动行政检查区别开来，我国劳动监察范围过广，导致分散劳动监察机构力量，影响劳动监察效果。③

《劳动保障监察条例》第11条、第26条对劳动监察的范围进行了明确规定，但对劳动监察范围界定并不合理，在对劳动条件的监督检查上存在不足，该条例第23条、第25条、第29条规定了对用人单位违反劳动条件的处罚，主要涉及未成年工和女工保护、违法延长劳动时间、侵犯劳动者参加工会权利这些劳动条件。比较日本、中国台湾地区立法，结合中国实际情况，可见《劳动保障监察条例》对用人单位违反基准性劳动条件应承担的法律责任规定得明显不足，未来应增加强迫劳动、强制加班、违法使用童工、超过法定工作时间、不给周休日、不给年休假、违反工间休息、劳动规章制度违法、没有建立职工名册、工资支付形式和支付时间违法、性别歧视、平等待遇、克扣工资、降低产假待遇等违反工作条件的法律责任条款。

在监督劳动合同方面，现行劳动监察又过多介入了劳资双方自治的空间。《劳动保障监察条例》第11条规定，劳动监察可以对订立劳动合同的情况进行监察，订立劳动合同包括用人单位是否与劳动者签订劳动合同，是否与劳动者续签劳动合同，是否与劳动者订立无固定期限劳动合同这些具体情况。用人单位的做法有可能违反法律规定，但属于违反双方强制性义务，当事人可以通过劳动争议的方式寻求解决，没有违反劳动基准性规定，劳动监察不应介入。在劳动合同关系上，劳动监察应主要对用人单位收取押金定金、不出具劳动合同解除或终止证明书、不转移人事档案和社会保险关系进行监督，至于用人单位与劳动者之间因劳动合同产生的其他争议，宜通过其他程序解决。

---

① 郑尚元：《劳动合同法的制度与理念》，中国政法大学出版社，2008，第450页。
② 章辉：《我国劳动监察制度的缺陷与对策分析》，《大庆师范学院学报》2010年第2期。
③ 王全兴：《劳动法》，法律出版社，2008，第471～472页。

三 劳动保障监察的对象

(一) 劳动监察对象范围应随新法颁行而扩大

《劳动法》的监督检查对象是用人单位,当时的用人单位包括在中华人民共和国境内的企业、个体经济组织。《劳动保障监察条例》在总则中规定的监察对象主要有两类,第一类是用人单位,并特别注明只包括企业和个体工商户;第二类是劳动关系领域的中介机构。随着经济形势发展和新的劳动法律法规的颁行,用人单位的外延发生了变化。例如,《劳动合同法》关于用人单位的主体,增加了民办非企业单位等组织,《中华人民共和国劳动合同法实施条例》将依法成立的会计师事务所、律师事务所等合伙组织和基金会也纳入了用人单位的范畴。未来修订《劳动保障监察条例》时,也应将劳动监察的对象扩大。《劳动合同法》首次规范了劳务派遣劳动关系,并增加了劳动行政部门对劳务派遣单位的监察责任。《劳动合同法(修正案)》要求从事劳务派遣业务的单位依法向劳动行政部门申请行政许可,未经许可而擅自经营劳务派遣业务的,由劳动行政部门责令停止违法行为。因此,劳动监察对象除了职业介绍中介、技能培训、劳动能力鉴定等传统的中介机构外,还应包括劳务派遣公司以及非法从事劳务派遣的机构,《劳动监察保障条例》应做相应的修改。

(二) 实践中有关劳动监察对象的争议

国家机关、事业单位、社会团体能否成为劳动监察的对象,是实践中经常面临的问题。《劳动监察保障条例》第2条有关适用对象的规定中,没有包括国家机关、事业单位和社会团体。只是在附则中规定对国家机关、事业单位、社会团体执行劳动保障法律、法规和规章的情况,由劳动保障行政部门根据职责实施劳动保障监察。这类主体虽然在执行劳动法律方面做得较好,严重违法的不多,但也存在违法的可能。如何对这类主体进行执法,劳动监察在对上级部门、同级部门,甚至对本单位如何进行执法,这些都需要进行细化规定。尤其是这些部门在适用劳务派遣劳动者方面,并未很好地落实同工同酬,今后有可能成为执法的盲点,有待进一步细化规定。

劳动保障监察的相对人是否包括劳动者，也是实践中面临的问题。劳动监察的对象只能是用人单位，这种做法是符合劳动监察性质的。但劳动保障监察不仅是对劳动法律的监督，还包括对社会保障法律的监督，在社会保险中，公民是否可以成为监察对象，是一个值得探讨的问题。《劳动保障监察条例》第27条规定，对骗取社会保险待遇或者骗取社会保险基金支出的，由劳动保障行政部门责令退还，并处骗取金额1倍以上3倍以下的罚款。《社会保险法》中也有类似的条款。这里骗取社会保险待遇的主体没有明确，可能是劳动者，也可能是用人单位或者其他民事主体。是否对劳动者进行处罚就意味着劳动者也可以成为劳动保障监察的对象？有的地方立法明文规定将劳动者作为劳动保障监察的对象。例如《天津市劳动和社会保障监察条例》第3条规定："劳动和社会保障（以下简称劳动保障）监察，是指劳动保障行政部门依法对用人单位和劳动者、就业服务机构、医疗服务机构遵守劳动保障法律、法规的情况进行监督检查，对违反劳动保障法律、法规的行为依法进行处理的行政执法活动。"这里的医疗服务机构，包括劳动能力鉴定机构、医疗保险定点的医疗机构和药店。《吉林省劳动保障监察条例》第3条规定："在本省行政区域内的用人单位和与之形成劳动关系的劳动者、就业中介服务机构以及劳动保障监督执法活动，均须遵守本条例。"从一些地方性法规的规定来看，监察保障对象包括了劳动者。这种立法上的混乱，导致了监察工作的困难。[①]

笔者认为，即使劳动保障监察包括对社会保险的监察，也应理解为主要监察用人单位是否缴纳了社会保险费，而不应该将劳动者作为劳动保障监察的对象。若劳动者或者其他民事主体违反规定冒领社会保险待遇、骗取社会保险基金支出，可以通过追偿或其他手段进行解决，而不能视为常规监察的对象。同样也不应该对劳动能力鉴定机构、医疗保险定点的医疗机构和药店进行监察，对于它们违反有关规定，可以通过解除合同、追偿等方式予以管理。

[①] 郭富锁：《论我国劳动监察制度之完善》，《青海民族学院学报》（社会科学版）2005年第2期。

四 劳动监察与劳动仲裁

劳动监察与劳动仲裁的边界问题一直在理论和实践中争论不休。有学者将两者的关系分为三种，即单向关系、互补关系和选择关系。单向关系是指二者分别对某类案件拥有特有的、排他的处理权；互补关系是指二者对某些案件的处理在功能上存在互补性；选择关系是指二者都有权受理，而当事人可以进行选择。[①] 单向、互补争议不大，争议较大的是劳动监察和劳动仲裁都有权受理的案件。《劳动争议调解仲裁法》第2条确定了劳动争议的范围，《劳动保障监察条例》第11条确定了劳动保障监察的范围，二者在内容上存在交叉。在涉及订立劳动合同、工作时间休息休假、工资支付和最低工资标准类型案件上，劳动者可以寻求劳动争议或劳动监察两种手段，而这三种类型的案件占到了劳动争议和劳动监察案件的大部分比例。《劳动争议调解仲裁法》第9条对拖欠或者未足额支付劳动报酬，拖欠工伤医疗费、经济补偿金或者赔偿金三种类型案件明确规定劳动者有权选择劳动监察或者劳动争议处理途径。

如何划分劳动监察与劳动仲裁的界限，主要有下列三种观点。

（一）根据争议性质予以分类

第一种意见主张，根据劳动监察和劳动仲裁的性质不同，违反基准性的规定，由劳动监察处理，因劳动合同而产生的争议，通过劳动争议途径处理。[②]

这种观点是从劳动监察和劳动仲裁的特点进行划分。劳动基准不仅属于用人单位应对劳动者承担的义务，也是应对国家承担的义务，劳动监察有权进行查处，有关劳动合同争议属于双方自治的范畴，应通过劳动争议途径寻求解决，通过对两种解决途径的根本性质进行划分具有法理基础，比较可行。涉及劳动基准的，即使双方通过契约方式做出约定，仍然可以通过劳动监察途径进行救济。有的学者认为这种按照行为侵犯的法律性质

[①] 肖竹：《〈劳动争议调解仲裁法〉构建的裁审体制及与劳动监察的关系》，《中国劳动关系学院学报》2009年第2期。

[②] 董保华：《劳动合同立法的争鸣与思考》，上海人民出版社，2011，第59页。

不同进行划分在理论上是可行的，但现实中不容易区分，很多侵犯劳动者权益的行为如不支付加班工资等，无法确定究竟是由"私法"还是"基准法"调整，从而无法确定应该通过仲裁诉讼还是劳动监察解决。[1] 加班时间长度及工资的计算标准属于劳动基准范畴，通过劳动监察进行监督是可以的，实践中之所以出现对劳动基准的模糊认识是因为我国没有对劳动基准做出统一规定。《劳动法》虽然对劳动基准有较集中的规定，但没有明确哪些属于劳动基准，还有一些劳动基准散见于不同的法律、法规和规章中，而有的规章部分条文有效，部分条文无效。我国关于劳动基准的规定非常混乱，导致理论上和实践中对劳动基准认识不一。劳动基准是涉及对劳动者基本的保障和劳动监察的边界，我国有必要对劳动基准进行系统梳理并单独立法，或者在《劳动保障监察条例》中对违反劳动基准的行为及相应的处罚做出明确规定。

（二）凡劳动合同制度均属于劳动监察范围

第二种意见主张，凡劳动合同制度，均属于劳动监察的范围，监察事项包括劳动合同制度的实施及国家劳动基准法的贯彻落实及当事人行为，尤其是用人单位法律行为妥当性之查验与矫正。对于个别劳动合同纠纷，劳动监察不宜介入过多，从长远和法律角度，这种干预应当让渡于劳动争议处理途径。[2]

对第二种观点，笔者并不赞同。劳动合同制度包括范围广泛，劳动合同制度不等同于劳动基准制度，有的用人单位的劳动合同制度不限于劳动基准的内容，还包括双方自治的内容，不能笼统地将劳动合同制度作为劳动监察的范围。

（三）具体情况具体分析

第三种意见主张，结合劳动违法行为特点，按照扬长避短、优势互补原则，确定哪种情形应通过哪种途径处理效果更好。劳动监察在处理用人单位的劳动违法、预防和减少劳动争议以及事实争议不大的个案方面有明

---

[1] 蔡吉恒：《重新定位劳动违法行为纠正机制》，《中国劳动》2013年第3期。
[2] 郑尚元：《劳动合同法的制度与理念》，中国政法大学出版社，2008，第446页。

显优势，劳动争议处理程序在解决个体有争议的维权案件时具有更大优势。对于用人单位涉及金钱给付的劳动违法行为，应当建立劳动监察退出机制和仲裁诉讼衔接机制。①

第三种观点具有典型实用主义的特色，不分劳动违法的性质，并没有在理论上分清劳动监察和劳动争议的界限。劳资双方争议不大的可以通过劳动监察，但"争议不大"毕竟是有争议，在处理个体有争议的案件时，用人单位的行为同样会涉及违反劳动基准法，不能对所有涉及金钱给付的劳动违法行为都实行退出机制，劳动监察不处理会存在行政不作为的隐患。

五　劳动监察执法手段问题

《劳动保障监察条例》立法评估组认为，该条例因立法层次的限制，缺乏必要的行政强制手段，面对大量的非法用工单位和影响恶劣的欠薪、欠保逃匿案件，劳动保障监察机构既不能对违法单位的财产实行查封、扣押，更不能对责任人进行留置。② 在面对用人单位实施违法行为时，法律赋予劳动监察的手段主要有责令改正、警告和罚款。实践中，适用最多的处理方式是"责令改正"，但是责令改正不是一种行政处罚的方式，只是行政机关在行政管理过程中采取的一种行政管理措施；如果将行政处罚与改正相结合，就可以更好地保证行政处罚的效果。但《劳动保障监察条例》在针对用人单位严重违反劳动基准条件的行为时，较多单独适用责令改正措施，而不进行相应处罚，这样势必造成用人单位无视劳动监察，影响劳动执法效果。

在慎用行政处罚措施的同时，也不能单独过多适用责令改正。对于情况比较紧急的情况，应该允许劳动监察人员采用更为有效的措施。对于用人单位缴纳罚款，但仍然拒绝配合劳动保障监察工作的，也应制定相应的干预措施。例如，现实执法中，用人单位拒不提供材料的情形经常发生，如何能够在这种情况下，为劳动者追缴社会保险，是当今监察工作中最棘手、最亟待解决的问题之一。③

---

① 蔡吉恒：《重新定位劳动违法行为纠正机制》，《中国劳动》2013 年第 3 期。
② 李建等：《〈劳动保障监察条例〉立法后评估报告》，《中国劳动》2007 年第 5 期。
③ 亓雨：《劳动监察如何为劳动者追缴社会保险费》，《中国劳动》2010 年第 10 期。

缺乏相应的行政强制措施使很多案件的调查取证和查处工作难以顺利开展。例如在查处用人单位拖欠劳动者工资的违法案件过程中，劳动行政机关由于没有行政强制权，因而无法采取合理有效的措施制止违法行为人卷款逃匿、毁损名册或账簿凭证、变卖或转移财物等逃避监督检查的行为。

监察处罚力度不够。对那些违反强制性法律规范的行为缺乏处罚依据，对于故意拖欠克扣劳动者工资、强迫劳动者加班和超时加班、侵害女工和未成年工身心健康等严重违法行为，罚款标准较低，没有授予劳动行政部门更有力的行政执法权，难以运用行政处罚手段维护劳动者权益。[1]

六 劳动监察机构和人员问题

每当劳动监察部门分析劳动监察难的原因时，谈到较多的就是机构和人员问题。

（一）劳动监察机构存在的问题

目前劳动监察机构有几种情形：其一，行政编与事业编同时并存。有的地方人保部门设立了劳动监察行政部门，同时设立了劳动监察大队，一个是行政编制，一个是事业单位编制，两套人马，两套牌子，同样职能。有的地方双方配合较好，可以共同开展劳动监察工作，有的地方双方互不配合，影响劳动监察工作。其二，完全行政编。在经济发达地区，有的地方实现了劳动监察机构行政化，但编制不足也可能导致增加临聘人员。临聘人员的工作能力、管理等方面也存在不少问题。其三，事业单位编制。由于劳动监察机构在性质上属于事业编，在人保部门比其他部门的地位低，劳动监察人员不是公务员，不能从事人保部门其他岗位工作，劳动监察人员缺乏交流、上升的环境，工作积极性不高。截至2006年底，全国仍有210家监察机构属于自收自支的事业单位，157家监察机构属于差额财政拨款的事业单位。即使是差额拨款的事业单位，财政列支的往往是人头

---

[1] 秦国荣：《劳资均衡与劳权保障：劳动监察制度的内在功能及其实现》，《河南省政法管理干部学院学报》2010年第6期。

经费,没有专门的办案经费和设备购置维护费,影响了劳动保障监察工作的正常开展。①

有人提出,应明确劳动保障监察机构的性质为"全额财政拨款事业单位",劳动监察员"参照公务员管理"。1978年国际劳工组织《劳工行政建议书》要求会员国建立劳动监察系统,并将其纳入国家劳工行政系统之中。② 从性质上,劳动监察是代表国家监督法律执行情况,应该属于劳动行政管理系统,将劳动监察纳入行政管理系统有助于劳动监察工作的开展。

(二) 劳动监察人员问题

劳动监察机构在人保部门中的地位低下,造成了劳动监察人员队伍水平参差不齐。有些地方不管学历高低,专业是否对口,是否从事过劳动监察工作,是否有必要的法律知识,只要是专业军官、退伍兵、中专毕业生和劳动监察系统家属的子女都有可能进入,成为劳动监察员。③ 在人保部门中有一种认识:凡是学历低的、工作能力差的都可以从事劳动监察工作,劳动监察机构成了人保部门的人才兜底单位,与劳动仲裁机构的人员结构相比,劳动监察队伍水平明显较差。劳动监督能否有效,全视乎人选之适当与否。

监察员必须是品学兼优之士,即不独须公正严明,勤敏将事,而且对于工业之技术及经营须具有专门之知识。工厂监察员应:(1)国内外工业专门以上学校毕业者,或(2)曾在工厂工作十年以上有相当学术技能者,经训练合格后,始行任命。④ 荷兰劳动监察室主任、战略主管、监察主管和项目主管必须拥有大学以上学历或同等培训学历,并且需要丰富的工作经验和学术成就。⑤

劳动监察工作是劳动行政部门的核心工作,劳动监察机构是执法机构,是直接面对用人单位和劳动者群体,代表了劳动行政部门的形象,所

---

① 李建等:《〈劳动保障监察条例〉立法后评估报告》,《中国劳动》2007年第5期。
② 〔德〕沃尔夫根·冯·李希霍芬:《劳动监察——监察职业指南》,刘燕斌等译,中国劳动社会保障出版社,2004,第11页。
③ 曹绪红:《浅议我国基层劳动监察》,《中国劳动关系学院学报》2006年第6期。
④ 史尚宽:《劳动法原论》,世界书局,1934,第419页。
⑤ 曲华锋:《荷兰的劳动监察(上)》,《现代职业安全》2008年第4期。

以今后有必要对劳动监察员的任职条件做出规定。

七 关于劳动监察的时限

《劳动保障监察条例》第 20 条规定，违反劳动保障法律、法规或者规章的行为在 2 年内未被劳动保障行政部门发现，也未被举报、投诉的，劳动保障行政部门不再查处，很多地方明确规定对于投诉案件，主办监察员应当自接到投诉案件之日起 3 个工作日内进行初步调查，只有违法行为发生在 2 年内的才符合立案条件。超过 2 年的违法行为，不予受理。2 年的期限主要来自《行政处罚法》，其第 29 条规定，违法行为 2 年内未被发现的，不再给予行政处罚。

2 年不能作为劳动监察受理的时效，而应该只适用涉及劳动行政处罚的案件，对于劳动行政处理的案件是不适用的。[①]《劳动保障监察条例》对时效 2 年的限制纵容了违法行为，2 年不应该成为劳动监察立案和受理的时间限制，对于超过 2 年的可以通过其他行政处理的方式进行解决。

Some Basic Problems in Revising of the Labor Security Supervision Regulation

Zhai Yujuan

Abstract: The labor security supervision regulation which has been implemented for more than nine years, exposed many problems. After the issuing of "labor contract law", "labor dispute mediation and arbitration law" and the other laws, parts of the regulation exposed conflicts with the two laws, the revision of the "labor contract law" in 2013 increased the labor inspection regulation on labor dispatch business. A few parts of the regulation seriously can't adapt to the needs of practice, we should completely revise it as soon as possible. To adapt to the need of the law and the situation, the labor inspection should accurately lo-

---

① 曹绪红：《浅议我国基层劳动监察》，《中国劳动关系学院学报》2006 年第 6 期。

cate the inspection function, expand the applicable objects, reasonably define the boundaries of labor dispute and the labor inspection, standardize the procedures of administrative punishment and administrative punishment, give appropriate law enforcement means and measures to the labor inspection department, set up the qualifications of labor inspector.

Key words: Labor Supervision; Supervision Function; The Range of Supervision; The Procedures of Supervision

工会劳动法律监督若干立法难点探析

许建宇[*]

目 次

一 工会劳动法律监督范围的准确界定
　（一）政府部门是否应作为工会劳动法律监督的对象？
　（二）工会劳动法律监督与劳动保障监察的范围是否一致？
二 是否应设置工会检查权的法理辨析
三 工会劳动法律监督与劳动保障监察的互动模式建构
四 工会劳动法律监督的效力与配套责任设想
　（一）工会劳动法律监督的效力提升路径
　（二）工会劳动法律监督的配套法律责任构想

摘 要：完善我国工会劳动法律监督立法，需要厘清和解决若干难点问题。在工会劳动法律监督的范围界定方面，工会的监督对象应为用人单位，而不宜包括政府部门；工会监督的事项应比劳动保障监察更为广泛。从法理上看，工会监督权的内容中不应含有检查权，但可通过其他途径弥补这一权能的缺失。基于工会劳动法律监督与劳动保障监察的共通性和差异性，我国应采取多种措施构建二者的互动模式，以最大限度地保障劳动者权益。为了强化工会监督功能，我国应在一定范围内赋予工会劳动法律监督对于用人单位行为的"否认"效力，并辅之以完善的法律责任制度。

---

[*] 许建宇，浙江大学光华法学院副教授、硕士生导师，主要学术领域为劳动法、社会保障法。

关键词：工会劳动法律监督　检查权　劳动保障监察　"否认"效力　法律责任

我国《劳动法》第 88 条第 1 款规定："各级工会依法维护劳动者的合法权益，对用人单位遵守劳动法律、法规的情况进行监督。"《劳动合同法》第 78 条规定："工会依法维护劳动者的合法权益，对用人单位履行劳动合同、集体合同的情况进行监督。"《工会法》则从多个侧面全方位地规定了工会的监督权。这些规定为我国工会实施劳动法律监督提供了法律依据。1995 年 8 月 17 日中华全国总工会颁布的《工会劳动法律监督试行办法》，则对本制度的具体实施规定了操作细则。然而，总体而言，目前我国工会行使此项法律监督权的情况并不理想，在现实生活中发挥的作用亦很有限。随着我国劳动关系双方的利益分化和冲突日益凸显，工会如何更好地履行此项监督职责，就成为一个值得研讨的重要课题。到目前为止，广东、江苏、合肥、昆明、沈阳、杭州、宁波等多个省市已经制定出台了工会劳动法律监督的地方立法，还有一些省市正在起草这方面的地方性规定。本文试就该领域立法中所涉及的若干难点问题进行一番法理剖析，并提出一些拙见。

一　工会劳动法律监督范围的准确界定

工会劳动法律监督（又称工会劳动保障法律监督），简称工会劳动监督或工会监督，是指工会对用人单位遵守劳动法律法规的情况所进行的监督。根据其监督的客体不同，又可分为普通劳动监督和劳动保护监督两种。[①] 鉴于工会劳动保护监督具有较多的特殊性并已自成体系，故本文将主要以工会普通劳动法律监督作为讨论对象。不论何种形式的工会监督，其主要的监督范围都是用人单位执行劳动法律法规的情况，这已是各界共识。不过，在准确界定工会劳动法律监督的范围时，仍有几个重要问题需做进一步研讨。

（一）政府部门是否应作为工会劳动法律监督的对象？

有人建议工会劳动法律监督的对象应包括政府部门，认为这样做能够

[①] 王全兴主编《劳动法学》（第二版），高等教育出版社，2008，第 500、502 页。

推动和促进政府机构更好地保护劳动者的利益,提升工会监督的效力。《工会劳动法律监督试行办法》第8条也确实对此做出如下原则性规定:"工会应当与有关部门密切配合,对政府部门贯彻实施劳动法律法规的情况进行监督。"不过,若要把政府及其所属部门纳入我国现阶段工会劳动法律监督的对象范围,笔者仍然以为不妥,理由如下:

首先,政府部门并非执行劳动法的主要主体。贯彻落实劳动法,最重要的义务主体是用人单位和雇主。行政机关既非劳动关系当事人,也非实施劳动法的主要主体。相反,行政机关是制定劳动保障领域的行政法规、行政规章(包括国务院部门规章、地方政府规章)和规范性文件的主体,同时行政机关(特别是人力资源和社会保障部门)还是重要的执法机关。

其次,监督政府并不是工会的主要职能。工会的主要职能是维护劳方权益。至于工会与政府的关系,我国《工会法》第5条规定:工会应参与管理国家事务、管理经济和文化事业、管理社会事务;协助人民政府开展工作,维护社会主义国家政权。可见,我国工会与政府之间主要是互相协助和配合的关系,而监督与被监督并不是两者关系的主要内容。

最后,工会对政府部门的监督应通过其他的制度设计来实现。实践中行政机关确有可能实施某些违反劳动法的行为,例如劳动行政部门对雇主的违法用工行为漠然置之甚至姑息纵容等,在这些情形下,社会各界(包括工会在内)亦应发挥对政府的各种监督作用。但是,这种监督应当通过其他的制度设计来实施(如行政复议和行政诉讼、国家赔偿等),其原因在于工会组织对雇主的监督与其对公权力机关的监督无论在监督的内容、手段还是在监督的法律后果等方面都存在着极大的差异。工会劳动法律监督在我国是一项已经定型、相对成熟的制度,有着一套完整的做法,如果硬要把工会监督政府部门也统合到这一监督制度之中,反而会喧宾夺主,削弱了工会对雇主的主要监督作用。

(二) 工会劳动法律监督与劳动保障监察的范围是否一致?

根据《工会劳动法律监督试行办法》第6条规定,工会有权进行监督的事项,包括用人单位的下列情况:(1)执行国家有关就业规定的情况;(2)执行国家有关订立、履行、变更、解除劳动合同规定的情况;(3)履行集体合同的情况；（4）执行国家有关工作时间、休息、休假规定的情况；（5）执行国家有关工资报酬规定的情况；（6）执行国家有关各项劳动安全卫生及伤亡事故和职业病处理规定的情况；（7）执行国家有关女职工和未成年工特殊保护规定的情况；（8）执行国家有关职业培训和职业技能考核规定的情况；（9）执行国家有关职工保险、福利待遇规定的情况；（10）其他执行劳动法律法规规定的情况。

劳动保障监察（又称劳动监察）是劳动保障行政部门依据其法定职权所实施的监督，其主要监察事项也是用人单位执行劳动法的情况。根据我国《劳动保障监察条例》（2004年11月1日国务院公布）第11条规定，劳动保障监察的事项包括：用人单位制定内部劳动保障规章制度、与劳动者订立劳动合同、遵守禁止使用童工规定、遵守女职工和未成年工特殊劳动保护规定、遵守工作时间和休息休假规定、支付劳动者工资和执行最低工资标准、参加各项社会保险和缴纳社会保险费的情况，以及法律法规规定的其他劳动保障监察事项。

对比以上规定内容可知，两者的监督范围在实然层面上高度相似。不过，从应然层面而言，这两种不同属性的监督在监督范围方面是具有明显差异性的。工会监督所具有的社会监督、群众监督属性，使其监督用人单位的事项范围非常广泛，可以涉及劳动法领域中各种公法、私法性质规范的实施情况。更应看到，劳动法律监督既是法律赋予工会组织的重要权力，又是工会履行其法定的"维护"职能的必然要求。《工会法》第6条第1款规定："维护职工合法权益是工会的基本职责。"劳动法的实施直接关涉劳动者群体的切身利益，因此，工会监督的范围亦应涵盖劳动法的各个方面。特别是随着我国日益重视劳动法对于集体劳动关系的调整作用，笔者认为，工会监督的范围还应逐步拓展至对于"集体劳动权"（包括团结权、集体协商权、团体行动权和参与权）的全面保障以及对于雇主"不当劳动行为"（包括雇主拒绝集体谈判、控制干涉工会等）的监督等方面。[①] 而具有国家监督（监察）性质的劳动保障监察则是公权力介入和干预劳动关系的具体行政行为，具有强制性。国

[①] 例如，我国工会组织在现阶段即应把全面推行工资集体协商制度作为其监督工作的重点事项之一。

际劳工组织在劳动监察相关文书中首先阐明的一项原则便是:"劳动监察是一项公共职能,一项政府责任,应作为一种制度加以组建,并纳入一种国家体系的更大环境中,目的是管理社会和劳动政策并监督其实施,使之符合立法和标准。"[1] 故此,其监察对象应主要局限于用人单位违反劳动法中公法性质规范的行为(诸如雇主违反劳动基准法和强制性规范的行为等),而不应包括那些以私法属性为主的劳动关系当事人行为。而目前我国劳动保障监察的范围设置过于宽泛,几乎与劳动法的调整范围相重叠,混淆了劳动法中公法规范和私法规范的不同属性,导致实务中劳动保障监察、劳动争议仲裁的受案范围界限不清(如劳动保障监察机构、劳动争议仲裁机构均可受理欠薪争议案件),这已经成为一个突出的问题,亟待重新加以厘清。

二 是否应设置工会检查权的法理辨析

根据我国现行立法规定,工会组织所享有的劳动法律监督权主要包括调查权、参与监督权、要求改正权、要求查处权、支持法律救济权、舆论监督权等。在此方面,一个极富争议的法律问题是:工会组织在行使其监督权时,是否应享有"检查权"这一权能?对此,一些省市在进行地方立法时建议予以增补,认为这有助于增强工会监督的力度和实效。但笔者认为,尽管我国确应大力发挥工会组织的劳动法律监督作用,甚至在个别情况下还应赋予其某些特定的调查权(这与检查权具有一定的交叉关系),然而,从法理上看,仍不宜全面赋予工会对用人单位的检查权。理由如下:

第一,这不符合工会组织和工会监督的本身性质。根据我国《工会法》第 2 条规定,工会的性质是职工自愿结合的工人阶级的群众组织。在法律上,工会属于社会团体法人,具有相对独立性,既独立于雇主,也不是政府的附属机构;在法理上,工会是劳方的利益团体,既非经营者,亦非国家机关。此外,工会劳动法律监督属于社会监督和群众监督的范畴,

---

[1] 〔德〕沃尔夫根·冯·李希霍芬:《劳动监察——监察职业指南》,刘燕斌等译,中国劳动社会保障出版社,2004,第 8 页。

并不具有强制性。工会若享有检查权,则明显不符合上述性质。消费者协会的组织属性、监督性质与工会具有一定相似性,但我国《消费者权益保护法》第 32 条赋予消费者协会的七项职能中,也仅仅规定了其有权"参与有关行政部门对商品和服务的监督、检查",并未直接赋予其检查权。

第二,这缺少明确的上位法依据。《劳动法》和《工会法》都是工会劳动法律监督制度的上位法。值得注意的是,《劳动法》关于工会监督的规定尽管是出现在第 11 章"监督检查"之中,但其对工会监督的表述中只使用了"进行监督",而没有使用"检查"一词(第 88 条第 1 款)。而《劳动法》有关劳动监察的规定则明确使用了"监督检查"的概念:"县级以上各级人民政府劳动行政部门依法对用人单位遵守劳动法律、法规的情况进行监督检查,对违反劳动法律、法规的行为有权制止,并责令改正。"(第 85 条)可见,《劳动法》在设置工会组织、劳动监察机构各自的职能和权限时即已考虑到了"监督权"与"监督检查权"之别。再从《工会法》的规定来看,整部法律只在一个条文中出现过"检查"二字,但并不是本文所讨论的工会检查权。①

第三,这也不符合检查权的法律定位。"检查权"一词内涵丰富,有着多种可供解读的视角,但在法学领域,检查权一般是作为公权力机关(如行政机关、司法机关、立法机关等)的一项法定职权来定位的。其中,对于工会监督权而言,最具有参照意义的是行政检查权。行政检查是行政主体依法享有的行政职权之一,属于行政强制权的范畴,其内容包括对物、人体、场所的检查和对人身的搜查。② 例如,根据《劳动保障监察条例》第 15 条规定,劳动保障行政部门实施劳动保障监察时,即有权采取下列调查、检查措施:进入用人单位的劳动场所进行检查;就调查、检查事项询问有关人员;要求用人单位提供与调查、检查事项相关的文件资料,并做出解释和说明,必要时可以发出调查询问书;采取记录、录音、录像、照相或者复制等方式收集有关情况和资料;委托会计师事务所对用人单位工资支付、缴纳社会保险费的情况进行审计;等等。此外,我国相

---

① 《中华人民共和国工会法》(2009 年 8 月 27 日全国人民代表大会常务委员会第二次修正)第 35 条第 2 款规定:"国有企业的工会委员会是职工代表大会的工作机构,负责职工代表大会的日常工作,检查、督促职工代表大会决议的执行。"

② 胡建淼:《行政法学》,法律出版社,1998,第 221、324 页。

关立法对检查权的行使均有严格的条件和程序要求，如必须由 2 名以上检查人员参加并出示检查证件等。再者，检查权与处理权通常是紧密相连的，因为行政机关根据检查的结果，往往需要对其中的一部分相对人做出行政处罚或者行政处理决定，因此，法律上还应赋予行政机关相应的处理权，并设置行政相对人的法律救济途径（如其有权申请行政复议或者提起行政诉讼、申请国家赔偿等）。从目前情况看，我国工会组织尚不具备行使类似权力的基础和条件。而且，一旦工会组织真的因其违法行使或者不当行使检查权而成为被告并须承担法律责任（如进行赔偿等），也必将给工会正常活动的开展带来不利影响；而倘若允许工会仅享有权力却不需要承担法律后果，则法律上设置此种检查权便失去了实质意义，亦不符合现代法治精神。

应当强调的是，否认工会组织享有检查权，并不等于否认工会劳动法律监督的重要性和现实意义。在不赋予工会检查权的同时，我们仍然可以通过"借力"劳动保障监察的优势以弥补工会监督的局限性，还可以通过提升工会监督的效力对工会监督的功能予以"补强"。此外，作为一项强化工会监督效果的配套措施，我国还应逐步建立劳动争议公益诉讼制度，当劳动者因各种原因无力或难以提起诉讼时，工会组织可作为原告直接对用人单位提起诉讼。

三 工会劳动法律监督与劳动保障监察的互动模式建构

工会劳动法律监督与劳动保障监察在很多方面具有共通性。例如：它们都是有组织的监督行为，前者一般由工会劳动法律监督委员会负责实施，后者由劳动监察大队、支队或总队等负责实施；监督（监察）均只针对用人单位一方，而不包括劳动者；[1] 监督（监察）事项都是用人单位执行劳动法律法规的情况；监督（监察）的目的都是督促用人单位严格执行劳动立法；等等。二者的最大差异，在于它们之间存在着"非强制性的群众监督"和"强制性的国家监察"属性之别，这也决定了工会劳动法律监

---

[1] 根据《劳动保障监察条例》第 2 条规定，劳动保障监察的对象除了用人单位之外，还包括职业介绍机构、职业技能培训机构和职业技能考核鉴定机构。这与工会劳动法律监督的对象略有不同，但这一点并不构成其与工会监督的实质性差异。

督本身存在着一些较为明显的局限性：其一，工会监督的权限、手段是有限的。若用人单位拒不接受工会组织的监督，工会便无法采取其他实质性的措施。特别是基层工会对所在单位行使监督权时，其监督力度更弱，效果更不理想。其二，由于工会监督与劳动保障监察具有诸多相似性，因此若不能很好地理顺二者关系，则会给雇主增加一些不必要的负担（如被重复监督和监察等）。

工会劳动法律监督与劳动保障监察的共通性，决定了它们可以互相配合与协作；二者的差异性，又决定了它们可以互相填充和弥补。譬如，工会组织身处劳动关系的最前沿，自己就是集体劳动关系的主体之一，它能直接感知和发现用人单位的一些违法行为，故工会在行使其监督权时，也能为劳动保障监察机构提供雇主违法行为的线索。由此，目标的一致性和功能的互补性，决定了在这二者之间具有构建互动机制的可能性与可行性。事实上，原劳动和社会保障部、中华全国总工会在2001年11月13日即发布过《关于加强劳动保障监察与工会劳动保障法律监督相互协调配合工作的通知》，期望以此建立和完善劳动保障法律监督体系，共同推进劳动保障法律法规的全面贯彻执行。至于如何建构这种协作配合的机制，近年来我国各地也做了不少探索和尝试。[1] 在总结各地方现有实践经验的基础上，本文认为可从如下几个方面来构筑二者的互动模式：（1）机构协调。工会与劳动保障监察机构可以建立联席会议或者类似性质的组织，及时研究、协调和处理一些重大和突出问题。（2）互聘人员。各方在组建监督、监察机构时，可以在一定比例范围内从对方人员中选聘协查员、委员、顾问等。（3）信息分享。双方应互相通报各自在监督、监察过程中获知的一些重要信息，特别是涉及群体性事件或重大案件的信息。（4）参与监督。对于一些重要案件的监督或查处，各方可邀请对方成员参与，尤其是劳动监察机构应邀请工会派员参与对一些重要案件的监督检查。（5）联合监督。每年双方可以联合组织定期或不定期的监督活动。（6）案件移送。当工会发现用人单位一方存在严重违反劳动法的行为并应追究行政责任时，除自身行使监督权外，应及时将案件移送给有管辖

---

[1] 如江苏省劳动和社会保障厅、江苏省总工会早在2001年8月10日印发的《江苏省劳动保障监察与工会劳动法律监督协作暂行办法》中，就要求劳动保障行政部门与同级工会应逐步建立六项具体的协作制度（详见该文件第6条规定），法律快车网：http://www.law-time.cn/info/laodong/qitadiqu/2007070425036.html，最后访问日期：2013年8月22日。

权的劳动保障监察机构处理；当用人单位拒不接受工会的监督整改意见时，工会亦可向劳动保障监察机构移送案件。同样，劳动保障监察机构也可以把一些违法情节轻微、不需要给予行政处理的案件转交给工会组织监督处理。(7) 处理建议。对于每一方处置范围内的事项，对方在必要时可以向其提出相应的处理建议书。(8) 协助配合。对于每一方行使监督权，对方均应提供相应的方便与协作。

四 工会劳动法律监督的效力与配套责任设想

（一）工会劳动法律监督的效力提升路径

随着我国社会法步入"黄金"立法期，作为"第三部门"重要成员之一的工会组织正在发挥越来越重要的作用。仅以《劳动合同法》为例，我们即可看到在多个章节中均出现了工会监督的条款。例如该法第4条第3款规定："在规章制度和重大事项决定实施过程中，工会或者职工认为不适当的，有权向用人单位提出，通过协商予以修改完善。"又如该法第78条规定，用人单位违反劳动法律法规和劳动合同、集体合同的，工会有权提出意见或者要求纠正。事实上，工会的以上权力既可以由整个工会组织来行使，也可以由工会劳动法律监督机构来行使。但是当用人单位对工会的监督置若罔闻甚至横加阻挠和抵制时，工会的监督行为在法律层面究竟具有怎样的效力，现行立法对此却语焉不详。

笔者以为，从强化工会监督功能的角度出发，我国法律应适当提升工会监督行为在法律上的效力。目前最宜考虑采行的一种方案是：在一定范围内赋予工会监督对于用人单位的行为后果具有"否认"效力，亦即当用人单位的某种行为的确违反了我国工会劳动法律监督立法对用人单位的法定要求时，该行为便因具有重大的"效力瑕疵"而不能产生原本应有的法律效果。目前，这种处理思路在我国劳动争议司法实践中已经初露端倪。例如，根据《劳动合同法》第43条规定，事先通知工会和听取工会意见，这是用人单位单方解除劳动合同的一种法定必经程序。对于用人单位违反上述法定要求而实施的解约行为，《最高人民法院关于审理劳动争议案件适用法律若干问题的解释（四）》（2013年1月18日公布）即明确否认了解约效力,认定其构成违法解除劳动合同的行为。① 当然,在法律上否认用人单位某一行为的应有效果,这牵扯到保障劳动者权益与保障用人单位经营自主权之间的复杂利益关系,需要立法者在缜密考量各方利益后慎重做出决定,而不宜在此问题上完全采取"一刀切"的做法。

(二) 工会劳动法律监督的配套法律责任构想

工会劳动法律监督作为一项完整的法律制度,无疑应有一套相应的法律责任体系以保障其实施,而现行立法在此领域的制度缺位,已经严重影响到工会监督作用的有效发挥。有鉴于此,笔者认为除了那些应适用我国《治安管理处罚法》《刑法》追究责任的行为以外,尚须在我国《劳动法》《工会法》等劳动立法以及相关行政立法中增设如下法律责任条款:(1)对于用人单位阻挠、妨碍工会实施劳动法律监督的行为,诸如拒不接受工会调查、拒不执行工会监督整改意见等行为,应由人力社保部门责令其改正,并可处以罚款。(2) 对于用人单位对工会劳动法律监督员依法履行职责进行打击报复的行为,诸如降低工资和福利待遇、调整工作岗位、解除劳动合同等,应由行政机关追究其行政责任,同时用人单位还应对监督员承担损害赔偿等民事责任。(3) 工会劳动法律监督员不履行法定职责的,应取消其监督员资格,并追究其他相关责任。(4) 政府部门工作人员实施妨碍工会劳动法律监督的行为的,也应追究其相应的责任,如责令改正、给予行政处分等。

Legislative Difficulties in the Labor Supervision of Labor Union Law

Xu Jianyu

Abstract: To consummates our country Labor union law supervision and

---

① 该司法解释第12条规定:"建立了工会组织的用人单位解除劳动合同符合劳动合同法第三十九条、第四十条规定,但未按照劳动合同法第四十三条规定事先通知工会,劳动者以用人单位违法解除劳动合同为由请求用人单位支付赔偿金的,人民法院应予支持,但起诉前用人单位已经补正有关程序的除外。"

legislation, we should clarify and solve some difficult problems. In the scope of Labor union legal supervision, supervision object shall be the employers, and government departments should be excluded; the union supervision matters should be more wide than labor security supervision. From a legal point of view, Labor unions' right of supervision should not contain the right of inspection, but can be compensated for the loss of power by other means. Based on the commonness and difference of the Labor union legal supervision and the labor security supervision, our country should adopt various measures to build the interactive mode, to safeguard the rights and interests of laborers to the largest extent. In order to strengthen the supervision function of Labor unions, our country should be within a certain range give Labor union legal supervision the validity of "deny" for the behaviors of the employers the within a certain range, and improve the system of legal liability.

Key words: Labor Union Law Supervision; The Right of Inspection; Labor Security Supervision; The Validity of "Deny"; Legal Responsibility

《职业病防治法》实施效果之实证研究[*]

蒋 月[**]

目 次

一 调查概况
    （一）调查方法
    （二）受访人基本情况
二 职业病防治制度实施效果分析
    （一）从权威公布的职业病人数看职业病防治法之效果
    （二）关于签订劳动合同及参加工伤保险的情况
    （三）职业病预防制度实施效果评析
    （四）职业病救助制度实施效果评析
    （五）职业病康复制度实施效果评析
三 劳动者、企业对《职业病防治法》的满意度分析
    （一）企业对这类法律法规实施的满意度
    （二）劳动者对法律法规实施情况的满意度
四 《职业病防治法》实施中存在的突出问题
    （一）政府履职中存在的问题

---

[*] 本文是笔者主持的国家社科基金规划2011年重点项目"我国现行社会立法实施效果与影响研究——以工伤保险条例和职业病防治法为对象"（批准号：10AZD024）的阶段性成果。感谢厦门大学法学院讲师潘峰博士，博士研究生张建平、彭亮万、冯源，硕士研究生连小平、陈欣、吴晓东、张楠等协助本项目调研任务执行的有关单位和个人。

[**] 蒋月，厦门大学法学院教授，博士生导师，主要学术领域为婚姻家庭法学、社会法学、妇女问题。

（二）用人单位履行职业病防治职责的不足

（三）工会工作中存在的问题

（四）劳动者群体存在的问题

五　导致问题之原因分析

（一）立法专业性强而普及困难与制度设计有所不周

（二）政府方面的原因

（三）企业方面的原因

（四）工会方面的原因

（五）劳动者方面的原因

六　改善《职业病防治法》实施效果之对策

（一）完善相关立法之建议

（二）政府应扮演好劳动者保护人的角色

（三）落实用人单位职业病防治主体责任

（四）充分发挥工会组织的监督干预作用

（五）劳动者应当树立预防职业病的意识和提高维权能力

摘　要：若以国家权威机构公布的职业病人数量为依据评估，《职业病防治法》的实施效果似乎不差。然而，实证调查发现，以企业履行告知义务、职业卫生培训、劳动防护措施、健康检查等为内容的预防制度实施效果与立法预期要求之间差距较大；约有三成企业没有依法申请工伤或职业病认定，五成工伤或职业病人实际享有工伤保险待遇耗时90天以上，还有1/5的工伤或职业病人未获得工伤待遇，仅有四成工伤和职业病人有机会接受康复治疗。该法案实施效果令人不满意，除了该法及其配套规定专业性强而不易为非医学专业人员所懂外，更源于政府在职业病防治中的角色定位不准和职责界定不够明确，监督检查作为少，在于企业追求利润最大化而无底线，在于工会作用未充分发挥。职业病防治，应当确立以"劳动者为中心"的核心理念，完善相关立法，平衡劳动者、用人单位、政府三者之间利益关系。立法应当充分考虑到参保行业、企业主营业的风险级别，确定工伤保险缴费基数。政府应当引导、监督和帮助企业规范生产经营，提供更多、可便捷利用的公共服务。应以用人单位履行防治义务为主，劳动者遵守劳动中的安全卫生要求为辅，使该制度产生良好的实施效果。

关键词： 职业病　立法　施行效果　改善对策

《中华人民共和国职业病防治法》（以下简称《职业病防治法》）于2002年5月1日实施至2011年12月31日第一次修订历经大约十年；修正案公布实施至2013年8月又有一年余。根据国家权威机构公布的职业病人数（如表1所示）来评估，该法案的实施效果良好。然而，从近年来生产领域发生的大型安全事件看，一般人对职业病防治成效的感受看，情况并非如此。那么，该法案在预防职业病、救助职业病人中发挥了怎样的作用？企业履行保障劳动安全义务的情形如何？政府职能部门履行监管职责的效果怎样？劳动者群体如何评价该法实施效果？本文在实证研究基础上，尝试对该法实施效果做出评估。

一　调查概况

为了解《职业病防治法》实施情况，特别是其实施效果，笔者主持课题组从2011年7月至2013年8月间，基于经济社会发展水平、调查的可行性等因素考虑，选取东部的福建省①和西部的四川省②为调查样本，并以福建省为主要样本调查地开展了实地调查研究。本文是以该项调查所得数据和信息为主要分析依据。

（一）调查方法

本次调查，选取制造、服装鞋帽、餐饮、交通运输、照明等行业在内的国企、中外合资企业、私企等不同性质的企业若干家，以问卷调查、企业座谈会、个别访谈等方式，并辅之以进厂走访、进车间考察等开展调查研究，走访和调查了当地劳动力市场、职业病医疗机构等单位或场所。收

---

① 2010年，福建省人均可支配收入为21781元。调查选取的该省四地均属于沿海城市，经济相对发达，人均可支配收入都高于全省平均收入。该数据来源于中国经济网，http://district.ce.cn/zg/201202/27/t20120227_23109765.shtml，最后访问日期：2012年11月12日。

② 2010年，四川省彭州市人均可支配收入为9975元，南充市人均可支配收入为13184元。该数据来源于中国经济网，http://district.ce.cn/zg/201202/27/t20120227_23109765.shtml，最后访问日期：2012年11月12日。

回有效问卷 3309 份（其中：四川省 1255 份，福建省 2054 份）；访谈记录 38 份，举行企业座谈会 8 场。采用 SPSS 会计软件对回收的调查问卷进行数据整理和统计分析。

本文以前述调研获得的数据和信息为基本素材，结合相关的既有研究成果，分析讨论。

（二）受访人基本情况

受访者中，除 40 份未回答性别的外，男女分别为 1484 人、1785 人，各占 45.4%、54.6%。制造业、交通运输业从业者中男性所占比例较高，而从事服装、照明业的女性比例较高，但整体上受访男女比例相对平衡。受访者年龄主要分布在 18~40 岁，占 81.8%，且在其间不同年龄分布较为平均，不满 18 岁的受访者有 32 人，这说明有企业可能存在使用童工问题，但不排除存在特种工艺单位招用未成年工或学校实习生的可能。受访者受教育程度呈橄榄形分布，除小学（3.8%）和研究生（3.6%）外，初中、高中、大专、本科四个选项的分布比例都较为平均，合占 92.6%。两省的数据显示也大致相同。

受访者所在企业类型中，私企所占比例最高，占 40.9%，随后依次为中外合资（14.8%）、外商独资（11.9%）、事业单位（11.3%）、国企（8.8%）、从业类型不明确或暂无业的受访者占 12.3%，各种性质的用人单位都有一定比例的分布。以上两组数据反映出，受访者在文化水平、任职企业性质的分布比例都较为平均且各占一定比例，这将有助于提高后续分析推断结论的合理性。从行业分布看，受访者从事制造业所占比例最高，达 38.1%，其余行业都有一定比例分布，但所占比例都不高且较为平均。主要原因在于制造业发生工伤、职业病的概率比较高，在选择企业座谈会时一般都以制造业的企业为主，在制造业企业中发放调查问卷数量大，其余行业的调查问卷主要通过在各地劳动力市场进行发放，所以样本数相对较少。

二 职业病防治制度实施效果分析

（一）从权威公布的职业病人数看职业病防治法之效果

根据国家统计局公布的数据，从 2006 年到 2011 年全国[①]认定的职业

---

① 本文中，"全国"仅指中国大陆地区，相关数据均未包括香港、澳门和台湾地区。

病人数,依次分别如下:8771 人、10071 人、10543 人、10480 人、15919 人、15195 人。这 6 年间认定的职业病人简单合计为 70979 人。相对于既往 6 年间粗放型经济发展模式下的快速发展,应该说此职业病人数量不算多。其中:被认定职业病人人数最多的前 10 个省市,分别是:重庆 6913 人,山东 6739 人,北京 6598 人,四川 5654 人,湖南 4951 人,河南 3924 人,山西 3083 人,江苏 3056 人,广东 2922 人,天津 2581 人。这 10 省市的职业病人合计 46421 人,占同期全国总数的 65.4%。而职业病人人数最少的 10 个省市,包括西藏、青海、宁夏、海南、广西、甘肃、云南、浙江、湖北、贵州,合计为 6512 人,仅占同期全国职业病人总数的 9.2%(详见表 1)。

表 1 全国职业病人数及分布(2006~2011)

单位:人

分类\年份	2006	2007	2008	2009	2010	2011	6 年(合计)
认定工伤人数	622724	754272	946644	961117	1134703	1201527	5620987
全国认定职业病人数合计	8771	10071	10543	10481	15919	15195	70674
北 京	789	798	877	763	1383	1988	6598
天 津	542	449	375	404	410	401	2581
河 北	463	303	383	557	445	327	2478
山 西	173	273	263	541	914	919	3083
内 蒙 古	253	105	193	245	185	172	1153
辽 宁	240	303	307	192	341	237	1620
吉 林	308	123	513	162	275	320	1701
黑 龙 江	365	258	509	425	345	81	1983
上 海	153	255	197	215	193	218	1231
江 苏	434	357	383	704	674	504	3056
浙 江	185	170	174	125	263	310	1227
安 徽	158	252	330	177	311	299	1527
福 建	386	193	166	115	309	170	1339
江 西	84	139	253	459	192	121	1248
山 东	761	1662	1022	1055	1362	877	6739

续表

分类＼年份	2006	2007	2008	2009	2010	2011	6年（合计）
河南	148	1000	382	378	768	1248	3924
湖北	151	128	181	170	195	209	1034
湖南	437	523	472	173	1997	1349	4951
广东	545	418	302	431	639	587	2922
广西	64	82	90	67	92	129	524
海南	12	8	7	2	9	11	49
重庆	618	852	807	963	1904	1769	6913
四川	403	527	792	1292	1181	1459	5654
贵州	35	17	105	57	334	453	1001
云南	420	81	201	215	183	189	1289
西藏			0	0	0	3	3
陕西	101	165	128	138	394	457	1383
甘肃	140	152	230	47	188	108	865
青海	52	44	18	50	52	38	254
宁夏	111	173	59	108	75	50	576
新疆	198	183	734	183	228	146	1672
新疆兵团	42	78	90	68	78	46	402

注：本表根据国家统计局网有关"中国劳动统计数据"相关栏目的数据制作。

根据上述表1显示的职业病人数据，可以简单地判断出《职业病防治法》的实施似乎取得了好的效果。不过，对于职业病防治而言，认定职业病，仅仅是其中一个程序，劳动者被认定患有职业病之后，应当开启医疗救治、生活安排、康复训练等一系列措施。表1未反映救治效果等后续的情形。这些数据即使在某种程度上可以说明职业病预防制度的实施取得了好的成效，也不能证实职业病救助制度、康复制度的实施效果如何。仅仅凭权威机构公布的职业病人数，很难推断出该法案"实施效果好"的结论。

（二）关于签订劳动合同及参加工伤保险的情况

1. 企业是否与劳动者签订劳动合同

用人单位与劳动者在建立劳动关系时是否签订书面劳动合同，关系到劳动者切身重大利益能否得到充分、及时的保障。根据《职业病诊断与鉴定管理办法（修订征求意见稿）》第23条规定，申请职业病诊断所需材料中要求提供申请人职业史、既往史。根据《工伤认定办法》第6条第（1）款规定，当事人申请工伤认定应当提供劳动、聘用合同文本复印件或者与用人单位存在劳动关系（包括事实劳动关系）、人事关系的其他证明材料。如果劳动者与用人单位没有签订劳动合同，按照上述规定，劳动者在申请职业病诊断、工伤认定时将会因为申请材料不齐全而被拒绝，此时劳动者的权利将难以获得充分保障；即使劳动者通过诉讼确认与用人单位之间存在劳动关系，但由于民事诉讼程序耗时较长，劳动者往往因得不到及时救助而错过最佳治疗时期，对劳动者造成终生不利影响。

调查显示，有12.9%的受访者表示没有与企业订立劳动合同。而北京义联劳动法援助中心的调查显示，没有与用人单位签订劳动合同的受访劳动者高达49.4%。① 很显然，未签订劳动合同的劳动者，其参加工伤保险的可能性就更小了。

2. 企业是否参加工伤保险并为劳动者缴纳工伤保险费

企业是否为劳动者缴纳工伤保险费，关系到劳动者患职业病时是否能及时获得工伤保险待遇。我国《社会保险法》《社会保险基金先行支付暂行办法》均于2011年7月1日施行。为了保障劳动者及时获得有效治疗，现行立法明确规定了先行支付制度，从制度上保障未缴纳工伤保险费的劳动者在发生工伤时有权申请社会保险基金先行支付医疗费用。但实际数据显示，工伤保险参保率不高，先行支付制度的实施效果不理想。②

（1）从全国工伤参保人数看参保率。根据国家统计局公布的相关数

---

① 该报告是北京义联劳动法援助中心于2010年12月至2011年2月所做的职业病调研的成果，调查总体样本如下（抽样框）：1. 媒体报道的典型案例，如在深圳患尘肺病的79名湖南耒阳、张家界工人；2. 义联劳动法援助中心直接接触的职业病人646人；3. 其他民间组织掌握的职业病案例，涉及在广东、浙江、重庆等地中小型企业务工的共301名职业病案例。在1026名职业病患者中抽样调查，受访者分布的主要行业为采矿业、加工制造业、电子、化工、建筑业，共完成有效问卷172份，详见 http://www.yilianlabor.cn/yanjiu/2012/964.html，最后访问日期：2013年10月22日。
② 北京义联劳动法援助与研究中心：《北京义联工伤保险待遇先行支付制度2011年~2012年实施情况调研报告》，http://www.yilianlabor.cn/yanjiu/2012/1022.html，最后访问日期：2013年10月22日。

据可以发现,城镇就业人口中,参加工伤保险的人数不足就业人口数的一半。2003~2012年,全国城镇就业人口数、年末参加工伤保险的人数、认定工伤人数以及享受工伤待遇人数(万人),如表2所示。

表2 2003~2012年全国城镇就业人口数与参加工伤保险、享受工伤待遇人数

单位:万人

年份 人数	2003	2004	2005	2006	2007	2008	2009	2010	2011	2012
城镇就业人数	25639	26476	27331	28310	29350	30210	31120	34687	35914	37102
全年城镇新增就业人数	828	837	855	1184	1204	1113	1102	1168	1227	1266
参加工伤保险人数	4574.8	6845.2	8478.0	10268.5	12173.3	13787.2	14895.5	16160.7	17695.9	19010
认定工伤(包括视同)			51.2	62.7	75.9	95.2	96.3	114.1	120.1	117.4
享受工伤待遇	32.9	51.9	65.1	77.8	96.0	117.8	129.6	147.5	163.0	191
工伤保险基金收入(亿元)	37.6	58.3	92.5	121.8	165.6	216.7	240.1	284.9	466.4	527
工伤保险基金支出(亿元)	27.1	33.3	47.5	68.5	87.9	126.9	155.7	192.4	286.4	406
工伤保险基金累计结余(亿元)	91.2	118.6	163.5	192.9	262.8	384.6	468.8	561.4	742.6	737

注:该表根据国家统计局网站、国家数据库相关栏目、人力资源和社会保障事业发展公报中相关数据制作。

《工伤保险条例》于2004年1月1日起实施,各类企业、有雇工的个体工商户,均应参加工伤保险,为本单位全体职工或雇工缴纳工伤保险费。然而,2003~2012年将当年参加工伤保险人数除以当年城镇就业人口数,其结果依次如下:17.84%;25.85%;31.02%;36.27%;41.48%;45.64%;47.86%;46.59%;49.27%;51.24%。即除去国家机关、事业单位从业人员,这组数据仍充分说明,未参加工伤保险的企业数量和在岗劳动者人数很多。既然企业没有参加工伤保险,未为劳动者缴纳工伤保险费,那么,这些企业的劳动者发生职业病或疑似职业病的情形时,就无法获得工伤保险基金支付。这就极大地损害了劳动者的社会保险利益。当然,这组数据也说明,工伤保险参保率在逐年提高,2012年城镇就业者的

参保率首次超过 50%。

社保基金收入与支出之比，特别是基金结余金额也在一定程度上说明了享受工伤保险待遇之难。工伤保险基金每年累计结余金额均高于当年收入金额，这应当说明了工伤保险基金存在应付而未付问题。若巨额结余是合理的，则说明工伤保险费缴纳标准过高。然而，实际上，现行缴费比例不算高。若要说企业生产是安全的，很少发生工伤（包括职业病），则显然又不合乎我国现阶段生产安全事实。

从 2004 年到 2012 年，享受工伤保险待遇人数逐年大幅度增加。2012 年，该项待遇享受人数是 2004 年的 3.7 倍，更是 2003 年的 5.8 倍。这说明劳动安全程度，在近十年间不升反降，劳动者为粗放型生产经营模式付出的健康成本越来越大，政府监管安全生产的状况无好转迹象。因此，必须改变粗放式经济发展模式了。

（2）调查证实工伤保险参保不完全。本调查显示，有 16% 的受访者表示"单位没有为其缴纳工伤保险费"；18.1% 的受访者选答"不清楚"。与 2002 年相关研究揭示未缴纳工伤保险费的比例达 41.7% 相比较，[①] 十年后，劳动者参与工伤保险的比例有了显著提高。将东部的福建省和西部的四川省的数据比对，在福建省，"没有缴纳"占 14.5%，"不清楚"占 15.3%；而在四川省，"没有缴纳"占 18.5%，"不清楚"占 22.8%。福建省的工伤保险缴费情况好于四川省，但两地差距不大，说明地区经济水平差异不是主要影响因素。

企业性质与工伤保险费缴纳率之间存在一定关联。调查显示，不同性质企业工伤保险费缴纳率由高到低分别是：中外合资企业 85.53%、外商独资企业 84.08%、国企 72.63%、私企 66.61%。在履行工伤保险参保义务上，中外合资企业、外商独资企业做得较好，而国企次之，私企的表现最差。究其原因在于，中外合资企业、外商独资企业的运行受到两套机制规范：一是国内法机制，中外合资企业、外商独资企业守法意识较强，尽可能地服从中国法律法规的要求以免因违规而受罚；二是国际市场竞争机制，中外合资企业规模较大，在国外市场占有一定份额，为增强竞争优势和赢得更多客户或者满足客户要求，往往会自觉引入管理或质量方面的国

---

① 石强：《〈工伤保险条例〉在实践中存在的问题及对策研究》，《才智》2009 年第 17 期。

际标准（如 SA 8000 国际认证标准），而且遵照执行得好。企业负责人表示，企业获得认证不是一劳永逸的，外资方或认证方会在不提前打招呼的情况下来到企业，自选员工座谈，了解员工的加班、薪资、工作环境等情况；如果企业平时没有遵守这类标准，则将付出很大代价，如订单减少、撤单、外资方撤资等，直接影响企业的经济效益。企业称"客户是企业的衣食父母"，为了眼前利益和长远利益，这些合资企业都会严格遵守法律法规。

自 2008 年来，因受全球金融危机影响，我国的中小型私营企业面临着越来越大的生存压力。用工成本不断加大、外国企业入驻、出口环境恶化等，使私营企业发展越显困难。在此情形下，企业为谋得生存，往往会明知故犯，实施违法行为。在调研福建省某地一家服装加工企业时，该企业高管透露的信息印证了前述判断。该企业有员工 5000 人左右，一线员工的主要工作是操控机器或将生产完成的成衣进行包装，生产环境相对安全；该企业仅仅为中层以上管理者缴纳了社会保险费，而没有为公司的 4000 余名一线员工缴纳社会保险费。单单这一项每年"节省支出"就达 2000 多万元。据这位高管表示，国内的服装加工企业利润很薄，近几年来，该企业的年利润是 2000 万～3000 万元，随着用工成本逐年加大，"企业不违点法根本没有办法生存下去"。这是私营企业较之其他性质的企业更不愿为员工缴纳工伤保险的根本原因。对这类拒绝参保的违法行为，有些地方政府的劳动监察部门视而不见，其理由是"为了让企业存活"。

企业在考虑是否为员工缴纳工伤保险费时总习惯于权衡成本与收益。参加工伤保险是企业应履行的法定义务，但是，在目前企业违法成本低的环境下，企业是否履行该义务，明显受制于企业对支出与收益的算计。如果企业从事的经营是属于发生工伤、职业病的高风险行业，企业即使仅仅出于自身利益最大化的考虑，也会主动参加工伤保险；反之，如果企业的主营业务属于不易发生工伤、职业病的行业，参加工伤保险后的缴费支付通常将大于其可能获得的赔付，企业就会更偏向于选择违法即不为员工缴纳保险费用，因为违法成本更低。本次调查数据证实了这一判断。容易发生工伤、职业病的行业，工伤保险的投保率高，工伤、职业病发生率低的行业中，企业的工伤保险投保率低。例如，工伤保险的投保率，制造业为 82.39%，建筑业为 62.1%，而租赁和商业服务业为 36.36%，金融业为

53.4%。因此，工伤保险缴费比例的确定，应当充分考虑到参保企业主营业务的风险级别，制定合理基数。如此，才能减少或克服企业"自我酌斟"余地，促使企业履行工伤参保义务，避免参保率"打折"情形的发生。

(三) 职业病预防制度实施效果评析

职业病的前期预防是指从源头上控制和消除职业病危害。根据《职业病防治法》第14条、第15条等规定，如工作场所存在产生职业病的危害因素，用人单位应当采取相应的预防措施保障劳动者免受职业病危害；劳动者应当提高防范意识，要求用人单位提供相应的防护用具；工会组织依法监督职业病防治工作，维护劳动者的合法权益；政府安全生产监督管理部门应厘清权责，依法监督企业履行义务，有效保护劳动者的健康权。

1. 企业采取措施预防职业病的情形分析

(1) 企业是否履行相关告知义务。根据《职业病防治法》，用人单位与劳动者订立劳动合同（含聘用合同，下同）时，应当将工作过程中可能产生的职业病危害及其后果、职业病防护措施和待遇等如实告知劳动者，并在劳动合同中写明，不得隐瞒或者欺骗。劳动者在已订立劳动合同期间因工作岗位或者工作内容变更，从事与所订立劳动合同中未告知的存在职业病危害的作业时，用人单位应当依照前述规定，向劳动者履行如实告知义务，并协商变更原劳动合同相关条款。调查发现，企业在订立合同前后履行相关告知义务的情况，在不同性质企业、不同类型行业的企业中，存在明显差异。一般而言，中外合资企业、国有企业履行告知义务的情形好于私营企业，规模大、效益好的企业好于规模小、效益较差的企业。

第一，订立合同前后对企业履行告知义务的影响。问卷调查显示，关于订立合同时企业是否有告知工作过程中存在职业病危害与否，40.5%的受访者表示"有告知"，24.5%的受访者选答"部分告知"，35%的受访者选答"未告知"。北京义联劳动法援助中心于2011年2月发布的职业病调研报告①显示，在与企业签订劳动合同的108位受访者中，2.7%的人表示

---

① 北京义联劳动法援助与研究中心：《北京义联劳动法援助与研究中心职业病调研报告》，http://www.yilianlabor.cn/yanjiu/2012/964.html，最后访问日期：2013年10月22日。

订立合同时企业有告知岗位存在职业病危害,34.3%的人表示"不清楚",高达63%的人表示"企业没有告知"。

在订立劳动合同后,企业履行告知劳动者有关劳动卫生知识的情况相对较好。45.7%的受访者表示企业在上岗前组织过培训,32.2%的受访者选答"在岗期间组织过职业卫生培训",25.9%的受访者反映其通过企业发放的手册、宣传单等方式了解职业卫生知识,19.2%的受访者选答"企业简单地口头告知过",仅有8.7%的受访者表示企业未采取任何方式告知相关的劳动卫生知识。

上述三组数据说明,在订立劳动合同阶段,部分企业基于自身利益考虑(如能顺利招聘到员工)而刻意隐瞒有关的信息,但也有可能是受访者应聘的企业的确不存在或较少存在职业病危害因素所致;在员工进入企业工作后,企业履行告知义务的情况较好。当然,将劳动卫生知识告知员工不等于告知职业病危害。企业告知劳动者有关劳动卫生知识,主要是基于使员工能规范、高效从事生产劳动,保证产品质量,减少因操作不当而导致损失。

第二,企业性质对企业履行告知义务的影响。将受访者所在企业性质与是否在订立合同时告知存在职业病危害进行交叉比对分析发现,在中外合资企业中,受访者选答"企业告知"和"部分告知"两项合计占90.7%;在国有企业中,同比为75.7%;在私营企业中,同比为61.7%;在外商独资企业中,同比为54.2%;在事业单位中,同比为61.4%;而在政府机关中,同比为49.1%;在个体户中,同比为51.9%;在包工头中,同比为61.4%。换言之,在这方面,中外合资企业做得最好,其次是国企,其余性质的用人单位在同比数据上没有太大差距。这与课题组成员实地调查走访中看到的情况相吻合。

不同性质用人单位在履行告知职业病危害因素义务上存在明显差异,其原因主要有三方面:其一,规模大、效益好的企业遵守法律法规的自觉性较高,监管部门对这类企业的关注度高、监督检查多,迫使企业管理规范化。其二,中外合资企业因企业资本构成特殊,特别是外资部分,往往愿意采取国际管理标准管理企业,例如 SA 8000 等国际认证标准,制定的政策、管理规则、纪律能够得到严格执行。其三,在事业单位、政府机关以及一些服务行业中,向员工告知是否存在职业病危害因素的数据值偏低，许多用人单位基于工作环境和条件好、从业者发生《职业病防治法》定义的职业病之概率低，误以为"告知"没有实际意义而擅自"省略"。

第三，企业履行告知义务的情况在不同行业之间存在一定差异。将受访者所从事的行业性质与订立合同时是否告知存在职业病危害进行交叉比对分析获得数据显示：在制造业中，"告知"和"部分告知"两项合计占75.6%；在采矿业中，同比为60.8%；在建筑业中，同比为54.8%；在交通运输、仓储和邮政业中，同比为56.8%；在住宿和餐饮业中，同比为62.9%；在金融业中，同比为62.9%；在居民服务和其他服务业中，同比为63.6%。在制造业、采矿业等较容易发生职业病危害的行业中，企业履行告知义务较好。课题组在调查走访中发现，规模大、经济效益好的制造业企业执行法律法规的情况往往好于效益低、规模小的企业。当然，一个企业是否履行相关告知义务，与企业性质、行业性质虽然有一定关系，但更多的是与企业的经济效益、规范程度相关。

(2) 企业履行职业健康检查义务的情况。这可以从下列两方面考察。

第一，企业履行为员工提供职业健康检查义务的情况。为了有效预防职业病的发生，及时发现职业病或疑似职业病人，并使之获得及时救治，《职业病防治法》规定，用人单位应当组织劳动者上岗前、在岗期间和离岗时接受职业健康检查，并将检查结果书面告知劳动者，职业健康检查费用由用人单位承担。若企业履行了该法定义务，则一旦就劳动者健康权受损发生争议，企业也将有据可证明真相。问卷调查统计显示，对于用人单位是否履行了健康检查义务的问题（多选题），47.7%的受访人选答"上岗前进行职业健康检查"，选答"定期实行职业健康检查"的占46.5%，选答"离岗时实行职业健康检查"的占7.6%，选答"从来没有"的占17.9%，还有13.1%的受访者选答"不清楚"，而受访者选答"企业将检查结果告知劳动者"的，仅占50.7%。北京义联劳动法援助中心的调查显示，46.1%的患者所在用人单位从未进行过职业健康检查。[①]根据2010年卫生统计年鉴的数据，[②]

---

① 北京义联劳动法援助与研究中心：《北京义联劳动法援助与研究中心职业病调研报告》，http://www.yilianlabor.cn/yanjiu/2012/964.html，最后访问日期：2013年10月22日。
② 应检人数10812622人，实检人数6461775人。见《2010年中国卫生统计年鉴》，http://www.moh.gov.cn/publicfiles/business/htmlfiles/zwgkzt/ptjnj/year2010/index2010.html，最后访问日期：2013年10月22日。

59.76%的劳动者接受过职业健康检查。可以说,企业在履行职业健康检查义务方面的表现没有随时间推移而有所改善。为了降低用工成本,部分企业往往不按照规定组织员工体检。为避免以后发生劳动争议时出现对企业不利的情况,很多组织了职业健康体检的企业也不会主动及时地将检查结果告知劳动者。

调查发现,企业执行体检主要有两种方式。其一,企业与周边医院协商好,员工携带体检单到指定医院体检。有些企业要求医疗机构将体检结果寄送回企业。仅有部分医院做得好,将体检结果寄给劳动者本人。其二,企业请医务人员进入企业实行集中体检。这种体检方式随意性较大、规范性不足,容易流于形式,劳动者获知体检结果难。

第二,企业性质对企业履行员工职业健康检查义务的影响。根据本课题调查,将不同性质的企业与岗前体检、定期体检、离岗体检进行交叉分析,所得数据按比例从高到低分别如下:实行岗前体检的,中外合资企业为79.79%,国企为47.72%,外商独资企业为46.49%,私企为41.52%;实行定期体检的,中外合资企业为71.13%,国企为59.65%,外商独资企业为56.62%,私企为34.84%。显然,中外合资履行对员工职业健康检查义务的情况好于其他性质的企业,国企要好于外商独资企业,私营企业的执行情况最差。这个结果与2006年的一项针对山西省太原市企业的调查结果有明显差异,后者显示,山西省太原市不同性质企业接触职业病危害因素人员体检情况如下:集体企业为80.98%,全民企业为79.33%,乡镇企业为51.90%,三资企业为42.09%。[1] 2006年对山西省太原市的调查没有细分三资企业,所以无法做出更细致比较,仅从现有这两组数据看,关于中外合资企业、外商独资企业的数据,两项调查结果之间存在很大差距,而外商独资企业与国企的数据差别无统计学上的意义。考察企业履行法定义务效果差异之原因,一个重要因素是"权力"的相互制约,中外合资的资本来源于双方或多方投资者,投资人在共同利益之外,还存在一定程度上的利益差异,各方在合作过程中,有博弈及相互牵制、相互监督,这促使合资企业遵守法律法规好于其他性质企业;而外商独资企业、国企,由

---

[1] 郭文艳:《太原市不同性质企业实施职业病防治法的现状调查》,山西医科大学硕士学位论文,2006。

于"一人说了算",如果企业守法意识薄弱,实施违法行为就相对容易。这同样可以解释私营企业为什么守法效果差的现象。

目前,离岗时职业健康检查落实最差。对劳动者离岗时实行健康职业检查,不同性质的企业普遍执行得不好。本次调查显示,未执行离岗时健康检查的,按比例从高到低分别是:私企为94.1%,国企为89.8%,中外合资企业为81.6%。关于企业是否将体检结果告知劳动者,中外合资企业做得较好,为88.4%,国企次之,为69.3%,私企则仅为53.9%。离职的劳动者往往意识不到此时享有健康检查权。当应聘另一家企业或被录用时被检查出职业病时,因为没有证据证明其患病发生在服务上一家企业工作过程中,劳动者往往无法获得赔偿,导致劳动者维权产生"真空地带"。

(3)企业是否实行过职业卫生、安全培训。企业履行职业卫生、安全培训义务差,劳动者的职业卫生、安全问题十分突出。根据卫生部2010年统计年鉴,被监督单位接触职业病危害因素劳动者中,高达99.2%的人未接受过职业卫生培训。[①] 本课题组的调查显示,在上岗前组织劳动者接受培训的,中外合资企业为82.47%,国企为45.42%,外商独资企业为38.05%,私企为37.92%。企业组织在岗培训的,中外合资企业为63.92%,国企为31.23%,外商独资企业为26.29%,私企仅为25.02%。相对而言,在对劳动者进行职业安全、卫生培训方面,中外合资企业做得较好,其他性质企业中竟然有超过一半都未履行这项义务。除了前述分析职业健康检查时提到的因素外,这组数据充分说明,企业不重视劳动者的职业安全、卫生。它们证实了我国工伤保险规制仍处于"重待遇,轻预防"阶段。这从一个侧面解释了为什么现阶段我国各类生产安全事故频发之现实。

前述2006年针对山西省太原市不同性质企业职业病防治现状调查数据显示,[②] 不同性质的企业接触职业病危害因素人员培训情况如下:全民企业为84.14%,三资企业为81.40%,乡镇企业为29.58%,集体企业为

[①] 职业病危害因素接触总人数12192032人,培训劳动者100423人。参见《2010年中国卫生统计年鉴》,国家卫生和计划生育委员会网:http://www.moh.cn/publicfiles/business/htmlfiles/zwgkzt/ptjnj/year2010/index2010.html,最后访问日期:2013年10月22日。

[②] 郭文艳:《太原市不同性质企业实施职业病防治法的现状调查》,山西医科大学硕士学位论文,2006。

20.71%。尽管山西太原的调查与本课题调查在样本上存在差异,但是在企业培训接触职业病危害因素的劳动者一项,私营企业的履行率没有明显提高,全民所有制企业同比从2006年的84.14%下降到2012年的45.42%,这从一个侧面说明国企在员工职业卫生、安全培训方面履行法定义务的情况,近些年来没有得到改善,甚至出现了倒退。这不仅说明多数企业对职业病预防不重视,尚未切实树立安全生产理念,而且由此也应该考虑检讨现行职业病预防工作、工伤保险制度的重点设置是否妥当。

(4)企业采取劳动防护措施的情况分析。企业采取劳动防护措施的实践与相关立法的要求之间存在很大差距。虽然企业在防护措施上能够有所作为,但大多数企业履行这类法定义务的情况较差。本次调查显示,采取设置专门的部门、配备专职或兼职职业卫生专业人员负责职业病防治工作的仅占37.0%,制定职业病防治计划和实施方案的仅占37.0%,制定了职业卫生管理制度和操作规程的仅占40.5%,建立职业卫生档案和劳动者健康监护档案的仅占33.9%,建立工作场所职业病危害因素监测及评价制度的仅占21.9%,实施由专人负责职业病危害因素日常监测的仅占18.3%,建立、健全职业病危害事故应急救援预案的仅占13.4%,并且有13.6%的受访者选答"都没有"(前述各项)。在实际生产过程中,关于单位(老板)有没有向劳动者个人提供使用的职业病防护用品问题,受访者选答"有提供,且督促劳动者使用"的仅占46.1%,选答"有提供,但没有指导督促劳动者使用"的占16.4%,选答"没有提供"的占19.1%,选答"不清楚"的占18.4%。课题组成员调查走访时还发现,部分企业虽然采取了一定的防护措施,例如,发放口罩、手套、改善排风系统等,但所发放的口罩是单层或双层,太薄,起不到防护粉尘的作用;部分员工嫌佩戴麻烦、不舒服(特别是夏季生产车间气温高)或者觉得佩戴了也没用而干脆不佩戴,企业没有进行有效监管。

将在何种性质的企业工作与单位(老板)是否有针对职业危害因素采取必要防护措施进行交叉比对分析,结果显示,采取防护措施的企业,按比例由高到低排列分别是:中外合资企业为86.3%,外商独资企业为66%,国企为60.2%,私企为49.8%。换言之,中外合资企业在落实生产安全方面做得较好。这与实地走访时所见情况相符。合资经营的照明企业,通过提高生产工艺技术,改善厂房噪声、光源等条件,降低了发生职业病危害、工伤的可能性,在厂房中员工都佩戴相应的防护用品,如口罩、眼镜、手套以及穿戴一些特殊衣服,在一些危险性较大的岗位上设置了详细操作流程、警示标志。一般观念中认为,国企中规中矩,应该能模范遵守法律法规,但是,本次调查结果则并非如此,几乎在所有义务项目履行上,国企都不如中外合资企业。这说明,近年来国有企业的规范化管理存在明显不足。而在一些私企,由于规模较小、经营效益一般、监管不力以及从企业成本角度考虑,防护措施有所欠缺。

2. 劳动者采取职业病预防措施分析

(1) 劳动者对职业病的认知情况分析。劳动者是否了解职业病,是否知晓职业病的相关法律,关系到劳动者是否会采取防护措施保护自身健康。我国《职业病防治法》第35条第3款规定,劳动者应当学习和了解相关的职业卫生知识,增强职业病防范意识,遵守职业病防治法律、法规、规章和操作规程,正确使用、维护职业病防护设备和个人使用的职业病防护用品,发现职业病危害事故隐患时应当及时报告。该规定旨在使劳动者树立积极的自我保护意识,主动学习、掌握与职业病预防有关的知识,有效预防职业病的发生,保护自身健康。本课题的调查显示,劳动者对职业病以及职业病相关法律的认知率低,仅有45.9%的受访者听说过《职业病防治法》,受访者对其他的相关法律法规比较陌生。北京义联劳动法援助中心的调查显示,仅仅有7.7%的受访职业病患者知晓《职业病防治法》或《工伤保险条例》,仅有22.7%的受访职业病患者表示在其患病前知道职业病是什么。① 如果劳动者对职业病一无所知,那么预防就无从谈起。

(2) 劳动者文化程度、年龄因素对职业病认知的影响。将受教育程度与对法律法规的了解程度进行交叉分析,所得数据为小学及以下37.5%、初中31.3%、高中或中专48.63%、大专50.54%、本科46.92%、研究生49.12%。从以上数据来看,虽然学历较高对法律法规的了解程度会相对较高,但区别也不是很大,这与在实际走访中所了解到的情况是比较一致的。将年龄与对法律法规的了解程度进行交叉分析发现,低年龄段(未满

---

① 北京义联劳动法援助与研究中心:《北京义联劳动法援助与研究中心职业病调研报告》,http://www.yilianlabor.cn/yanjiu/2012/964.html,最后访问日期:2013年10月22日。

18岁到25岁)和高年龄段(56岁以上)的数值明显比中间年龄段的低,年轻的劳动者由于刚刚进入职场,遇到这方面问题的人不多,因此接触的较少;而年纪比较大的劳动者由于在学习能力等方面有所下降,也会影响其对法律法规的了解程度。但通过访谈我们发现,低年龄段的劳动者学习欲望、能力都很强烈,学习的方式也较为多样化,当其权利受到侵害时,他们会主动地去了解相关的法律法规来维护自身的权益。

(3) 劳动者获取职业病相关信息的渠道。经访谈获知,大部分的受访者对于法律的具体内容并不很了解,当向受访者问及如什么是职业病、发生工伤应该如何处理或者法律规定劳动者可以获得何种权益时,大部分的受访者的回答都是不知道。当问及他们是通过何种渠道获取这些信息时,多数回答是通过工友、新闻、法治节目,通过企业老板获取这些信息的较少。在企业工会座谈会中,受访企业员工对法律法规的熟悉程度较高,虽然可能存在调查方式的局限性,但在所调查的企业中有一部分在劳动保护方面确实做得较为完善。访谈过程中,受访者大部分表示愿意接受更多这方面的信息,希望企业的工会组织能够真正为劳动者谋利,在工作之余开设一些普及法律知识的讲座。

上述数据表明,劳动者不了解职业病以及与职业病有关的法律法规。基于劳动者不具有相应认知水平的事实,可以推测劳动者为预防职业病而采取防护措施的情况定不乐观。实际走访中,有受访者表示,他们有时候感觉佩戴口罩很麻烦,干脆就不戴。缺少劳动者的自我监督和自我防护,职业病的预防愈加艰难。

3. 政府监督企业劳动防护的实施情况分析

职业病的预防工作是否做得到位涉及多方力量的投入,不能仅寄希望于企业能自觉履行,而是应该有良好的监督机制,设想如果没有相应的监督处罚机制,又会有多少企业能自觉履行其义务。根据《职业病防治法》的规定,县级以上人民政府的职业卫生监督管理部门依职权对用人单位的职业病防护工作进行监督检查。卫生部2010年卫生统计年鉴显示,[1] 2009年职业卫生被监督单位数为241112个,监督内容包括是否建立职业健康监

---

[1] 参见《2010年中国卫生统计年鉴》,http://www.moh.gov.cn/publicfiles/business/html-files/zwgkzt/ptjnj/year2010/index2010.html,最后访问日期:2013年10月22日。

护档案、职业健康检查、职业卫生培训和应急措施四个方面。其中，完全没有建立职业健康监护档案的被监督单位有97317个；没有进行职业健康检查的单位约有144092个；没有采取任何应急措施的单位有13294个；单位的法定代表人没有进行职业培训的141883个。卫生监督处罚案件结案总数为6449件，如果以结案数为分子，以违法单位的最大数144092为分母，则违规单位被处罚率为4.4%，可见，相关职能部门对违规处罚的力度是非常不够的。根据北京义联劳动法援助中心的调查，在153份有效调查数据（职业病）中，81个职业病工人所在的单位，受到过政府部门检查，占52.9%；53个职业病工人所在的单位，没有受到过政府部门检查，占34.6%；19个职业病工人并不了解这方面的情况，占12.4%；仅有36个职业病工人所在的单位，针对政府部门工作人员的检查采取过一些防护措施，只占40.9%。[1] 可见，政府部门的检查成效并不高，监督处罚机制并没有发挥其应有的功能。

虽然我国《职业病防治法》规定职业病防治工作要坚持预防为主、防治结合的方针，但是与预防紧密相关的宣传职业病知识、培训企业和员工、建立具体的防护措施标准、监督防护标准的执行等都严重缺失，职业病防护工作应该成为今后的工作重心，亟须加强。

（四）职业病救助制度实施效果评析

按照《职业病防治法》规定，发现劳动者患病后，用人单位或劳动者应当申请职业病诊断、鉴定，用人单位应当提供相应的诊断、鉴定材料，劳动者在拿到职业病诊断证明书或职业病鉴定证明书后，申请工伤认定，获得相应的工伤保险待遇。然而，实际执行中，这个看似完善的程序遇到了诸多问题。首先，用人单位不配合，在劳动者申请职业病诊断时，如职业病危害接触史和工作场所职业病危害因素情况等许多鉴定材料是由用人单位掌握的，此时用人单位不配合提供诊断所需材料，甚至否认与劳动者之间存在劳动关系，致使劳动者维权之路艰难。为此，修订后的《职业病防治法》规定，如果企业不配合提供材料，诊断、鉴

---

[1] 北京义联劳动法援助与研究中心：《北京义联劳动法援助与研究中心职业病调研报告》，http://www.yilianlabor.cn/yanjiu/2012/964.htm，最后访问日期：2013年10月22日。

定机构应当结合劳动者的临床表现、辅助检查结果和劳动者的职业史、职业病危害接触史,并参考劳动者自述、安全生产监督管理部门提供的日常监督检查信息等,做出职业病诊断、鉴定结论。不过,只要用人单位对此结果提出异议,进入诉讼程序,就需要消耗很多时间,对劳动者非常不利。其次,我国的职业病从诊断、鉴定到工伤认定再到最后获得赔偿之程序耗时太长。据估计,正常走完全部法律程序(不包括执行程序)所需时间达1149天。[1]这对于已患病的劳动者而言,是不堪承受之重。如果劳动者不能及时获得赔偿,就极可能无钱及时获得救治,从而错过最佳治疗时期,对劳动者及其家庭造成终生损害。

1. 企业是否采取救助措施

企业履行救助职业病劳动者义务的情况差,能够申请工伤认定或积极采取措施及时救治员工的企业,仅有一半。根据本课题调查,关于劳动者患病时企业是否采取救助措施问题(多项选),47.8%的受访者选答"积极采取措施及时救治员工",52%的受访者选答"申请工伤认定",16.5%的受访者选答"与劳动者私了",2.9%的受访者选答"企业会拒绝垫付医疗费用",2.6%的受访者选答"企业会辞退劳动者"。而在受访的420名职业病人中,15.2%的人表示"用人单位每次都为其申请工伤认定";34.5%的人表示"用人单位有的有(申请工伤),有的没有(申请工伤)";33.1%的人表示"用人单位没有为其申请工伤认定"。[2]可见,在职业病患者寻求救助的第一步,就有许多劳动者遇到了阻碍。

究其原因,一方面,企业参加工伤保险率较低,导致工伤保险赔付不能全覆盖。一旦劳动者患上职业病,企业需要承担的医疗费用等经济责任重。为逃避经济责任,企业选择"拒不认账",拒不申请工伤认定,不积极救助劳动者,以免"被缠上身后无法摆脱"。另一方面,患病劳动者,既因为缺乏职业病知识,当身体不适而无法正常工作时,总习惯于认为是

---

[1] 北京义联劳动法援助与研究中心:《北京义联劳动法援助与研究中心职业病调研报告》,http://www.yilianlabor.cn/yanjiu/2012/964.html,最后访问日期:2013年10月22日。

[2] 出现这组数据,是因为在第一个问题中没有要求受访者本人有工伤经历,只要其所在单位出现劳动者工伤,而其所在用人单位申请过工伤认定就可以选择;而第二个问题要求受访者本人有职业病经历。本次调查也涉及调研《工伤保险条例》实施效果,所得的情况是劳动者因为其他工伤而申请工伤认定的比率相对较高,综合因职业病而申请工伤认定的比率就会高于仅仅因职业病而申请工伤认定的比率。

"自己生病了",想不到"职业病",不会要求企业承担责任,又因健康处于不正常状态时回老家休假或者住院治疗而无力与企业抗争。更重要的是,抗挣了,也"争不过"企业。

2. 劳动者获得工伤保险待遇所需时间

不到三成的工伤或职业病人是在 90 天内获得工伤保险待遇的,还有 1/5 的工伤或职业病人未曾获得工伤待遇。劳动者获得工伤保险待遇所需时间,直接关系到工伤保险待遇的效率。无法及时获得赔偿就意味着无法及时获得治疗,当"生命跑不过程序"时,对劳动者的家庭甚至对社会都会造成负面的影响,社会公平正义就会受到质疑。因此,我国《社会保障法》《社会保险基金先行支付暂行办法》明确规定先行支付制度,旨在使工伤劳动者尽可能获得及时有效救治。然而,不仅我国社会保险基金先行支付制度实施效果不理想,而且劳动者依法获得工伤待遇耗时很长。在本次调查访问的 781 名有过工伤或者职业病经历的受访者中,[①] 27.4% 的人选答"获得工伤保险待遇需时为 3 个月以下";25.5% 的人选答"需要 3 个月至 6 个月";9.7% 的人选答"需要 6 个月至 1 年";4.9% 的人选答"需要 1 年至 3 年";6% 的人选答"需要 3 年以上";20.6% 的人选答"一直没有获得工伤保险待遇"。

个中原因,除了先行支付制度贯彻程度低,没有配套制度,劳动者不了解先行支付制度外,[②] 社保工作人员不掌握先行支付制度是重要原因。作为辅助性制度,先行支付制度是弥补工伤保险制度缺位的一种补救措施。因为工伤保险待遇的享受,是以劳动者之伤被确认为工伤为条件的。劳资双方因劳动者的伤害发生争议时,查明真相、辨识争议肯定需要时日,然而劳动者的伤必须及时获得治疗,因此,先行支付制度是先将纷争"放一边",以积极救治劳动者为重,其意义重大。实际上,劳动者非但未享受到先行支付,反而享受正常的工伤待遇都困难重重,这实在令人痛心。欲从根本上改变先行工伤保险制度存在的劳动者维权成本高之缺陷,

---

① 该题在设计时未区分患职业病者和有其他工伤经历者,所以此数据不同于前述 420 名职业病患者。
② 义联研究部:《北京义联工伤保险待遇先行支付制度 2011 年~2012 年实施情况调研报告》,http://www.yilianlabor.cn/yanjiu/2012/1022.html,最后访问日期:2013 年 10 月 22 日。

重点应该放在如何简化维权程序、规范用工上。

3. 关于劳动者依法维护自身工伤或职业病权益的情况

当劳动者工伤或患职业病却没有获得及时、有效的确认和解决时，多数劳动者选择向劳动行政部门投诉以寻求帮助。对于发生工伤或职业病性质争议或待遇争议，劳动者会选择哪些方式维护自身权益，本次调查显示，74.1%的受访者选答"向劳动行政部门投诉"，47.9%的人会求助于工会，33.5%的人选择"打官司"，20.7%的人选答"找媒体反映情况"，选择"上访"的人占11.1%，5.5%的人选择"什么都不说，自己承受，实在不行就回家"，还有3.3%的人选答"会想办法报复企业"。访谈中，受访者表示，找政府解决，效率高，效果好，企业害怕政府找上门的麻烦；如果去法院打官司，劳动者耗不起的，"企业有钱请律师跟劳动者斗，到头来，钱没要到，人却废了"（指没有及时治疗）。

有将近一半人选择向工会求助，说明工会作用受到劳动者肯定。同时，在关于工会维护工伤劳动者权益之作用上，有86%的受访者表示，企业工会在诸如与用人单位就劳动者反映的职业病防治问题进行协调并督促解决，要求用人单位纠正违反法律、法规导致侵犯劳动者合法权益的行为，发现危及劳动者生命、健康的情形时，建议单位组织劳动者撤离危险现场等方面发挥了积极作用。

仅有三成劳动者在发生工伤或职业病争议协商不成时会选择诉讼。发生争议时，劳动者优先选择与公司协商解决，这是最经济、合理的解决路径。绝大多数劳动者不选择诉讼，不仅因为诉讼意味着需要专业知识，消费时间成本，而且即使"打赢官司也不可能再回公司上班"，意味着失去工作、收入下降或无收入，对劳动者非常不利。在访谈中，当问及"劳动者如遇到事情比较小或维权比较麻烦时是否会放弃寻求法律帮助"时，多数受访者均回答"是"。只有发生较严重的工伤而无法获得赔偿时，受访者均表示才"会选择通过法律手段维护自身权益"。

有1/5的劳动者会寻求媒体帮助。因为媒体的社会影响力很大，劳动者的工伤或职业病遭遇一旦能在报纸等媒体上刊登出来，不仅能赢得社会同情，而且对企业、当地政府都会形成较大压力，救助成功比例高。

超过一成的劳动者将"上访"作为解决争议和维护权益的路径。选择

"上访"解决争议,说明上访人对政府及其作用的信赖。从这个意义上看,这是积极的。同时,它说明现行工伤救济途径可能存在一定缺陷,未能够使每一位工伤劳动者都获得公平待遇。若以 2011 年全国社会保险争议案件受理数 149944 件[①]为例,若有 11.1% 的劳动者选择"上访",将有约 16000 件上访案。若以 2011 年受理劳动争议案件劳动者当事人数 779400 人[②]为例,若有 11.1% 的劳动者选择"上访",则上访人数达 85744 人。工伤或职业病认定及其待遇,不仅事关劳动者的重大切身利益,而且关系到劳动者家庭数口人的重大切身利益。若不能妥善解决,矛盾很容易被激化。

特别要注意的是,5.5% 的劳动者会选择回家,自己承受。通常,这类劳动者属于特别老实本分的人,其家庭更不具备救治他们的经济能力,对于在异乡谋生的受伤劳工,"回家"虽能使他们得到家人的精神抚慰,却不是解决问题的正确方向,只是绕开问题。不论是工伤劳动者主动选择回家还是被迫无奈而回家,应承担责任的企业未承担起应有责任,工伤保险制度未发挥应有效用。还有少数劳动者在上述这些渠道走不通时,可能实施报复性举动。尽管这个统计数目小,但不可轻视!

(五)职业病康复制度实施效果评析

职业病人需要一个长长的康复期,而有些病情严重的职业病人则康复无望。职业病患者在经工伤认定程序被认定为工伤并获得相应的工伤保险待遇后,并不意味着当然能够恢复到受伤或患病前的状态,因此,为工伤残疾人员提供医疗康复、职业康复等服务,最大限度地恢复和提高他们的身体功能和生活自理能力,尽可能恢复或提高伤残职工的职业劳动能力,促进伤残职工回归社会和重返工作岗位,[③] 是工伤康复制度目的之所在,工伤康复制度发展愈来愈受到国家和社会各界的广泛关注与重视。《工伤保险条例》第 30 条第 6 款规定:"工伤职工到签订服务协议的医疗机构进行工伤康复的费用,符合规定的,从工伤保险基金支付。"我国《社会保

---

① 见中华人民共和国国家统计局:国家数据库,http://data.stats.gov.cn/workspace/index?m=hgnd,最后访问日期:2013 年 10 月 22 日。
② 参见中华人民共和国国家统计局数据库,http://data.stats.gov.cn/workspace/index?m=hgnd,最后访问日期:2013 年 10 月 22 日。
③ 孙树菡:《工伤保险》,中国劳动社会保障出版社,2007,第 173 页。

险法》第 38 条规定,"因工伤发生的下列费用,按照国家规定从工伤保险基金中支付:(一)治疗工伤的医疗费用和康复费用"。虽然法律有明文规定,但是我国目前阶段,工伤康复处于起步探索阶段。有关资料显示,最早推行工伤康复制度的广东省,近年来每年新增的工伤人数约为 12 万,但年均接受康复治疗的工伤职工却不足 3000 人次;[1] 广西壮族自治区 2007 年至 2008 年新增 1 至 10 级工伤人员 7499 人,但工伤康复率也不足 2%;[2] 昆明市从 2004 年《工伤保险条例》颁发直至 2009 年,进行工伤康复的人数仅为 13 人;[3] 即使是接受了医疗康复服务,也大多仅限于事故发生后对工伤患者的基本救治,与规范意义上的工伤医疗康复还存在着相当的差距。[4] 可见,目前我国工伤康复制度的运行效果并不令人满意。

我国工伤保险体制仍然处于重工伤补偿、轻工伤预防和康复的阶段。无论是在宏观的制度设计层面、具体的制度运行层面还是微观的康复技术和人才支撑层面,我国的工伤康复制度都还存在着诸多的问题与不足,需要在制度的进一步发展过程中予以必要的重视并逐步加以解决。[5]

三 劳动者、企业对《职业病防治法》的满意度分析

《职业病防治法》的立法本意在于规范企业的生产环境、规章制度,通过事先预防在根本上消除或减少职业病危害因素对劳动者身心健康的不利影响。

(一) 企业对这类法律法规实施的满意度

《职业病防治法》对于企业而言意味着责任,企业有义务采取措施预防职业病的发生,对患病劳动者有义务为其申请工伤认定,使其享受相应

---

[1] 张达婵:《广东省工伤康复事业发展经验及问题剖析》,《经营管理者》2010 年第 22 期。
[2] 李爱奎、俸献珠:《影响广西工伤康复率的原因分析与对策》,《中国社区医师》2009 年第 16 期。
[3] 参见中国安全网,http://www.aqsc.cn/101812/101941/139431.html,访问时间:2012 年 12 月 10 日。
[4] 马雪莲:《我国工伤康复制度的现状与发展研究》,浙江财经学院硕士学位论文,2012,第 25 页。
[5] 马雪莲:《我国工伤康复制度的现状与发展研究》,浙江财经学院硕士学位论文,2012,第 19 页。

的工伤待遇。在企业座谈会中,企业方普遍反映《职业病防治法》过于向劳动者倾斜,对企业而言是极大的负担。

(二) 劳动者对法律法规实施情况的满意度

从统计结果所显示的数据来看,对《职业病防治法》的实施效果的总体评价并不高,勾选非常满意和比较满意选项的人数比例仅合占43%(人数为1278,未作答335人,占10.1%),超过一半的受访者仅仅认为"还可以"(37.5%)、"不满意"(15.3%)和"很不满意"(4.2%),两省统计数据相差不大。根据调查,造成上述统计结果的原因主要有以下几个方面:

(1) 部分受访者认为通过法律救济的程序太复杂烦琐,时间太久,维权成本太高。

(2) 部分受访者对政府相关部门不信任,认为存在腐败、渎职的情况,认为工作人员态度傲慢,办事效率低。

(3) 根据法律规定获得的赔偿数额无法满足要求。

(4) 由于一些受访者或其身边并未发生过工伤、职业病,所以对这两部法律法规的具体实施情况并不十分清楚,因此该部分未作答的比例偏高,同时也有可能因此而存在受访者任意作答的情况。在随机访谈中,来自农村的部分劳动者谈到,相比养老保险、失业保险等险种,他们更希望企业为他们缴纳工伤保险,因为相对于长期不可期待的养老保险而言,工伤保险更有实际意义。

从访谈调查结果看,除对法定的赔偿额、程序烦琐有异议外,对法律法规实施效果不满意的原因更多是源于执法。考虑到时间、财政等成本因素,如要提高民众对法律法规实施效果的满意度,应首先从执法环节落实;修改一部法律法规,一般需要经过调研、论证、起草、修改、表决等多个环节,既耗时又耗力,相比于立法而言,执法环节只要能严格执行法律法规的相关规定,改善服务态度、执法手段,在短时间内则可以获得较好的社会效果。当然,这更多是从整体上评价执法效果,同时也有助于提高公众对该法案实施的满意度。

四 《职业病防治法》实施中存在的突出问题

在《职业病防治法》实施过程中,无论是政府履行职责还是企业履行义务或者劳动者自我保护,均存在明显不足。

(一) 政府履职中存在的问题

总体上,政府在职业病防治中的角色定位和职责界定不够明确。在利益相关者理论[①]中,政府处于高影响力和低利益相关性的位置,如表3所示。

表3 相关主体利益、影响力

影响力	利益	利益 低	利益 高
影响力	低	A 社会大众	B 职业卫生机构、劳动者
影响力	高	C 政府	D 企业经营者

资料来源:参见张海宏、刘移民、李凤、张亮《基于利益相关者理论的职业病防治问题分析》,《公共卫生与预防医学》2010年第3期,第108页。

问卷调查结果显示,超过一半的劳动者认为政府应在职业安全中承担主要责任,包括安全监督部门、医疗卫生部门和劳动监察部门。在政府现有认识中,职业病防治未必是政府的核心利益(低利益),但政府的影响力很大(高影响力),是职业病防治的关键一环。从根本上,政府应该提高对职业病防治工作的重视程度,正确认识和理解职业病防治工作。因为对劳动者而言,身体健康是其谋生的最大本钱,失去健康就丧失了劳动谋生的基本条件,直接威胁到劳动者本人及其抚养人口的基本生存。所以,如果不能为劳动者劳动提供基本卫生安全保障,势必引发重大利益冲突。

劳动者认为,应当为职业安全承担主要责任的主体,如图1所示,占第一、二、三位者都是政府的职能部门,第四位是工会,第五位是用人单位,第六位才是劳动者自身。也有研究者提出,职业卫生技术服务是准公共产品,应由企业和国家共同分担其出资;职业病患者保障是私人产品,责任主体和支付主体是企业;职业病防治监督是纯公共产品,应由国家承担。[②]

---

① 管理学意义上的利益相关者(stakeholder)是组织外部环境中受组织决策和行动影响的任何相关者。参见贾生华、陈宏辉《利益相关者的界定方法述评》,《外国经济与管理》2005年第5期;参见张海宏、刘移民、李凤、张亮《基于利益相关者理论的职业病防治问题分析》,《公共卫生与预防医学》2010年第3期。

② 参见陈小嫦、雷光和、冯林林《职业病防治体系构建之管见——以公共产品理论为视角》,《中国卫生事业管理》2011年第6期。

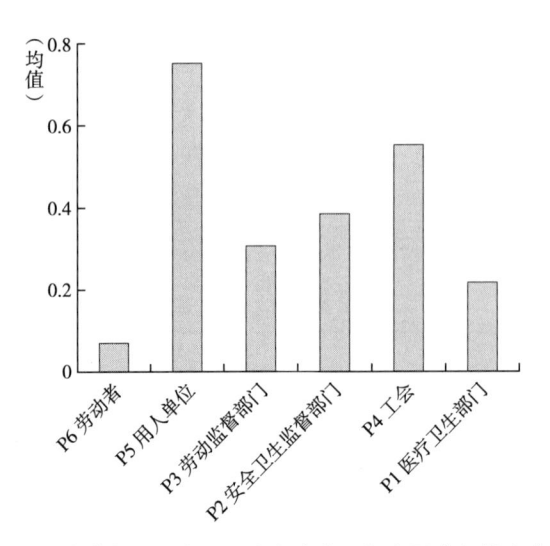

图 1　劳动者认为在职业安全中应承担主要责任的主体

在职业病防治工作中，政府履职中存在下列问题：

1. 职业卫生监管机构和职业卫生技术服务机构不够健全

全国第一次经济普查显示，中小型企业占企业总数的 90% 以上，中小型企业从业者占全部企业从业人员的 81.88%，近年来该比例还呈逐年上升的趋势。[①] 但是，对中小企业进行监管需要配备更多的机构、人员、技术装备。有研究者统计显示，我国共有职业健康检查机构 2259 家、职业病诊断机构 489 家，仅覆盖 10%~20% 的劳动力人群，在部分省份，一半以上的县没有承担职业健康检查的机构，全国还有 60 多个地市没有职业病诊断机构，甚至在个别省全省范围内只有 1 家职业病诊断机构。[②] 同时，政府职业病监管机构的编制有限，人员配备不足，每个人承担的监管事务繁杂、监管负担沉重也是现实。

2. 政府相关部门对职业病防治工作的监管不力

政府在监管职业病防治中，存在一定漏洞：

（1）安全生产监管部门因对某些职业病风险认识不清而忽视了安全隐患。例如，对于木制家具生产中的木屑危害，政府有关部门认为木屑粉尘相对无害，不会如同石灰粉尘沉积在肺内导致尘肺等职业病。其实，木屑

---

① 郭泽强：《我国中小型企业职业卫生工作现状》，《职业与健康》2013 第 4 期。
② 李小萍：《当前职业病防治中的伦理与法律问题》，《医学与哲学》2011 年第 7 期。

也会导致肺组织的疾病,长期暴露于木尘环境中也会引发多种职业危害。①

(2) 监管之力难以作用于某些特殊环节。如果劳动者离职时未体检,在后续工作的企业又未接受岗前体检的,一旦劳动者患职业病,责任分配就会成为难解之问题。最终,政府往往不得不"埋单"了事。

(3) 健康档案的监管不力。如前所述,不高比例的劳动者接受过上岗前体检、离岗时体检之后,为员工建立职业健康监护档案的企业不足五成;离岗时获得健康监护档案复印件的劳动者更少,绝大多数劳动者不知晓其有权拥有这份复印件。

3. 对职业病人救助的水平不高和服务不足

如前所述,工伤保险基金收支失衡,基金结余偏多,在一定程度上说明了该基金在救助包括职业病人在内的工伤劳动者上,救助水平不够高,服务不充分。表 4 也说明了同一个问题。

表 4 福建省参加工伤保险和享受工伤待遇人数(2003~2011)

单位:人

年份 参保、享受人数	2003	2004	2005	2006	2007	2008	2009	2010	2011
参保人数	1722504	2054085	2391412	2609889	2947810	3461131	3792843	4177393	4969357
享受工伤待遇人数	5954	8436	12569	15212	15125	20168	22624	22178	27704

数据来源:《中国劳动统计年鉴》(2004~2012),中国统计出版社。

(二) 用人单位履行职业病防治职责的不足

1. 部分企业员工在工作环境中接触有毒有害物质的危险系数很高

危险系数高体现在二个层面:其一,多数企业未隔离管理有毒有害车

---

① 木尘接触皮肤可能引发过敏性皮炎;木尘进入眼睛,除影响正常操作外,还可能引起结膜炎;长期吸入木尘会引起鼻孔堵塞、鼻黏膜炎、鼻窦炎、鼻出血、嗅觉损伤、哮喘、慢性支气管炎等;不同的工序中产生的木尘粒径大小不同,直径小于 10um 的粉尘,由于体积小、质量小,可携带病菌、细菌、污染物,能较长时间地飘浮在空气中,并可以进入人的呼吸道甚至进入肺组织,可能引起肺组织的慢性纤维化、心血管疾病等一系列病变。参见王小庆、王培怡、汪彤《木质家具行业农民工职业危害预防与教育》,《安全》2011 年第 2 期。

间与普通车间，扩大了职业病危害的易感对象。其二，部分劳动者接触有毒有害物质的时间较长。在某些行业，企业为了保证利润率，让劳动者加班已成为整个行业的普遍现象。例如，在制鞋行业，成型车间刷胶岗位的女工会接触到有毒性的溶剂和胶水，长时间接触易对从业者身体造成伤害。其三，工作环境中设施排除有毒有害物质的效果较差。在某些有粉尘的行业，比如家具制造业，抽尘管道的除尘效果不明显，整个制造车间的空气中飘浮着大量粉尘，能见度较低。很多企业的厂区整天都响着轰隆的机器声，噪声危害严重。

2. 职工安全防护用品配备不完备，防护能力需要提高

（1）某些防护用品的防护能力不高。比如口罩，随着科技发展，工厂的生产能力和机器设备都在逐步更新，如前所述，工人们佩戴的口罩仍是采用老工艺制作的普通的医用口罩。

（2）防护用品的配备不完备。调查发现，仅有一半的企业为职业病防护设置了报警装置，配置现场急救用品、冲洗设备、应急撤离通道泄险区，设置专门的安全保护设备或发放个人使用的防护工具的也仅有六成左右，经常维护、检修，定期检测职业病防护设备、应急救援设施和防护用品的不足四成。如此防护职业病，效果可想而知。

3. 企业对存在有毒有害物质危险性的提示少，劳动者知情不充分

按照《职业病防治法》要求，涉及有毒有害因素的企业，在很多环节需要做好对于劳动者的充分告知，[①] 而很多企业只能做到其中的一项或是几项。调查发现，用人单位为职业病防护采取的措施中，选择告知或张贴本单位或相关岗位可能有的职业病危险因素的有39.1%，选择张贴职业病防治的信息和本单位职业病危害因素检测结果的有35.9%，选择有专人定期检测并公布单位的职业病危害因素的有20.9%，可见单位在加强公示、保护劳动者知情权方面做得相对较差。

---

① 应当在醒目位置设置公告栏，公布有关职业病防治的规章制度、操作规程、职业病危害事故应急救援措施和工作场所职业病危害因素检测结果；对产生严重职业病危害的作业岗位，应当在其醒目位置，设置警示标志和中文警示说明；用人单位应当定期对工作场所进行职业病危害因素检测、评价，检测、评价结果须向劳动者公布；用人单位与劳动者订立劳动合同时，应当将工作过程中可能产生的职业病危害及其后果、职业病防护措施和待遇等如实告知劳动者，并在劳动合同中写明；等等。

4. 企业某些岗位劳动者的工资待遇与所承担工作的危险性不相匹配

在企业中从事有毒有害作业的工人，工资与普通岗位之间的差距不明显（详见图2、图3）。在企业一线工人中，高工资者往往是那种拥有较强专业技术、能为公司创造较大财富的人。仅有29.5%的受访劳动者选答"企业会对从事职业病危害作业的职工给予适当岗位津贴"，28.2%的选答"企业有专职或者兼职的职业卫生管理人员，负责本单位的职业病防治工作"。

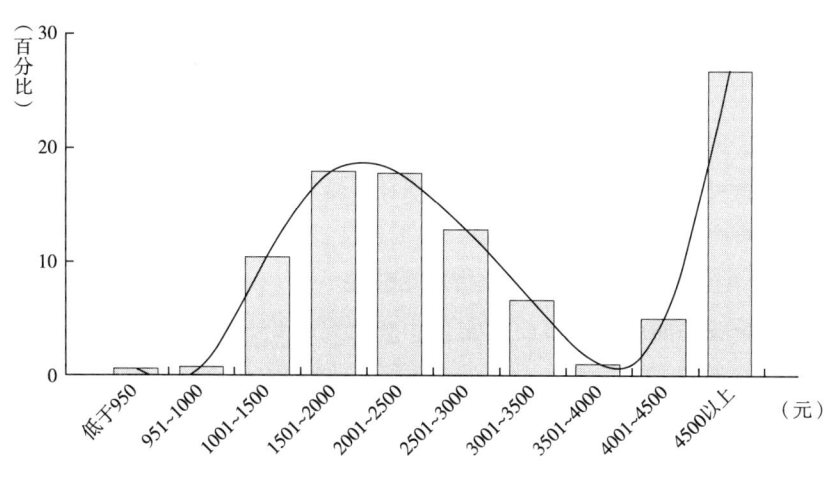

图2 受访者的月收入状况

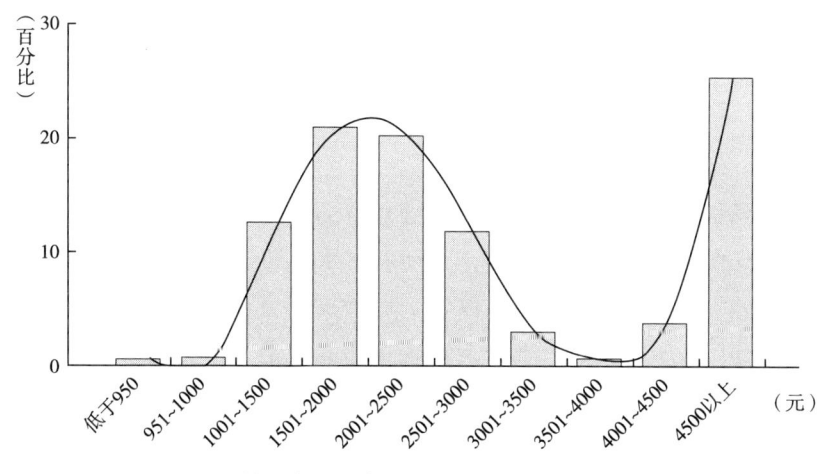

图3 工作环境中存在有毒有害因素的一线员工的月收入状况

5. 企业未配备完善的附属设施

在很多企业，厂区与生活区分开，并有一定隔离，生活区内各种配套设施一应俱全,但是厂区没有相应的附属设施。调查显示,在单位采取的防治职业病的措施中,仅仅有48.0%的劳动者选择了设立更衣室,42.6%的选择了设立洗浴间,14.2%的选择了设立孕妇休息室。没有相应的附属设施,不仅给劳动者日常作业带来不便,更重要的是,如果没有清洁设施,劳动者将不得不将劳动过程中粘上或吸附的有毒有害物质带出厂、带回家,对其他人的健康造成威胁。众所周知,要做好企业女工职业病的防治工作,针对女工的特殊生理特征完善相应的配套设施也是必需的,目前一些企业在这方面的工作仍然很欠缺,有待改进。

6. 企业执行体检不到位

国家法律强制要求的体检未得到切实执行。有个别劳动者受雇企业多年却从未做过体检。对于体检结果,部分企业也没有告知劳动者,甚至有企业将体检费用转嫁于劳动者。

7. 中小企业与非公企业防护措施比较差

中小企业是职业病危害的重灾区。有研究提出,我国大中型国有企业基本遵守《职业病防治法》,欧、美外资企业履行法定职业病防治义务较好,而在占企业总数90%以上的中小企业中,有大量设备陈旧、工艺落后的乡镇私有企业忽视职业病防治,企业主和管理人员法律意识淡薄,片面追求利润,不告知劳动者职业危害因素和后果,不采取职业病防治措施,不组织职业健康检查,甚至以各种借口推诿、拖延、拒绝卫生执法人员执法。[①] 本课题的调研结果证实了这个判断。

(三) 工会工作中存在的问题

工会承担着代表和维护劳动者合法权益的角色。实证调查表明,如果用人单位未做好防治职业病工作,劳动者可采取防护措施保护自己,可找单位主管领导或部门反映,要求改正,也可找工会帮忙协调解决,或者向劳动监察部门投诉,但也有部分劳动者选择辞职走人。客观而论,工会在职业病防治工作中存在一些不容忽视的问题,需要改进。

1. 部分企业工会缺乏大力开展职业病防护相关工作的客观条件

可能主要受以下多方面客观条件的制约:一是工会负责安全生产工作

---

① 汤淳:《当前我国职业病防治工作存在的问题和改进建议》,《工业卫生与职业病》2008年第5期。

的人员不足,影响工会在安全生产工作中作用的发挥;二是工会不具有行政机关的处罚权或监察机关的裁决权,独立开展安全生产工作存在难度;三是有些工会干部知识水平和业务能力达不到从事安全生产工作的要求;四是有些工会干部的立场定位与身份不符;五是从事安全生产工作的工会干部的待遇偏低;六是法律法规对工会劳动保护监督检查员、基层工会劳动保护监督检查委员会、工会小组劳动保护检查员的职责的履行缺乏相应的保障程序和措施。[①]

2. 部分企业工会未能充分发挥代表、维权作用,保护员工利益不充分

企业在与劳动者签订合同时,通常不会与工会协商,劳动者签订了欠缺职业安全卫生保护或者类似条款的劳动合同,或者所签订的劳动合同中对劳动者保护的程度不高,工会都不知情,代表和维护劳动者权益又能从何谈起?有部分小型、微型企业,未建立工会组织。部分工会组织没能扮演好其法定角色,履职不力,企业以牺牲劳动者健康为代价的不规范用工行为难以及时被发现、被纠正。

(四) 劳动者群体存在的问题

劳动者享有诸多实体性权利与程序性权利,[②] 对于企业女工,更加有一些特别的保护措施。但是由于劳动力市场供过于求,有些女性劳动者为了就业,不得不迁就恶劣的工作条件。这些企业女工在企业从事着苦累脏险的工作,她们并不清楚自己的法定权利,也不懂得在受到伤害时如何维护权利、保护自己。

1. 日常作业中为了图方便省事,不愿意佩戴防护用品

劳动者对于可能受到职业病伤害,没有应有认识。特别是短期工、农民工,流动性较大,职业健康监护措施经常落空,境况更糟。

2. 身体出现职业性不适或病症时不知道及时就医

劳动者在因病不能胜任某项工作后,往往选择返乡回家,或者更换工

---

① 吕楠俊:《积极参与职业病防治工作——访全国总工会劳动保护部监督二处处长汤淳》,《劳动保护》2011年第3期。

② 实体性权利有知情权、请求权、培训权、特殊保障权、拒绝作业权、职业健康权、工伤社会保障权、损害赔偿权,程序性权利有检举控告权、民主监督管理权、诊断选择权、免除举证权。参见陈正其、姚洪章、刘定理《试述〈中华人民共和国职业病防治法〉中劳动者的权利》,《中国职业医学》2005年第5期。

作，以致耽误了职业病认定的时机。据调查，被诊断为职业病后，77.7%的劳动者认为应当到劳动保障部门申请伤残等级，91.1%的劳动者认为应依法享有职业病治疗康复以及赔偿等待遇，79.3%的劳动者认为对用人单位不履行义务的可以到当地劳动保障部门投诉，51.3%的劳动者认为可以向人民法院起诉。

五 导致问题之原因分析

《职业病防治法》实施效果不尽如人意，原因是多方面的，既有源自立法的因素，又有执法问题；既受制于经济发展模式，又有政府监管不力因素；既受制于企业履行义务差或拒不履行义务，也有劳动者保护意识弱的原因（详见表5）。

表5 解决职业病问题中最感困难的问题

单位：%

遇到的困难	响应 N	百分比	个案百分比
Q1 法律规定不够具体	144	18.1	39.7
Q2 解决问题的程序太复杂	259	32.6	71.3
Q3 用人单位阻挠	46	5.8	12.7
Q4 劳动者无能力	96	12.1	26.4
Q5 工会没有发挥作用	124	15.6	34.2
Q6 政府监督不到位	126	15.8	34.7
总 计	795	100.0	219.0

（一）立法专业性强而普及困难与制度设计有所不周

1. 职业病防治立法内容专业性极强，普及相关知识难

《职业病防治法》及其配套规定，涉及的医学专业知识既多又深，不要说普通劳动者看不懂，工会干部看不懂，就是绝大多数劳动法研究者看后也是一知半解。这一状况极大地阻碍了相关知识的普及。

（1）劳动者难以理解立法文本。如《职业病危害因素分类目录》用词多为专业化学名词和分类用语，劳动者无法直接对照该目录得知自身处境。

（2）劳动者、工会干部难以判断企业劳动环境是否达标。若劳动者、企业工会干部无法靠一己之力监督企业是否履行职业病防治的职责，那么，一旦企业生产安全卫生存在缺漏，就不易被发现。

2. 维权成本高，历时周期长

在职业病病发后，若单位拒绝垫付医药费，为了维权，劳动者除了自行支付医药费外，还可能要承担相应的诉讼费用，因此他们也可能通过选择放弃维权来降低额外支出的风险。此外，在劳动者被诊断为职业病后，还需经过工伤认定和劳动能力鉴定，相应得出具体工伤赔偿的数额，这样才能享受工伤待遇，但是如前文所述，享受工伤待遇这条路走起来也是异常艰难，主要是程序过于复杂。①

3. 企业的不主动制约了维权程序的启动

由于职业病诊断和鉴定所需的材料大多由企业掌握，若企业拒绝提供，就会给劳动者维权之路增加无数困难。此外，有的企业没有为员工购买工伤保险，若遇到员工患有职业病的状况，由于害怕由自身承担责任，就更不愿意配合承担举证责任。

4. 职业病鉴定机构的作用没有全面发挥

（1）职业病鉴定机构存在一定的垄断性。职业病鉴定机构只能是法定的，这就造成了鉴定机构的垄断，事实上许多综合性医院也具备鉴定能力，但所做鉴定结论却不被认可，这种垄断性导致其在违规操作的情况之下责任难以追究。

（2）职业病鉴定机构未承担普及职业病防治知识的公共功能。职业病鉴定机构由于鉴定职能，必然接触大量病例，其掌握的资料信息庞大，且十分有价值。若此类机构总结出典型病例，通过适当途径传播职业病防治知识，不仅十分便捷易行，而且必将极大有益于劳动者、企业和社会。但

---

① 有的学者认为，因为在向单位要求赔偿时，如果单位拒绝，农民工只有申请仲裁，如果仲裁的结果单位不服，就要向法院提起诉讼，往往经历一审或二审，且在法院审理过程中常见超期审理且每个程序都要缴纳费用，故而救济成本过高，导致经济实力较差的农民工往往无法承受这样的高额成本。参见廖晨歌《关于我国农民工职业病维权困境的思考——从"开胸验肺"事件谈起》，《南京医科大学学报》（社会科学版）2009年第3期。

是，目前一般公众要获取职业病鉴定机构所掌握的典型病例尚且困难，更不用说得到普及了。

(二) 政府方面的原因

1. 职业病危害检测数据公布方式不足以保障知情权

企业未履行职责，未在劳动者聚集的场所张贴公布职业病危害检测数据。监管和检测机构公布的内容过于晦涩难懂，使劳动者无法直观感受到工作环境存在的职业病危害因素及其程度。

2. 执法中存在地方保护主义

在对企业实行监督、监管或介入纠纷解决时，不少地方因担忧严格执法会招致投资人不满，影响所谓的"投资软环境"，弱化监管。有些地方政府碍于部分企业对当地 GDP 的贡献大，为了留住企业或者保护某些企业，对某些企业的违规行为睁一只眼闭一只眼，甚至有"未经某某领导同意，不得进入某某企业劳动监察"等荒唐举措。

3. 劳动者不信任政府监管机构

劳动者对于政府监管职业病的职能部门不信任。调查表明，只有 60.7% 的劳动者会选择向劳动监察部门投诉，受访者选择自己采取保护措施的比例要稍高些，有 63.4%，向单位领导反映要求改正的有 73.3%，找工会帮忙协调的有 62.3%。

(三) 企业方面的原因

1. 企业为追求利益最大化而竭力减少成本

企业作为"经济人"，其目标必然是追求最大利润。为了减少成本投入，企业对于老旧工艺设备能用则用、对于劳动保护用品能少则少。

现行管理体制对企业防治职业病的投入，无"最低限要求"。是否投入、投入多寡完全由企业自定。若无特殊情况，企业通常不会就职业病防治投入大量资金。实际上，企业投入的防治资金总是以能应付政府监督和员工的容忍度为限。

2. 向劳动者隐瞒工作环境中存在职业病危害因素

当公布职业病危害因素会妨碍企业招工、影响订单时，企业就会向求职者、员工隐瞒本企业职业病危害因素。

3. 劳动合同短期化使企业易于规避职业危害因素损伤劳动者健康之风险

由于劳动合同期限短，劳动者在健康受到职业危险因素伤害未显现之前，已离开一家企业到了另一家企业，或者已离开这个行业到了另一个行业就业，甚至已回家，等到职业危害发作而致病时，劳动关系已经终止。此时，欲追究企业的责任，企业总是以"无劳动合同关系"为由而能"成功"拒绝。

（四）工会方面的原因

1. 企业工会干部通常身兼管理者而存在角色冲突

多数企业的工会干部，同时担任着代表资方的管理者角色，两种角色冲突中，企业工会的职能难以完全发挥。在解决职业病问题中，有34.2%的人认为工会没有发挥作用。有31.8%的受访者认为工会在保护劳动者职业安全中应当承担主要责任，这说明了劳动者对工会有期待。当然，这也表明劳动者不了解职业病防治中各方的权责分配。

2. 工会工作者的知识和专业素质有待提高

职业病防治问题极其专业，绝大多数工会工作者特别是企业工作干部对这个领域问题的认识很浅，欠缺专业素质。因此，他们基本上不胜任职业病防治的相关专业工作，欲在监督和宣传中发挥作用，力不从心。

（五）劳动者方面的原因

1. 劳动者不了解职业病及其危害后果

劳动者不明白未采取防护措施将导致的严重后果，不习惯使用个人防护工具。如果防护用品本身使用或佩戴令人不舒适时，劳动者自觉使用率就更低。特别是一些建厂时间不长的企业，本企业内尚未发生职业病病例，劳动者就更没有防护职业病的意识。

2. 部分劳动者的健康保护意识不强

有企业管理者反映，虽然企业安排定期的体检，但是部分劳动者自己不太愿意参加体检。原因有二：其一，企业没有放假让劳动者体检。请假参加体检，对劳动者而言意味着扣减工资奖金。其二，某些企业安排的职业病体检项目无法真正体检出职业病，劳动者认为这种体检只是"走过场"，没必要参加。

六　改善《职业病防治法》实施效果之对策

职业病防治，应当确立以"劳动者为中心"的核心理念。企业作为一个经济人，其行为背后总是隐含着对不同利益与成本的算计和权衡。相对于企业，劳动者处于弱势地位，在工作中患上职业病时，劳动者往往选择与企业妥协，而不是利用法律去维护自身权益。从立法或执法角度看，如果立法机关、劳动监督部门和法院无法发挥正常功能，企业与劳动者之间的矛盾就无法有效解决，这将导致社会对公权力失去信任，继而寻求极端的解决办法。欲克服前述该法案实施过程中存在的各种问题，有关主体应当做出切实努力。

（一）完善相关立法之建议

1. 立法用语应尽量通俗易懂，避免晦涩难懂

立法用于规范企业和劳动者等所有主体，其规定必须让民众能够理解。如果企业主、企业管理者、工会干部、劳动者无法理解并对照遵守，法律实施就难以达到立法预期目的，其保护作用必大打折扣。建议相关立法用语尽量通俗易懂。

2. 应当法定用人单位对涉及职业危害因素的工种、岗位负担申报义务

对劳动环境存在有毒有害因素的辨别、判断，具备专业知识的专门人员才能完成，普通劳动者难以自行判断某岗位或工种是否安全卫生。由于利益驱使，许多用人单位往往不会主动告知劳动者真相。因此，为确保法律实施效果，仅要求企业在生产项目投产前须就此申报是不够的，还应该规定用人单位有义务就涉及或可能涉及有毒有害因素的工种、岗位向政府职能部门主动申报，对无法确定的项目也须申请检测检验。对于企业拒不申报、不告知等不作为，设定严格的法律责任，从而督促和逼迫企业守法。

3. 完善劳动者健康权救济制度

劳动者离职时若没有进行职业健康检查，发生职业病时常因举证不能导致不利后果，劳动者的合法权益因而得不到保障。针对职业病是慢性疾病，健康受损到发病通常需要一个较长周期，在劳动者离开岗位时不一定能发现或者经过若干年后劳动者才被确诊为职业病的特点，出于对劳动者权利的救济，立法应做出更加明确、细致的规定。

4. 应规定政府相关职能部门及其工作人员不作为、渎职等行为之法律责任

在我国，执法不严是职业病防治中不容忽视的问题。政府的安全生产监管部门、劳动监察机构执法不尽如人意，作为少甚至不作为。常常搞"运动式"执法，上级下任务了，或者发生了安全大事件，严格的执法活动才开展。很多问题的产生不是有没有制定法律或者法律制定得好不好的问题，更多的是执法部门未严格执行法律的问题。尤其是在涉及劳动者保护的法律领域，部分企业主之所以对有关法律法规的内容不了解、不关心、不关注，不履行法定的劳动安全卫生义务，是因为他们知道"执法不严"之弊。

为督促政府相关职能部门及其工作人员依法履行职责，确保法律的实施效果，立法应就相关部门及其工作人员不作为、渎职等行为设定相应法律责任，有效督促他们依法履行职责，尽力避免"在其位，不谋其政"现象的发生。

5. 加大对用人单位违规违法行为的经济处罚

针对企业是经济人的基本特点，对其违法行为的处罚宜更多考虑采用经济罚。经济人不会干不经济的事。企业若违法后，终将得不偿失，其必然会减少或不实施违法行为。用人单位违法行为所受到的惩罚，应视企业的规模、规范化程度、违法情节及其危害性等而有所不同。对明知故犯的违法行为或者违法造成严重后果的，特别要从重处罚。

（二）政府应扮演好劳动者保护人的角色

政府在职业病防治中应当充分履职。企业生产的安全卫生，不仅影响一个企业，而且是关乎当地环境、居民生活的大事。政府应当尽责充当劳动者健康保护人的角色。预防职业病则是其中最关键的环节。

1. 加强职业病防治的宣传教育

各地应当制定并落实职业病防治宣传教育规划，将《职业病防治法》纳入全民普法范围。《职业病防治法》的知晓率低，了解《职业病诊断与鉴定管理办法》、《社会保险法》和社会保险基金先行支付制度者更少，这在很大程度上应归因于这类法律法规宣传太少。政府有责任通过灵活多样的形式向劳动者宣传涉及劳动安全、职业病救助的法律法规，提高劳动者的自我维权能力。应加强对基层领导干部职业病防治知识的培训。特别应对存在职业病危害因素的用人单位的主要负责人、管理人员和劳动者进行安全卫生培训，积极推进作业场所健康教育。采取多种形式开展职业病防治宣传教育，例如，开展"职业病防治法宣传周"等宣传活动，向劳动者免费发放"劳动者权利手册"，简明扼要、图文并茂地列明劳动者享有哪些权利，这就相当于把"武器"交给了劳动者；要充分发挥新闻媒体的作用，形成关心职工健康、重视职业病防治的社会氛围。

2. 加大防治经费投入

建立多渠道的职业病防治筹资机制，鼓励和引导社会力量参与职业病防治。各地应依规定落实职业病防治补助政策，保证必需的工作经费，对职业卫生监督监测和职业病防治在投入政策上予以倾斜，确保职业病防治工作顺利开展。

3. 卫生部门应切实履行监管职责，规范企业职业卫生管理

要积极规范企业职业卫生管理，引导企业完善职业卫生管理规范，改善工作场所环境条件。要加大职业卫生检查力度，按照企业职业病危害的程度，重点清查那些危害严重、工艺落后、管理不规范的企业。依法严肃查处违法行为。卫生部门要定期为职工开展职业病防治知识的培训和健康教育。

加强生产的安全卫生监督检查。卫生和安监部门应将中小企业作为重点，探索这类企业职业病防治工作的有效途径和方法。对于小微企业和个体手工作坊集中的地区，政府可设立相对集中的工业园区或企业加工区，统一管理，推广有效的职业卫生防护设施。

4. 加强劳动社保管理的监督检查，规范企业用工制度

针对企业拒不与劳动者签订劳动合同、拒不参加工伤保险的行为，政府应履行检查监督职责，规范企业的用工制度。劳动者欲获得救济，就须以证明与企业存在劳动合同关系为前提；劳动者欲享有工伤待遇，就须以企业参加工伤保险并为劳动者缴纳工伤保险费为前提。在用人单位未与劳动者签订劳动合同、未参加工伤保险的情形下，劳动者寻求救济时需承担举证劳动关系存在之责任。对于健康严重受损的劳动者而言，这不仅拖延其救治时间,而且常因举证不能而不得不承担不利后果。为此,规范用工制度,不能仅仅寄希望于企业自觉,劳动行政主管部门应该加强劳动监督检查,从源头上保护劳动者的合法权益。

5. 加快职业病防治技术机构建设

以现有疾病预防控制、卫生监督机构、公立医院等医疗卫生机构为平台,推进职业病防治机构基础设施建设,改善实验室设备条件。有条件的设区市可独立设置职业病防治技术机构。鼓励社会力量参与职业病危害因素监测与评价、建设项目职业病危害预评价和控制效果评价等技术服务机构建设,填补这类技术服务机构市场化的空白,逐步实现技术服务机构多元化。①

6. 简单快速有效地办理职业病手续及处理职业病争端

统一办理职业病相关手续。针对发生职业病后,职业病的鉴定、处理程序复杂,影响职业病人的及时鉴定和治疗问题,卫生、安监、人力资源和社会保障部门可以尝试把职业病处理的相关手续集中在一个场所统一办理。以简化职业病处理程序,提高效率,降低职工鉴定和治疗职业病的成本。

对于是否属于职业病之争议,政府应当成立协调处理办公室之类的机构,为病人及其家属获得工伤待遇、赔偿提供免费、简单、快速和有效的调解、服务和帮助。

7. 社保机构应当及时支付社保待遇

社保待遇是维持劳动者治疗和生活的基本保障。劳动者被确认患职业病的,依法享有工伤保险待遇。社保机构应当及时向相关劳动者及其家属支付其应有待遇,并提供领取待遇的方便。

8. 加强防治职业病的研究

亟须加大投入支持职业病防治研究,建立一支职业病研究与服务的精干强大的专业队伍。职业病防治研究需要大量经费资助,政府应当对此有所作为。各省职业病研究与服务的专业队伍弱,劳动卫生领域的专家更少。各地应当针对本地区企业生产经营的主业、特色、工作岗位、工种等

---

① 参见《福建省职业病防治"十二五"规划》第三章。福建省政府网站,http://www.fjdpc.gov.cn/show.aspx?Id=59990,最后访问日期:2013年10月22日。

情况，开展相关的职业病调查研究，为政府决策提供科学依据。应为劳动者提供职业病预防、培训、职业病危害风险评估等服务。医学院可探索设立职业病专科，培养职业病防治的人才。

（三）落实用人单位职业病防治主体责任

劳动者为企业创造利润，为企业生存和发展而贡献体力、心力，企业应依法对劳动者的健康安全负责，采取职业病防护措施，为劳动者提供安全卫生的工作环境，保障劳动者的健康权。企业应当通过改进技术、改善管理、开拓市场等方式来提高竞争力。以违法违规来降低成本或扩大利润的做法将打击劳动者的工作积极性，引起员工流失，劳动者和企业都将受损，并终将难以为继。

1. 应将落实前期预防制度作为关键

在前期预防控制上，要落实职业卫生要求、危害项目申报、职业病危害预评价、职业病防护设施实施和职业病危害控制效果评价等制度，从源头上减轻乃至控制职业病危害。

2. 建立职业病防治管理制度

职业病防治管理制度以职业卫生管理机构为主体，职业卫生管理机构的权利、义务和责任为内容。职业卫生管理机构实质上是企业安全管理组织网络中的职业安全卫生检查系统，它是制订企业职业病防治计划和具体负责检查与纠正职业安全卫生管理体系的重要组织系统，系统的主体是分管副厂长、企业职业卫生管理部门、车间职业安全卫生员、职业卫生医师或者护士。① 如图4所示，企业要根据HSE或OSHMS（国际劳工组织的职业安全与卫生管理系统）② 管理体系建立职业卫生管理机构。企业要形成具体的规章制度，明确职业卫生管理机构组成人员的权利义务和责任。

---

① 樊玉芳、何玉红等：《职业病防治观念和管理体系探讨》，《工业卫生与职业病》2011年第2期。
② HSE突出了预防为主、领导承诺、全员参与、持续改进的科学管理思想，OSHMS的核心内容是通过识别、控制生产系统中导致事故和职业危害的根源和危险源，预防为主、立足改进、控制事故和职业危害，使企业的全面管理职能实现有机结合，建立一个动态控制、自我调整、自我完善的自律性管理系统。参见樊玉芳、何玉红等《职业病防治观念和管理体系探讨》，《工业卫生与职业病》2011年第2期。

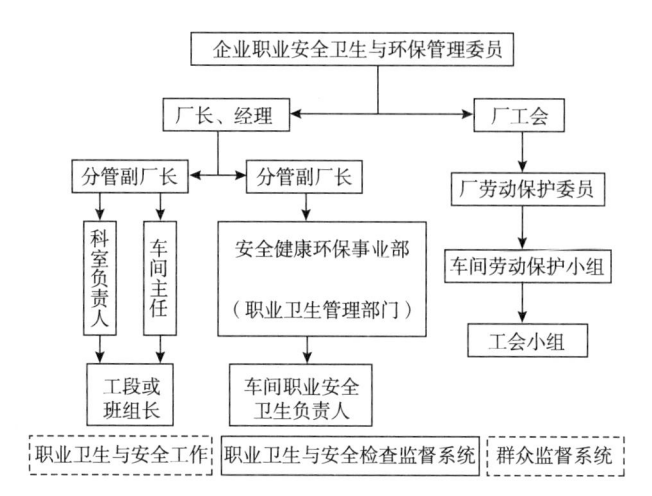

```
                  ┌─────────────────────────────────┐
                  │ 企业职业安全卫生与环保管理委员 │
                  └─────────────────────────────────┘
                                  │
                  ┌───────────────┴───────────────┐
                  │        厂长、经理             │◄──►│ 厂工会 │
                  └───────────────────────────────┘    └────────┘
                          │            │                    │
                  ┌───────┴───┐  ┌─────┴─────┐        ┌──────────────┐
                  │ 分管副厂长 │  │ 分管副厂长 │        │ 厂劳动保护委员 │
                  └───────────┘  └───────────┘        └──────────────┘
                    │     │           │                       │
                 ┌──┴┐ ┌──┴──┐  ┌─────┴─────────┐      ┌─────────────┐
                 │科室│ │车间 │  │安全健康环保事业部│      │车间劳动保护小组│
                 │负责│ │主任 │  │(职业卫生管理部门)│      └─────────────┘
                 │人  │ │     │  └───────────────┘              │
                 └──┬┘ └──┬──┘           │                ┌──────────┐
                    │     │              │                │ 工会小组 │
                 ┌──┴─────┴┐    ┌────────┴────────┐       └──────────┘
                 │工段或   │    │ 车间职业安全    │
                 │班组长   │    │ 卫生负责人      │
                 └─────────┘    └─────────────────┘
```

图 4　企业内部安全管理组织系统

资料来源：樊玉芳、何玉红等：《职业病防治观念和管理体系探讨》，《工业卫生与职业病》2011年第2期，第120页。

3. 提高生产工艺，减少（轻）职业危害因素

从微观层面看，职业卫生问题的源头是职业危害因素，而职业危害因素与生产的技术、工艺、材料密切相关。职业卫生问题的根本解决，依靠生产技术的升级进步，因此要开发应用有利于职业健康的新技术、新工艺、新材料。[①] 加快解决女职工职业病预防工作方面的技术问题。一要把成熟的科技成果转化为规章制度，为实施《职业病防治法》提供支撑。二要鼓励和引导高校、企业和其他社会力量投入女职工职业病预防工作技术问题的解决上，对此政府应给予一定的政策鼓励和支持。

4. 加强劳动过程中的职业病防护与管理

用人单位应落实作业场所日常性职业病危害因素监测、评价与控制，使工作场所、环境以及个人防护符合职业卫生标准和要求。用人单位应依《劳动防护用品监督管理规定》保证劳动防护用品的质量，配备符合国家标准或者行业标准的劳动防护用品，并督促、教育劳动者正确佩戴和使用劳动防护用品。鼓励用人单位使用高于国家标准或行业标准的劳动防护用品。对于不配戴或不正确佩戴的职工要及时进行教育，必要时可以依用人单位规章制度实施处罚。用人单位应通过多种形式向职工宣传职业病防治

---

① 何兵、张琳：《日本企业职业卫生管理人员职业资格制度介绍》，《职业卫生与应急救援》2011年6期。

知识，让职工了解职业病防治既是用人单位的责任，也是每个职工的责任。用人单位要履行职业病危害告知义务，职业病危害的告知形式应包括合同告知、培训告知和公告／个人告知。

用人单位应在产生职业病危害的不同工作岗位之间、产生职业病危害的工作岗位和其他工作岗位之间采取有效的隔离措施，防止职业病危害影响范围扩大。在工作排班管理上，应根据作业环境和作业强度调整作业时间，合理设定休息时间和限制加班时间，使交替班时间符合职工身心需要。

5. 加强职业健康管理和职业病人救治

用人单位应对职工实行上岗前的职业卫生培训、在岗期间的定期培训，普及职业卫生知识。应对职工开展劳动生产安全培训，除了传授各种劳保和安全技术知识与技能外，还要提高员工遵守劳动安全条例的认识，树立劳保安全意识，培养良好的安全卫生习惯。

对接触职业病危害作业的职工，要依法组织上岗前、在岗期间和离岗时的职业健康检查，建立职业健康监护档案。将执行职业健康检查所需时间计入正常出勤；检查费用由用人单位承担。对于不适合从事职业病危害作业的职工要及时调岗。做好职业病病人的诊断、治疗、康复、定期检查和妥善安置，确保职业病病人的权益。

应鼓励和督促用人单位订立、实施职业病防治专项集体合同。对高危行业，鼓励企业推行职业卫生专项集体合同制度。

（四）充分发挥工会组织的监督干预作用

1. 工会组织要做好群众性劳动保护监督检查工作

工会要代表劳动者尽职监督劳动安全卫生工作；督促并协助用人单位对劳动者实行职业卫生宣传、教育和培训；督促用人单位开展职业病防治集体协商和专项集体合同签订工作；指导劳动者签订劳动合同；督促用人单位落实职业病防护措施，要求用人单位及时纠正违反职业病防治法律法规及侵犯劳动者健康权益的行为；参与职业病危害事故的调查处理。[1]

---

[1] 参见《福建省职业病防治"十二五"规划》第四章。福建省政府网站，http：//www.fjdpc.gov.cn/show.aspx?Id=59990，最后访问日期：2013年10月22日。

2. 协助中小企业做好职业病防治工作

应该培训一批以企业工会、村工会骨干为主的基层工会工作者，带动所在企业的职业病预防、培训，提高职工防范职业病和劳动保护的意识。工会要积极推动职工培训学校或项目的开展，为职工培训学校或项目提供指导和一定经费支持。鼓励职工多参加职工学校的活动，扩大知识面，提升就业技能和综合素质。

3. 加强工会组织建设，充分发挥工会的组织作用

我国《工会法》、《职业病防治法》、《安全生产法》和《工伤保险条例》等法律法规中都包含工会组织有权依法开展劳动保护监督的内容。全国总工会《工会劳动保护监督检查员工作条例》、《基层工会劳动保护监督检查委员会工作条例》和《工会小组劳动保护检查员工作条例》也强化了工会劳动保护监督检查"三级网络"的职责。上述法律和法规为工会劳动保护监督工作提供了强大的法律支持。因此，必须加强工会组织建设，尤其要加强非公有制企业的工会组建工作，对规模较小的企业可以考虑组建联合工会或产业工会。企业工会组织应该充分发挥组织优势，对企业的职业病预防工作进行监督，针对劳动者的职业技能、安全卫生操作规范等开设相应的培训课程，真正让工会成为劳动者权利诉求的平台。

（五）劳动者应当树立预防职业病的意识和提高维权能力

劳动者要学习《职业病防治法》等法律法规，树立职业病防治意识，了解自己所享有的安全卫生权利，知晓基本的救济途径和措施。学习职业病防治的基本知识，掌握所在岗位职业病的预防方法、症状、急救措施等。遵守用人单位职业病防治和安全生产的规章制度，正确佩戴劳动防护用品。新员工应向老员工学习职业病防治经验，掌握安全生产步骤。服从用人单位安排，按时接受体检。要树立终身学习理念，想方设法多学习，主动了解相关法律法规，提高就业技能，提高自我维权能力。

当然，对劳动者个体预防职业病的意识和维权能力绝不应寄予过高期待。劳动者被录用后，是去用人单位履行劳动义务，享受劳动待遇的。设想每个劳动者都成为能精准辨识职业场所有毒有害因素的专家，是不正确的，期待每个劳动者都能成为识假打假而成功维权的"王海"，同样是不合理的。

总之，职业病防治，应当确立以"劳动者为中心"的核心理念，完善相关立法，平衡劳动者、用人单位、政府三者之间的利益关系。政府应当引导、监督和帮助企业规范生产经营，提供更多、可便捷利用的相关公共服务，应以用人单位履行防治义务为主，劳动者遵守劳动中的安全卫生要求为辅，使该制度产生良好的实施效果。

A Survey on the Effects of the Implementation of the Occupational Disease Prevention Law of the PRC

Jiang Yue

Abstract: Since the implementation of Occupation Disease Prevention Law in May of 2002, the implementation effect of the Law does not seem bad by the basis of the number of patients in the assessment of occupation promulgated by the national statistics. However, from my survey, the applicable effect of the Law is not be satisfied because there are found that the implementation effect of prevention system, such as enterprises to fulfill the obligation to inform the occupation health training, labor protection measures, employees health examination are not be with legislative requirements, that on occupational disease occurrence; including, industrial injury, 30% enterprises did not apply for industrial injury or occupation disease identification, 50% patients with injury or occupational disease enjoyed statutory benefits from industrial injury insurance after their appliation for more than 90 days, about 1/5 injury or occupation patients never got industrial injury treatment; and only 40% industrial injuries and occupational patients had caught the opportunity to accept rehabilitation therapy. In addition to the Law and regulations with very strong professional characteristic is not be understood easy for a person without medical professional knowledge, there are be caused by that the government's role and responsibilities in the occupation disease prevention are not defined reasonably or not be recognized on the law, that supervision and inspection is less than what the government should do, that the enterprise is the pursuit of profit maximization with no reasonable necessary bottom, that the functions of trade unions is not brought into full play. To prevent and cure occupation diseases, it should be established with the core idea of "following laborers health and care", to improve the relevant legislation, keep the balance of interests among workers, employers and government. The government should guide, supervise and help enterprises to standardize the production and management, provide more convenient public service. It should be based on employers to fulfill their obligation to prevent workers, comply with statutory requirements of labor safety and health, the implementation of the system will reach better effects.

Key words: Occupation Disease; Legislation of Occupation Disease; Effect; Improve Measures

劳动关系三方协调机制的运行现状与完善路径*
——以福建省厦门市为例

潘 峰**

目 次

一 引言
二 厦门市劳动关系三方协调机制运行现状
 （一）厦门市劳动关系三方协调机制概况
 （二）厦门市劳动关系三方协调机制的运行效果
三 厦门市劳动关系三方协调机制存在的问题
 （一）三方协调机制的运行缺乏法律支撑
 （二）三方协调的制度定位存在一定偏差
 （三）三方协调主体的代表性不足
 （四）三方协调的议题较为狭窄
四 完善劳动关系三方协调机制的建议
 （一）推动三方协调机制的法制化和规范化
 （二）政府应明确自身在三方协商中的角色定位
 （三）加强三方协调机构的组织建设
 （四）增强三方主体的代表性

---

* 本文是福建省厦门市2013年度社会科学课题"厦门市劳动关系三方协调机制管理创新研究"的阶段性成果。项目批准号：厦社科联〔2013〕14号。

** 潘峰（1978~　），男，法学博士，厦门大学法学院讲师，厦门大学法学院社会法研究所研究人员。

> （五）适度扩大三方协调议题的范围
>
> 五　结语

摘　要：劳动关系三方协调机制是我国劳动关系调整的主要方式之一，对于促进劳动关系和谐稳定，保障社会经济平稳运行具有重要的作用。从厦门市实践看，这一制度存在法律依据不完备、制度定位存在偏差、三方主体代表性不足、协商内容较为狭窄等问题，影响了该机制功能的发挥。国家应当以立法形式推动三方协调机制的法制化和规范化，明确政府在三方协调中的角色定位，增强三方主体的代表性，并吸收相关其他部门和组织参与三方协调，发挥其作为社会对话渠道的作用。三方协调的内容也应适度扩大，除劳动关系问题外，还应着力商讨与劳动者利益密切相关的其他经济和社会政策议题。

关键词：劳动关系　三方协调机制　法制化

一　引言

劳动关系三方协调机制是西方市场经济国家处理劳动关系的一项基本制度，是政府、雇主组织和工会就劳动关系相关的社会经济政策和劳动立法以及劳动争议处理等问题进行沟通、协商、谈判和合作的原则与制度。[①]国际劳工组织（ILO）自1919年成立时起，即倡导将三方主义作为一种促进各种社会主体利益和谐和争取公正合理的工作条件的手段，并通过出台国际劳工公约和建议书以推动各成员国建立三方机制。1948年《结社自由和保护组织权利公约》、1949年《组织权利和集体谈判权利公约》及1960年《（产业级和国家级）协商建议书》肯定了雇主和工人建立自由、独立组织的权利，并要求采取措施，促进国家一级的政府当局与雇主组织和工人组织之间的有效协商，许多国际劳工公约和建议书的条款都规定了就实施公约和建议书的措施问题与雇主组织和工人组织进行协商。1960年国际

---

① 在不同的著作和文件中，三方协调机制也被表述为"三方合作""三方协商"等，但这些概念只是在角度和侧重上有所不同，都可看作是三方协调机制的同义语。参见常凯主编《劳动关系学》，中国劳动社会保障出版社，2005，第326页。

劳工组织《（产业级和国家级）协商建议书》对三方协调机制的总目标提出了要求，即"促进公共当局与雇主组织和工人组织之间以及这些组织之间的相互了解和良好关系，以求发展总体经济或发展其中某些部门，改善劳动条件和生活水平"。1976年国际劳工组织通过了《三方协商促进履行国际劳工标准公约》，要求批准该公约的成员国承诺运用各种程序，在政府、雇主和工人的代表之间进行有效协商。迄今，大多数会员国已陆续批准了这些公约。

在国际劳工组织的推动下，三方协调机制已在大多数市场经济国家得到实施，以协调和处理劳动关系。在有关社会政策制定和劳动立法方面，体现得尤其明显。国际劳工组织一贯主张的三方性原则和三方协商机制不仅是指导并贯穿于其本身所有活动的行为准则，而且已成为世界各国在劳动和社会领域普遍遵循的国际行为准则。[1] 西方各国在不断调整和改善劳动关系的过程中，也逐渐形成了各具特色的劳动关系三方协调模式。依照国际劳工公约和建议书，三方协商的内容包括：法律法规的制定和调整有可能影响劳资双方固有利益的内容；有关就业、职业培训、劳动保护、职业安全卫生、保险福利等劳动标准的全国性机构的建立或功能；经济与社会发展计划的规划与执行；等等。在劳动关系调整中，三方协调被设想扮演着三个角色，即劳动法规政策的制定与执行、集体谈判和劳动争议处理，其核心是集体谈判。以三方机制协调劳动关系反映了三方主体利益的差别。政府通过三方协商进行决策虽然不得不放弃一些权力和便利，但可以换取劳方和资方对政府所实施政策的支持，实现社会和谐。通过三方协商，政府也可以把矛盾转移出去，让劳资团体共同分担和化解劳资冲突。[2]

1990年9月7日，全国人大常委会批准了《三方协商促进履行国际劳动标准公约》。2001年，我国正式建立了国家协调劳动关系三方会议制度，由劳动和社会保障部、中华全国总工会、中国企业联合会（中国企业家协会）三方组成，标志着我国三方协调机制的建立。2001年修正的《工会法》第34条第2款规定："各级人民政府劳动行政部门应当会同同级工会

---

[1] 马永堂：《国外三方协商机制及其对我国的启示与借鉴》，《中国行政管理》2012年第4期。
[2] 李丽林、袁青川：《国际比较视野下的中国劳动关系三方协商机制：现状与问题》，《中国人民大学学报》2011年第5期。

和企业方面代表，建立劳动关系三方协商机制，共同研究解决劳动关系方面的重大问题。"该法首次以法律的形式确立了三方协调机制。2002年，劳动和社会保障部、中华全国总工会、中国企业联合会（中国企业家协会）共同下发《关于建立健全劳动关系三方协调机制的指导意见》。该意见指出："劳动关系三方协调机制，是我国劳动关系调整机制的重要组成部分，是社会主义市场经济条件下协调劳动关系的有效途径，对于维护劳动关系双方的利益，最大限度地保护、调动和发挥广大职工的积极性，促进我国劳动关系的和谐稳定，为改革开放创造一个稳定的社会环境，推动国民经济持续快速健康发展，都具有重要的意义。"2007年通过的《劳动合同法》第5条规定："县级以上人民政府劳动行政部门会同工会和企业方面代表，建立健全协调劳动关系三方机制，共同研究解决有关劳动关系的重大问题。"同年底通过的《劳动争议调解仲裁法》第8条也做出了同样的规定。以上立法和政策文件建立了我国劳动关系三方协调机制的基本框架。2009年人力资源和社会保障部、中华全国总工会、中国企业联合会（中国企业家协会）共同下发《关于应对当前经济形势稳定劳动关系的指导意见》，提出要建立健全解决劳动关系重大问题的沟通协调制度，各级协调劳动关系三方要认真总结近年来处理因劳动关系问题引发群体性事件工作的经验，进一步完善应急预案，建立健全劳动关系调处应急机制。

厦门市劳动关系三方协商机制于2002年7月正式启动，已历经11年的时间，在制度建设方面走在全国前列，对促进厦门市劳动关系的和谐稳定发挥了积极的作用。当前，厦门市劳动关系总体稳定，但随着社会经济的发展，劳动关系利益冲突凸显，劳动者维权意识日益增强，劳动争议案件数量不断上升，处于劳动关系矛盾的多发易发期，构建和谐劳动关系面临着严峻挑战。2012年厦门市劳动仲裁机构全年受理各类劳动争议案件6080件，涉及人数20850人；其中集体劳动争议案件233件，增加64.65%。2012年全市劳动保障监察机构受理群众举报投诉案件8803件。① 根据中国社会科学院发布的2013年城市竞争力蓝皮书，在和谐这一城市竞

---

① 2013年1~2季度，厦门市劳动仲裁机构受理各类劳动争议案件2936件，较上年同期下降11.03%；其中集体劳动争议113件，下降26.62%。劳动保障监察机构受理群众举报投诉案件3871件，下降4.61%。

争力指数方面，厦门位列全国第九位。① 和谐厦门自然离不开和谐的劳动关系，厦门应致力于构建"政府积极引导，企业自觉履行责任，员工知法守法，三方平等协商、和谐共处"的新型劳动关系。② 在这一背景下，积极探索劳动关系三方协调机制的完善和创新路径，有助于构建和谐劳动关系，确保劳动关系的稳定运行。

本文以厦门市为样本，采用文献研究和访谈的方法，观察和分析厦门市劳动关系三方协调机制的运行与外部环境，检验现行三方协调机制的实际效果，总结三方协调机制在运行过程中存在的不足，针对实践中存在的难点问题进行科学分析，提出完善劳动关系三方协调机制的政策建议和改进措施。

二 厦门市劳动关系三方协调机制运行现状

(一) 厦门市劳动关系三方协调机制概况

2002年7月9日，厦门市政府、雇主和劳动者三方的首席代表签署《厦门市劳动关系三方联席会议制度议事规则》，标志着厦门市劳动关系三方协调机制正式启动。成立三方协商机构是使三方协调有序进行的组织保证，三方协调的具体活动基本都是由三方联席会议组织实施的。按照最初的设计，三方联席会议由市劳动和社会保障局（政府方）、市总工会（劳动者方）以及市企业家协会、市总商会、市台商投资企业协会、市外商投资企业协会代表团（企业方）组成，每方指派4人，共12人。其中，设首席代表1人，由各方指派的负责人担任，雇主方的首席代表由雇主方的各方代表轮值担任，每年一换。联席会议定期或不定期举行。定期联席会议每年举行一次，由政府方首席代表担任召集人，不定期联席会议可根据一方临时动议随时召开。对于联席会议达成的事项，三方将在各自职权范围内组织实施。

厦门市劳动关系三方协商机制的主要特点在于：一是不搞行政主管部

---

① 刘艳：《中国和谐城市竞争力：厦门位列第九》，《厦门日报》2013年5月20日。
② 参见2009年厦门市劳动和社会保障局《贯彻落实中央、福建省和厦门市加快建设海峡西岸经济区决策部署的工作意见》。

门授权制，厦门市政府主管部门不授权，雇主方由4个企业协会各派代表组成。二是从实际出发，不搞单一制。厦门地处特区，各种经济成分比较复杂，雇主组织主要有4个协会，即市企业家协会、市总商会、市台商投资企业协会和市外商投资企业协会。如果单一指定由市企业家协会为企业方代表，并不能代表绝大多数企业的利益，也不利于三方协商机制开展运作。因此，厦门把4个协会统一起来代表雇主方，各出一名代表，首席代表由4家轮流担任。三是避免协商机制行政化。国内有些地区的三方协商机制，有领导小组或委员会，还专门设立办公室。厦门市在建立三方协商机制时，认为有领导小组就要有组长、副组长，有委员会就要有主任、副主任，不符合三方平等协商的原则，因此不设领导小组或委员会，而是搞联席会议制，三方各设首席代表1人。同样，设立办公室也有协商机制行政化的倾向，因而不设办公室，而各设联络员1人，负责日常的协调与沟通。[①] 这一富有厦门特色的组织架构，适应了当时厦门劳动关系的现实情况。

2004年，为了使雇主方主体与全国保持一致，厦门组建了厦门企业和企业家联合会，由市企业家协会、市外商投资企业协会、市总商会以及各行业企业协会共20余家协会组成。厦门企业和企业家联合会正式成立以后，劳动关系三方联席会议中的原雇主方代表（包括市总商会、市台商投资企业协会、市外商投资企业协会等）同意由厦门企业和企业家联合会作为厦门市三方机制中的雇主方代表。经三方联席会议2005年第二次全体会议协商通过，成立由市劳动和社会保障局（代表政府方）、市总工会（代表劳动者方）、厦门企业和企业家联合会（代表雇主方）组成的厦门市协调劳动关系三方会议机制。

目前，厦门市在市、区两级都已普遍建立了劳动关系三方协调机制，且向镇（街）、社区和行业、工业园区不断扩展。部分街道已建立三方协调机制，共成立了40余个三方协调机构。各区均成立协调劳动关系三方联席会议办公室，保障三方协调机制的实施。例如，2004年，集美区劳动关系三方协商首次联席会议举行，区人劳社保局、工会、商会代表共同签署了《劳动关系联合会议制度议事规则》，标志着集美区劳动关系三方协商

[①] 参见《厦门工运信息》总第54期。

制度的正式启动。2006年，翔安区政府、工会、商会三方的首席代表正式签署《翔安区劳动关系三方联席会议制度议事规则》。在街道一级，思明区中华街道、鼓浪屿街道等早在2006年8月就出台了《协调劳动关系三方联席会议议事规则》，确定了协调劳动关系三方联席会议组成人员名单，对三方联席会议的机构组成、职责任务、协商议题、召集方式、议事程序等做了具体详细的规定。2013年，禾山街道也制定了《禾山街道协调劳动关系三方联席会议议事规则》。

厦门市建筑、交通等行业也已经建立三方协商机制并向工业集中区、企业延伸。例如，厦门市建设系统三方会议由市建设与管理局（代表政府一方）、市建设工会（代表职工一方）、市建筑行业协会（代表建设系统行业协会企业一方）三方组成。三方会议由市建设与管理局领导担任主席，市交通建设工会和市建筑行业协会负责人担任副主席。三方会议机构的组成人员由三方相关部门的负责人担任。三方会议下设办公室，建设与管理局派人担任办公室主任，市建设工会和市建筑行业协会派人担任办公室副主任。三方各派出数量相当的人员参加办公室工作。办公室的主要职责是收集信息、调查研究、起草文件、筹备会议、组织落实会议精神、参与监督检查等。办公室设立在市建设与管理局建筑业处。

（二）厦门市劳动关系三方协调机制的运行效果

整体而言，11年来厦门市劳动关系三方联席会议在随后开展的一系列活动如促进工会组织、雇主组织的建设，促进职工按时足额领取工资，开展工资集体协商，处理劳动关系突发重大事件等中，发挥了积极作用，维护了用工双方的合法权益，保障了厦门市劳动关系的整体和谐稳定。

三方协调机制的直接效果是：厦门市劳动合同制度和集体合同制度实施取得大幅进展，企业职工劳动合同签订率和企业集体合同覆盖面均有所提升。厦门劳动关系三方会议把100%建立劳动合同制度、100%签订劳动合同作为企业和工业园区参加创建劳动关系和谐企业活动的重要考核指标。至"十一五"期末，全市规模以上企业职工劳动合同签订率达95.54%，累计签订有效集体合同0.57万份。[①] 2012年厦门市首次将工资

---

① 参见《厦门市"十二五"人力资源和社会保障发展规划》。

集体协商工作纳入各级政府就业、社会保险、劳动关系目标责任书。继续开展工资集体协商"要约行动",大力加强业务培训和分类指导,坚持规模以上企业独立开展工资集体协商,小微企业以行业性区域性组织工资集体协商,全年共签订工资专项集体合同2335份,覆盖企业33068家,覆盖率为99.7%。签订女职工特殊保护专项集体合同2312份,覆盖企业29767家。[1] 2013年1~2季度经劳动保障行政部门审核的企业集体合同达138份,涉及职工82811名,比上年同期提高52.47%。[2] 在劳动者工资保障方面,企业工资正常增长机制初步建立,最低工资标准实现全市统一,"十一五"期间年平均上调10.63%。各区政府建立了欠薪应急保障金制度,建筑领域普遍建立农民工工资支付保证金制度,有效解决企业拖欠农民工工资问题。厦门出口加工区和厦门水务集团、厦门国贸集团被评为国家级劳动关系和谐工业园区(企业),同安工业集中区(思明园)等8家工业园区和厦门TDK有限公司等322家企业被评为省级劳动关系和谐工业园区(企业)。[3] 目前,厦门市共有1个工业园区、4家企业被评为国家级劳动关系和谐工业园区与和谐企业;9个工业园区、322家企业被评为省级劳动关系和谐工业园区与和谐企业。获得省级以上表彰的园区、企业数量居全省各设区市前列。

以湖里区为例,三方协调机制已向街道、社区、工业园区延伸,有效地推动了劳动关系的平稳运行,促进了劳资之间的和谐。2012年,湖里区被省人力资源和社会保障厅、省总工会、省工商联、省企联合授予"福建省劳动合同制度实施示范区"。全区已建工会发出要约的企业有1583家,有1442家企业已开展并签订了企业工资集体合同,已签订区域性、行业性工资集体协商合同12份,工资集体协商覆盖面达91%。全区劳动合同签订率达97.2%,已建工会100%推行工资集体协商和集体合同制度。2012年,湖里区建立协调劳动关系三方机制和劳动关系工作基层平台建设,加强指导和谐街道、园区创建。及时调整区协调劳动关系三方联席会议成员,召开全区协调劳动关系三方联席会议,完善街道三方协商机制,

---

[1] 厦门市总工会副主席陈永红2013年3月7日在厦门市总工会十四届四次全委会议上的工作报告。
[2] 参见《厦门市人力资源和社会保障局统计资料》2013年第2期。
[3] 参见《厦门市"十二五"人力资源和社会保障发展规划》。

开展殿前、禾山、金山和谐劳动关系街道创建及万达和谐园区创建等工作。目前，殿前、禾山、金山三个街道和万达园区已按创建标准和进度要求相继成立街道协调劳动关系三方会议，落实劳动合同和集体合同制度等工作。殿前街道还开展了马垅S.O商务中心劳动关系和谐工业园区创建工作。

三 厦门市劳动关系三方协调机制存在的问题

2002年以来，厦门市劳动关系三方协调机制取得了长足发展，但仍然存在某些制约因素，如三方协调法制不完备、制度定位存在偏差、雇主和工会组织代表性不足等，限制了三方机制进一步发挥其协调劳动关系的功能。

（一）三方协调机制的运行缺乏法律支撑

三方机制在运行中流于形式的一个重要原因在于相关立法的缺乏。现行《劳动合同法》《工会法》《劳动争议调解仲裁法》等立法确立了我国三方协调机制的基本框架，但上述立法仅规定了三方协商的基本形式。面对日益复杂的劳动关系矛盾和法治建设要求，能够直接用于调整具体运行和实际操作的规则还是相当匮乏的，立法难以为劳动关系三方协商提供有效的指引。《关于建立健全劳动关系三方协调机制的指导意见》仅为部委出台的规范性文件，效力有限。

在实践中，三方机制的运作主要依靠三方签署的议事规则运行，但议事规则毕竟不是具有强制力的法律法规，对三方机制的组织架构和议事内容虽进行了具体的规范，但欠缺三方协商的法律地位、法律效力和配套的法律责任设置。对于三方协商的结果，政府是否采纳，如何采纳，以及如何有效保证雇主执行三方协商的结果，都是目前立法的空白。缺乏法制保障的三方协调机制，难以对雇主方形成有效的约束。

2007年和2008年，厦门市总工会曾就三方机制的地方立法提出建议，但到目前为止仍未进入地方立法程序。从国内其他地区的情况看，三方协调机制的立法步伐亦不算快，在实质内容上较之前各地三方会议通过的议事规则并无实质性突破。广州市人大常委会于2011年9月22日通过了

《广州市劳动关系三方协商规定》,系国内首次以地方立法的形式规范三方协调机制。该规定第14条规定:"劳动行政主管部门应当将三方协商会议文书作为本部门制定、实施劳动关系方面相关政策、措施的重要参考。工会和企业代表组织应当督促各自成员自觉接受三方协商会议文书的指导。实施情况应当在下一次定期会议上予以通报。"上述条文表明,三方协商会议文书对三方主体并没有强制约束力,仍以自愿履行为主。

(二) 三方协调的制度定位存在一定偏差

三方协调机制的实施是为了推动劳动者与雇主合作,化解劳资矛盾,以促进社会经济的发展,并非附属于政府的劳动保障事务。有学者认为,由于政府的参与,三方协商在一定程度上减弱了基层工会组织对雇主的依附性。由于三方协商机制的政府色彩以及社会组织的属性,使得劳资双方基于政府的权威与社会影响等因素,积极遵守和履行集体合同,为协商结果的实现提供了保障。[①] 在"资强劳弱"的现实状况下,由政府介入和主导进行三方协商,确实起到了保障三方协商开展的作用。可以说,若无政府自上而下的主导,三方协调机制是不可能建立和运行的。问题在于,现行三方协调机制基本上都是在政府的强势主导下运行的,三方中的另外两方起的主要是配合和辅助作用。在厦门市,三方会议由人力资源和社会保障局牵头,三方会议办公室设在人社局工资处。三方会议的工作,从计划组织到开展落实,都由劳动行政部门牵头和主导,雇主组织和工会实际上主要起到的是辅助政府行政工作的作用,这就约束了雇主和劳动者方的自主协商,背离了三方协调劳动关系的本意。三方代表本应享有按照各自的立场自主提出议题和自由表达观点的权利,这样才能兼顾各方利益,更有针对性地化解劳资矛盾。

(三) 三方协调主体的代表性不足

市场经济和法治环境下,劳动关系双方为各自利益博弈的结果,很大程度上取决于双方的组织化程度。在三方协调机制中,各方主体是否具有代表性是决定三方机制运行效果的关键。三方协调机制的正常运作需要每

[①] 陈成熊、文钊:《三方协商探路化解劳资矛盾》,《瞭望》2013年第6~7期(春节合刊)。

一方主体都能够真正代表各自群体的利益，并保证三方协调的结果能够为各自群体所遵守。基于此，三方协调机制的运行能否得到各方的普遍认同，以及实效性能否得到保证，关键在于劳资双方的自治性能否体现，以及三方的利益能否协同和充分表达。从现状看，三方协调机制沿袭了政府主导的协调劳动关系的传统方式，在劳方和雇主的代表组织发育不健全的情况下，不能满足现实的需要，不能有效代表和协调劳动关系主体的不同利益。①

在目前的三方协调机制中，政府一方是由劳动保障行政部门代表，主要原因在于该部门是劳动保障工作的主管机关。但在劳动关系实践中，所牵涉的政府部门绝非仅劳动保障部门一家，税务、工商、司法等部门都有可能涉及。而且，随着三方协商的范围逐步扩大，在政府方面，也不应单独由负责劳动保障事务的部门充当政府的代表，还应有其他政府部门加入，共同进行协商。从发达国家的情况看，政府代表是多元化的，并非仅由劳动部门充任。例如，在奥地利的工资和价格联系委员会中，政府代表来自农业部、经济事务部和社会事务部。澳大利亚的发展建议委员会也包括财政部的代表。② 在国内有些地区，参加三方协调的主体除了劳动行政部门、企联以及工会外，也有国资委、经委等机构的代表。例如，四川乐山、宜宾、遂宁等地区根据工作需要，吸收经信委、国资、建设、商务等行业主管部门参与三方机制，共同开展工作，形成了劳动关系"三方多家"的协商处理机制。③ 辽宁省把工商联和外企协会纳入资方代表中。在上海市，法院始终参与劳动关系的协调工作。在上海市的区一级三方协商会议上，有一些著名的企业家代表资方参加。④ 上述经验都是值得厦门借鉴的，三方协商是基本架构，但可以"多家参与"。

目前，工会组织和雇主组织都难以真正在三方协商中代表各自群体的利益。在市场经济社会中，企业具有多元化的特点，难以将各类企业吸收

---

① 陈晓宁：《论三方机制下工会的角色定位》，《中国劳动关系学院学报》2010年第5期。
② 李丽林、袁青川：《国际比较视野下的中国劳动关系三方协商机制：现状与问题》，《中国人民大学学报》2011年第5期。
③ 四川省人力资源和社会保障厅：《健全协调劳动关系三方机制，促进劳动关系和谐稳定——我省不断探索完善协调劳动关系三方机制综述》，《四川劳动保障》2011年第4期。
④ 李丽林、袁青川：《国际比较视野下的中国劳动关系三方协商机制：现状与问题》，《中国人民大学学报》2011年第5期。

到统一的雇主组织中。在厦门，工商联代表的主要是非国有性质的企业，而企联则主要代表国有、外资企业（工商联是企联的团体会员）。三方协商机制已经从市到街道在各个层面得以建立，但在区以下雇主组织普遍不健全，只能采取较灵活的形式，甚至由政府包办。雇主组织如企联、工商联都带有半官方性质，存在形式单一、独立性不足、代表性不充分等一系列问题，尚不完全具备与政府、工会组织进行平等对话的地位。雇主组织在劳动关系三方协调机制中的代表性不足，直接影响其协商和谈判能力的发挥。培育和规范一个成熟的雇主阶层，发展不同类型的雇主组织，增强雇主组织的凝聚力和对企业的约束力，是雇主组织面临的严峻考验。

工会同样也存在代表性不足的问题。从中华全国总工会到基层的企业工会，是一个机构庞大、组织严密的系统。但作为劳动者权益的代表和法定维护组织，现行一元化的工会系统发展受体制性约束，未能充分组织劳动者特别是农民工，工会在劳动关系三方协调机制中并没有如法律所设计的那样发挥其应有的作用。[1] 从工会本身来看，我国工会半官方的性质决定了其参与三方协调往往难以真正独立，受到制约。如何切实落实工会的维权职能是摆在工会面前的一道难题。在地方和产业层面，工会组织在组织体系、机构设置和人员配备等方面具有相对的优势，而雇主组织则显薄弱；而在企业层面，"强资本，弱劳工"的现状使工会的实际地位和作用在发挥作用上受到较大的影响。私营企业、外资企业以及港澳台资企业等非公企业占大部分，但是非公企业工会建设整体水平不高、难以发挥维护劳动者权益的职能是不可回避的现实问题。在企业层面，劳资双方协商的平等性很难实现，企业的集体协商和集体合同往往是雇主方在政府压力之下的权宜之计。

（四）三方协调的议题较为狭窄

劳动者在城市中工作和生活，既与雇主存在劳动关系之间的问题，同时也面临着户籍、住房、医疗、子女教育和社会保障等公共服务问题。这些问题与劳动者利益息息相关，已经超越了单纯劳动关系的范畴。作为一

---

[1] 赖明智等：《厦门市群体性劳动突发事件的新特点、原因及对策研究》，2009 年厦门市社科学会重点调研课题研究报告。

种社会对话机制,三方协调应当涉及这些重要问题,及时、准确地表达劳动者的诉求,而非拘泥于劳动关系调整本身。然而,目前三方协商的主要内容仍停留在研究劳动关系中的重大问题,提出工作思路,供政府立法和制定公共政策参考上。

从厦门市、区、街道三级的三方协商议题来看,协商内容较为狭窄,连一些重要的劳动关系问题也没有被列入其中,例如就业问题、群体性事件的处理等,[①] 更不用说更大范围的公共政策议题了。根据《厦门市劳动关系三方联席会议制度议事规则》,三方协商的主要内容包括:(1) 研究讨论劳动关系方面带有全局性、政策性、倾向性的重大问题,为政府制定有关劳动法规、规范性文件及政策提供意见和建议;(2) 协商处理重大劳动争议和严重违法侵权行为;(3) 对劳动法律、法规执行中存在的问题提出解决的对策和意见等。区和街道的三方联席会议议事规则基本上照搬了上述内容,并没有结合自身特点做出更为明确的规范。相较而言,厦门市建设系统三方会议的职责则更为具体一些,包括:(1) 研究分析经济体制改革政策和经济社会发展计划对建设系统企事业单位的劳动用工制度、工资收入分配、最低工资标准、工作时间和休息休假、劳动安全卫生、女职工特殊保护、生活福利待遇、职业技能培训、社会保险等劳动关系问题的影响,提出政策意见和建议;(2) 通报交流各自协调劳动关系的工作情况和问题,研究分析建设系统劳动关系状况及发展趋势,对建设系统劳动关系带有全局性、倾向性的重大问题进行协商,达成共识;(3) 参与对群体性事件和集体劳动争议的调查,提出解决问题的意见和建议;(4) 督促厦门市建设系统产业工会和建设系统行业协会加强组织建设,促进产业工会和行业协会强化代表职工和企业具体利益的职能,使产业工会和行业协会更好地代表职工和企业参加三方会议;(5) 支持企业和事业单位依法建立健全工会组织、职工代表大会和劳动争议调解委员会,积极推行劳动关系平等协商制度和集体合同、劳动合同制度,定期总结和推广典型经验;(6) 研究制定涉及职工切身利益的政策性文件或法规、规章草案。[②] 就上述议题而言,三方协商的问题基本上限于劳动关系领域,未能涉及劳动者

[①] 在厦门三方会议的实际运作中,对这些议题进行过实质的协商,但并未体现在正式的三方协调制度中。

[②] 参见 2003 年厦门市建设与管理局《关于建立协调劳动关系三方会议制度和机构的通知》。

诉求较强烈的住房、医疗、子女教育等公共政策问题。因此，三方协商仍停留在劳动关系层面。而国内有些地区的三方协商议题范围甚至更为狭窄，主要指向劳资关系群体性事件和突发事件的处理。[①]

四 完善劳动关系三方协调机制的建议

建立健全劳动关系三方协调机制，促进劳动关系和谐稳定，是一个不断探索创新的过程。建立有效的三方对话机制需要的前提或社会条件包括：具备参与社会对话所需要的技术和能力的劳工与雇主组织；三方参与社会对话的政治意愿与承诺；对组织结社自由及集体谈判权等基本权利的尊重；三方能够有能力执行协商的结果；适当的制度性支持；等等。完善劳动关系三方协调机制应从这些方面入手，借鉴国外制度和实践的有益经验，实现改革和创新，以充分发挥其协调劳资关系、化解社会矛盾的机能。

（一）推动三方协调机制的法制化和规范化

常凯教授认为："加强三方协商机制的立法，制定三方机制的专门法律，使其成为劳动法律体系中的一个组成部分，对促进这一制度的建设和发展，都是非常必要和迫切的。"[②] 国外三方协调机制的建立与发展，都是以法律制度为依据的。创新三方协调机制建设，首先要以立法的形式将三

[①] 例如，2011年南昌市政府发布的《关于建立南昌市协调劳动关系联席会议制度的通知》规定，协调劳动关系联席会议的主要职责为：（1）贯彻落实党中央、国务院和省委、省政府及市委、市政府关于做好协调劳动关系工作的重要指示精神和政策措施，研究拟定涉及劳动关系的重大政策措施，为市政府决策提供意见建议；（2）督促各县区（开发区）、各部门认真贯彻落实协调劳动关系工作的各项法律、法规和政策措施，建立健全劳动关系重大问题的排查网络，密切关注劳动关系矛盾的发展动态，定期召开联席会议，分析研究劳动关系形势，制定应对措施；（3）统筹协调和指导各县区（开发区）、各部门处理劳动关系的重大矛盾和集体停工等群体性事件，防止劳动关系矛盾的激化和群体性事件的升级、蔓延；（4）当局部地区接连发生较大规模的集体停工等重大群体性事件时，及时启动应急处置机制，由总召集人或总召集人授权委托召集人指定有关成员单位组成群体性事件应急处置工作指导小组，赴群体性事件发生地，指导当地政府快速妥善处置群体性事件，防止事态进一步蔓延、恶化；（5）及时向市政府汇报联席会议工作情况、全市劳动关系形势和集体停工等群体性事件发生、处置情况。

[②] 常凯主编《劳动关系学》，中国劳动社会保障出版社，2005，第343页。

方协调机制的职能、运作程序、法律效力、法律责任等固定下来,从而真正确立三方机制的权威性,保障三方机制的有效运行。在国家尚未对三方协调机制统一立法之前,各地区可考虑以地方性法规或地方政府规章的形式,在制度层面上将三方机制法制化、规范化。

政府应当赋予三方机制在协调劳动关系方面更大的运作空间,尊重三方协商达成的各项共识。建议厦门市在地方立法中明确规定,立法机关和行政机关在出台调整劳动关系方面的地方法规、规章和政策前,应当通过三方机制听取劳资双方的意见,并将此作为立法或制定公共政策的必经程序,以保证法律和公共政策的公正性和透明性。三方协商的结果应当得到各方的有效落实,可以考虑由三方共同承担监督检查职能或要求劳动行政部门进行监督检查,对未落实三方协商结果的企业给予警告或处罚。

从三方机制的运行来看,应当吸收和完善目前各地三方协商议事规则中的程序规则,研究三方协调机制的操作规范。政府推动和劳资主导的规则链条应当以立法的形式予以确认和固定,事前的磋商协调、事中的集体谈判和事后的纠纷解决有必要用相应的规范予以规制。[1] 应建立一系列规范或制度,包括会议制度、协商规则、情况通报以及监督检查制度等内容,使劳动关系三方协调机制得以规范和有效运作。同时建立三方协商的调控与应急机制,包括应急机制的启动、协商的程序、协商成果的达成和落实等一套完整且行之有效的制度,及时处理突发事件和群体性劳动纠纷,预防和制止大规模群体性事件的发生。[2]

(二) 政府应明确自身在三方协商中的角色定位

在三方协调机制中,政府需要调整自己的姿态,由现在的主导型向服务与参与型发展。[3] 政府在三方机制中的主要任务是:为雇主组织和工会的对话与合作提供平台,创造良好的条件;在与雇主组织和工会的谈判中对国家的政治、经济和社会发展计划与战略等重大问题提出意见和建议;通过立法和调节手段把个人及其所在组织的权利与义务结合起来,把对国

---

[1] 汪洋:《我国协调劳动关系三方机制的问题及改革思路》,《中国人力资源开发》2005年第10期。
[2] 裴劲松、焦自英:《劳动关系三方协商机制亟待完善》,《中国国情国力》2009年第7期。
[3] 常凯主编《劳动关系学》,中国劳动社会保障出版社,2005,第326页。

家和企业利益的维护与公民个人及其组织利益的维护结合起来。[①] 政府不能干预雇主组织和工会的谈判与签订集体合同等活动，而应协调自身各部门的行动，提高服务效率，为三方协商提供必要的帮助。政府要依法居中调解，履行宏观平衡职能。政府不仅要负责三方协商的组织、议题的提出和协商结果的形成和落实，更应当注意改变对劳动关系的直接监管方式，积极构筑席上平台，促进劳动者和用人单位双方的沟通和协商，努力发挥沟通三方信息、协调双方利益的作用，指导三方机制的运作与完善。

（三）加强三方协调机构的组织建设

劳动关系问题涉及的不仅仅是劳动行政部门，还可能涉及财政、工商、税务等多个部门。应调整协调劳动关系三方会议办公室的设置单位，将其放到具有综合行政职责的部门。[②] 目前，厦门市协调劳动关系三方会议办公室没有独立的人员编制，三方会议成员及办公室成员相对固定，但人员全部为兼职，在履行自身本职工作的同时，还要负责开展三方协调工作，难以兼顾，影响了三方机制的有效运作。三方协调机构应当有独立的人员编制，并配备专职人员，拨付专门的办公经费，以确保三方协调机构能够切实履行职责，就重大议题向本级政府提供咨询和建议。同时，要健全区以下行政级别的三方协商机构，明确各自职责，规范运作程序，增强整体效能，形成稳定的劳动关系三方协调机制。

（四）增强三方主体的代表性

三方协调的政府一方除劳动保障行政部门参加外，还可以请政府其他有关部门的代表共同参与。劳动保障部门作为三方协调的牵头单位，应努力拓展三方协调机制的对话渠道，尽可能地将涉及劳动关系和经济、社会政策的部门都吸纳到三方协调机制中来，与国资、建设、工商、税务等部门协调配合、通力合作，充分发挥三方协调作为社会对话渠道的作用。

应加强雇主组织的建设，保障雇主的对等参与，调动其协调劳动关系

[①] 姜列青：《调解社会和劳动关系的重要机制——国外三方协商机制的理论和实践活动》，《天津市工会管理干部学院学报》2002年第4期。

[②] 李丽林、袁青川：《国际比较视野下的中国劳动关系三方协商机制：现状与问题》，《中国人民大学学报》2011年第5期。

的积极性，并使协商结果真正发挥作用。随着我国经济的发展，企业所有制形式、劳动组织形式日益多样化，劳动关系利益主体日趋复杂化，形成了诸如私营、民营、合资、乡镇、外资等多种所有制经济并存以及公司制、股份制、合作制、租赁制、承包制和大型企业集体等不同类型的企业，劳动关系呈现出多元化的格局。市、区一级应当进一步推进雇主组织建设，使其更具广泛代表性；在基层，采取灵活多样的措施进一步建立和完善三方协商机制组织建设。加快基层企业联合会或企业家协会的组织建设，要具有广泛性、代表性，要有外资、台资、非公企业多方代表参加，形成参加三方协商的雇主代表主体。在乡镇、街道、社区以及各类工业园区，如果没有相应的企业代表组织，可以由企业民主推选企业方协商代表。

保障工会参与三方协调的基本思路应是增强工会的自主性和独立性，使工会相对独立于地方政府，绝对独立于基层企业，让工会有施展的空间。[①] 同时，加强基层工会的建设。有些地方的街道和社区尚未组建工会，在这些地区建立三方协调机制同样存在工会组织缺位的问题。因此，在经济发展较快、企业比较集中的地方，要加快社区工会、工业园区工会的组建步伐，可以建立工会联合会或联合基层工会，未建立工会组织的，也可以由各企业民主推选职工方协商代表。

除此以外，还应考虑吸收其他社会组织参与或列席三方协商会议，真正形成"三方多家"协调劳动关系的局面。例如妇女联合会代表女职工的利益，残疾人联合会代表残疾劳动者的利益，劳工 NGO 组织与农民工联系密切，未来应当考虑在三方机制中发挥它们的作用。一些国家已经把农民、小企业的业主或从事某些职业的自由职业者（如法国）、合作社的代表、社会团体的人员、消费群体、环境协会以及家庭协会的人员等吸收到三方会议中。

（五）适度扩大三方协调议题的范围

从市场经济发达国家的情况来看，三方协调的议题广泛，涉及就业促进、职业培训、劳动关系调整、集体谈判、职业安全卫生、社会保障、经

---

① 钱叶芳：《企业劳动关系稳定的法律问题研究》，中国法制出版社，2012，第487页。

济社会综合发展等多个领域,三方会议提出的许多建设性意见和建议在国家或地区的经济社会发展中得到落实并发挥积极作用。[1] 有些国家最主要的三方协商组织名为经济与社会协调委员会或者类似的名称,一般处理的是比较广泛的经济和社会政策。例如,在奥地利,社会对话的领域包括收入政策、社会政策、物价与工资政策、财政政策、货币政策、投资政策、产业政策、社会福利、劳动法、工作创造与培训、就业政策等。这些广泛的经济社会问题包括以下几类:宏观经济政策的框架以及经济增长问题;经济结构的转变问题;工资增长与通货膨胀的关系及财政政策;就业政策;性别平等;教育和职业培训;生产率与经济竞争力;税收和财政政策;社会福利、社会保障与社会保护;处理来自外部压力要求改革的经济和社会政策,例如向市场经济转移、地区一体化、结构调整和减低贫困的政策等。[2]

因此,厦门市应适度扩大三方协商议题的范围,可以考虑将地区经济发展、人力资源开发、教育与培训制度改革、工资收入分配、社会保障制度建设等重大经济与社会议题作为三方协商并达成协议或建议的范围。[3] 例如,应明确将群体性劳动关系矛盾处置引入三方机制。人力资源和社会保障行政部门、工会和企业组织共同处理群体性劳动关系矛盾,对于及时、有效化解矛盾具有重要作用。目前,上海市已经形成常态化的三方共同处置机制,发生群体性劳动关系矛盾时,劳动保障监察机构要及时通报,使工会和企业组织都在第一时间赶到现场,开展有效的协调工作,将无序的群体性突发事件纳入有序的集体协商轨道,已经取得一定积极效果。[4]

五 结语

三方协调机制在我国的建立和完善仅有十余年的时间,已取得了长足

---

[1] 马永堂:《国外三方协商机制及其对我国的启示与借鉴》,《中国行政管理》2012年第4期。
[2] 李丽林、袁青川:《国际比较视野下的中国劳动关系三方协商机制:现状与问题》,《中国人民大学学报》2011年第5期。
[3] 马永堂:《国外三方协商机制及其对我国的启示与借鉴》,《中国行政管理》2012年第4期。
[4] 周琼瑛:《探索将群体性事件处置引入三方机制》,《中国劳动》2012年第11期。

发展，从中央到地方普遍建立了三方协调的组织机构和议事规则。厦门市自 2002 年 7 月正式启动三方协调，在市、区两级都已普遍建立了劳动关系三方协调机构，并不断向镇（街）、社区和行业、工业园区延伸。在政府的主导下，三方协商机制发挥了劳资对话渠道的作用，使劳资双方在合作中谋求最小的冲突和对立，对于促进劳资关系和谐、消除劳资矛盾起到了重要作用。在三方机制的运行中，存在着法律依据不足、制度定位存在偏差、三方主体代表性不足、协商内容较为狭窄等问题，影响了三方机制功能的发挥，存在一定程度的形式化现象。但诚如一位劳动保障行政部门的受访者所言："三方协调机制存在各种各样的问题，目前是形式重于实质。但只要建立了这一制度，我们就可以不断对其进行补充和完善，有理由相信这一机制在未来的劳动关系调整中成为比政府直接干预劳动关系更优的选择。"为了推动三方协调机制的完善，国家和地方应当以立法的形式促进三方机制的法制化和规范化，以法律规则明确三方协调的法律地位、法律效力、程序规范、法律责任等内容，提升三方协调的权威性；明确政府在三方协调中的角色定位，改目前的主导为服务和参与；增强三方主体的代表性，吸收其他部门和组织参与三方协调，发挥其作为社会对话渠道的作用；三方协调的内容也要适度扩大，除劳动关系问题外，还应涉及与劳动者利益密切相关的其他经济和社会政策议题。

The Current Situation and Improvement Path on Labor Relationship Tripartite Coordination Mechanism
—On the Basis of the Practice in Xiamen, Fujian
Pan Feng

Abstract: Labor relationship tripartite coordination mechanism is one of the main ways of the adjustment of the labor relations in China, and it plays an important role on promoting the harmonious and stable labor relations and safeguarding the social economy running smoothly. From the practice in Xiamen city, there exists a lot of problems, such as incomplete legal basis, deviations in positioning, tripartite subjects lack of representativeness and the negotiate content is narrow, etc. These problems influence the function of the tripartite mechanism. China should promote the legalization and standardization of tripartite coordination mechanism by making laws, and confirm the government role in the tripartite coordination, strengthen the tripartite subjects' representativeness, and absorb the other departments and organizations into tripartite coordination mechanism, make it a social dialogue channels. The content of tripartite coordination should be moderate expanded. Apart from the labor relationship problems, we should also focus on the issues about discussions the other economic and social policy which closely related to the interests of the laborers.

Key words: Labor Relationship; Tripartite Coordination Mechanism; Legalization

论工会代表诉讼权利范围的扩大

——基于对《工会法》第20条的立法分析

李海明　孙　蕊[*]

目　次

一　问题的提出
　（一）工会代表诉权的法定范围
　（二）对集体合同的假设与范围扩大问题的提出
二　工会行使诉权范围的界定
　（一）劳动者权利的划分
　（二）工会行使诉权范围扩大的部分
三　工会行使诉权范围扩大的依据
　（一）法理理论依据
　（二）工会本体依据
　（三）国外工会代表诉讼
四　工会代表诉权范围扩大的配套措施
　（一）规定工会的私法人性质
　（二）保证工会的经费独立
　（三）明确工会拒不履行职责的法律后果

摘　要：工会代表诉讼权利范围扩大问题的提出，是在法定范围基础

---

[*] 李海明，中央财经大学法学院讲师，主要研究方向为劳动法、社会法；孙蕊，中央财经大学法学院研究生，主要研究方向为经济法。

之上的扩大。这一范围的扩大立足于保护劳动者实体权利的立场,从现有法律条文中发现不足,通过对劳动者权利的划分明确工会行使诉权范围的界限。其范围界限的扩大无论从工会自身历史发展观察,还是从法理中挖掘都可以找到理论依据。这也是对我国与日俱增的劳动争议解决方式的探讨。

关键词: 工会 劳动者 集体合同 诉权范围 代表诉讼

随着我国实行市场经济体制,全国各行各业都渐显蓬勃之态,对各类劳动者的需求量逐年加大,涉及劳动争议的案件也逐年剧增。2010年1~7月份,北京市法院共新收一审劳动争议案件15326件,审结10900件。一审案件收案数比2009年同期上升10.3%。全市法院共新收二审劳动争议案件6326件,审结4208件。二审案件收案数比2009年同期上升39.7%。[①] 2013年5月16日,海淀法院发布的数据显示,该院2012年的劳动争议案受理数量为3000余件,然而进入2013年,仅1~4月便受理了2234件,呈现"爆炸式"增长态势。[②] 上述数据说明,企业劳动纠纷案件数量持续增多,给法院带来了较大的工作压力,而且对社会稳定和谐产生了一定的负面影响。

工会代表诉讼权是工会代表会员起诉和应诉的权利和义务。[③] 虽然我国法律已经确认了工会的诉讼资格,但现实中工会参与民事诉讼、积极维护劳动者权益的案件却屈指可数,相关法律规定成为休眠条款。现有法律条文的规定与现实问题的解决无法合理有效地接洽,这其中的原因并非劳动者权利没有被法定,而是这些权利的救济途径过窄,作为工会——劳动者的代表,又没能最大限度地对劳动者的权利予以保护。因此,工会代表诉讼权利范围的扩大是解决矛盾的关键。[④]

---

① 单国军、陈特:《北京高院调研显示:劳动争议案件数量继续上升》,人民网,http://acftu.people.com.cn/GB/67574/12706411.html,最后访问日期:2013年5月28日。
② 王晓慧:《劳动争议案爆炸式增长,经济不景气系裁员主因》,新浪财经,http://finance.sina.com.cn/roll/20130522/233115552641.shtml,最后访问日期:2013年5月28日。
③ 刘诚:《工会代表诉讼权研究》,《河海大学学报》(哲学社会科学版)2011年第2期。
④ 这里的范围是一个法律行为的范围,指工会代表诉讼权利的行为范围,而非劳动者诉权这一项权利本身的范围。下面谈到的工会代表诉讼权利的范围均是指这一行为的范围。

一 问题的提出

(一) 工会代表诉权的法定范围

"有权利必有救济",随着近年劳动争议数量和质量的变化,现有处理程序已经不适应实践的需要,如何更好地保障劳动者的司法救济权是值得思考的问题。权利救济的最后手段便是诉讼,因为和解与调解都有可能无果而终。为此,为平衡劳动者群体的弱势地位,法律在诉讼方面也考虑对工会代表诉讼权利做了明确规定(详见表1),其中以《工会法》第20条为代表。

表1 法律对工会代表诉讼权利的规定

	法 规	时 间	内 容
1	《工会法》	2001年10月27日修订	第20条:"企业违反集体合同,侵犯职工劳动权益的,工会可以依法要求企业承担责任;因履行集体合同发生争议,经协商解决不成的,工会可以向劳动争议仲裁机构提请仲裁,仲裁机构不予受理或者对仲裁裁决不服的,可以向人民法院提起诉讼。"
2	《劳动合同法》	2008年1月1日	第56条:"用人单位违反集体合同,侵犯职工劳动权益的,工会可以依法要求用人单位承担责任;因履行集体合同发生争议,经协商解决不成的,工会可以依法申请仲裁、提起诉讼。"
3	《集体合同规定》	2004年5月1日	第8条:"集体协商双方可以就下列多项或某项内容进行集体协商,签订集体合同或专项集体合同:(一)劳动报酬;(二)工作时间;(三)休息休假;(四)劳动安全与卫生;(五)补充保险和福利;(六)女职工和未成年工特殊保护;(七)职业技能培训;(八)劳动合同管理;(九)奖惩;(十)裁员;(十一)集体合同期限;(十二)变更、解除集体合同的程序;(十三)履行集体合同发生争议时的协商处理办法;(十四)违反集体合同的责任;(十五)双方认为应当协商的其他内容。"
4	《劳动合同法》	2008年1月1日	第51条:"企业职工一方与用人单位通过平等协商,可以就劳动报酬、工作时间、休息休假、劳动安全卫生、保险福利等事项订立集体合同。集体合同草案应当提交职工代表大会或者全体职工讨论通过。"第52条:"企业职工一方与用人单位可以订立劳动安全卫生、女职工权益保护、工资调整机制等专项集体合同。"

续表

	法　规	时　间	内　　容
5	《工会法》若干问题的司法解释	2003年7月9日	第1条："人民法院审理涉及工会组织的有关案件时，应当认定依照工会法建立的工会组织的社团法人资格。具有法人资格的工会组织依法独立享有民事权利，承担民事义务。建立工会的企业、事业单位、机关与所建工会以及工会投资兴办的企业，根据法律和司法解释的规定，应当分别承担各自的民事责任。"

由《工会法》第20条和《劳动合同法》第56条的规定可以看出，在立法上肯定了工会代表劳动者起诉的权利，然而从这两条规定中我们看到工会行使诉权的范围仅仅局限于"企业违反集体合同"这一条件。那么集体合同是否包含了劳动者所有权利尚且值得追问。《集体合同规定》中对于集体合同中可以规定的劳动者权利进行了列举式规定，而从《劳动合同法》第51、52条的规定中可以看出，工会代表诉讼权利的范围被划定在因集体合同引发的纠纷案件中。

（二）对集体合同的假设与范围扩大问题的提出

从集体合同的规定和工会行使诉讼的规定看来，劳动者似乎拥有了最安全的避风港，劳动者权利的实现似乎也有了最基本保障。本文首先根据前面的法律规定做两个理论上的假设：第一，不同企业"集体合同"中规定的劳动者权利是相同的。第二，这些"集体合同"的内容可以涵盖劳动者的所有权利。那么法律就已经将劳动者的所有权利的救济途径分条缕析地摆在上述《工会法》第20条与《劳动合同法》第56条的法条中了。这样似乎劳动者的任何一项权利一旦受损都能够通过工会起诉得以恢复。但是，集体合同的作用本身也是存在问题的。

1. **集体合同的问题**

工会和用人单位集体协商的结果有几种情形．第一，双方能够就协议内容互相让步，达成一致，签订集体合同；第二，双方就谈判事项不能协商一致，出现讨价还价、互不相让的局面，经过中止一段时间后，能够在协调或调解下，就一些事项达成协议；第三，谈判陷入僵局，无法经过调解达成协议，出现罢工或闭厂等集体冲突行为。①

---

① 关怀主编《劳动法》，中国人民大学出版社，2001，第134页。

在前两种情景下签订的集体合同必将使得劳动者的权利"打折扣"。因为就"合同"本身而言，它的签订摆脱不了契约的本性，有契约就有妥协，又因为合同一方是集体而非个人，谈判时劳动者不直接参与，就很难保证集体合同能够完全包含劳动者的所有权利。那么劳资双方权利的让渡在集体合同中就成了不可避免的事情。一旦劳动者个体权利被让渡在集体合同之外，这些权利非常可能在劳动者作业过程中被侵犯。这时集体合同约束企业履行应尽的义务便也显得鞭长莫及。那么工会代表诉讼权利更成了一纸空文，因此集体合同本身就存在着对权利范围划定的局限性。因此，集体合同的内容不可能涵盖劳动者的所有权利，第二个假设在理论上是不成立的。

2. 法律本身的问题

除此之外，法律条文方面也存在欠妥之处。《工会法》第21条规定："职工认为企业侵犯其劳动权益而申请劳动争议仲裁或者向人民法院提起诉讼的，工会应当给予支持和帮助。"[①] 第22条规定："企业、事业单位违反劳动法律、法规规定，有下列侵犯职工劳动权益情形，工会应当代表职工与企业、事业单位交涉，要求企业、事业单位采取措施予以改正；企业、事业单位应当予以研究处理，并向工会做出答复；企业、事业单位拒不改正的，工会可以请求当地人民政府依法做出处理：（一）克扣职工工资的；（二）不提供劳动安全卫生条件的；（三）随意延长劳动时间的；（四）侵犯女职工和未成年工特殊权益的；（五）其他严重侵犯职工劳动权益的。"

这样一来就不能明确上述第21条所称"职工认为企业侵犯其劳动权益"与第22条规定的"企业、事业单位违反劳动法律、法规规定，有下列侵犯职工劳动权益情形"所描述的被侵犯的"劳动权益"又具体指的是哪些。如果劳动者的这些权利没有明确，那么不难推知劳动者的这些权利肯定没有被规定在"集体合同"内。因此前述的第二个关于"'集体合同'的内容可以涵盖劳动者的所有权利"的假设从法条本身前后逻辑上分析也是不成立的。

[①] 《劳动合同法》第78条也规定："工会依法维护劳动者的合法权益，对用人单位履行劳动合同、集体合同的情况进行监督。用人单位违反劳动法律、法规和劳动合同、集体合同的，工会有权提出意见或者要求纠正；劳动者申请仲裁、提起诉讼的，工会依法给予支持和帮助。"

3. 范围扩大问题的提出

那劳动者对于遗漏在集体合同外的权利，也只能通过自行申请仲裁、诉讼，或者通过工会请求当地人民政府做出处理从而获得救济。然而这都不如工会代表劳动者直接诉讼收效快，也不是预防这些权利再次受损的最好措施。

对于第一个假设："不同企业'集体合同'的内容可以涵盖劳动者应有的所有权利"，这也不成立。不可否认《劳动合同法》中对劳动者权利做了列举式规定，涵盖的内容可谓丰实，不仅包括"就劳动报酬、工作时间、休息休假、劳动安全卫生、保险福利权利"以及"女职工权益保护、工资调整机制等专项劳动合同的权利"，并且赋予工会对这些权利遭受损失后提起诉讼的权利。姑且不讨论法律的规定总是挂一漏万（这往往是个必然）的情况，单单考虑实际生产生活状态下，每个企业、单位经营领域是不同的，各劳动者工作岗位与工种也是不同的，劳动者的权利全部规定到集体合同中很难实现，而权利因没有归入集体合同被侵犯的例证却比比皆是。另外，我国许多农民工在外出打工过程中，或者是出于方便的考虑，或者是出于尽快找到工作的考虑，或者是考虑到怕丢掉工作机会，在雇主不愿意签订劳动合同的情况下，在没和雇主签订劳动合同时就开始工作了。集体合同身影全无，权利保障也无从谈起，而农民工工作时常处于高度危险的环境中，其签订集体合同的比例与权利受损的发生概率相差甚远。

综上所述，集体合同不像法条所述那样可以包括劳动者的所有权利，当集体合同以外的劳动者权利受损时，法律也没有规定工会应当对此行使诉权。这样，前述问题就合并成为一个问题了，即工会仅仅针对集体合同中纠纷代表劳动者提起诉讼，这个诉讼的范围过窄，劳动者应有权利的救济得不到最大化兑现。

因此本文试图论证这样一个问题：工会代表诉讼权利的范围应予以扩大，而非仅仅局限于集体合同争议这一类案件中。

二 工会行使诉权范围的界定

（一）劳动者权利的划分

劳动法中关于劳动者的基本劳动权利可以归为三类，分别规定在《劳动法》的第 3、7、8 条中，这三类分别为政治民主类，经济、社会类，司法救济类。从政治民主类的宏观角度看，我国公民有参加国家、社会事务管理的权利；从微观角度看，劳动者有权参加本单位事务的民主管理。就经济、社会类权利而言，比如 1995 年《劳动法》第 3 条规定："劳动者享有平等就业和选择职业的权利、取得劳动报酬的权利、休息休假的权利、获得劳动安全卫生保护的权利、接受职业技能培训的权利、享受社会保险和福利的权利、提请劳动争议处理的权利以及法律规定的其他劳动权利。"这就将《宪法》中规定的涉及劳动领域的公民各基本权利落到了实处，使得这些基本权利具有了实际意义。司法救济类权利根据联合国 1966 年《公民权利和政治权利国际公约》第 14 条的规定，人人享有纠纷得到法律确定的司法机构公平、公开地审判的权利。我国《劳动争议处理条例》（1993）明确了劳动争议的范围和处理程序，在解决劳动争议方面发挥了重要作用。[1]

就上述法定的诸多权利来看，本文认为在主张工会诉权行使范围的扩大之前，应该明确究竟劳动者的哪些权利涉及的诉讼行为是工会可以代为履行的。而在此之前又必须首先明确另一个概念，即劳动基本权利。我国学者往往将劳动基本权或等同于劳动权，或归属于工作权或社会权，其实不然。劳动基本权，又称为集体劳动权，是指劳动者在生产过程以外成立工会，并通过工会进行集体谈判的手段来维护自己的权利。具体地说，劳动基本权利是劳动者为自己利益的同时兼为其他劳动者利益而行使的权利，是劳动者在生产过程以外的权利，是一种劳动者共益权，一般包括工会组织权（结社权或团结权）、集体协商权（集体谈判权或团体交涉权）、罢工权（团体争议权）和民主管理权（劳动者参与权或共同决定权），具有政治意义；而劳动权利（工作权）是劳动者在生产过程中的权利，或者说仅为自己利益而行使的权利，又被称为劳动者自益权，一般包括就业权、休息权、报酬权等。[2]

（二）工会行使诉权范围扩大的部分

在赞同这种对劳动者权利划分的基础上，本文对劳动者自益权诉诸法院的情况做了两种归类，一类是个别劳动者就其劳动权利单独诉讼；另一

---

[1] 关怀主编《劳动法》，中国人民大学出版社，2001，第 46 页。
[2] 管斌：《劳动基本权研究》，李昌麒主编《经济法论坛》第 3 卷，群众出版社，2005，第 533 页。

类是多数劳动者在他们同种劳动权利受损时一并提起诉讼。①

基于工会的活动总是伴随着劳动者争取自身利益的运动而展开，因此本文认为，凡是上述劳动者在生产过程中的劳动权利被侵犯，无论劳动者是个体还是群体，工会都有理由代为行使诉讼。而对于集体劳动权、工会组织权等权利，由于其权利不直接与劳动者切身利益挂钩，在此暂且不讨论代表诉讼的问题。但有一项除外，那就是集体协商权。集体协商权，指雇员代表（通常是工会）与一个或更多的雇主（或他们的代表）进行集体协商（或集体谈判）缔结集体合同之权。集体协商可使劳动者通过团体一致行动的自我救济，为劳动者集体争取到由于劳动基准的劳动条件和待遇，以改善劳动者的集体境况。② 在我国，工会的诉权正是由此集体协商权派生出的一种权利。一般只有工会才有权代表劳动者进行集体协商。这也正是法律将工会诉讼权利的行使局限在集体合同争议之上的原因。虽然集体谈判被认为是使劳资冲突规范化的一项伟大"社会发明"，是现代民主社会中每一位劳动者都拥有或应当拥有的特定权利，但正如上述理论对集体合同分析的那样，它不能够给予劳动者权利最完美的保障，也就使得工会行使诉权的范围相对过窄。

因此本文认为，工会代表诉讼权利的范围应该界定为两种。第一种，也即法律已经给定范围："因履行集体合同发生争议，经协商解决不成的，工会可以依法申请仲裁、提起诉讼。"第二种范围包括两个部分：一是当个别劳动者权利受到侵害欲求救济时，工会有权利代为行使；二是群体劳动者权利受到侵害欲求起诉时，工会也有权利代为行使。这两种范围中重要的是第二种范围内权利的行使。第二种范围也正是本文认为工会行使诉权范围应当扩大的范围。

三 工会行使诉权范围扩大的依据

（一）法理理论依据

1. 法律实现的需求

著名的社会学法学派代表霍姆斯（Oliver Wendell Holmes, Jr.）在《普

---

① 此处的"劳动权利"是一个权利的类别，与个别劳动者的"劳动权利"性质相同。因人数众多而权利相同，成为众多劳动者同种权利的集合体，要与基本劳动权利相区别。
② 管斌：《劳动基本权研究》，李昌麒主编《经济法论坛》第3卷，群众出版社，2005，第537页。

《通法》开篇就说:"法律的生命不在于逻辑,而在于经验……法律不能被当作由公理和推论组成的数学书。"①这里的经验是指法律在解决具体社会问题时发挥作用,实现法律规定订立的初衷,收到调整社会的效果。法律的实现是指,体现在法律规则中的一定意志、利益和目标经过法的有效实施,从而转化为社会现实的过程与结果。②而在上述第一部分中,"法律本身存在的问题"的提出让我们不得不承认法律对劳动者权利的保护与救济并没有在法条中被科学地规定出来。立法者试图保护劳动者权利的良好初衷在现实中也举步维艰。

这归根结底是因为法律在现实中没有收到应有的"实效"以及法律的"效果"没有能够实现,而这是无关乎法律本身效力的问题。法律效力、法律实效、法律效果是分析法律实现的不同阶段的概念工具,③但并非有了法律效力(国家强制力)就一定能有法律实效。法律实效是指在社会主体实际上按照法律规定的行为模式进行行为,法律实践中被遵守、被执行和被适用④的状态,是法律效力应然状态的实际体现,也即一种实然。瞿同祖先生曾对法律与社会的关系有这样的言论:"我们应该知道法律在社会上的实施情况,是否有效,推行程度如何,对人民生活有什么影响等。"⑤而法律效果则是法律为了实现其目的,通过调整社会关系而对整个社会所发生的客观影响和实际后果。⑥但是从引言中的社会调研数据反映的情况来看,目前我国对劳动者权利保护与救济的法律还没有达到法律效果甚或法律实效。当一部法律在社会中收效甚微或者根本是负面效果时,排除各种其他因素考虑,至少可提醒立法者立法本身可能是存在问题的。

确实,在实际生活中劳动争议不但没有得到有效的解决,反而呈现利益冲突尖锐化。这就值得我们思考到底劳资关系存在争议时,劳动者的权利应当如何得到保护,权利得到毁损时又应该如何得到有效的救济。在劳资关系中,工会以其劳动者权利代表的特殊身份与政治经济集合体的社会地位,出面与企业交涉或者就侵权问题提起诉讼,不失为达到良好法律效

---

① Holmes, *The Common Law* (Boston: Little, Brown and Company, 1923), p. 1.
② 付子堂:《法理学初阶》,法律出版社,2006,第210页。
③ 付子堂:《法理学初阶》,法律出版社,2006,第214页。
④ 付子堂:《法理学初阶》,法律出版社,2006,第221页。
⑤ 瞿同祖:《中国法律与中国社会》,中华书局,1981,第2页。
⑥ 付子堂:《法理学初阶》,法律出版社,2006,第221页。

果的恰当选择。

2. 法律价值的需求

法律价值作为主体与法律之间特定关系的范畴,是主体需求在法律中的一种表达。诸如人们所追求的秩序价值、利益价值、平等价值、自由价值、人权价值、正义价值等。在劳动者与企业之间的劳动权利纠纷中,劳动者通过诉讼来表达对权利恢复的需求,这种需求通过工会代表行使诉权可以得到满足,也是法律价值元素的体现。

(1) 平衡利益冲突。天下熙熙皆为利来,天下攘攘皆为利往。按照爱尔维修(Claude - Adrien Helvétius)的说法,社会不同集团、不同阶层具有不同利益,它们之间的冲突,本质上是利益的冲突。所谓利益冲突,就是利益主体基于利益差别和利益矛盾而产生的利益纠纷和利益争夺。[1]

劳资关系中由于各方对资源控制的不同导致了利益差别,利益差别构成了利益冲突的基本原因,利益分配不均也使得劳资冲突成为难以调和的关系。因为劳资各方都有自己的利益,利益冲突明显。法律对社会的控制离不开对利益的调整,而法律对利益的调整机制主要又是通过将利益要求转化为一定的权利,并把它们及相对的义务归诸法律主体以及通过设置权利和义务的补救办法——惩罚、赔偿等来实现的。庞德说:"我们主要是通过把我们所称的法律权利赋予主张各种利益的人来保障这些利益。"[2] 法律对利益关系的协调,对利益冲突的平衡一般是通过某些基本原则规定和制度设计体现的。工会是伴随工人运动形成的利益表达组织体,其诞生与本身的存在正好契合了法律平衡利益冲突理念变为现实的需求。因此工会就成了法律平衡劳资利益冲突的关键要素,而其行使诉权范围扩大可谓平衡法律价值中的利益冲突的一项制度设计。

(2) 正义价值的要求。美国当代著名政治哲学家约翰·罗尔斯(John Bordley Rawls)在他的《正义论》中提出的两个正义的基本原则中第二条"差异原则"内容为:"确立社会和经济的不平等时,应当对整个社会,特别是应当对处于最不利地位的人有利……"[3] 市场经济中,在劳动关系双

---

[1] 蔡文辉:《社会学理论》,三民书局,1986,第128页。
[2] 〔美〕庞德:《通过法律的社会控制·法律的任务》,沈宗灵、董世忠译,商务印书馆,1984,第42页。
[3] 〔美〕罗尔斯:《正义论》,何怀宏等译,中国社会科学出版社,1988,第5页。

方当事人之间，劳动者一般处于事实上的弱势者地位，可谓"最不利地位"，在劳动力供过于求的情况下更是如此。再有，在劳动者人身性和隶属性突出的劳动关系中，用人单位所支配和使用的劳动力，是劳动者生命的主要内容，承载着劳动者的生存权，劳动力的消耗过程实质上就是劳动者生命的实现过程，[①] 在此过程中，对劳动者的任何损害，都直接危及劳动者的生存。而各企业的集体合同，是难以保障生产生活中各种劳动者权利的。如果工会能够担当起这些权利救济的任务，那么可谓是对这些最不利劳动者的最有利保护。

另外，正义作为法律的价值目标和衡量标准，一直推进着法律进化。但如何通过法律实现正义则应当从法律本身的实现来探究，即立法，法律实施，通过法律解决冲突、纠纷，从而恢复原本的正义。那么对于劳动者所希望的正义，仅仅在法律中规定出来是起不到实质效用的，因为正义不仅仅是实体正义，更是程序正义。作为程序上最重要的途径——诉讼，其直接性与高效性正是体现了正义实现的即时性，正所谓"迟来的正义不是正义"。因此讼诉权利的是否拥有就成为工会为劳动者争取权利的正义标准。而这一权利当且仅当包含所有劳动权利与集体协商权时，劳动者或者社会所希望的正义的实现才可以达到最大化。因此正义要求工会行使诉权的范围扩大。

（二）工会本体依据

工会代表劳动者行使诉讼权利范围之所以应该扩大至上述两个范围，正是因为工会产生的特殊历史渊源与劳动者权利是分不开的。工会的形成在国外是伴随着工人权利斗争运动产生的。随着无产阶级与资产阶级阶级斗争的不断扩大，随着对无产阶级的利益的共同性的认识的逐渐提高，出现了早期的工人组织——工会。[②] 《马克思全集》中这样描述："工人们开始成立反对资产者的同盟；他们一致起来保卫他们的工资。他们甚至建立了经常性的团体，以便一旦发生冲突时使自己有所保障。"[③]

[①] 安玉萍：《论劳动合同书面形式的法律效力》，《山东大学学报》（哲学社会科学版）2003年第2期。

[②] 〔苏〕苏联科学院国际工人运动研究室编《国际工人运动——历史和理论问题》，彭质纯等译，中国工人出版社，1988，第221页。

[③] 〔苏〕苏联科学院国际工人运动研究室编《国际工人运动——历史和理论问题》，彭质纯等译，中国工人出版社，1988，第221页。

18世纪的英国最先出现工人联合会。19世纪美国和法国也相继成立了制鞋工、造船工工联,之后德国、比利时、西班牙、意大利、美洲乃至中国的广州都建立了"打包工人"地方联合会——中国运输工人最早的组织。工联的经常性活动是:为争取工人不受"资产阶级的压迫和虐待",经常确定并向雇主提出雇佣本组织成员的条件(工资定额等),而且是集体地(作为一种强迫手段)同雇主进行谈判;采取各种行动来争取改善劳动条件,提高工资,缩短工作时间,反对企业主雇佣未受过训练的工人,等等;企业主若破坏这一规定和其他任何双方商定的都应遵守的条件,就要受到全体工人的抵制和总罢工的威胁。[①]

因此工会从产生之时就是为了工人的利益而存在的,只是法律为了平衡社会利益,为了不使工人的运动成为社会的动乱因素,才课以工会组织更高的纪律性。但这并不代表工会就丧失了代表劳动者通过法律手段争取权利的本性。现代诉权理论的通说认为,诉权是可以脱离实体权利而存在的,第三人在一定条件下可以为他人利益提起诉讼。[②] 因此工会代表诉讼权利从工会诞生与职责上来看应是名正言顺的。

(三) 国外工会代表诉讼

工会在西方国家从起初的小团体发展到现在的国际性组织,经历了由自发到自觉的过程。如今西方各工会职能清晰、权利明确,在代表诉讼方面制度完善,其诉讼范围当然也将个别劳动争议囊括在内。

德国地方劳动法院受理的劳资纠纷案件,初审诉讼的当事人可以请律师或指定其他人出庭代理诉讼,也可以亲自出庭诉讼(案件到了州劳动法院的上诉审和联邦劳动法院的复审阶段,当事人必须聘请作为诉讼全权代表的律师或者工会或雇主协会的代表出庭代理诉讼);代理诉讼的代理人须有诉讼代理资格,即必须是律师或者工会或雇主协会的法律顾问。[③] 实践中,在雇员参加了工会的情况下,大部分雇员都是请工会的法律顾问代

[①] 〔苏〕苏联科学院国际工人运动研究室编《国际工人运动——历史和理论问题》,彭质纯等译,中国工人出版社,1988,第230页。
[②] 李德恩、李江宁、陈祺:《论工会组织参与民事诉讼的理论支点与制度构建》,《北京市工会干部学院学报》2012年第4期。
[③] 刘诚:《劳动争议处理法核心问题研究》,《甘肃政法学院学报》2008年第5期。

理诉讼。

工会代理诉讼与律师代理几乎是一样的,根据《劳动法院法》第11条规定,工会可以代理会员诉讼,代替出庭(联邦法院的复审除外)。工会为会员提供的法律咨询和代理诉讼均是免费服务,代理诉讼时会员如果败诉,工会还为会员承担败诉的费用。据统计,在工会的参与下,劳资纠纷案件中,雇主与雇员达成和解了结纠纷的占40%;判决结案的只占11%,其中雇员败诉的只占3%。[1]

瑞典劳动法规定,工会有权代表工会会员提起诉讼;个别劳动争议也必须由工会代表劳动者诉讼,否则劳动法院不受理(瑞典劳动法院的原告必须是工会,不能是个人,由工会代表自己的会员提起诉讼)。工会是否代理会员诉讼由工会的法律顾问进行评估,如果觉得能胜诉则去。工会如果起诉,自己承担诉讼费用,靠会费解决。[2]

四 工会代表诉权范围扩大的配套措施

(一)规定工会的私法人性质

根据民法的相关规定,社会组织可以分为公法人和私法人。根据我国《工会法》的规定,工会具有法人资格。但亦规定"工会所属的为职工服务的企业、事业单位,其隶属关系不得随意改变"。工会的目标是要增强工人在与雇主谈判时的力量,[3] 我国工会是党领导下的社团法人,将其定位为公法人,是因为长期以来工会立法和劳资关系受公权力的主导和干预,这一点是由我国特殊的国情和历史造成的,工会具有一定的政治色彩。但在市场经济制度日渐完善的今天,工会应转变功能,重新定位,不然将被排除于市场经济制度之外,沦为有名无实的附属品,难以保证自己独立的地位。且在工会代表劳动者与企业谈判时,公法人的定位使其很难与劳动者利益一致,无法与企业平等谈判。

如果将工会定位为私法人,受到公权力的干涉就会明显减少,政府应

---

[1] 喻勤娅:《SA 8000 标准下中国企业社会责任之研究》,《经济问题》2005 年第 7 期。
[2] 刘诚:《发达国家工会代表权立法及其借鉴》,《学术界》2006 年第 5 期。
[3] 罗天虎、丁宁:《劳动关系模式对集体谈判立法的影响》,《生产力研究》2007 年第 5 期。

放宽直接干预劳资事务的处理,明确政府和工会之间的关系,实现工会的真正独立。德国法律明确规定工会必须独立于政府政党,这就保证了工会能够在自己的独立意志下进行谈判事务。但这种规定在我国无法适用,工会受党的领导是由国家性质所决定的,但工会的职责是维护劳动者合法权益,只有明确其在经济生活中私法人性质的社会团体角色,才能加强工会自身在社会经济生活中的独立性。这样,工会才能在集体谈判劳动关系中正当地承接劳动者个人权利的让渡,确立其在集体谈判机制中的独立法律地位。

(二) 保证工会的经费独立

工会之所以被批评无法代表劳动者的利益参加诉讼,最大的原因便是经济上对企业的依赖。工会的经费来源包括所属企业、单位上缴的收入和政府补助,这使得工会在诉讼中自然无法和企业、单位处于平等的地位。[①]因此为了保证工会的独立性,使其真正有资格代表劳动者的权利,获得劳动者的信任,工会的经费应主要由会员缴纳的会费和工资组成。另外,为了使工会工作人员不受制于雇主,其工资应该从工会经费中支付,从而杜绝用人单位在经济上控制工会。从世界上很多发达国家的经验来看,工会工作人员的工作无不是工会自给自足,许多国家的工会立法,也都将此项支出列为工会财政支出的首要内容。

(三) 明确工会拒不履行职责的法律后果

工会的代表诉讼权法定范围扩大并予以明确后,还需要明确工会拒不履行这项法定职责的法律后果和救济途径。第一,工会代表诉讼的案件符合法律程序的,法院应予以受理;第二,若基层工会由于利益上的考虑拒绝代表诉讼,劳动者可向上一级工会提出申请;[②]第三,上级工会应当就基层工会代表职工诉讼的情况进行审查,对履行不当或者拒绝履行的应当

[①] 《工会法》第 41 条规定:"企业、事业单位、机关工会委员会的专职工作人员的工资、奖励、补贴,由所在单位支付。"第 42 条规定:"工会经费的来源:(一)工会会员缴纳的会费;(二)建立工会组织的企业、事业单位、机关按每月全部职工工资总额的百分之二向工会拨缴的经费;(三)工会所属的企业、事业单位上缴的收入;(四)人民政府的补助;(五)其他收入。"

[②] 郑尚元:《劳动法与社会法理论探索》,中国政法大学出版社,2008,第 145 页。

做出处罚。

  学界对工会不履行义务是否构成违约、是否应承担责任有不同的看法。部分学者认为，工会违约只对上级工会和会员承担道义和政治上的责任，不承担物质责任。① 还有部分学者认为，责任是不履行义务所要承担的不利后果，工会作为集体协议的参与方，应该受到合同法的约束，否则就违背了合同的基本原则和精神。② 本文认为，既然代表诉讼是法定责任，那么不履行责任就应该承担后果。如劳动者可以提请解散工会，另行组成。关于是否应承担经济责任，本文认为工会不具备赢利能力，且代表劳动者的利益，不应承担经济责任。但若是工会的某个或某些工作人员为个人利益而损害了劳动者的利益，工会可以代劳动者向其追偿。

  综上，上述配套措施是落实工会代表诉权的保障，劳动者权利的保护需要多方面的努力。但问题的根本仍在于工会代表诉讼权利的范围过窄，限制了工会代表劳动者主张权利的行使。这不符合工会的应有之义，也不符合我国《工会法》的立法目的和意义。因此，工会代表诉权除了《工会法》第20条规定的"因履行集体合同发生争议，经协商解决不成的，工会可以依法申请仲裁、提起诉讼"之外，还应包括"当个别劳动者或群体劳动者权利受到侵害欲起诉时，工会也有权利代为行使"，这是本文认为工会代表诉权应当扩大的范围。

The Increasing Range of Litigation Rights for Trade Union Representatives

—Based on the Legislative Analysis of Article 20 in Trade Union Law

Li Haiming & Sun Rui

Abstract: A trade union to exercise the right to appeal to extend the scope of the problem is within the statutory range based on the expansion. The expan-

---

① 刘诚：《工会代表诉讼权研究》，《河海大学学报》（哲学社会科学版）2011年第2期。
② 刘继巨、王建勋：《集体协商和集体合同制度》，中国工人出版社，1995，第103页。

sion of the legal provisions found insufficient, by a clear division of labor unions the right to exercise the right to appeal the scope of boundaries. Limits its scope to expand in terms of its own historical development of trade unions peep, or from the legal mining can be found in theory. This is also the day of our country with a surge of labor dispute settlement explored. Theory has a positive meaning and practical significance.

Key words: Trade Unions; Workers; Collective Contracts; The Scope of the Right to Appeal; On Behalf of the Lawsuit

劳动争议案件举证责任研究

罗海燕[*]

目 次

导 言
一 现行法律关于劳动争议案件举证责任的规定
　（一）现行法律规定的劳动争议案件举证责任类型
　（二）现行劳动争议案件举证责任规定之不足
二 劳动争议案件举证责任制度之完善
　（一）劳动争议案件举证责任分配规则之完善
　（二）劳动争议案件举证责任制度其他方面之完善
结 语

摘 要：随着市场经济的深入发展，劳动争议案件作为一种独立的案件类型日益增多。在处理此类争端的过程中，平衡劳动者和用人单位之间利益的举证规则与举证责任问题起着至为关键的作用。对于劳动争议案件的专门举证规则，我国的法律规定经历了一个从无到有、从原则到具体、从不完整到相对完整的发展过程。这些规定对于顺利解决劳动争议案件意义非凡，然而又并非完美无缺。通过司法实践和研究分析可知，目前关于劳动争议案件举证责任的规定依然存在诸多缺陷和不足，需要进一步加以完善。本文即在这一背景之下，通过对劳动争议及举证责任的界说，分析当前我国法律关于劳动争议案件举证责任的规定，提出完善现行规定的建议。

关键词：劳动争议　举证责任　完善

---

[*] 罗海燕，女，执业律师，厦门象屿集团有限公司风险管理中心法律事务部成员。

导　言

市场经济在给我们带来巨大物质财富的同时也让劳动者的境遇遭受很大的考验。为讨要工资而跳楼、自焚甚至采用其他极端行为的农民工，刚刚走上就业岗位的大学生，饱受不法企业主侵害的普通职员等越来越多的社会群体的遭遇表明：劳动者原来是那么的弱势。随着劳动者维权意识的觉醒和提高，劳动者在自己的合法权益遭受侵害时也会以仲裁和诉讼的方式来寻求法律的救济，在此过程中，提出有利于己方的证据是自己的主张得到支持的关键，而法律配备何种举证规则又是劳动争议案件以何种结果解决的关键。

对于劳动争议案件，我国法律对其举证责任经历了一个从无到有、从原则到具体、从不完整到相对完整的演变过程。这对维护劳动者合法权益、平衡劳动者和用人单位之间的法律地位起到了相当大的作用。然而，毋庸讳言，现行的劳动争议举证规则还存在很多不足，需要进一步加以完善，以期让劳动者的光荣地位重现、让用人单位和劳动者之间的关系和谐。

以劳动关系为基础，学者对劳动争议案件的举证责任也已经进行了相关的研究。一种观点认为，劳动争议案件应全面适用"谁主张，谁举证"的原则。该主张完全借鉴了民事诉讼的一般举证规则，忽略了劳动关系以及劳动争议案件的特殊性，难以适应现实的需要。[①] 第二种观点认为，各种案件都由用人单位负证明责任而劳动者不负任何责任。[②] 该种主张显然是认识了劳动争议案件的特殊性，意识到了劳动者的弱势地位，因而在证明责任方面给了劳动者极大的照顾，将证明责任的有利天平完全倾向于劳动者。然而，尽管劳动者与用人单位之间地位不平等，但并不是所有的证明事项都应当由用人单位承担，劳动者仍应对起诉符合法定条件、遭受的损失等必要事项承担证明责任。因此，将劳动者完全排除在证明责任之外有失公平。第三种观点认为，对于劳动争议案件，在部分场合无论谁提出

---

① 许雪梅、阮定华：《审理劳动争议案件的若干问题》，《人民司法》2000 年第 8 期。
② 王全兴、吴文芳：《〈最高人民法院关于审理劳动争议案件适用法律若干问题的解释〉不足及完善建议》，《法学》2002 年第 10 期。

主张，都专门由用人单位负举证责任，劳动者不承担举证责任。该观点不仅考虑到了劳动者的举证困难，而且兼顾了劳动者和用人单位之间的举证责任的平衡，因而较为合理。

本文以上述研究成果为出发点，通过对相关法律规定的实证分析，结合笔者的诉讼实践经验，对完善我国劳动争议案件举证责任制度提出了若干具体建议。

一 现行法律关于劳动争议案件举证责任的规定

对于劳动争议案件的举证责任，我国法律最初并没有专门的规定，只是适用民事诉讼的一般举证规则。考虑到劳动争议案件的日益增多，以及劳动者与用人单位之间因优劣地位的明显差别所造成的双方诉讼地位实质上的不平等结果，我国才在相关法律法规及司法解释中就劳动争议案件的举证责任做出专门的规定。目前关于劳动争议案件举证责任的法律文件主要有《民事诉讼法》、《最高人民法院关于民事诉讼证据的若干规定》（下称《民事证据规定》）、《最高人民法院关于审理劳动争议案件适用法律若干问题的解释》（下称《劳动争议案件解释》）、《最高人民法院关于审理劳动争议案件适用法律若干问题的解释（二）》（下称《劳动争议案件解释（二）》）、《最高人民法院关于审理劳动争议案件适用法律若干问题的解释（三）》（下称《劳动争议案件解释（三）》）、《劳动争议调解仲裁法》和《劳动人事争议仲裁办案规则》等。

（一）现行法律规定的劳动争议案件举证责任类型

根据前文的分析，我国现行法律对劳动争议案件举证责任的分配的规定也包含了一般规则、倒置规则和特殊规则三种情形。

1. 劳动争议案件一般举证规则

2001年之前，由于法律没有就劳动争议的举证责任做出专门的法律规定，案件也一般由法院民事审判庭受理，所以案件审理中的举证责任一般都以《民事诉讼法》的规定采用法律要件分类说，即"谁主张，谁举证"。之所以遵循这样一个规则，主要是基于以下考虑：签订劳动合同的当事人双方主体在法律上是平等的。我国《劳动法》第17条规定："订立和变更劳动合同，应当遵循平等自愿、协商一致的原则，不得违反法律、行政法规的规定。"既然双方地位平等，那一旦发生纠纷，自然就有责任对自己的主张提供证据。

2. 劳动争议案件举证责任倒置规则

《劳动争议案件解释》第13条规定："因用人单位做出的开除、除名、辞退、解除劳动合同、减少劳动报酬、计算劳动者工作年限等决定而发生的劳动争议，用人单位负举证责任。"同年最高人民法院发布的《民事证据规定》第6条重申了这一规定。《劳动争议案件解释（三）》第9条规定："劳动者主张加班费的，应当就加班事实的存在承担举证责任。但劳动者有证据证明用人单位掌握加班事实存在的证据，用人单位不提供的，由用人单位承担不利后果。"《劳动争议调解仲裁法》第6条规定："与争议事项有关的证据属于用人单位掌握管理的，用人单位应当提供；用人单位不提供的，应当承担不利后果。"第39条规定："当事人提供的证据经查证属实的，仲裁庭应当将其作为认定事实的根据。劳动者无法提供由用人单位掌握管理的与仲裁请求有关的证据，仲裁庭可以要求用人单位在指定期限内提供。用人单位在指定期限内不提供的，应当承担不利后果。"以上规定从法律规范层面上确认了劳动争议案件的举证责任倒置，是对一般举证规则的补充。之所以做出此规定，有着深刻的理论依据[①]：

（1）劳动关系的双方当事人之间存在着签约时的平等性和签约后的不平等性。在劳动合同签订前，劳动者有选择用人单位的权利，用人单位亦有选择劳动者的权利，即双方签约地位平等。当双方签订劳动合同发生劳动关系后，双方的地位就开始转向了不平等，这种不平等是指劳动关系上的不平等。因为用人单位是劳动者的管理者、指挥者，劳动者必须接受并服从用人单位的监督和管理，用人单位与劳动者之间形成了一种管理与被管理的关系。[②]

（2）实行举证责任倒置体现了《劳动法》的立法精神。《劳动法》开

[①] 方建平：《浅谈举证责任倒置在劳动争议案件中的运用》，《长江大学学报》（社会科学版），2009年第1期。

[②] 贾振中：《论劳动争议案件举证责任》，http://blog.sina.com.cn/s/blog_5d60aa450100cdf6.html，最后访问时间：2009年3月30日。

宗明义，第 1 条便宣布本法的制定是为了保护劳动者的合法权益。《劳动法》之所以这样规定是因为在劳动关系中，劳动者处于弱者地位，随时可能遭遇用人单位的威胁。在劳动过程中，用人单位行使指挥权，劳动者处于被动地位。通过倾斜性方法使劳动者的权利与用人单位事实上的优势得以基本平衡，使劳动者抽象的法律权利能够转化为现实权利。因此，当《劳动法》对劳动者采取倾斜政策时，我们在劳动争议案件审理时也应采取对劳动者倾斜的政策，实行举证责任倒置，由用人单位承担举证责任，这样才能充分体现《劳动法》的立法宗旨和精神。

（3）劳动争议案件实行举证责任倒置，充分考虑了双方当事人的举证难易情况。在劳动争议案件中一般劳动者处于弱势，缺乏必要的收集证据的条件和手段，用人单位则占有或者接近证据材料，且劳动者都是公民个人，而用人单位通常是具有相当实力的工厂或公司，无论是从人力、物力、财力，还是技术知识、检测手段方面，劳动者都处于弱势。因而，使得劳动者在诉讼中对有些事实的举证存在着客观困难。具体表现在：

第一，有些劳动争议案件，用人单位在履行有关法律行为时，不给劳动者相关的书面手续材料，致使劳动者无法举证。

第二，用人单位作为劳动者的管理者，管理了一些有关劳动者的书面文件，当劳动者与用人单位发生纠纷时，要求劳动者提供这些证据，劳动者根本无法提供。

第三，劳动争议案件的证人大多是同一用人单位的其他劳动者，出于自己利益的考虑，他们可能拒绝作证或作伪证，劳动者要凭借个人的力量很难收集到充足的证据。劳动争议案件的这种特殊性，决定了用人单位在劳动关系中占据强势地位，而劳动者则处于弱势地位。因此，用人单位收集证据的能力明显强于劳动者，在举证中处于有利的地位。为了保护作为弱势群体的劳动者，各国劳动立法无一例外地向劳动者倾斜，特别强调对劳动者权益的维护。如果有条件有能力收集证据的另一方当事人反倒不负责任，那就势必造成显而易见的不公平。另外由距离证据较近和收集证据能力较强的用人单位承担举证责任，可以使人民法院在审理劳动争议案件时迅速而完整地了解案件事实，尽快依法做出判决，从而提高审判效率，减轻诉讼费用和当事人讼累。

（4）劳动争议案件实行举证责任倒置，有利于防止妨害举证行为的出现。在劳动争议案件中,许多重要的诉讼证据为用人单位所掌握和控制。如果按"谁主张,谁举证"的一般举证规则由劳动者承担举证责任,那么劳动者只有通过用人单位主动协助才能获得。而劳动者和用人单位之间存在利益冲突,用人单位很可能不愿协助,如因害怕败诉不愿提交重要的书证,这就构成了妨害举证行为。另外用人单位也可能凭借其经济和社会地位,通过对证人施加影响,以威胁、贿买等方式阻止证人出庭作证。这些妨害举证行为的存在,必然使劳动者无法完成其举证活动,使得法院无法查明案件事实。在这种情况下,导致案件事实真伪不明的责任显然不在原告方。可是,若按一般举证规则,将由此产生的不利诉讼结果判归负举证责任的劳动者一方负担,势必与公平原则相悖。因此基于这个原因也要实行举证责任倒置,以有效防止和减少妨害举证行为的出现,使法院及时查清案件事实,做出公平的判决,从而维护双方当事人的合法权益。

(5)劳动争议案件实行举证责任倒置,有利于促使用人单位严格依法办事,预防和减少劳动争议案件的发生。在实行举证责任倒置的情况下,当劳动者提出诉讼时,如果用人单位作为被告对原告的诉讼请求予以否认,它就应承担举证责任。如果用人单位不能全面有效地对其行为的合法性提出证据加以证实,它就要承担败诉的法律后果。因此通过实行举证责任倒置可以促使用人单位在实行日常劳动生产管理过程中建立相应的规章制度,严格依据《劳动法》及其他法律法规办事,做出一定行为时严格掌握法律标准和履行法律程序。这样就可以防止用人单位行为的主观随意性,也有利于增强用人单位的法律意识,防止和减少侵害劳动者合法权益的情况发生。因此实行举证责任倒置有利于提高用人单位依法办事的意识,防止和减少劳动争议案件的发生,维护劳动者和用人单位双方的权益,促进生产的发展。

3. 劳动争议案件举证特殊规则

举证责任的分配是非常复杂的,法律和司法解释不可能穷尽对所有举证责任的分配,因而,会出现既无法适用一般规则,又无法适用倒置规则的情形或者适用法律规则会明显显失公平的情形。此时,应当赋予法官自由裁量权,让法官依据自己的良心和理性,根据司法和逻辑规则,决定举证责任的分配。这也是证据裁判制度的要求和体现。《民事证据规定》第7条规定:"在法律没有具体规定,依本规定及其他司法解释无法确定举责任承担时，人民法院可以根据公平原则和诚实信用原则，综合当事人举证能力等因素确定举证责任的承担。"2009年1月1日起施行的人力资源和社会保障部《劳动人事争议仲裁办案规则》第17条规定："当事人对自己提出的主张有责任提供证据。与争议事项有关的证据属于用人单位掌握管理的，用人单位应当提供；用人单位不提供的，应当承担不利后果。"第18条规定："在法律没有具体规定，依本规则第十七条规定无法确定举证责任承担时，仲裁庭可以根据公平原则和诚实信用原则，综合当事人举证能力等因素确定举证责任的承担。"

此外，还要借助推理的力量分配举证责任，如《劳动争议案件解释（二）》第1条规定："人民法院审理劳动争议案件，对下列情形，视为劳动法第八十二条规定的'劳动争议发生之日'：（一）在劳动关系存续期间产生的支付工资，用人单位能够证明已经书面通知劳动者拒付工资的，书面通知送达之日为劳动争议发生之日。用人单位不能证明的，劳动者主张权利之日为劳动争议发生之日。（二）因解除或者终止劳动关系产生的争议，用人单位不能证明劳动者收到解除或者终止劳动关系书面通知时间的，劳动者主张权利之日为劳动争议发生之日。（三）劳动关系解除或者终止后产生的支付工资、经济补偿金、福利待遇等争议，劳动者能够证明用人单位承诺支付的时间为解除或者终止劳动关系后的具体日期的，用人单位承诺支付之日为劳动争议发生之日。劳动者不能证明的，解除或者终止劳动关系之日为劳动争议发生之日。"这便是依据诚信、公平和保护劳动者的原则和要求所进行的推定。

（二）现行劳动争议案件举证责任规定之不足

客观地讲，我国现行相关法律和司法解释已经就劳动争议案件的举证责任做出了比较全面的规定，也显示出了一个不断向劳动者的利益进行倾斜的发展轨迹。然而，现行规定也并非完美无缺。不管是从实际实施效果上来讲，还是从基本的举证制度原理上来讲，都有进一步完善的空间。

1. 劳动争议案件一般举证规则之不足

"谁主张，谁举证"是最普遍的一条举证规则，适用范围极其广泛。然而，正是这种适用范围的广泛性，导致了适用的不确定性。相关司法解释和法律已经就用人单位的举证事项做出明确列举，尽管仍不全面。但是，对于劳动者的举证事项却没有明确规定。劳动者在对相关事实或者自己的主张提供证据时，是否除相关规定列举的应当由用人单位举证的事项外都要予以提供无从可知。因而，有必要对此予以明确。

2. 劳动争议案件举证责任倒置规则之不足

《劳动争议案件解释》和《民事证据规定》等司法解释和法律的目的是从实质公平角度出发，保护劳动者的权益。考虑到劳资双方经济实力不对称、信息不对称，劳动者处于弱势地位，因此在举证责任分配上向劳动者倾斜，相应增加了用人单位的证明责任。与此同时，也能促使用人单位更好地遵守《劳动法》《劳动合同法》的规定。总之，举证责任倒置规则考虑到了双方强弱不同的特点，有利于劳动者权益的保护。然而，上述规定仍存在一些问题：

（1）理论依据不足。举证责任倒置作为举证责任分配的规则，一般只存在于侵权纠纷案件当中，劳动争议案件系基于劳动合同发生的争议。举证责任倒置能否适用于合同纠纷案件，其法理基础是什么，法学理论界并无充分的论证和说明。

（2）劳动争议案件举证责任倒置规则的适用范围不完整。对适用举证责任倒置的劳动争议案件采用列举式，并不能包括所有存在举证责任力量差异的劳动争议。采用列举式的规定，并用"等"字做技术性处理，显得过于简单，可操作性不强。而且在现实的审判过程中，仍存在着其他劳动争议案件需要用人单位承担举证责任，如在是否违反劳动基准法的争议案件中，用人单位处于支配地位，如果用人单位不提供各种发放记录、考核记录及管理记录等，劳动者是无法举证证明的。因此如果适用"谁主张，谁举证"的原则，由劳动者提供这种证据是极为困难的。

（3）劳动争议案件举证责任倒置规则的适用范围不明确。以《劳动争议调解仲裁法》第6条和第39条的规定为例，什么情况下证据属于用人单位掌握管理，法律没有明确规定，可操作性不强，仲裁员的自由裁量权过大，劳动者往往因说不清楚哪些应该由用人单位举证而承担不利的法律后果。劳动者得就属于"由用人单位掌握管理的与仲裁请求有关的证据"进行举证或提出依据，无论在劳动争议案件的仲裁还是诉讼阶段，均不能将劳动争议纠纷案件中用人单位的提供证据责任的规定任意扩大理解以及适用，否则将扭曲立法意图。另外，"指定提供的期限"也不明确，应出台相关规定予以明确，避免随意指定导致的时间拖延。对"用人单位不提供的"也未明确是否包括用人单位愿意提供但是客观不能提供的情形，法律也未明确用人单位不提供其掌管的相关证据的不利后果的具体内容。最后，目前的立法没有有效的制度或措施应对用人单位伪造证据或没有形成或固定证据或者证据灭失等情况，法律规定需要进一步健全，否则根本无法操作，也必将影响劳动争议的有效解决。

3. 劳动争议案件特殊举证规则之不足

所谓特殊规则，实际上就是以法官的自由裁量为分配举证责任的根据。然而，赋予法院在举证责任中的自由裁量权可能会导致法官的恣意，损害法律的可预见性和可预测性。因而，赋予法官自由裁量权其实是双刃剑，关键是如何合理规制，在赋权和限制中找到一个平衡点。在劳动争议案件中，劳动者处于弱势地位，其在经济、信息等方面远逊于用人单位。同时，许多纠纷关系到劳动者的生存利益，这就更需要法官秉承公平的精神和理念合理划分举证责任，既要维护用人单位的合法利益，更要向劳动者进行适当的倾斜，以实现实质公平。

二 劳动争议案件举证责任制度之完善

由上文分析可知，我国目前的劳动争议案件举证责任制度在平衡劳动者和用人单位权益方面仍然存在若干不足，无论是举证责任的分配，还是其他相关制度，都需要进一步健全完善。

(一) 劳动争议案件举证责任分配规则之完善

1. 明确劳动者的举证事项

在"谁主张，谁举证"的举证责任分配规则下，为了更好地维护劳动者的合法权益，明确哪些事项由劳动者负责举证十分必要。

(1) 启动劳动仲裁或者劳动诉讼的必要事项。无论是提起劳动仲裁还是劳动诉讼，申请人或原告首先应当举证证明自己的请求符合仲裁或起诉的受理条件，该事项的证明对劳动者和用人单位都适用。因而无论是用人单位提起的劳动争议还是劳动者提起的劳动争议，首先都须证明劳动关系的存在、劳动争议仲裁时效未过（主要是发生仲裁时效的中止、中断情形的证据，向对方主张权利，或向有关部门请求权利救济，或对方同意履行义务的中断，因不抗力或其他正当理由的中止）。其中劳动者可以提供的证明劳动关系存在的主要有以下证据材料：用人单位曾经向劳动者颁发的职工手册、培训手册等资料；用人单位发给劳动者的各种奖励证明；工资支付凭证或记录（职工工资发放花名册）、缴纳各项社会保险费的记录、用人单位为其投保各项社会保险的证明（该证明在劳动和社会保障机构可以取得）；用人单位向劳动者发放的"入门证""通行证""工作卡""工作证""服务证"等能够证明劳动者身份的证件；劳动者填写的用人单位招工招聘"登记表""报名表"等招用记录；考勤记录；其他劳动者的证言；等等。

（2）劳动者应当就劳动合同内容（劳动合同的期限、岗位、报酬水平等条款）承担举证责任。劳动合同文本上，记载着劳动合同的期限、劳动者的工作岗位、劳动报酬水平以及违反劳动合同的违约责任等条款。依照《民事证据规定》第6条的规定，计算劳动者工作年限应当由用人单位承担举证责任，而关于其他合同内容事项，应当由劳动者承担举证责任；劳动者主张劳动合同关系发生变更、解除、终止、撤销的，应当对引起劳动合同关系变动的事实承担举证责任。劳动报酬争议中，劳动者应当举证用人单位给予多少劳动报酬的承诺，这些承诺可以表现为书面文件的明确约定，也可以以一贯的支付报酬习惯、惯例和方法，不能一味地要求用人单位对支付劳动报酬已经足额承担举证责任。

（3）劳动者应当对自己因用人单位的行为遭受的损害承担举证责任。劳动者应当举证证明用人单位的消极行为或积极行为使劳动者的权利受到损害的情况。比如劳动者应当证明自己是在用人单位违法解除劳动合同的情况下被辞退了，对辞退事实起码是要举证的，又比如劳动者要对自己加班的事实承担举证责任，比如打卡记录、加班过程中发送的邮件、乘坐交通工具的票据等，或者能够描述加班的事实并明确指出用人单位哪些相关资料能够表明自己存在加班的事实，如提出用人单位有排班表等。

（4）劳动者应当对劳动合同是否履行的事项承担举证责任。对劳动合同是否履行发生争议的，由负有履行义务的当事人承担举证责任。比如劳动者如实说明用人单位所了解的劳动者与劳动合同直接相关的基本情况的证明、已经向用人单位支付违约金（违法竞业限制和服务期的情形）的证明。当然，如果证明劳动者履行了劳动合同义务的证据由用人单位掌握，届时发生争议时可要求用人单位提供，但劳动者在能掌握这些证据的情况下最好自己搜集、保存一些证据，劳动者拒不提供或不积极提供自己应当提供而且能够提供的证据的，很可能承担败诉的后果。因此即便是应当由用人单位提供的，但从仲裁或诉讼策略角度，也应提交，防止用人单位提供伪证。

2. 完善举证责任倒置制度

劳动者在劳动争议案件中获取证据是相当困难的，他们找到的证人往往是在与劳动者产生争议的用人单位工作的职工，为了避免因作证而给今后工作带来麻烦，这些证人往往不愿意出庭给劳动者作证。因此。应进一步扩大举证责任倒置的适用范围，切实保护劳动者这一弱势群体的合法权益。

综合目前的法律和司法解释的规定，专由用人单位提供的证据如下：

（1）用人单位应当就法律规定应当由用人单位履行的积极义务承担举证责任，主要有以下几类：

第一，人力资源招聘公告以及用人单位招用劳动者时如实告知劳动者的工作内容、工作条件、工作地点、职业危害、安全生产状况、劳动报酬，以及劳动者要求了解的其他情况的相关证据。

第二，《职工名册》，告知被派遣劳动者的工作要求和劳动报酬。

第三，考勤记录、工作量记录。

第四，劳务派遣协议书、劳务派遣单位将劳务派遣协议的内容告知被派遣劳动者的证明文件。

第五，按月支付劳动报酬、加班费、绩效奖金的，提供与工作岗位相关的福利待遇的证明文件、经济补偿金或赔偿金支付的证明文件、为劳动者缴纳五险一金的证明文件、代扣代缴的证明文件。

第六，集体合同草案提交职工代表大会或者全体职工讨论通过、报送劳动行政部门备案的证明文件。

第七，劳动者过错责任认定文件、劳动者考核文件、劳动者不能胜任工作或不符合录用标准的证明等。

第八，劳动合同、企业规章制度和员工手册；用人单位制定、修改或者决定有关劳动报酬、工作时间、休息休假、劳动安全卫生、保险福利、职工培训、劳动纪律以及劳动定额管理等直接涉及劳动者切身利益的规章制度或者重大事项时，经职工代表大会或者全体职工讨论，提出方案和意见，与工会或者职工代表平等协商确定的证据，用人单位将直接涉及劳动者切身利益的规章制度和重大事项决定公示或者告知劳动者的证据。

第九，解除劳动合同事先通知工会、听取工会意见的证据，裁员程序履行适当的文件。

第十，执行国家劳动标准，卫生物品发放记录、安全防护措施的考核记录以及女职工特殊劳动保护的管理记录、对在岗被派遣劳动者进行工作岗位所必需的培训的文件。

第十一，其他与劳动争议事项相关由用人单位掌管的相关法律文件。

（2）用人单位以劳动者经考核不能胜任工作为由解除劳动合同应当举证证明的事项：

第一，用人单位在制定、修改或者决定企业岗位职责制度及考核制度时已经职工代表大会或者全体职工讨论，提出方案和意见，与工会或者职工代表平等协商确定。

第二，规章制度的内容已经公示或者告知了劳动者。

第三，劳动者不能胜任工作，经过培训或者调整工作岗位，仍不能胜任工作。

第四，事先将理由通知了工会，研究了工会的意见并将处理结果书面通知工会，并充分听取了工会的意见。

第五，用人单位提前三十日以书面形式通知劳动者本人或者额外支付劳动者一个月工资。

第六，用人单位依法发放了经济补偿金。用人单位在试用期结束后才正式通知劳动者试工期间不合格的，应当按照上述要求举证。

（3）试用期间用人单位以劳动者不符合录用条件或不能胜任工作为由解除劳动合同的举证事项：

第一，录用条件的内容及职责标准已经向劳动者明示的举证，如证明招录公告、劳动者签署的岗位说明书或劳动合同关于录用条件和职责标准方面约定的内容。

第二，直接涉及劳动者切身利益的规章制度或者重大事项依法履行了《劳动合同法》第4条规定讨论、协商确定并公示或告知的义务方面的证据。

第三，被试用劳动者在试用期间被证明不符合录用条件的证据。

第四，已经在试用期内将单方解除劳动合同的理由（包括证据）告知劳动者的证据。

第五，单方面解除合同应当依法向工会履行程序方面的证据。

另外，在职工流动、拖欠工资纠纷、工伤事故、社会保险和福利等劳动争议案件中，职工的档案材料、工资支付清单、用人单位的劳动保护设施及培训、缴纳社会保险费记录、福利待遇发放记录等证据也应由用人单位负责举证。

3. 完善劳动争议案件特殊举证规则

劳动争议案件的特殊举证规则除了抽象的公正公平原则，实际上完全依赖于法官或者仲裁员的自由裁量。如何保证裁判者恰当地行使自由裁量权是完善该举证规则的关键，也才能真正对前面两套明确的举证规则起到补充作用。关于劳动争议案件裁判者的自由裁量权，需要从以下几点出发：

（1）从立法和程序上规范裁判者的自由裁量权。第一，从立法上控制。立法控制的关键在于给劳动争议案件裁判者的自由裁量权确立一个合适的"度"。这个度很难量化，且在不同的法律部门，度的要求又不一样。一个成熟的法律制度应是规则与裁量、法律与衡平、客观性与主观性、逻辑与实践理性的有机结合。同时注意用法律明确规定自由裁量权的定义和行使范围、原则等，从根本上为自由裁量权的行使定规立矩。第二，从程序上控制。从运行过程着眼，以程序规范防止自由裁量权的滥用。从程序的功能上看，它具有抑制行为随意性和随机性的特点。通过程序上的时空因素防止和克服行为的人格化，这就是所谓程序对恣意的限制。

（2）改革司法裁判文书，加强裁判说理。为了保障自由裁量过程与结果的公开性，如实反映法官或仲裁员行使自由裁量权时的道德观、业务水平以及推理过程，在裁判文书中应尽可能说明案件的情况以及审理进程，说明双方当事人提出的主要证据采信或者不采信的理由，说明裁量所依据的法律条款、法律原则以及理解及可能的漏洞补充等是十分必要的。此外，裁判文书还应加强裁判说理。

（3）加强对自由裁量权的监督，提高法官或仲裁员的素质。要防止法官或仲裁员自由裁量权的滥用，除了有相应的自由裁量权行使规则外，还必须建立一套自由裁量权监督规则，保证案件的公开审理，加强对法官或仲裁员的业务培训，提高他们的道德和业务素质。

显而易见，要保证自由裁量权的合理行使是一个系统工程。它至少涉及法官或仲裁员本身的素质、法律本身的完善、司法体制与司法环境等问题。只有各个方面和谐兼顾，自由裁量权的行使才会步入正轨，劳动争议案件的特殊举证规则才能得以恰当适用。①

（二）劳动争议案件举证责任制度其他方面之完善

1. 完善证据保全措施

首先，明确当事人及诉讼代理人调查取证的基本程序，诉前证据保全可以由当事人向司法机关申请进行。在诉讼过程中，人民法院认为必要的，可以依职权或者依申请采取证据保全措施。

其次，建立必要的惩戒性措施，如对拒不协助配合、灭失证据的当事人或者拒绝人民法院调取证据的，应给予必要的处罚；对打击报复证人作证的行为给予制裁，并采取必要措施保护证人，保证收集证据的真实性和完整性。

2. 规范劳动争议诉讼举证时效

为了体现程序正义和程序效益的原则，笔者认为应该对举证时效做出规定。首先，法定的举证时效应在法庭辩论结束前届满。其次，公正、严格地审查当事人是否属于故意逾期举证，对当事人故意逾期举证的，法院不予采纳；若当事人确有理由逾期举证，即使在二审程序甚至再审程序提出新的证据，法院也可以酌情采纳，但当事人应承担因逾期举证而造成的诉讼费用。当事人在二审才提出来的、足以改判一审判决的证据应不予以采纳，同时退回一审，以保证对方当事人拥有上诉权。②

结　语

劳动争议案件增多，不是一个消极现象，相反，它从一个侧面反映了

---

① 苗建涛、柴玉梅：《论法官的自由裁量权》，《产业与科技论坛》2009年第8期。
② 李光宇：《劳动争议诉讼中存在的问题与对策》，《法治论坛》第16辑，中国法制出版社，2009，第102页。

用人单位尤其是劳动者法律意识的提高。如何行之才能有效地解决劳动争议纠纷，更加值得思考。本文的亮点在于系统研究了劳动争议案件举证责任制度，并逐个分析评价，在借鉴现有理论成果的基础上，结合笔者参与这类诉讼的实践，提出了完善建议。必须根据劳动争议案件的特点，完善现行的举证责任制度，建立健全与之相配套的其他证据制度，以期顺利解决劳动纠纷，维护社会的和谐稳定。

On Burden of Proof in Labor Dispute Cases

Luo Haiyan

Abstract: With the further development of market economy, the amount of labor dispute cases deemed as a separate type of cases is increasing. In the process of dealing with such disputes, the rules of evidence and burden of proof which balance the interests between employees and employers play a crucial role. As to rules of evidence applied exclusively in labor cases, china's laws have gone through a long evolution process. These rules are of great significance to resolve labor dispute cases, while they are not perfect in the same time. According to the analysis on judicial practice, we find that current provisions on burden of proof have many defects which needed to be refined. Under this background and on the basis of defining labor disputes and burden of proof, this article analyzes China's current provisions on burden of proof and provides some advice on their refinement.

Key words: Labor Dispute Cases; Burden of Proof; Improvement

社会保障法研究

社会保险费与税之法学思辨[*]

郑尚元　李文静[**]

目　次

一　我国以税代费之主张及评析：脱离社会保险本质之舍本逐末
二　社会保险费与税选择之前提：社会保险"费"之正本清源
三　社会保险费与税收之辨析：立足于社会保险本质特征之思辨
　　（一）社会保险费与税收征收的法理基础存在本质区别
　　（二）缴费义务人于不同法律关系中之权利主体地位存在差异
　　（三）社会保险费负担原则与税收的课征标准存在较大差别
四　"税收法定原则"对社会保险费适用的障碍：以日本医疗保险税费争议为参照
　　（一）日本医疗保险法税费争议之考察
　　（二）日本医疗保险税费争论对我国的启示
五　社会保险中税收工具的运用：税收对社会保险运行的辅助

摘　要：社会保险的税费争议向来为我国社会保障领域的热门论题，而学界多将争论的焦点置于费用征收的实效性或统一社会保险制度的建立等方面，基于法学基本理论所进行的分析则并不多见。事实上，社会保险费与税收的法理基础存在本质的不同，由此决定了二者在缴费义务人之权

---

[*] 本文为郑尚元教授主持的2012年度国家社会科学基金项目"社会保险法基础理论研究"（项目号：12BFX091）的阶段成果。
[**] 郑尚元，清华大学法学院教授、博士生导师，主要学术领域为劳动法、社会保障法；李文静，人力资源和社会保障部劳动科学研究所研究人员，法学博士。

利主体地位、征收原则乃至"税收法定原则"适用方面均存在较大差异。同时，社会保险费与税收的区隔并不绝对排除税收工具的适用，税收能够对社会保险运行发挥辅助功能。

关键词： 社会保险　社会保险费　税收

当劳动保险进一步社会化为社会保险之后，社会上每一位公民仿佛都进入此项特别的社会保障制度的视野，并成为现实的或潜在的被保障者。因而传统上保险团体的小范围保费征收体制开始受到挑战，以税代费的呼声日益高涨，这种趋势在社会化程度较深的医疗保险和养老保险领域最为明显。事实上，社会保险领域以税代费的争论并非我国特有之现象，日本社会保险发展中也有以目的税代替社会保险费的主张。[①] 那么，采取税还是费对社会保险制度究竟将产生何种影响，如何取舍才能最佳发挥社会保险制度的保障功能便成为我们不得不面对的问题。本文即尝试解答上述问题。

一　我国以税代费之主张及评析：脱离社会保险本质之舍本逐末

自20世纪90年代以来，我国社会保障费改税的呼声日益高涨。在社会保障领域中，社会保险是以参保人员事先缴费为条件的保障项目，因此社会保障的税费之争主要是社会保险费或社会保险税的选择之争。社会保险领域之所以会出现费与税的争论，是因为社会保险费与税收在形式上存在若干相似之处。例如，强制社会保险中保险费是强制征收的，保费征收程序可准用征税程序，征收主体可由征税机关担当，等等。本文首先就我国学界所主张的以税代费的原因做一简要阐释。

1. 社会保险费改税有利于保险基金的有效收缴

持此观点的学者认为，社会保险费在征收机关、征收标准与征收制度上难以统一，导致社会保险费征缴刚性不足，社会保险基金蛋糕做大困

[①]〔日〕仓田聪：《社会保险的构造分析：社会保障における"连带"のかたち》，北海道大学出版社，2009，第190页。

难，基金抗风险能力差，最终影响社会保险功能的充分发挥。因此，如果将社会保险费的性质定位于税收，则可以利用业已发展成熟的强制性的税收征缴程序保证社会保险税的应缴尽缴，在降低征收成本的同时保障保险基金的完整和功能的充分发挥。①

2. 社会保险费改税有利于明确保险基金的产权归属，从而保障基金安全

对于社会保险费定性不清，导致由缴费形成的社保基金不直接作为财政收入，也不纳入政府预算，处于产权缺位、监管难以落实之状态，也是屡屡造成基金被违规使用或侵吞的重要原因。将社会保险费定性为税收，能够使得保险基金计入政府财政收入，通过财政预决算方式进行管理使用，实行严格的收支两条线，并将基金的人大监督、社会监督落到实处，最大限度避免对基金的违规使用或侵占。②

3. 社会保险费改税有利于制度的进一步社会化，进而建立全国统一的社会保险制度

社会保险费改税，可以通过扩大征税范围改变目前我国社会保险覆盖面窄的不足，同时减轻企业负担；可以通过统一征收标准和征收制度的方法改善企业间、地区间保费负担不平衡的现象；在此基础上，可以实现全国范围内社会保险制度的统一，从而有利于人力资源的合理流动与优化配置。③

4. 以"契约精神和平等原则"为本质和核心的新型税收法律关系理论，能够弥合传统税收理论与社会保障制度特殊要求的隔阂

针对费改税反对论者所提出的税收理论难以与个人账户设置、社会保障基金专用等社会保障制度的特征相契合的质疑，有学者以新近出现的税收法律关系理论为支撑予以回应，即认为税收同样具有权利义务的一致性，使得"税收在公法上的权利义务关系与社会保障在私法上的债权债务

---

① 傅红专：《冲动与理智——社会保险费税解析》，《劳动保障通讯》2004年第12期；邓大松、刘昌平：《关于我国开征社会保险税的几点理论认识》，邓大松、李珍主编《社会保障问题研究》2003年第1期，武汉出版社，2003，第5页；于中一等：《我国社会保障筹资手段的选择与社会保障税的应用》，《财政研究》2000年第2期。

② 阮华燕：《广东省社会保险费改税探究》，厦门大学硕士学位论文，2006；于中一等：《我国社会保障筹资手段的选择与社会保障税的应用》，《财政研究》2000年第2期。

③ 阮华燕：《广东省社会保险费改税探究》，厦门大学硕士学位论文，2006；于中一等：《我国社会保障筹资手段的选择与社会保障税的应用》，《财政研究》2000年第2期；李杰等：《论我国社会保障筹资方式的改革》，《经济学动态》2000年第3期。

关系实现了融合，这一融合不能站在传统的公法或者私法的角度理解，而只能站在第三法域的角度来审视它非同一般的特点"。①

综上所述，对于社会保险费改税采支持观点者多从经济学或财政学的角度着眼，针对目前我国社会保险制度中存在的主要问题，主张利用征税的强制性与统一性等特点予以纠正。这种观点实际上将社会保险制度与政府提供的其他社会公共产品等同视之，归根结底是希望将社会保险给付纳入政府公共财政领域予以实施。先不论这种建立在忽视社会保险制度本质特征基础上的观点是否能够真正实现社会保险制度的目标，上述支持费改税的理由本身是否成立即存在问题。具体言之：

其一，费改税并非强化社会保险费征收力度的有效途径。对某项费用的征收是否有力并非取决于其是否可定性于税收，而是取决于相关法律法规是否对其规定了有效的征收手段并在实践中被严格执行。《社会保险法》颁布实施之前的《社会保险费征缴暂行条例》对社会保险费的征收规定了加征滞纳金、罚款以及委托法院强制执行等强制征缴手段；《社会保险法》则直接赋予了征收机构查询缴费义务人存款，并请求县级以上行政部门做出直接划拨决定的权限。可见，法律法规对社会保险费规定了强度极大的征收手段，可谓并不逊色于税收之征缴，因而费改税并非根本解决社会保险费征收不力问题的有效途径。

其二，统一社会保险制度的建立不只是需要统一的保费征收，更为重要的是需要统一的保障水平。仅保费的统一征收并不能代表全国统一社会保险制度的建立，因此希望通过"以税代费"的保费统一征收来实现建立统一社会保险制度的目标是不现实的。

其三，建立在"契约精神与平等原则"理论基础上的税收法律关系理论其实并不能与社会保险相契合。即便税收法律关系可被认为具有权利义务相统一的性质，但这种统一仍是建立在抽象层面上的以自然法思想与国家契约说为基础、以民主代议机构为枢纽的权利义务的统一，纳税人并不享有要求政府为特定公共物品给付之具体权利。因此，如果以税收法律关系理论解释社会保险法律关系，就可能导致否定参保人员社会保险给付具体请求权的后果。

---

① 董保华等：《社会保障的法学观》，北京大学出版社，2005，第193~198页。

以解决社会保险制度中存在的具体问题为导向的费改税，实际上是一种头痛医头、脚痛医脚的选择。这种主张并没有认识到我国社会保险实践中出现保费征收不力、制度分化严重等问题的原因在于社会保险制度设计本身，即现行的社会保险既未严格遵守保险技术运行之要求，也未完全顾及社会保险所蕴含的普遍保障与生存保障的需求，因而存在保险人主体缺失、保险基金产权不明、保险给付随意性大以及保险团体设置不当等问题。因此，如果仅着眼于税收制度之征收强度等优势，不从制度本身完善入手，结果就只能是治标不治本。正如学者提出的，"给社会保障以另外的社会目标，并以与社会保障本质无关的社会意义论证开征社会保障税的必要性显然是错误的"。[①]

二 社会保险费与税选择之前提：社会保险"费"之正本清源

对社会保险税费选择的论题进行探讨，首先应当明确社会保险费之"费"应当如何理解。事实上，社会保险费并不同于普通的行政收费，社会保险的税费选择亦非在行政收费与税收之间进行。

根据具体目标的差异，可将行政收"费"区分为受益负担与特别公课。受益负担主要包括两种类型：（1）作为行政机关为特定个人利益或受特定个人委托采取职务行为对价之规费；（2）为填补费用支出而征收之受益费。[②] 由于社会保险费显然并非行政机关为个人利益采取职务行为之对价，所以其性质非规费应无疑义。问题在于社会保险费是否能被定位为受益费。规费与受益费之主要不同在于后者"无须义务人现实取得利益，而只须有取得利益之可能性即可"，[③] 这一点与社会保险中被保险人仅享有获得社会保险给付之可能性表面上看起来颇为契合。其实不然。受益费主要适用于建造、改良或增建公共设施过程中对可能之受益者进行征收，至于义务人是否最终会利用此种设施则在所不问。而社会保险虽然在特定保险

---

① 刘诚：《我国社会保险筹资形式应坚持收费制》，《社会正义的十年探索：中国与国外劳动法制改革比较研究》，北京大学出版社，2007，第337页。
② 陈清秀：《税法总论》，元照出版公司，2006，第77页；刘剑文、熊伟：《财政税收法》，法律出版社，2009，第68~73页。
③ 葛克昌：《论公法上金钱给付义务之法律性质》，《行政法争议问题研究》（下），五南图书出版公司，2000，第1076页。

期间内，被保险人可能由于没有发生保险事故而未现实享受社会保险给付，但在其整个生涯中发生保险事故通常是不可避免的；与此同时，被保险人从社会保险中之受益并非仅表现为获得保险给付，其于缴纳保费后尚可获得社会风险得以分担之心理上的安全感。可见，社会保险缴费与受益可能性之间的联系远远高于受益费之要求，如果将保费定性为一种受益费，则可能在风险团体范围之形成方面出现偏差，因而不宜将社会保险费定性为一种受益费。

特别公课在中国大陆地区被称为政府性基金，① 主要指"各级政府及其所属部门根据法律、行政法规和中共中央、国务院有关文件规定，为支持某项公共事业发展，向公民、法人和其他组织无偿征收的具有专项用途的财政资金"。② 此类征收通常以弥补国家财政收入不足为目的，征收对象限于因该项基金所受益者或因自己的特定行为增加社会负担者。例如，我国根据《取水许可和水资源费征收管理条例》所征收的水资源费、我国台湾地区根据《空气污染防治法》所征收的空气污染防治费等均属于此类收费。政府性基金或特别公课的特点在于在征收与使用之间应存在特定联系，亦即除使用目的特定外，征收范围应限于基金受益者或因自己特定行为增加社会负担者。社会保险被保险人作为缴费义务人同时亦为享受社会保险权利者方面似乎与政府性基金或特别公课相似，但后者之收费目的主要在于弥补财政收入之不足，亦即此项征收所因应之事业本质上仍是应由政府以一般财政予以负担之项目，政府性基金或者特别公课仅具有补充之地位。然而，社会保险是主要以保费收入因应保险给付支出的社会保障类型，政府财政补助居于补充地位。可见，将保费之性质定性为政府性基金或特别公课可能造成对社会保险中政府责任的误读，因而并不妥当。

综上所述，社会保险费与传统行政征收意义上的收费存在颇多难容之处。对社会保险费的理解不应囿于传统行政收费的范畴，而应根据社会保险的本质特征将其定位为被保险人于社会保险法律关系中缴费义务的履行。基于此，社会保险费的税费之争议并非是在传统行政收费与税收之间，而是在特别的社会保险费与税收之间进行选择。

---

① 刘剑文、熊伟：《财政税收法》，法律出版社，2009，第 68~73 页。
② 参见财政部财综〔2004〕53 号《关于加强政府非税收入管理的通知》。

三 社会保险费与税收之辨析：立足于社会保险本质特征之思辨

对于社会保险制度究竟应当以税的方式抑或坚持以社会保险费的方式保证财源收入，除却上述从费用征收强度、成本以及基金监管角度予以考察外，更为重要的考量因素应为何种选择对社会保险制度本质目标的实现最为有利。基于此，笔者认为社会保险的税费选择应当从以下几个方面予以考量。

（一）社会保险费与税收征收的法理基础存在本质区别

在现代宪政理论中，税收征缴的法理基础究其根本应归结于社会契约，该理论以国家与社会的二分为前提，承认主权在民，并将国家权力的来源归结为公民将其权利以社会契约方式进行让渡。而让渡的目的在于要求国家提供公民仅依靠自身无法获得的公共福利。这可能包括对公民生命及财产的保护、公共服务的提供、国家安全的维持等内容。由于国家与社会之二分，国家本身并无获得收入之能力，所以必须依靠税收获得履行上述职能的物质基础。因此，税收可视为公民基于社会契约对财产权之让渡，亦为国家征税权的法理基础。然而，作为税收的社会契约仅存在于抽象层面。"它并不是描述一个事实，而是在塑造一种信仰。正是这种信仰，使人民得以从旧国家时代的暴力阴影中走出，使权力得以和文明、进步、人权等先进理念相连接，从而赋予了现代国家课税的合法基础。"[1] 以税收为中心的抽象的社会契约通过代议民主得以实现，因此对于是否征税、以何种方式征税等内容均需要由作为公民意思表达机构之代议民主机构予以决定。于此意义上，国家对公民征税是以公民于代议民主层面上的民主参与为条件的。

社会保险费的法理基础在于"社会连带"，与税收存在较大差别。社会保险虽采用保险的形式，但其机理并非在于被保险人自我责任，而是将个体之损失由所有成员共同分担。这就意味着被保险人需要分担其他被保险人的风险，同时，自己的风险亦可向其他成员予以转嫁。这种以相互扶助精神为支撑的社会保险的集团责任通常被视为社会保险与商业保险之本

---

[1] 刘剑文：《财税法专题研究》，北京大学出版社，2007，第148~149页。

质差别，而被保险人对保险团体其他成员风险的共同承担，亦应以其对保险运行实质内容的民主参与为条件，故如何从实体上及程序上满足上述民主参与要求是社会保险法之重要课题。① 然而，社会保险中被保险人对保险运行的民主参与之要求，显然为对保险团体内所有成员民主参与的需求，而并非内在的要求于代议民主层面予以实现。可见，基于法律基础之差异，社会保险与税收所要求之民主参与系发存于不同层面的民主参与。

（二）缴费义务人于不同法律关系中之权利主体地位存在差异

如上文所述，税收是建立在抽象社会契约基础上的财产之征收，虽然可视为纳税人对获得社会公共产品所支付之对价，但纳税人履行纳税义务的行为并未实际交换取得请求国家提供社会公共产品的具体权利。事实上，税收虽为取之于民、用之于民的财产征收，但其实并无具体直接的受益人，纳税人所获得者乃为享受公共产品或受益的可能性。因此，税收所谓的权利义务之统一是宏观层面的，或者说，税收权利义务的统一性更多的属于政治问题而非法律问题。然而，社会保险费之征收与税收不同，它是以赋予被保险人于发生保险事故后请求保险给付的具体权利为前提的。从社会保险制度运营的宏观层面来说，社会保险费收缴之目的在于为该事业年度内保险团体成员因保险事故所生损害之补偿，因此保险人收取的保费总额应当与保险给付支出总额大致相当，亦即应遵守"收支相等原则"。这与税收不同，后者不需遵守征税总额与财政支付之平衡原则，两项内容不存在直接关联，而分别由民意代表机构独立决定。从被保险人缴费的微观层面来说，由于同一风险团体内成员之间基于社会连带成立了相互扶助关系，所以个别被保险人支付的保费数额与其可能获得保险给付数额之间并非能达到数学上的绝对等价，但这并不意味着对被保险人缴纳保费所换取的要求保险给付具体权利的否定。② 从基本权利保障的角度视之，理论上通常认为社会保险的被保险人如果满足以下条件，则可视为对保险给付及其期待权享有以财产权作为标的的保障：通过相当的自己给付（保费之

---

① 〔日〕仓田聪：《社会保険の構造分析：社会保障における"連帯"のかたち》，北海道大学出版社，2009，第202~204页。
② 〔日〕山本隆司：《私人の法的地位と一般法原則——国民健康保険の保険料と租税法律主義》，《法学教室》第346期。

缴纳）；具有财产价值的权利地位（保险事故之发生）；负有生存保障的作用（基本生存之必需）。[①] 对保险给付赋予财产权保障的功能，表达出保险给付作为保险费对待给付的含义。而在税收法律关系中，纳税人仅能够以代议民主机构通过预算方式对公共产品的提供表达意见，而无论如何无法就请求国家提供公共产品之抽象权利获得基本权性质之保障。基于此，如果将社会保险费的性质定位于税收，从表面上看来仿佛将国家在社会保险中所扮演的最后出场与责任分担角色强化为直接出场与完全责任角色,[②] 但实质上可能导致将被保险人的法律权利淡化为政治权利，于被保险人社会保险权利之实现并无实益。

（三）社会保险费负担原则与税收的课征标准存在较大差别

根据古典财政学的观点，税收的功能一方面在于通过课征财政租税获取国库收入，另一方面在于通过课征社会政策税实现获取国库收入以外的其他目的。[③] 单就获取国库收入功能而言，税收在课征标准方面通常以量能负担为最高原则，亦即在社会生产的第一次分配中，经济负担能力强者应当多缴税，而经济负担能力弱者则负担较少之税赋；但在政府财政之使用过程中，任何公民，无论纳税与否以及纳税数额之多寡，对于公共产品均享有平等使用之权利。基于此，我们可以认为税收征缴与使用的过程，实际即为国民财富再分配的过程，税收之征收范围亦应包含社会领域之所有主体。社会保险虽然同样具有社会财富再分配的效果，但它并非以收入再分配为直接目的。社会保险的运作机理在于将风险团体内个别成员的风险损失分散于全体成员，因此其实质为一种风险再分配或者事故转移，其客观发生的收入转移是风险再分配或事故转移的附随效果,[④] 并且风险再分配或事故转移亦构成社会保险领域所允许收入转移之边界。换言之，保费征收应以保险团体成员生活保障需求的满足为限，并且高收入者缴纳的保费不得与其预期收入存在明显不合理的差距，社会保险法允许收入再分配不得超出上述界限。[⑤]

---

① 钟秉正：《社会保险法论》，三民书局，2005，第80~83页。
② 董保华等：《社会保障的法学观》，北京大学出版社，2005，第185页。
③ 张则尧：《财政学概要》，三民书局，1993，第78页。
④ 钟秉正：《社会保险法论》，三民书局，2005，第131~132页。
⑤ 倉田聰：《社会保険の構造分析：社会保障における"連帯"のかたち》，北海道大学出版社，2009，第204~205页。

基于此，社会保险费的征收虽然也以量能负担为原则，但通常对高收入者应缴的保费设有最高额的限制，此与税收征缴中通常以累进税制对高收入者适用较高之税率的规制方向明显不同；除此之外，也有以受益负担对量能负担予以修正的例子，如日本国民健康保险保费即分为量能负担和受益负担两部分，并通过权重设置调节不同收入者的保费负担。

四 "税收法定原则"对社会保险费适用的障碍：以日本医疗保险税费争议为参照

基于社会保险的本质特征，社会保险费与税收之间存在较大差别，已如前述。然而，将社会保险费定位于税收的关键障碍其实在于"税收法定原则"对社会保险费的适用问题。前文已述，社会保险的税费争议并非我国特有的现象，日本医疗保险法领域也曾就费与税展开激烈争论。然而，日本医疗保险的税费之争并非像我国一样着眼于保费征收的实效性，而是从社会保险费适用税收法定原则的角度入手，通过讨论社会保险费是否可能达到税收法定主义的要求，进而对社会保险费与税收进行厘定。

（一）日本医疗保险法税费争议之考察

税收法定主义是税法的最高原则，也是租税国与法治国理念碰撞的集中体现。依据此原则，"税种及税收要素均须经法定程序以法律形式予以确定；非经法定程序并以法律形式，不得对已有的法定税种及税收要素作出任何变更；在税收活动中，征税主体及纳税主体均须以法定程序行事"。[1] 此原则在日本法上称为"租税法律主义"，包括"课税要件法定主义"和"课税要件明确主义"两个方面的内涵。[2] 而基于社会保险的运行特征，社会保险费难以满足与税收同等的法定要求。具体而言，社会保险费的征收要件主要包括费基、费率或者定额。其中，费基通常具有相对稳定性，费率或者定额则可能随时依据保险运行的需要进行调整。以医疗保

---

[1] 刘剑文：《财税法专题研究》，北京大学出版社，2007，第193页。
[2] 〔日〕山本隆司：《私人の法的地位と一般法原则——国民健康保险の保险料と租税法律主义》，《法学教室》第346期。

险制度为例，比较法上医疗保险财务通常采取以收定支原则，亦即保险给付的内容与范围相对确定，而医疗保险给付所需费用的总额则通常会因为流行病发生等因素而处于难以确定的状态。因此，若欲将国保费或国保税之费率或定额由条例明确予以固定化，则有技术上的难度。① 基于此，医疗保险的费率或定额应处于可随时调整的状态，对于保费赋课要件法定应做出相对于税收而言较为缓和的要求。

在日本历时8年的旭川市案件中，裁判所虽基于国保系强制加入、保险费或保险税以强制征收为原则（特别是被告市对于征收方法规定准用市税条例）以及国保财务2/3由公共财政供应而具有强烈的公共服务性质等理由，认为国保费在民主管理必要性方面应与租税同一视之而有租税法律原则之适用，但也提出在满足条例②将保险费率确定明确委托于下位法规并且下位法规已做出明确规定或者根据条例的趣旨进行合理的解释能够获得明确的内容的条件下，不应视为构成租税法律主义之违反。③ 8年后日本最高裁判所大法庭的判旨推翻了原审认定，认为市町村掌管国民健康保险的保险费以提供保险给付之反对给付为条件，不同于基于课税权于课税要件成立时即征收的无反对给付的税收，保险费与保险给付之间的关联性不会因公共财政负担保险给付财源而被切断，因而国民健康的保险费不得直接适用宪法第84条规定之"租税法律主义"，如果条例对作为保险费率算定基础的赋课总额算定基准有明确的规定，再配合以议会对国民健康保险事业特别会计预决算进行审议的民主统制程序，则应视为已满足基于国保保费赋课性质、目的以及强制程度所要求的要件法定强度。④ 此外，依据裁判所对日进市案件的判旨，如果能够满足以下条件，则年中费率等调整决定之溯及适用不构成租税法律主义之违反：（1）依据该项租税的性质以及相关赋课状况的考量，课税依据变动有预测的可能性；（2）对公民基于法定安定性的信赖，不会

---

① 〔日〕倉田聰：《社会保険の構造分析：社会保障における"連帯"のかたち》，北海道大学出版社，2009，第197~199页。
② 日本的条例是指地方自治团体代议机关通过的规范性文件，因此在地方层级上"租税法律主义"也被称为"租税条例主义"。
③ 〔日〕旭川地判平成10.4.21，判时1641号29页。转引自〔日〕倉田聰《社会保険の構造分析：社会保障における"連帯"のかたち》，北海道大学出版社，2009，第193~194页。
④ 〔日〕最大判平成18.3.1，民集60卷2号587页。转引自〔日〕山本隆司《私人の法的地位と一般法原則——国民健康保険の保険料と租税法律主義》，《法学教室》第346期。

造成显著的侵害;(3) 不会对纳税者造成明显的不利。[1] 概括以上判旨的论点,应当认为社会保险费需要因应实际保险给付费总额的变动而有弹性之需求,虽然其与税收同样为以强制方式对个人财产权的侵害,但对其法定化之要求却难以达到税收所要求一般应于事前对征收额予以固定化之强度。基于此,如果将社会保险保费的性质定位于税收,则必将动摇"税收法定主义"在税法中的地位;而若课以保费如税收同等程度的法定要求,则必将对社会保险的顺畅运行形成障碍。由此可见,将社会保险费的性质定位于税收并非适宜的选择。

(二) 日本医疗保险税费争论对我国的启示

事实上,社会保险费与税收理论于诸多方面存在扞格难融之处,如果仅以保费征收强度与效率之追求为目的强将保费的性质定位于税收,实则无异于饮鸩止渴,不仅不能从根本上解决现实的问题,还将对社会保险制度的运行造成沉重负担。我国目前社会保险制度现实所面临的保费征收不力、保险基金监管缺失等问题需要通过塑造独立的保险人、明确社保基金产权等综合性的制度完善途径获得解决,已如前述。从日本法学领域的研究方向来看,对社会保险收费究竟是税抑或费问题进行厘清,其最重要的意义实则在于探究保费之赋课是否有税收法定原则之适用,抑或法律保留原则对保费课征适用之强度。我国现行医疗保险是采用以收定支而非以支定收的财务原则,理论上,社会保险费征收的法定要求并不会受到社会保险支出数额变动的影响。基于此,对社会保险费适用"税收法定原则"仿佛并不会面临如日本医疗保险中所发生的难以及时进行保费调整的问题。然而,我国社会保险费的课征是否应适用法律保留原则或者应于何种程度适用等问题实际尚未进入法学研究的视野;从目前立法现状看来,《社会保险法》仅笼统规定了缴费义务主体的缴费义务,不仅没有保险费数额或费率的明确规定,也没有对下级法律法规如何规定的明确授权,地方实施社保制度的直接法律依据多为政府规章或其他地方规范性文件,以地方性法规形式规定的则属凤毛麟角。基于这种立法现状,应当认为我国社会保

---

[1] 〔日〕名古屋地判平成9.12.25,判自175号37页。转引自〔日〕仓田聪《社会保险の构造分析:社会保障における"连带"のかたち》,北海道大学出版社,2009,第192~193页。

险费所面临的主要问题其实应为提高立法层级问题,即便不能以全国统一的法律形式对保费数额、费率或其计算方法做出明确规定,至少也应在统筹地区层级以经地方人民代表大会通过的地方性法规的形式对相关内容做出规定,这应为社会保险费作为一种对私人财产的强制征收最低限度的法律保留要求。而事实上,现代以生存权保障为根本理念的社会保险,无不要求以满足公民生存所需为本质目标,因而采取以支定收的财务原则应为社会保险的内在要求和未来制度完善的必然方向。基于此,我们不应迁就于现状而将社会保险费作为税收予以规制,而应在逐渐提高社会保险费征收法律依据效力层级的同时,不断探索可妥当适用于社会保险费征收的法律保留原则的边界。

五　社会保险中税收工具的运用：税收对社会保险运行的辅助

虽然社会保险与税收为本质不同的两种制度,但在社会保险运行中并不排除税收工具的运用,此即社会保险税费思辨中二者相互配合的方面。我国社会保险的税费之争,通常以将社会保障税等同于社会保险收费作为前提,亦即认为社会保障税的征收仅是为社会保险制度筹措财源,其并不用于社会救助、社会福利等通常应以政府公共财政予以因应的社会保障项目的支出。[①]于此意义上,社会保险费与税的问题则转化为是否开征社会保障税的问题。对此笔者已于上文表明观点。本部分讨论一般税收与社会保险运行的关系。如前文所述,税收的功能一方面在于通过课征财政租税获取国库收入,另一方面在于通过课征社会政策税实现获取国库收入以外的其他目的,税收对于社会保险制度运行的补充功能大抵也能从上述两个方面予以实现。

首先,从税收满足国库收入需要的角度观察。社会保险的运行通常需要获得由一般税收所形成的政府财政的补助或补贴。社会保险实为社会保障制度之一环,虽然采用保险的方式,但也应有普遍保障与生存保障的要求。以医疗保险制度为例,基于生存保障的要求,原则上需要将疾病或负伤治疗所必需的基本医疗服务内容覆盖于保险给付范围之内,而基于普遍保障的要求,则需要将经济负担能力较低以及发生疾病或伤害事故风险较

[①] 庞凤喜:《社会保障税研究》,中国税务出版社,2008,第32页。

高者纳入保险团体并须维持低廉的保费水平。于此前提下，即便保险人能够进行有效率的运营，也难以保证保险财务不陷入入不敷出的境地，而政府作为社会保障制度的最终责任者，即便不作为社会保险制度的直接运营者，仅基于其维护社会保险制度永续运营的责任也应承担对这种制度性的财务困境予以补足的责任，此即一般政府财政对社会保险财务补助的空间，也应作为国家的社会福利支出。应注意的是，社会保险制度从其运行机理而言应属以自给自足为原则的制度，因此保险人作为运营主体应负担尽可能维持财务平衡的责任，政府财政补助的责任仅发生于保险财务因制度性原因陷入困境的场合。为实现这种目的，大多数制度均将政府对保险财务补助的内容和形式以法律明确规定的方式确定为政府财政对保险基金的公法债务，而不是允许政府财政对保险运行负担无条件的补足责任。

其次，从通过税收实现政策目的的角度来说，税收也可能对社会保险运营发生积极的作用。事实上，对运用各种税收政策促进社会保障目标实现的手段使用最为娴熟的应属美国。美国对于就业年龄内的劳动者采取了以自愿的商业保险为中心的保障模式，通过税收政策的运用引导雇主为其雇员购买商业保险。同样以医疗保险为例，在奥巴马医改方案实施之前，如果雇主为其雇员购买商业保险，[①] 那么所需缴纳之保费则从雇员应缴个人所得税以及雇主应缴工薪税的计费基数中扣除，这意味着同样是 1 美元，如果用于购买医疗保险，则价值为 1 美元的医疗保险计划，而若直接发给雇员，则双方共需缴纳 37.4 美分的税收（包括两份工薪税和一份所得税），因而这种税收优惠政策刺激了劳资双方购买医疗保险计划的动力，使得在自愿保险的背景下也能保证一定数量的参保率。当然这种税收优惠政策也存在严重的问题，如对低收入者及自雇者激励不足、联邦所得税收入减少、推动医疗费用上涨甚至扭曲劳动力市场供需等。基于此，美国学界业已围绕是否应当对保费的征税扣除设置上限或者取消扣除，以及取消后以何种政策填补该优惠政策的功能等问题展开了讨论。[②] 这种税收政策

---

① 通常以雇主所拥有的全体雇员为团体向商业保险公司购买商业保险计划，这种团体购买保险的方式在该团体内部存在风险分散的因素，因此费率通常要比个人单独购买低廉，这种方式被称为 employer-sponsored insurance，简称 ESI。

② See Henry J. Aaron and Leonard E. Burman, (eds.), *Using Taxes to Reform Health Insurance: Pitfalls and Promise* (Washington, D. C.: Brookings Institution Press, 2008), pp. 2 - 8.

对投保行为的引导在奥巴马医改方案所要求强制保险原则实施之后而有所限缩,但税收政策在美国社会保障制度中的重要作用仍不可小觑。美国以税收政策引导投保的经验,于我国目前仍实行自愿保险原则的城镇居民医保和新农合领域,对于如何通过税收方式引导居民或农民主动投保应当具有积极的借鉴意义。

Legal Recognition of the Premium and Tax in Social Insurance

Zheng Shangyuan & Li Wenjing

Abstract: A lot of discussing exists about the premium and tax in social insurance from the prospect of the efficiency of the collection or the unification of the social insurance than in the horizon of law. In fact, premium and tax are essentially different in the prospect of law, and the "revenue legal principal" is not suitable to the premium in social insurance. At the same time, tax can be used in order to help the social insurance work well.

Key words: Social Insurance; Premium; Tax

论社会保险人的组织形式[*]

张荣芳[**]

目　次

一　设定社会保险人的考虑因素
二　域外法中的社会保险人组织形式
三　我国社会保险人之完善

摘　要：从理论上讲，影响社会保险人组织形式的要素主要是社会保险的逆向选择和道德风险问题，保险团体的风险分散能力以及强制保险中保险人的利用约束机制也是应考虑的要素。从域外的立法实践看，建立强制保险制度以解决社会保险的逆向选择问题，是各国的共同选择。而社会保险人的设置，与本国社会保险模式以及社会保险制度形成的历史路径直接相关。我国的社会保险经办机构不是独立的社会保险人。从制度发展的角度，将其建设成独立保险人，赋予其完整的保险人职能，是完善我国社会保险制度的必然要求。

关键词：社会保险人　组织形式　社会保险经办机构　完善

社会保险人可能是政府有关部门（即公共机构），或者公益性的社会组织，也可能是私人保险公司，或者其他私人主体。影响或者决定社会保

---

[*] 本文为2012年武汉大学自主科研项目"劳务派遣人员社会保障制度研究"研究成果之一。
[**] 张荣芳，武汉大学法学院教授、博士生导师，主要学术领域为社会法和经济法。

险人组织形式的要素有哪些,各国的制度实践如何,以及我国的社会保险人怎样构建,这些问题不仅关系到社会保险的组织管理体制,而且涉及保险对象的基本权利。本文试图从理论上和各国的实践方面论证社会保险人的组织形式,以期对我国社会保险人制度建设提出建议。

一 设定社会保险人的考虑因素

从社会保险理论上讲,社会保险人如何设计,首先看怎样能更好地解决道德风险问题。社会保险的保险属性,决定了它也面临着逆向选择和道德风险问题。如果国家规定强制社会保险,并由政府经办社会保险业务,那么不论是投保人还是保险人均无选择权,保险的逆向选择问题不存在。国家可以规定参保对象和依据量能原则确定保险费,实现社会安全目标和收入再分配功能。但社会保险的道德风险无法完全解决。保险的道德风险,是指保险合同主体或者关系人为图谋赔款或者保险金,有意促成保险事故发生的风险。在社会保险中,参加保险的人员和企业是社会保险缴费的主体,其行为是社会保险道德风险产生的根源。他们的道德风险表现在,少缴或者不缴社会保险费,或者改变条件使保险对象享受保险待遇或者获得更好的保险待遇。不同的社会保险项目,其道德风险不同。养老保险道德风险主要表现在参加保险的劳动者和用人单位逃避缴费义务或者降低缴费标准,减轻其缴费负担,以及提前退休或者提高养老金的支付标准;医疗保险的道德风险除了表现在缴费环节外,被保险人主要通过与医疗卫生机构合谋扩大医疗费用的支出;失业保险、工伤保险以及生育保险中均存在不同程度的道德风险。

社会保险道德风险产生的原因:一是社会保险的管理者与参加者信息不对称;二是非市场约束分配机制的影响。[①] 道德风险的防范也应当从这两方面着手:第一,需要从制度上强化保险缴费与保险待遇之间的关联性,促使被保险人实施缴费行为;明确参保的用人单位不缴费或者少缴费的法律后果,特别是加大处罚力度,避免用人单位从不缴或者少缴保费的行为中受益,从制度上建立起市场约束分配机制。第二,提高保险人对参

---

① 田家官:《社会保险道德风险的发生机制及防治》,《财经科学》2010年第8期。

保对象的信息掌握程度。保险人与保险对象的信息不对称是社会保险道德风险产生的重要原因，保险人掌握的信息越充分，相对人的道德风险越小。保险人充分了解保险对象的参保信息和风险发生信息，很大程度上需要保险人主观上的努力。保险人对保险基金的责任方式，以及保险人内部成员的业绩考核标准和方法都直接影响保险人掌握参保对象信息的程度。社会保险人对保险基金的盈亏承担责任，会促使保险人建立严格的内部管理机制，充分发挥成员的积极性和主动性；否则，如果保险人的收益与保险基金的运营管理无关，其内部管理机制就无法正常发挥作用。

其次，保险团体的风险分散能力也是保险人制度设置必须面对的问题。保险人组织规模大，吸纳的参保对象范围广，按照量能原则确定保险费标准，保险团体成员之间不仅分散风险的能力强，而且社会保险再分配效果显著。如果保险组织规模小，吸纳的参保对象单一，保险团体的风险分散能力和再分配能力有限，社会保险的目标就不易实现。在强制社会保险制度中，保险人组织体制可以分为单一保险人组织体制和多元化保险人组织体制。单一保险人组织体制即政府设置单一的保险人组织，统一负责办理全民的社会保险事务。这种集中经营社会保险事务的体制，可以避免分散经办管理成本加大，以及参保对象狭窄导致保险团体风险分散能力不足等问题；并且单一保险人的情况下，保险人因为规模大、谈判能力强，可以争取更优的社会合作服务条件。在多元保险人组织模式下，同一社会保险由多个保险人提供服务，参保对象可以自由选择保险人，每一保险人提供的服务内容存在保险费和保险待遇等方面的差异。保险人之间存在竞争，经办社会保险的效率问题可以较好地解决，但保险人之间的竞争可能导致社会保险市场的无序，而且保险人服务范围的分散势必会影响保险团体的风险分散能力。

最后，社会保险人的利益约束机制也是强制保险制度中应当关注的问题。政府办理社会保险事务，同时负责社会保险决策，过度保险的风险较高。法律可以规定社会保险费用标准、被保险人或者受益人获得保险利益的条件、保险待遇标准等事项。但各投保人保费标准的确定、保险事故的认定（特别是在工伤保险、失业保险中）、保险给付标准（如在医疗保险、失业保险、工伤保险中）等决定社会保险双方当事人利益的事项，往往需要社会保险人决定。如何避免社会保险人利用这一决策权力扩大参保范围、提高保费标准，以及减少保险事故的认定和降低保险给付标准，是政府经办社会保险事务这一模式不可回避的问题。社会保险经办效率问题也是政府经办社会保险需要面对的问题。政府经办社会保险，是通过政府经办机构的官员实施的。政府部门的利益、经办官员的收益与经办社会保险事务的绩效之间没有关联，政府部门的活动经费来源于国家财政拨款，经办官员作为公务人员，其薪资收入依据公务员薪酬制度确定。如何考核政府经办人员，提高其工作绩效，也是该经办模式需要解决的问题。

所以，如果将社会保险设计为一种强制制度，由公共管理部门垄断管理，则能保证社会保险覆盖所有的社会风险，以及联合高收入者和低收入者，保险的逆向选择问题能很好地解决。典型的社会保险管理制度一般也是这么设置的。但是，在这一管理模式下虽然逆向选择问题解决了，但由于社会保险人掌握了投保人的准入门槛，同时组织所有的保险福利工作，并行使监督职能，这在一定程度上限制了保险的作用，存在过度保险的情形，特别是在医疗保险和失业保险中。由私人保险公司组织社会保险，虽然可以较好解决投保人准入门槛和组织保险福利方面的任意性等道德风险问题，但不能解决保险的逆向选择问题。[1]

二 域外法中的社会保险人组织形式

从制度实践看，各国和地区的社会保险均具有强制性。社会保险人可能是单一的组织体系，也可能是多元主体。健康保险是社会保险体系中最复杂的一种，它为全民提供医疗健康保障的条件，还涉及国家的医疗卫生服务体制。这里以中国台湾地区、日本、德国的健康保险组织体制为例，说明政府主导社会保险组织模式的特点。中国台湾地区和日本虽然都是政府主导、政府经办健康保险业务，但二者的差别非常明显。台湾的全民健康保险是一种单一保险体系和单一保险人的"政府经营的单一体系"。《全民健康保险法》规定，所有的公民，不分地区和职业，统一参加健康保险，健康保险由"行政院"卫生署主管下的"中央健康保险局"这一单一

---

[1] Pierre Koning, "On Mixed Systems of Public and Private Administration of Social Insurance", *European Journal of Social Security*, Volume 8 (2006), No. 4.

机构经办。"中央健康保险局"作为健康保险人，收取保险费，在被保险人发生保险事故后向其提供医疗服务。"在台湾实施全民健保之前，加拿大是唯一一个接近于国家经营的单一体系的制度形式。但加拿大的单一体制是在省的层次上运作的。"[1]

与台湾地区不同，日本的医疗社会保险组织体制是多元的保险体系。经办医疗保险的组织有政府设立的公法人，也有以合作社形式出现的团体。国民根据身份和地区特点分别加入医疗保险组织，各医疗保险组织之间在一定程度上存在竞争性。各医疗保险组织决定保险事务的权力有限。日本的健康保险制度可大致区分为"职业领域健康保险"和"地区性健康保险"。前者包括：以一般民间企业的受雇劳工为适用对象的"健康保险"，以船员为适用对象的"船员保险"，以公务员和私立学校教职员为适用对象的"共济合作社保险"，以及由从事同类职业的地方居民组成保险合作社运营的"合作社国民健康保险"。"地区性健康保险"是指由地方自治团体之市町村担任保险人，并适用于区域内所有未加入上述职业领域健康保险的居民。其中，除政府掌管的"健康保险"和"船员保险"由厚生劳动省社会保险厅担任唯一保险人之外，其余制度的保险人则均为复数。[2] 日本国会于2006年通过《健康保险法》等相关法律的修正，对社会保险制度进行根本性的重大改革。在保险人制度方面，其主要改革措施包括：（1）促进健康保险合作社的合并。考虑到规模过小的健康保险合作社风险分散功能有限，容易出现财政上的不安定，本次改革决定促使同一都道府区域内的合作社进行自愿合并。（2）市町村国家健康保险财政基础都道府县化。由于加入市町村国家健康保险的保险对象，多为无固定职业、低收入或者已经退休的高年者，该保险团体的保险费财政收入少，但保险医疗费用高，财政状况严重恶化，所以改革创设一套由都道府县进行各市町村之间财政调整的"都道府县调整交付金制度"，要求都道府县某种程度承担国民健康保险的财政责任。（3）政府掌管健康保险的保险人公法化。规定自2008年起设立具有独立公法人地位的"全

---

[1] 林国明：《到国家主义之路：路径依赖与全民健保组织体制的形成》，《台湾社会学》2003年第5期。

[2] 郭跃民：《日本2006年社会健康保险法制改革之评价——与对我国全国健保及二代健保法草案之启示》，《东吴法律学报》第20卷第3期。

国健康保险协会",取代现行的厚生劳动省社会保险厅,担任政府掌管健康保险的保险人;但在保险范围和保险费的收取方面,仍继续由厚生劳动省社会保险厅负责。①

资本主义体制下的医疗社会保险体系,其组织体制绝大多数都是德国"统合主义"原型的变种。不同的社会人群,根据职业身份或者其他特点,加入不同的保险体系;保险业务通常由接受公众监督的民间组织管理,决策权分散在组织体中。② 德国的医疗保险组织是国家设立独立的具有公法人地位的医疗保险机构——疾病基金。德国的医疗保险由7种不同类别的疾病基金承担保险人角色,即普通地方疾病基金、企业疾病基金、手工业疾病基金、替代性疾病基金、海员疾病基金、农业疾病基金和联邦矿工联合会。截至2009年底,联邦共有各类疾病基金202家。③ 在制度建立的早期,多元保险人组织结构是封闭性的,各种类别的医疗保险基金有其法定的参保对象范围,不容许个人自由选择。自1996年起,《医疗保险结构改革法》赋予被保险人参保上的自由选择权,被保险人能够自由选择保险基金参保,医疗保险基金机构不得拒绝。与多元保险人组织结构相关的是各医疗保险基金的自治管理。④

各国和地区选择由什么性质的机构经办社会保险,与其社会保险制度模式直接相关。影响社会保险人组织形式的要素有:第一,社会保险资金的供款模式。有的国家通过税收方式征集社会保险资金,包括北欧国家、一些英语国家以及部分中东欧国家,如瑞典、美国、英国。⑤ 这些国家的社会保险经办基本上由政府负责。瑞典、美国、英国的社会保险费的征收由税务机关负责,社会保险待遇支付也由政府有关部门负责。在社会保险资金的管理上,在瑞典、英国,社会保险税作为财政收入的组成部

---

① 郭跃民:《日本2006年社会健康保险法制改革之评价——与对我国全民健保及二代健保法草案之启示》,《东吴法律学报》第20卷第3期。
② 林国明:《到国家主义之路:路径依赖与全民健保组织体制的形成》,《台湾社会学》2003年第5期。
③ Ognyanova, Diana, Busse R., *Health Fund Now Opertional*, Berlin, 2009. 转引自王琬《德国社会医疗保险组织体制的发展与变革》,《中国卫生政策研究》2011年第2期。
④ 彭宅文:《多元与自治:德国社会医疗保险体系的组织特征》,《中国医疗保险》2010年第12期。
⑤ 郑秉文、房连泉:《社会保障供款征缴体制国际比较与中国的抉择》,《公共管理学报》2007年第4期。

分，而社会保险待遇支付也作为政府公共财政支出的组成部分，不设社会保险基金。美国的社会保险税由国家税务机关征收之后，按照保险类别分别划入各个对应的社会保险基金，由专门的社会保险基金管理机关负责管理。社会保险资金与公共财政资金分开管理和使用。另一些国家的社会保险资金通过社会保险费的方式征集，由雇主和雇员供款。这些国家一般设置专门的非政府组织经办社会保险事务，或者由私人保险公司经办。第二，社会保险覆盖范围。一国的社会保险制度可能作为一种普惠制，覆盖全体国民。国家建立统一的覆盖全民的社会保险制度，规定统一的保险费用标准和保险待遇标准，并由国家统一经办，如英国、瑞典。有的国家社会保险制度依据身份、职业建立，不同的群体建立不同的社会保险制度，包括缴费标准不同，保险待遇水平不同，经办这类社会保险的组织也分别不同，如德国、法国。

各国社会保险制度形成的历史路径是决定该国社会保险组织体制的重要因素，某种程度上甚至是决定因素。德国、法国由非政府组织经办社会保险，有其历史渊源。1871年德国统一时，在当时已有的医疗及工业事故互助组织以及同业公会里，普遍存在自治。因此，当政府实现社会保险政策并选择管理体制的时候，自然采用了自治管理体制。它将劳资双方的自治管理权视为国家强制纳保并课以缴费义务的对价。所以，1881年德国《帝国诏书》中就拟定，劳工保险的法律及组织框架必须构建在"国家保护与支持"下，交由被保险人及其雇主建立的联合体来经营。《劳工医疗保险法》，以及1911年《帝国保险法》颁布后，社会保险经办机构也转变成拥有一个对外代表机构、对内实施管理的公法人。[1] 法国社保基金管理是工会传统的控制阵地。从历史上看，社保基金的管理历来就是欧洲所有工会的"重要传统"，其中法国尤甚，所有社会保险基金管理机构的理事会都是大大小小工会的"重要阵地"，不得政府染指。[2] 英国社会保险制度的产生和发展则经历了另一发展路径，形成了区别于德国、法国的独立社会保险管理体制和政府主导经办的制度。

---

[1] 李志明：《德国社会保险自治管理机制：历史嬗变、改革及其启示》，《欧洲研究》2012年第4期。
[2] 郑秉文：《社保基金的法律组织形式：欧盟的经验教训》，《中国政法大学学报》2009年第1期。

三 我国社会保险人之完善

我国的社会保险经办机构虽然不是独立的社会保险人，但现行法律赋予其社会保险关系中保险人的形式。法律将其定性为事业单位，赋予其社会保险关系一方当事人的角色。它接受参保人的申请，办理社会保险登记，管理保险对象的有关信息，在被保险人发生保险事故时支付保险待遇。在医疗保险和工伤保险关系中，保险经办机构与有关医疗服务机构订立医疗服务合同，在医疗服务机构履行服务义务后向其支付医疗费用。所以，从目前的体制看，将社会保险经办机构做实为独立的保险人不仅必要，而且可行。

将社会保险经办机构做实为独立社会保险人，首先，强化社会保险经办机构的独立性。经办机构的独立性是解决我国社会保险道德风险问题的重要保证。参保对象的道德风险的防范，很大程度上依赖保险人积极、有效的信息沟通行为，依赖保险人日常监督行为。完善的职责和独立的责任是经办机构实施这些行为的基础和动力。经办机构的独立性是保证社会保险基金独立的基本要求。经办机构是我国社会保险基金征收、管理、运营、支付的主体，财产管理主体的独立是保证其管理、运营财产独立的基本要求。经办机构的独立性是政府社会管理目标与社会保险人利益目标分离，保险人按照社会保险规则和目标运营的保证。各国不论是由政府有关主管部门办理社会保险，还是设置专门的公共机构办理社会保险，都强调社会保险按照自身的目的独立运行，强调政府公共管理行为与社会保险经办行为的分立。

其次，赋予社会保险经办机构完整的社会保险人职能。经办机构的独立性要求其职能必须明确。法律除了规定社会保险经办机构提供具体的社会保险服务，即办理社会保险登记、管理社会保险信息、进行社会保险咨询、支付社会保险待遇外，还应当将社会保险费的征缴权能明确归于其行使。当然，如果必要，社会保险人可以委托其他机构（包括税务机构）承担，但是否委托应当由经办机构决定，而不是由地方政府确定。社会保险机构作为保险人的职能必须完整，缺乏完整的职能，社会保险人就无法实现其目的。目前由政府主管行使的社会保险事故确认权，属于保险人的基本职能，应由保险人行使，国家设定合理的救济程序，解决当事人之间的争议。保险基金在支付总额一定的情况下具体使用、分配结构，如工伤保险基金中的储备金提取比例，失业保险基金中的职业培训费、就业指导以及失业保险金的分配比例，统筹医疗保险基金中医疗费用、其他补贴的比例分配问题，这些应当由保险人根据需要确定，社会保险决策机关负责保险待遇的支付总额即可。

最后，加强社会保险经办机构的内部建设。社会保险本身是社会主体连带分担风险的机制，分摊风险的资金来源于参保人缴纳的保险费，体现了社会成员自助解决风险的理念。社会保险人的民主自治是社会保险理念在制度上的要求，也是提高参保人对社会保险决策的认同度和责任意识的保证。社会保险，不是政府单方面提供的社会给付，需要相关主体的认同，否则很难持续发展。我国社会保险在运营过程中出现的保费征收困难、参保人逃避保险义务、被保险人不关心保险基金的收支和运营等现象，实际上都是因为现行社会保险基金的收支与被保险人的待遇之间的关联度不密切，被保险人不知悉保险费与保险待遇之间的对应关系，以及被保险人对社会保险制度的运行缺乏认同感。所以，我国经办机构的决策机构应当依法由政府、缴费的用人单位和个人三方组成，而不是由政府主管部门直接任命；经办机构的日常管理组织由决策机构产生，对决策机构负责。

The Organization Forms of the Social Insurer

Zhang Rongfang

Abstract: Social insurer may be government departments (institutions), or public welfare organizations, may also be a private insurance company, or other private entity. What are the elements that influence or determine the form of social insurer, how does other countries practice, and how to build social insurer in our country, not only relates to the organization and management of social insurance system, but also involves the basic rights of the insured. In this paper, I try to demonstrate the organization of social insurer from the theoretical and practical aspects of other countries, expecting to give some suggestions to the construction of social insurer system in our country.

Key words: Social Insurer; Organizational Form; Social Insurance Agency; Improvements

《社会保险法》实施情况调研报告：
以长三角地区 12 个城市为样本[*]

周长征[**]

目　次

一　社会保险参保情况
　（一）各项保险的参保情况
　（二）没有参加社会保险的原因分析
　（三）缴费基数和缴费数额
　（四）劳动者对社会保险缴费水平的感受与评价
二　养老保险制度的实施与评价
　（一）养老保险缴费年限
　（二）对养老保险待遇水平的评价
　（三）对推迟退休年龄建议的评价
　（四）我国养老保险制度存在的主要问题
三　医疗保险制度的实施与评价
　（一）劳动者对医保制度的了解程度

---

[*] 这次调研得到了 12 个城市的社会保险中心、劳动争议仲裁委员会、劳动监察、人民法院等单位的大力支持。南京大学法学院知行社以及法学院研究生共 20 名同学参与了这次暑期调研，在本人指导下完成了问卷调查、数据录入和专家访谈等具体工作，秦安琪同学完成了数据统计、表格制作与初步分析。我的同事黄秀梅副教授也参与了调研的组织与问卷讨论。在此，本人对 12 个城市人力资源和社会保障部门、黄秀梅老师以及调研团队同学们的贡献表示由衷的感谢。

[**] 周长征，南京大学法学院副教授、硕士生导师，学术领域为劳动法、社会保障法和经济法等。

（二）劳动者对现行医保制度的评价
四 社会保险权利受到侵犯时的法律救济
（一）劳动者对维权方式的选择
（二）被调研对象对我国社会保险制度完善方面的建议

摘 要：本次调研以长三角地区 12 个城市为依托，通过问卷调查收集数据，从社会保险的参保情况、养老保险制度的实施、医疗保险制度的实施以及社会保险权利受侵害时的法律救济四个方面对《社会保险法》实施情况展开分析，同时结合有关文献和专家访谈记录对数据进行了一些解释。通过调研，本团队了解到了《社会保险法》的实施情况以及在实施中遇到的主要问题。例如，社会保险缴费给劳动者和用工单位都带来了压力；对于推迟退休年龄的政策，劳动者大多持否定态度；对于现行医保制度中的报销范围限制、缴费比例、烦琐的报销程序和异地报销结算困难等问题，劳动者都表示不满；在遇到劳动争议时，劳动者更倾向于向社会保险部门反映情况，其次则是申请劳动仲裁，或者向劳动监察大队投诉，选择向法院起诉的劳动者人数最少。针对以上问题，笔者提出将退休年龄与养老金的领取相挂钩、设置弹性退休制度等建议。

关键词：社会保险法 养老保险 医保制度 维权方式

2010 年 10 月 28 日，《社会保险法》经第十一届全国人民代表大会常务委员会第十七次会议通过，并自 2011 年 7 月 1 日起施行。作为我国社会保障领域的第一部综合性立法，《社会保险法》对劳动者的基本生活以及福利保障有着至关重要的影响，在我国社会法立法史上具有里程碑的意义。但是，正如法谚所云，"徒法不足以自行"，解决任何社会问题，仅仅有立法还是不够的，一项立法能否顺利地转化为目标群体的权利或福利，在相当大程度上有赖于法律的实施过程。有念于此，2012 年 7 月，在《社会保险法》正式施行满一周年之际，南京大学劳动法律援助项目组在长三角地区 12 个城市开展了一次大型社会调研，力求全面深入地了解该法的实施情况以及在实施中遇到的主要问题。

长三角地区是我国经济最有活力的区域之一，无论是从地理位置、产业类型，还是经济发展水平等角度，都堪称中国经济的心脏。上海社会科学院发布的"2012年长三角城市综合竞争力与可持续发展竞争力榜单"显示，2012年长三角地区经济总量突破11万亿元，约占全国总量的20%。[①] 长三角地区在《社会保险法》实施中遇到的问题和取得的经验，在全国都具有一定的典型意义，可以起到"窥一斑而知全豹"的效果。本次调研的范围包括长三角地区的两省一市，即江苏省、浙江省和上海市，我们选取了苏南地区常州、无锡、苏州、昆山，苏北地区南京、徐州、宿迁、淮安，浙江省杭州、温州、宁波和上海市共12个城市，课题组成员划分为不同小组对苏南、苏北、浙江和上海同时进行调研，历时10天。

本次调研分为两大阶段，第一阶段为问卷调查，被调研对象是在街头随机选择的普通劳动者（不含个体工商户），不区分本地职工还是外来务工人员，都作为我们的调研对象。采用这种广义的"劳动者"标准，主要是为了更准确地了解《社会保险法》对包含农民工在内的全体劳动者产生的影响，劳动者在该法实施后遇到的问题，以及他们对该法实施效果的评价。问卷采取"单选+多选"的模式，共有25道单选题、8道多选题，并且在每道多选题最后我们都设有空白选项，方便被调研对象填写自己的意见。而在问题设置方面，被调研对象会根据不同的选择完成问卷，涵盖了较多的可能性。经过剔除主体不合格、空题过多、答案重复率过高的问卷，我们总共完成了有效问卷2727份，全部录入专业统计软件SPSS软件进行数据分析。

第二阶段为专家访谈，访谈对象为负责《社会保险法》实施的政府行政部门，主要是各地人力资源和社会保障部门，访谈的目的在于了解《社会保险法》施行后执法机关遇到的主要问题以及处理方式。我们走访了各地的劳动监察、劳动争议仲裁、社会保险经办机构以及人民法院，认真记录了他们的意见与看法。但访谈记录往往带有受访者的个人主观色彩，所以从研究的客观性考虑，本文主要是以第一阶段的问卷调查数据为基础，访谈记录主要是用于对照、补充和解释一些问卷调查结果。

本报告以调研问卷的统计结果为基础，从四个方面对《社会保险法》实施情况展开分析，同时结合有关文献和专家访谈记录对数据进行了一些

---

① 梅璎迪：《长三角年经济总量破11万亿》，《新民晚报》2013年2月5日，第B01版。

解释。由于我们的能力有限，不仅问卷设计存在着一些不足之处，而且调研范围和样本数量都比较有限，主要集中在长三角地区，所以本调研报告不一定能反映我国《社会保险法》的整体实施情况，也不能完全符合其他区域的实施情况。

一　社会保险参保情况

社会保险在理论上属于强制性保险，所有的用人单位都应当为其职工缴纳社会保险，并且每月以职工工资为基数缴费。但是在调研中我们发现，目前的社会保险参保情况虽然比前几年有所好转，但仍不是很乐观。

（一）各项保险的参保情况

养老保险。调研数据显示，苏南地区养老保险的参保率相对较高，均处于70%以上，其中苏州地区的养老保险参保率达到80%以上；而苏北地区养老保险的参保率则相对较低，除南京外，均处于70%左右，而宿迁仅有60.09%的参保率。浙江省的养老保险参保率则参差不齐，杭州、宁波的参保率约为80%，而温州的参保率仅有51.67%。上海的养老保险参保率也较高，为81%左右。

医疗保险。苏南地区的医疗保险参保率较高，各地区均达到了75%以上，苏州地区的参保率更是达到了85%以上；苏北地区的参保情况也较好，均达到了75%左右。浙江省除了温州之外的两个城市参保率接近80%，而温州的参保率仅有53.11%。上海的参保率稳定在80%左右。

工伤保险。各地缴纳工伤保险的情况与养老、医疗保险相比有明显的落差。苏南地区参保率处于60%左右，仅有昆山的参保率达到了71%；苏北地区则更低，南京、淮安参保率超过50%，徐州以及宿迁参保率仅有40%左右。浙江省杭州、宁波的参保率相对较高，接近70%，而温州的参保率则不足40%。上海的参保率也较低，仅有52.60%。

失业保险。苏南地区的失业保险参保率约为60%，昆山则超过70%；苏北地区南京、淮安的参保率相对较高，达到了50%以上，而徐州与宿迁的参保率仍然不容乐观，分别为43.72%、36.48%。浙江省的参保率除温州之外，均达到了65%以上，而温州市的失业保险参保率仅为28.71%。

上海市的参保率则为59.20%。

生育保险。苏南地区的参保率处于50%以上，昆山则超过60%；苏北地区南京、淮安处于40%以上，而徐州和宿迁分别为33.95%、31.33%。浙江地区杭州、宁波的参保率分别为60.70%、63.09%，温州则仅为25.84%。上海地区的参保率为44.10%。

没有缴纳社会保险。各地区没有缴纳社会保险的比例基本处于20%以下，其中无锡、温州相对较高，分别为22.60%和42.11%。

（二）没有参加社会保险的原因分析

根据我们的调查数据，完全未缴纳社会保险的劳动者占被调研劳动者的18.48%。职工没有参加社会保险的原因比较复杂，既包括个人原因，也包括单位原因。但是令我们惊讶的是，相当多的劳动者没有参加社会保险，并不是因为用人单位的原因，而是目前的社会保险制度不合理，致使他们难以参保。具体来说，被调研对象未参加社会保险的原因有以下几种情况：

第一，劳动者主观不愿意办理，包括三方面原因：社会保险待遇低，不能真正解决养老、医疗等实际问题；不知道交社保是单位的义务，从未要求；通过其他方式，如商业保险，解决养老、医疗等。三者所占比例分别为1.8%、3.2%和1.2%，共计6.2%。

第二，单位不愿意办理，包括想交社保但单位不给办、单位每月发了社保补贴两种情况，所占比例分别为2.8%和1%，共计3.8%。

第三，客观不能办理，包括：收入低，无力承担；没有单位，完全由自己缴费负担过重以及工作不稳定；接续麻烦，坚持不下来。所占比例分别为3.6%、1.2%和5.4%，共计10.2%。

第四，其他情况也占5.1%的比例。但是，由于大部分被调研对象没有写明具体原因，所以不排除为了尽快完成问卷而选择的情况。

（三）缴费基数和缴费数额

尽管法律规定社会保险的缴费基数为劳动者的本人工资，但是"工资"在法律上并没有严格的定义，在实务中更是名目繁多，形式多样，认定难度很大。我们在调研中发现，大部分被调研对象对自己社会保险缴纳基数并不了解。苏南地区常州、无锡超过 30% 的劳动者均不清楚社会保险缴纳基数,苏州超过 30% 的劳动者认为自身社会保险的缴费基数为个人的基本工资;苏北地区,除南京以外,徐州、宿迁、淮安约 40% 的劳动者均不清楚个人的缴费基数,而南京则有 41.60% 的劳动者认为个人缴费基数为基本工资。浙江地区杭州、宁波超过 40% 的劳动者表示个人缴费基数为基本工资,温州则有 34.30% 的劳动者不清楚个人缴费基数。上海有 33.90% 的劳动者认为个人缴费基数为工资总额。

与模糊而混乱的缴费基数相比,劳动者每月的缴费数额是一个相对比较客观而明晰的概念。调研发现,12 个城市的社会保险缴费数额主要集中在 300 元以下以及 300~500 元两个区间。除南京、上海、苏州以外,其他城市缴费数额在 300 元以下的劳动者均多于缴费数额在 300~500 元的劳动者。无锡、苏州、上海、徐州、温州缴费数额处于 500~1000 元的劳动者达到了 20% 左右的比例。而缴费数额处于 1000 元以上的劳动者比例较小,上海地区所占比例最大,占 10.70%。相当多劳动者表示不清楚自己的缴费数额,苏北地区特别明显,不知道缴费数额的劳动者超过 30%。

根据我国法律规定,各地个人社会保险缴费率约为 11%,因此,如果忽略单位少缴社会保险费的情形,从上述数据可以看出,大部分接受调查的劳动者工资水平处于 3000 元以下,而南京、上海、苏州地区的劳动者收入相对较高,处于 3000~5000 元的劳动者较多。并且,苏南地区收入水平要略高于苏北地区和浙江地区。其中,苏北地区的劳动者不清楚自己的缴费数额的比例过高,说明这些地区社会保险法律知识还有待普及。

(四) 劳动者对社会保险缴费水平的感受与评价

我们通过调研发现,苏南地区的劳动者认为负担不重和希望降低的人数基本相近,接近一半的劳动者认为负担不重,完全可以接受。但是,苏北地区,除淮安以外,其他城市的劳动者更多的是希望降低缴费数额,宿迁和南京的情况更为典型。而在浙江省,大部分劳动者表示希望降低缴费数额,更有将近 20% 的劳动者表示负担太重,这在整个调查中也较为少见。上海地区与浙江地区情况基本相同。

虽然得出上述结果,但是在我们看来,所说明的问题并不一样。

对比各个城市的城镇职工平均工资,我们认为,苏北地区除南京以外的城市得出上述结果是因为劳动者工资较低,扣除社会保险,不足以维持劳动者的生活水平。而南京,作为江苏省的省会城市,消费水平较高,相对生存压力也较大,这一点与上海的情况相似。但是,上海相对于南京而言,消费水平更高,才会产生有较多劳动者表示负担过重的结果。而苏南地区,经济发展水平相对较好,社会平均工资也较高,劳动者生活压力相对较小,觉得可以承担当前缴费数额以及希望适当减少的劳动者基本持平。值得一提的是浙江省的缴费情况,浙江省内希望降低缴费数额的劳动者远远大于完全可以承受的劳动者,并且,其完全不能承担的劳动者与其他城市相比也占更高的比例。但是,根据访谈记录,浙江省的缴费费率和基数与江苏省和上海市相比,并不存在明显的差异。并且,在社会平均工资上也没有较大的落差。

同时,随着劳动者收入的增多,认为"负担太重"的比例逐步减少,而表示"负担不重,完全可以承受"的比例则逐步增多。而处于二者之间的,选择"可以承受,但是低一点会更好"的劳动者比例相差不大,除了收入在 2001~4000 元的劳动者外,呈递减的趋势。收入水平在 2001~4000 元的劳动者,既不认为负担太重,也不认为没有负担,更多的是希望能够降低缴费数额。而这部分劳动者,则是劳动者的重要组成部分。从中我们可以看出,劳动者对于个人缴费数额的满意度直接取决于当地的消费水平以及个人的工资收入。

在我们访谈过程中,一些相关机构负责人表示,因经济实力不足而无法全员足额缴纳社会保险的单位有很多。在这种情况下,为了保证劳动者能够享有社会保险保障,部分机构不得不退而求其次,要求用人单位按照最低标准全员缴纳社会保险。由此可见,社会保险缴费并不只有劳动者面临压力,单位也同样不堪重负。而造成这样的结果,归结于我国社会保险制度的设置。我国社会保险制度的建立实际上是加快国有企业改革的配套设施。以养老保险为例,养老保险个人缴费率在社会保险个人缴费率中占据最大比例,然而,劳动者缴纳了社会保险后并不能同等地享有社会保险待遇,我国养老保险制度承担了填补国有企业养老保险缺口的责任。因此,一方面,个人与单位希望缴费率降低,而另一方面社会保险基金不断存在缺口,无法持续发展,这样就陷入了恶性循环。这也是社会保险在实施过程中满意度不高的原因所在。

对于用人单位与劳动者个人的缴费比例，劳动者普遍感到不满意，表示满意的劳动者仅占总人数的1/5。相比较而言，苏南地区的满意程度高于苏北地区，苏北地区高于浙江地区，上海地区满意程度与苏北地区基本相同。同样，苏南地区有更多的劳动者希望适当提高某些险种的缴费比例，苏北地区次之，浙江地区第三，而上海地区的劳动者对该项要求的比例相对最低。认为个人缴费过高、负担过重的城市主要集中在南京和浙江省。苏南地区有该想法的劳动者较少。除此以外，徐州市、宁波市、温州市、上海市有较多的劳动者对单位与个人缴费比例分配并不了解。

我们从相关部门了解到，由于目前社会保险企业缴费比例均超过30%，对于企业来说能够全员足额缴纳社会保险的也是少数。对比全球各国的社会保险费率，我国相对较高，企业负担较重。如果再盲目地提高企业的缴费费率，只会逼迫企业通过少缴、不缴社会保险的方式减少企业成本，或者改变企业结构，以资本密集来代替劳动力密集，这样会导致失业率的提高，最终不利于劳动者的权益保障。我国社会保险制度的问题是将压力转嫁给劳动者和企业。而较低的社会保险待遇又使劳动者对现状不满，将矛头转向企业。如此一来，激化了劳动者与企业之间的矛盾，也不利于企业的发展。因此，我国社会保险在费率上存在调整的必要性。

二 养老保险制度的实施与评价

（一）养老保险缴费年限

被调研的对象中，缴纳养老保险年限处于1~5年的劳动者最多，并且12个城市均如此。其中：11个城市的劳动者中，大部分均已缴纳社会保险1~5年；而徐州是特例，24.60%的劳动者缴费年限均处于1~5年，缴费年限处于次高值区的劳动者人数更多。各城市参加社会保险年限比例的次高值也均集中在1年以下以及5~10年。但是，参加年限在10年以上的劳动者逐渐减少，以苏南地区、上海地区以及浙江地区最为常见。而苏北地区劳动者缴费年限在10年以上的仍然保持着占一定的比例。而根据我国

《社会保险法》第16条第2款规定,参加基本养老保险的个人累积缴费满15年才能享受养老保险待遇,因此,绝大部分被调研对象都还没有达到法定最低缴费年限。

调研发现,非农业户口的劳动者在参加养老保险的年限上有着优势。参加年限处于5年以上的绝大部分都为非农业户口劳动者,而农业户口劳动者参加年限一般均处于5年以下。这表明对于养老保险,拥有农村户籍的外来务工人员参与度不高,远远低于非农业户口的劳动者的参与程度。我国当前除了养老保险制度以外,还存在着针对农村户籍人员设置的新型农村社会养老保险。而当这部分人员前往城市从事工作时,虽然社会保险为强制缴纳,但是,劳动者同样面临基本养老保险制度与农村社会养老保险之间的选择。在我们调研过程中,没有缴纳社会保险的劳动者告诉我们的理由均为"家里已经为我参加了农村养老保险"。这部分人群比较容易与企业达成协议,自愿不参加社会保险或者接受社会保险补贴。

(二) 对养老保险待遇水平的评价

调研发现,各地区认为养老保险待遇能够满足退休后生活并有所结余的劳动者人数较少,大部分劳动者表示基本满意,能够基本满足退休后的生活。而认为"不太满意,生活水平有所下降"的劳动者也占有一定比例,以苏南地区、南京、上海为代表。表示"不满意,生活水平大幅度下降"的劳动者也占一定的比例,但是人数并不多。除此以外,还有部分劳动者表示没有意见,而这部分劳动者对养老保险待遇并不清楚,因此无法完成该题的选项。

劳动者对养老保险待遇水平的满意度与个人收入水平呈正相关关系。随着劳动者工资水平的提高,对于养老保险待遇的满意程度也有所提高。但是,大部分劳动者表达了对事业单位、公务员系统员工的不满,认为他们的待遇过高,社会分层严重。

我国养老保险设置的目的在于防范劳动者离开工作之后遭遇经济风险,维持劳动者退休后的基本生活。养老保险待遇并不完全等同于劳动者退休前的工资水平。二者之间的比例为我国基本养老保险替代率。[1] 从本

---

[1] 参见林嘉、张世诚主编《社会保险立法研究》,中国劳动社会保障出版社,2011,第126页。

次调查结果来看，还是有接近一半的劳动者对养老保险待遇不满意，认为对退休后的生活有影响。虽然其中不排除劳动者对养老保险了解不够、期待过高的可能性，但是从另一个方面也可以说明在职劳动者收入较低，仅能维持基本生活，因而不能简单地认为我国基本养老金的工资替代率过高。

（三）对推迟退休年龄建议的评价

反对推迟退休年龄的劳动者占绝大多数，表示赞同的劳动者只占15.63%，不到1/5。并且，从各个地区劳动者的反映来看，表示赞同的只占15%左右的比例，而南京相对较高，占20.82%，宁波则最少，仅有7.77%。在表示反对的劳动者中，温州地区反对的劳动者所占比例相对较少，不足50%，但是同时表示没什么意见的劳动者也相对较高。联系温州地区的劳动者的参保以及对自身社会保险了解的情况发现，温州地区劳动者对社会保险的了解不足，亟待提高。同样，淮安、宿迁也有超过30%的劳动者表示没什么意见，这部分劳动者对于社会保险待遇了解不够，认为退休年龄对他们来说并不重要。

赞同推迟退休年龄的被调研对象主要持四个理由：（1）平均寿命延长；（2）国家养老金缺口较大；（3）身体比较好；（4）推迟退休养老金更多。其中，表示"身体比较好，不想这么早退休"的劳动者占最大比例，其中女性比例略高于男性，这可能与男女退休年龄相差10岁有一定关系。我国2011年人均寿命为73岁，比起退休年龄制定时的人均寿命提高了5年。我们发现，有1/5以上的赞同推迟退休年龄的劳动者是因为自身的原因而做出上述选择。

综上所述，在施行推迟退休年龄的政策之前应加大宣传力度，并且将退休年龄与养老金的领取相挂钩能够起到一定的效果。但在推行这项政策之前要看到赞同推迟退休年龄的劳动者毕竟占少数，必须将民意考虑在内，要循序渐进。同时，考虑到劳动者个人情况的不同，应该设置弹性退休制度，以满足劳动者不同的需求。

28%的劳动者反对推迟退休年龄是因为这对于劳动者不公平。很多被调研对象将自己与事业单位、公务员系统的员工进行对比，认为自身工作与之对比更为辛苦，并且收入低，退休年龄的推迟意味着公务员、事业单位的员工能够享受更好的待遇,是一种横向的不公平。但是,在其表述过程中,劳动者实际上是将矛头直指政府,认为公务员、事业单位员工实际上是属于上层阶级,而他们则是受剥削的人群。虽然上述情况受个人情绪影响很大,但是也反映出了我国养老保险实际上承担了政府需要承担的责任,用劳动者的缴费来维持公务员、事业或者国有单位员工的待遇,贸然推迟退休年龄只会使得二者的矛盾加剧。因此,如何平衡二者待遇也是在推迟退休年龄政策实施之前需要考虑的问题。

(四) 我国养老保险制度存在的主要问题

调研发现,51.5%的被调研对象认为养老保险待遇低是我国养老保险制度的主要问题,待遇低事实上是劳动者不满的主要原因。养老金的领取条件、领取地点与领取手续同样是劳动者关注的问题。对于部分工作流动性大的劳动者来说,养老保险的转移接续非常重要。但是由于我国养老保险统筹层次较低,各地经济发展水平又有差异,为了地方利益的考虑,部分地方对于社会保险的转入转出(特别是转入)有着严格的条件限制,并且对于劳动者工龄的累计也有着严格的限制,大大影响了劳动者领取养老金的权利。大约35%的被调研对象提出这些程序方面的问题,养老保险统筹层次太低导致的程序方面的烦琐以及实用性的不足,成为劳动者诟病的主要原因,同时也是影响养老保险参保率的重要原因之一。

三 医疗保险制度的实施与评价

(一) 劳动者对医保制度的了解程度

医保制度内容十分繁杂,且专业性比较强,如果不加强宣传,劳动者很难了解医保制度。这次调研我们就发现,劳动者对我国基本医疗保险的了解并不完全,大部分劳动者仅仅了解一点。在我们问及了解哪些的时候,劳动者大都告诉我们知道个人账户与统筹基金负责的范围,但是对于哪些用药可以报销、哪些不可以则没有具体的了解。但是,在选项"比较了解"和"了解一点"之间并没有很好的界定,全凭劳动者个人的感受。因此,我们认为,这两个选项之间的差距并不大。而表示完全不了解的劳动者占将近 1/4 的比例，这部分劳动者基本没有接触过基本医疗保险。并且，其中有部分劳动者参加的是新型农村合作医疗保险。

结合调查问卷的基本部分的信息，我们发现，劳动者对基本医疗保险制度的了解与劳动者的年龄、学历有着密切关系。

表示对医保制度"很清楚"和"比较了解"的劳动者随着年龄增长，比例逐渐增大，并且 60 岁以上的劳动者比例明显高于其他年龄段。由于我国基本医疗保险规定较为琐碎，实践操作比较复杂，报销药品也有专门的目录规定，而对基本医疗保险比较了解的，往往属于医疗保险受益人群，因此，随着劳动者年龄的增长，身体状况也就越差，对基本医疗保险的依赖增强，相应的了解也逐步加深。

另外，对基本医疗保险待遇的了解程度也与学历有一定的关系。一般而言，劳动者学历越高，了解程度也就越高，反之亦然。因此，除了劳动者亲身经历以外，学历也成为影响劳动者信息获取的重要因素。

（二）劳动者对现行医保制度的评价

调研发现，被调研对象普遍对当前的医疗保险待遇感到不满，仅有 38％ 左右的劳动者表示比较满意，而表示不大满意的则超过了一半。我们发现，对医疗保险了解程度越高，满意程度也就越高。但是相对的，对医疗保险很清楚的人群中也有一部分人表示非常不满意。而对医疗保险表示"不太满意"的人群无论了解程度如何，都占有一定的比例。但是，由于"不太满意"这个选项含义较为模糊，不排除劳动者随意选择的情况。

具体而言，劳动者对现行医保制度中的报销范围限制最为不满。报销范围太窄、报销比例过低成为劳动者诟病的最主要问题。如上文所述，我国现行的医疗保险制度，门诊费用动用的是劳动者个人账户，只有住院并满足一定条件才能通过医疗保险基金报销。而且对于报销的药品也有规定，进口药品大多不在报销的名单之中。并且，报销的数额也有上限限制。如果劳动者患大病，个人承担部分仍然较多。我们在调查中了解到，部分劳动者认为，无论是国产药品还是进口药品，如果真的有必要，就应该让劳动者报销。然而，根据我国《社会保险法》的规定，社会保险行政部门和卫生行政部门应当建立异地就医医疗费用结算制度，方便参保人员享受基本医疗保险待遇，因此，在结算方面，由医院决定使用什么药品，只要在目录之内，之后均应能在相关部门得到结算。如果按照劳动者建议的放宽药品的使用范围，就会增加医院滥用权利、刻意增添服务的可能性。因此，报销范围和比例在需要调整的同时，结算制度也需要进行相应的调整。

而对于缴费比例来说，我们认为需要联系待遇一起考虑。我们发现，对医疗保险待遇了解越清楚的劳动者越认为医疗保险缴费率过高。与上文相呼应，这部分劳动者也是接触医疗保险最多的群体，因此，他们的想法极具代表性。在被调查人员中，超过1/5的劳动者均认为缴费比例过高。因此，如何平衡缴费率与医疗保险待遇之间的关系，也是医疗保险实施过程中需要解决的问题。

除上述问题以外，其他问题均为程序性问题，其中报销程序烦琐和异地报销结算困难是反映比较多的两个问题，在比例上均超过了对缴费费率的意见。

四　社会保险权利受到侵犯时的法律救济

（一）劳动者对维权方式的选择

数据显示，劳动者遇到劳动争议更倾向于向社会保险部门反映情况。其次则是申请劳动仲裁，或者向劳动监察大队投诉，选择向法院起诉的劳动者人数最少。

然而，目前对于社会保险的争议处理，各地做法也不一样。例如，江苏省劳动争议仲裁委员会不受理社会保险争议的案件，劳动者需要向劳动监察大队或者社会保障中心投诉解决。但是，在我们访谈过程中，劳动监察大队以及社会保障中心的分工并不明确，各地情况也不一致。如果劳动者的投诉相关部门不受理或者不满意，那么劳动者只能选择向法院提起行政诉讼。而这样的诉讼在法院受理的概率也很低。因此，对于普通劳动者来说，因为社会保险问题而投诉，很容易造成投诉无门，或者相关部门相互推诿的结果。对于这一点，在调研中，也有很多劳动者向我们反映投诉没用，会直接选择仲裁来解决单位与其之间的社保争议问题。但是，也有劳动者表示要避免仲裁或者诉讼，认为成本较高，不利于劳动者维权。由此可见，劳动者在投诉或者仲裁方面都处于弱势，掌握的证据材料没有单位多，并且没办法消耗较高的时间成本。因此，劳动者对于社会保险的维权就无法很好地实现。

我们在相关机构了解到，劳动者投诉成功需要准备较为充分的材料，否则不会予以处理，而这一点对于劳动者来说较为困难，而相关机构也没有强制力要求单位提供。因此，投诉的方式非常不利于劳动者维权。然而，社会保险争议是否需要纳入仲裁处理程序，各个机构反映不一，并且该问题涉及行政权与诉讼权的分工，比较难以统一。

综上所述，如何建立一个更好的维权通道，更好地维护劳动者的权利、增加劳动者维权的意识，是《社会保险法》实施过程中需要解决的问题。

（二）被调研对象对我国社会保险制度完善方面的建议

从调研结果来看，57.8%的被调研对象要求国家进一步提高社保待遇水平，41.3%的人要求提高社保服务水平，还有将近40%的人要求加强对社保部门的财务审计与信息公开制度。相对而言，只有41.3%的人要求对违法的用人单位进行制裁，这与社会保险制度是国家强制保险的性质是吻合的，说明社会公众普遍要求政府在完善制度、改善待遇和提高服务水平等方面承担更多的责任。

Investigation Report on the Implementation of the "Social Insurance Law": Taking 12 Cities in the Yangtze River Delta Region as Samples

Zhou Changzheng

Abstract: This investigation on 12 cities in Yangtze River Delta region, using questionnaires to collect data. We analyze the implement of the "Social Insurance Law" by 4 aspect: the implementation of social insurance insurance case, endowment insurance, medical insurance and rights protection. Then we combined the data with related literature and expert interviews and carried out some explanation. Through the research, our team learned the implementation of the "Social Insurance Law" as well as its main problems, such as: social insurance bring pressure both to the worker and the employer; most workers show negative attitude to the postpone retirement policy; workers felt dissatisfied at the range limits of medicare reimbursement system, contribution rate, cumbersome procedures to reimburse the expense; when encountering a labor dispute, workers are more likely to seek the social insurance sector for help, then for the labor arbitration or the labor monitoring group, the court was the last choice. To solve the above problem, the author proposed some suggestion, such as: have retirement pensions linked with the retire age, set a flexible retirement system.

Key words: Social Insurance Law; Endowment Insurance; Medical Insurance; Protection of Right

新《工伤保险条例》下工伤死亡待遇立法评估

——以救济能力为视角[*]

冯 源[**]

目　次

一　丧葬补助金立法评估
　（一）不同立法之间的横向比较
　（二）不同城市丧葬补助金的金额情况
　（三）丧葬补助金的救济能力之评估
二　供养亲属抚恤金立法评估
　（一）供养亲属抚恤金的调整基准
　（二）供养亲属抚恤金分配的利益相关者
　（三）供养亲属抚恤金的发放方式及相关争议
　（四）以福建省厦门市为例验证供养亲属抚恤金的救济能力
三　一次性工亡补助金立法评估
　（一）新旧立法救济能力的比较
　（二）一次性工亡补助金的分配

摘　要：丧葬补助金、供养亲属抚恤金和一次性工亡补助金构成工伤死亡待遇的三大部分。通过对各省标准和东、中、西部代表性城市的分

---

[*] 本文是国家社科基金重点项目"我国现行社会立法实施效果与影响研究——以工伤保险条例和职业病防治法为对象"的阶段性成果之一。项目主持人：蒋月；项目批准号：10AZD024。

[**] 冯源，女，厦门大学法学院民商法专业2013级博士研究生，研究方向为家庭法和社会法。

析,丧葬补助金的补偿标准能够覆盖基本殡葬费用,却难以涵盖墓地费用,其原因并不在于立法的疏漏,而是由于人们思想观念的影响和殡葬行业的管理失范。供养亲属抚恤金的调整基准、分配主体、分配方式等问题在诸多立法细节上存在争议,以厦门市为例建立评估预测模型能够证明供养亲属抚恤金的画线基本合理,但是否予以适当控制取决于立法者的利益衡量。一次性工亡补助金相对于旧法,是一次补偿标准的普遍性提高,但其救济方式和分配机制仍然存在一些问题,影响其救济能力的发挥。

关键词: 工伤死亡待遇 救济能力 评估

职工因工死亡,主要是指职工因工伤事故、职业中毒直接导致的死亡,经抢救无效后的死亡,以及在停工留薪期内治疗中的死亡。[①] 新《工伤保险条例》对劳动者因工死亡规定了相应的补偿待遇,相对于旧法有延续之处,也有新的修改,特拟本文对新法规定的工伤死亡待遇进行相关立法效果评估。

一 丧葬补助金立法评估

新《工伤保险条例》对劳动者因工死亡所需要支付的丧葬费用规定了相应的补偿标准,相当于6个月统筹地区上年度职工的月平均工资。新法延续了旧法所规定的补偿标准不变,丧葬补助金在实践生活中是否能够满足劳动者的现实需求是一个值得关注的问题,对此需要从不同的维度进行考察并且分析费用支出的深层原因。

(一) 不同立法之间的横向比较

进行立法评估需要从科学性、导向性、客观性、可比性、稳定性几个维度进行判断,其中可比性是指把具备同样基础和条件的不同对象,或在不同的时间与地点具有相同基础和条件的同一对象进行比较,得出的结果视为符合可比性的标准,借之以衡量评估对象发生的效果变化。[②] 法律评估方法中的系统分析法也需要我们评价和了解法律内部制度的协调性和法律之间的

[①] 黎建飞:《最新工伤保险条例热点、难点、疑点问题全解》,中国法制出版社,2011,第244页。

[②] 汪全胜:《立法后评估的标准探讨》,《杭州师范大学学报》(社会科学版)2008年第3期。

协调性。① 从不同法律协调一致的层面审视《工伤保险条例》，则需要考察其他相关法律针对人身伤害所规定的丧葬费补偿标准，用以比较这些规定与《工伤保险条例》所设定的标准之间的契合程度。

这些法律在立法上存在明确主义和模糊主义两种不同的处理方式。前者如《最高人民法院关于审理人身损害赔偿案件适用法律若干问题的解释》，该解释第 27 条规定，"丧葬费按照受诉法院所在地上一年度职工月平均工资标准，以六个月总额计算"。事实上，《工伤保险条例》立法之初在设计各项费用的具体标准时，就对《最高人民法院关于审理人身损害赔偿案件适用法律若干问题的解释》有较多的参照和借鉴，故此处丧葬费的标准亦与其保持高度一致性。后者如《医疗事故处理条例》，该条例第 50 条第 7 项规定，丧葬费"按照医疗事故发生地规定的丧葬费补助标准计算"，又如《最高人民法院关于审理触电人身损害赔偿案件若干问题的解释》，该解释第 4 条第 8 项规定，"国家或者地方有关机关有规定的，依该规定；没有规定的，按照办理丧葬实际支出的合理费用计算"。明确主义立法的落脚点在于"六个月上一年度职工月平均工资的总额"，模糊主义立法的落脚点在于"当地合理费用"。明确主义的立法规范统一、便于操作，模糊主义的立法灵活多变、因势制宜。如果"六个月上一年度职工月平均工资的总额"相当于"当地合理费用"的丧葬支出，则立法的标准从实质上得以统一，如此则需要考察现实生活中丧葬费的具体支出状况。

（二）不同城市丧葬补助金的金额情况

省级行政单位丧葬补助金及其浮动范围如表 1 和表 2 所示。

表 1　省级行政单位丧葬补助金表

单位：元

省级行政单位	城镇非私营单位在岗职工月平均工资（按省级统筹计算）		理论上丧葬补助金数额	
	2011 年	2012 年	2011 年	2012 年
北　京	75482/12 = 6290	84742/12 = 7062	37740	42372
天　津	55658/12 = 4638	46464/12 = 3872	27828	23232
河　北	35309/12 = 2942	39542/12 = 3295	17652	19770

---

① 丁贤、张明君：《立法后评估理论与实践初论》，《政治与法律》2008 年第 1 期。

续表

省级行政单位	城镇非私营单位在岗职工月平均工资（按省级统筹计算）		理论上丧葬补助金数额	
	2011 年	2012 年	2011 年	2012 年
山　　西	39230/12=3269	44236/12=3686	19614	22116
内 蒙 古	41118/12=3427	38281/12=3190	20562	19140
辽　　宁	38154/12=3180	42503/12=3542	19080	21252
吉　　林	33610/12=2801	38407/12=3201	16806	19206
黑 龙 江	31302/12=2609	38598/12=3217	15654	19302
上　　海	75591/12=6299	56300/12=4692	37794	28152
江　　苏	45487/12=3791	50639/12=4220	22746	25320
浙　　江	45162/12=3764	50813/12=4234	22584	25404
安　　徽	39352/12=3279	44601/12=3717	19674	22302
福　　建	38588/12=3216	44979/12=3748	19296	22488
江　　西	33239/12=2770	38512/12=3209	16620	19254
山　　东	37618/12=3135	42837/12=3570	18810	21420
河　　南	33634/12=2803	37958/12=3163	16818	18978
湖　　北	36128/12=3011	32050/12=2671	18066	16026
湖　　南	34586/12=2882	40028/12=3336	17292	20016
广　　东	45060/12=3755	50278/12=4190	22530	25140
广　　西	33032/12=2753	37614/12=3135	16518	18810
海　　南	36244/12=3020	39485/12=3290	18120	19740
重　　庆	39430/12=3286	44498/12=3708	19716	22248
四　　川	37330/12=3111	42339/12=3528	18666	21168
贵　　州	36102/12=3009	38396/12=3200	18054	19200
云　　南	34004/12=2834	38908/12=3242	17004	19452
西　　藏	49464/12=4122	43200/12=3600	24732	21600
陕　　西	38143/12=3179	43073/12=3589	19074	21534
甘　　肃	32092/12=2674	32906/12=2742	16044	16452
青　　海	41370/12=3448	46483/12=3874	20688	23244
宁　　夏	42703/12=3559	48961/12=4080	21354	24480
新　　疆	38238/12=3187	41642/12=3470	19122	20820

数据来源：2011 年的数据来自统计年鉴；2012 年的数据来自各地方统计局网站、人力资源和社会保障局网站、政府网站。新《工伤保险条例》自 2011 年开始施行，所以选取了最近两年的数据作为考察对象。

表 2　丧葬补助金浮动范围表

单位：元，%

浮动范围	省份个数（2011年）	所占百分比（2011年）	省份个数（2012年）	所占百分比（2012年）
15000～20000	21	67.74	12	38.71
20001～25000	7	22.58	14	45.16
25001～30000	1	3.23	4	12.90
30001～35000	0	0	0	0
35001～40000	2	6.45	0	0
40001～45000	0	0	1	3.23

为了说明2011年和2012年理论丧葬补助金在表2中6个浮动范围内的分布情况，统计其分布范围，以直方图表示如图1所示。

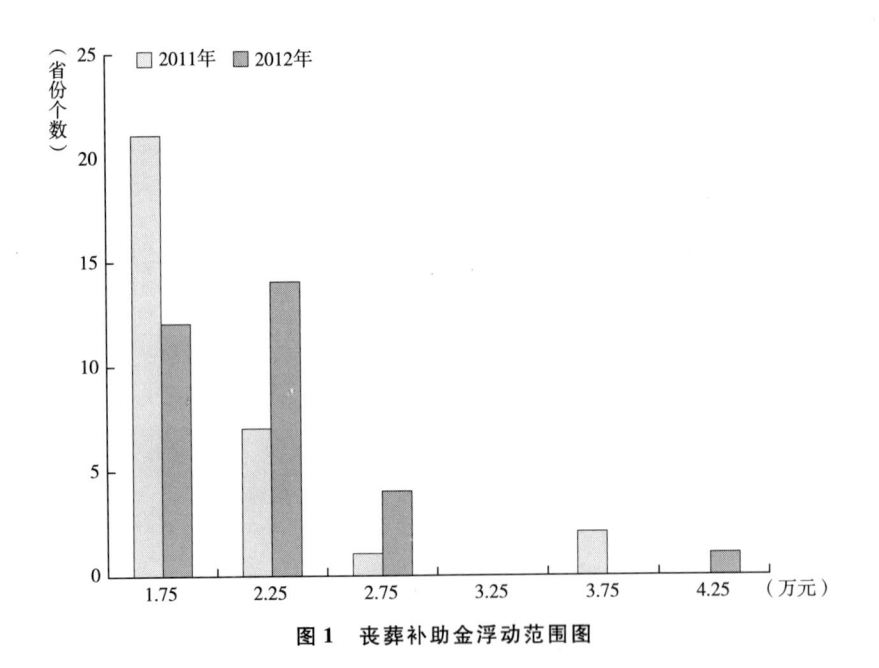

图 1　丧葬补助金浮动范围图

理论上，丧葬补助金数额依据城镇非私营单位在岗职工月平均工资计算所得，由于各省份之间的社会经济发展水平存在差异，丧葬补助金计算所得结果高低不同，劳动者工资收入比较高的省份丧葬补助金数额相对较高。2012年丧葬补助金的金额总体高于前一年，但趋势是缓慢上升。具体言之，大部分省份丧葬补助金的数额集中于15000～25000元，其中2011

年有 28 个省份，占 90.32%，2012 年有 26 个省份，占 83.87%。

（三）丧葬补助金的救济能力之评估

新《工伤保险条例》要求工伤保险基金逐步实现省级统筹，目前许多地区工伤死亡待遇的补偿标准依然按照市级地区的标准执行。如果把省级单位作为基本的研究对象，多数省份理论上的丧葬补助金都处于 15000～25000 元，差异性的存在主要基于各地经济发展水平不同。

目前，丧葬补助金的标准已经能够完全覆盖因工死亡劳动者基本殡葬费用的支出。基本殡葬费用主要是劳动者死后按传统举行丧礼所需要的各项开销。在中国的儒家传统中重视隆丧厚葬，丧礼主观上能帮助人们维持心理平衡并进行社会教化，客观上起着一种社会一体化、社会联系纽带的作用。[①] 近些年，我国的殡葬改革取得了较为显著的成效：一方面，先后颁布《国务院关于殡葬管理的暂行规定》（1985 年发布，已废止）及《殡葬管理条例》（2012 年修订）这两部核心性指导法规，全国掀起了殡葬制度的改革热潮，立足点在于实现节约丧葬用地和革除传统习俗中的丧葬陋习；另外，最近几年殡葬改革有逐渐走向公益化的趋势，政府倾向于将殡仪馆定位为公益性非营利机构，2009 年 12 月 23 日民政部出台《关于进一步深化殡葬改革促进殡葬事业科学发展的指导意见》，该指导意见规定"按照保基本、广覆盖、可持续的原则，有条件的地区，可从重点救助对象起步，逐步扩展到向辖区所有居民提供免费基本殡葬服务，实行政府埋单"。通过这些措施的推行，殡葬行业基本服务得以规范，费用的支出逐步实现科学化、合理化，虽然不排除个别地区仍然存在基本殡葬服务费用过高的现实，比如某些政府行政监管不力的地区，但大部分地区的基本殡葬服务费用都在城市居民的承受能力范围之内。民政部对各地殡仪馆基本殡葬服务费用进行调查发现：[②] 全国殡葬服务费用平均为 1045 元/具；城

---

① 王夫子：《殡葬文化学》，湖南人民出版社，2007，第 263 页。
② 调查基本情况：调查在每个省（区、市）选取 3 个在当地同行业中处于中等水平的殡仪馆，其中省会城市、地级地区、县级地区各 1 个。全国共选取近百个殡仪馆样本。调查的五项殡葬服务项目包括：遗体接运（以往返 40 千米计）、遗体存放（以 3 日计）、遗体火化（取平板炉火化标准）、骨灰寄存（以 1 年计）、骨灰盒（以最低价计）。《民政部对各地殡仪馆基本殡葬服务费用进行调查》，见中华人民共和国中央人民政府网站：http://www.gov.cn/gzdt/2010－04/01/content_1570929.htm，最后访问日期：2013 年 10 月 12 日。

市和区域之间收费标准差异不大,收费标准大约与当地经济发展水平呈反比,省会城市殡仪馆单具遗体平均费用为1102元、其他地级城市殡仪馆为1078元、县(市)殡仪馆为996元,大中小城市之间呈递减态势;东部省份单具遗体平均费用为1029元、中部为1073元、西部为1081元,呈东、中、西递增态势;但经济欠发达地区的基本殡葬收费标准普遍高于经济发达地区,甚至有13个省份的县(市)殡仪馆收费标准高于省会城市。①

代表城市月平均工资、丧葬补助金和丧葬费支出如表3所示。

虽然,丧葬补助金已经能够完全覆盖基本殡葬服务费用,但是通过对全国各地几个比较有代表性的城市研究发现,殡葬支出的主要部分并不是基本殡葬服务费用,而是墓地费用,大部门地区的墓地费用畸高,远远超越一般家庭的承受能力。截至2009年底,中国共有殡仪馆1729个,经营性公墓1266个,远远不能满足人们日益增长的殡葬需求。② 政府对殡葬行业投入有限,土地资源有限,加之高度的殡葬需求导致了殡葬行业的产业化运作,从中滋生暴利现象,尤其在墓地销售这一方面。如果丧葬补助金相对于殡葬费用的总支出显得比较低,原因并不在于立法制定的补助标准不合理,而在于殡葬行业本身所存在的问题。为了提高殡葬用地的利用效率,降低成本,一些国家采取了以下措施:德国的法律规定,亡人必须葬入墓地,但使用时间最多不得超过30年,期限一到这块墓地就要用以埋葬新的遗体和骨灰;英国从19世纪70年代就倡导火化,并提倡不留骨灰;意大利的韦拉若公墓采取了立体公墓的规划方式,采取地下一层、地上6~8层的形式,每层正好塞入一具棺木,从而将土地的利用率提高五倍以上。③ 虽然其他国家的做法为我们提供了一些经验和借鉴,但是由于殡葬文化和各个国家的民族文化传统密切关联,有些方式并不是我们目前所能够接受的方式,思想观念的变化也需要一个漫长的历史过程。即便如此,我们至少可以在以下两个方面做出一些努力:一方面,政府需要继续完善殡葬行业相关立法,使其各环节管理契合于中国国情,加大投

---

① 《民政部对各地殡仪馆基本殡葬服务费用进行调查》,中华人民共和国中央人民政府网站:http://www.gov.cn/gzdt/2010-04/01/content_1570929.htm,最后访问日期:2013年10月12日。
② 章林:《和谐社会条件下殡葬服务体系的建立》,《经济研究导刊》2011年第22期,第201页。
③ 王计生:《事死如生——殡葬伦理与中国文化》,百家出版社,2002,第224~229页。

表 3　代表城市月平均工资、丧葬补助金和丧葬费支出表

单位：元

城市名称	2012 年月平均工资[①]	丧葬补助金	丧葬费用支出（根据新闻报道估算）（基本殡葬费用＋墓地费用）
天津（北方东部）	3872	23232	约 2500[②] ＋（2600～298000）[③]
广州（南方东部）	5313	31878	约 1600[④] ＋（11000～280000）[⑤]
郑州（北方中部）	3000	18000	基本殡葬费用由政府承担＋（6800～75000）[⑥]
长沙（南方中部）	3161	18966	基本殡葬费用由政府承担＋墓地费用（280～40000）[⑦]
银川（北方西部）	4163	24978	约 1018[⑧] ＋墓地费用（1500～90000）[⑨]
昆明（南方西部）	2950	17700	3000 以上[⑩] ＋墓地费用（8960～98000）[⑪]

注：①数据来自各城市统计局网站、人力资源和社会保障局网站及政府网站。
②李海燕：《天津殡葬部门：丧事正规服务基本费用不超 2500 元》，网址：http://www.tianjinwe.com/tianjin/ms/qjtj/201304/t20130403_282289.html，最后访问日期：2013 年 10 月 12 日。
③天津至善公墓网，网址：http://www.ourownclub.org/index.asp，最后访问日期：2013 年 10 月 12 日。
④2015 年之后广州户籍居民免除殡葬费，参见谭秋明《广州户籍居民后年免殡葬费》，网址：http://gzdaily.dayoo.com/html/2013-03/28/content_2194468.htm，最后访问日期：2013 年 10 月 12 日。
⑤周浩杰、周祚：《墓地全包价普遍三五万》，网址：http://gzdaily.dayoo.com/html/2012-04/09/content_1666187.htm，最后访问日期：2013 年 10 月 12 日。
⑥《郑州墓地价格》，网址：http://www.hnmdw.com/product2.asp?s=60000&m=99999，最后访问日期：2013 年 10 月 12 日。
⑦黄静：《墓葬收费　长沙公墓价格差别大》，网址：http://hunan.voc.com.cn/article/201203/201203260721548089.html，最后访问日期：2013 年 10 月 12 日。
⑧韩均：《殡葬服务费用银川低于全国平均水平》，网址：http://szb.ycen.com/html/2010-04/08/content_143975.htm，最后访问日期：2013 年 10 月 12 日。
⑨张亮：《宁夏：严格控制殡葬业"基本服务"收费》，网址：http://news.xinhuanet.com/local/2012-04/01/c_111729150.htm，最后访问日期：2013 年 10 月 12 日。
⑩魏文青、农成：《昆明殡葬市场让人死不起："风光大葬"＝中等收入 1 年工资》，网址：http://www.chinadaily.com.cn/hqgj/jryw/2012-03-31/content_5580497_2.html，最后访问日期：2013 年 10 月 12 日。
⑪刘钊：《昆明几大公墓价格和安葬方式调查：入土为安价几何？》，网址：http://news.sina.com.cn/c/2012-04-02/083524214133.shtml，最后访问日期：2013 年 10 月 12 日。

入，使其具备真正逐渐走向公益化的经济基础，制定推行殡葬行业的技术服务标准和服务限价措施，加强殡葬行业专业人才的培养；另一方面，加强社会宣传，号召树立绿色殡葬观念，积极推动殡葬方式的革新，倡导树葬、花葬、草坪葬等节地葬法，鼓励深埋、撒散、海葬等不保留骨灰方式，政府应该对实行绿色殡葬的集体和个人进行表彰和奖励，引导公众共同建设资源节约型、环境友好型社会，实现人与自然和谐相处。

综上分析，影响丧葬费用具体开支的因素较为复杂。从一般意义上理解，国家制定的基本标准即 6 个月的统筹地区上年度职工月平均工资，应该能够用以覆盖丧葬费用的支出。国家制定的丧葬补助金标准和一些地区标准相比显得比较低，原因可以从以下两个方面思考：一方面，各地的民间风俗和丧葬礼仪有所差别，丧葬文化也可以被当作中国传统文化的一个表征而存留于各地居民的思想观念之中，这是影响各地丧葬费用的一个比较重要的因素；另一方面，国家对于殡仪行业的管理欠缺规范，移风易俗、提倡薄葬的成效还不够显著，这是一个影响各地丧葬费用所不能忽视的因素。据此，现行工伤立法对于丧葬费用的补助力度可以仅止于此。

二 供养亲属抚恤金立法评估

新《工伤保险条例》规定了工亡劳动者供养亲属抚恤金的补偿标准，相对于旧法来说标准并无改变："供养亲属抚恤金按照职工本人工资的一定比例发给由因工死亡职工生前提供主要生活来源、无劳动能力的亲属。标准为：配偶每月 40%，其他亲属每人每月 30%，孤寡老人或者孤儿每人每月在上述标准的基础上增加 10%。核定的各供养亲属的抚恤金之和不应高于因工死亡职工生前的工资。"

评估供养亲属抚恤金的立法效果，需要关注以下三个问题：第一，供养亲属抚恤金与丧葬补助金、一次性工亡补助金有所不同，后者属于一个相对变量，总数额可以随着经济发展程度、费用开销高低不同而进行立法修改，而供养亲属抚恤金是一个定额，核定的各项抚恤金之和不应该高于工亡劳动者生前工资；第二，立法评估应该重点关注定额总量之下的内部分配问题，即主要依靠工亡劳动者提供经济来源的、无劳动能力的配偶、孤寡老人、孤儿以及其他亲属作为供养亲属抚恤金的利益相关者，如何在他们之间进行利益平衡；第三，进行利益平衡的过程中，需要采用何种模式才显得科学合理。

(一) 供养亲属抚恤金的调整基准

供养亲属抚恤金,即死亡抚恤金,是指社会保险经办机构在职工因工死亡后,按照职工本人生前工资的一定比例,为保障职工生前供养亲属的基本生活而定期发给死者法定亲属的现金待遇。[①] 工亡劳动者生前付出劳动以获得劳动报酬,不仅仅在于实现自身劳动价值的需要,更在于需要承担一定的经济职能,承担经济职能所指向的对象多是与自己存在较大利害关系的亲属,比如配偶、父母、子女,如果这些人没有劳动能力,则其主要依靠劳动者的劳动价值来维持基本的生存需要。因此,劳动者发生因工死亡的事实,不仅给这些人带来了情感的创伤,而且意味着对他们经济基础的沉重打击。从立法上以供养亲属抚恤金的方式保证他们按月稳定的经济来源,不仅仅基于劳动者因工死亡这一因果关系的考虑,也是立法应该具备的人道主义关怀。

无论如何,核定供养亲属的各项抚恤金之和不得高于劳动者生前的工资总额。一方面,工资包括基本工资与辅助工资,前者指劳动者在法定或约定工作时间内提供正常劳动所得的报酬,后者指用人单位对劳动者支出的、超出正常劳动之外的劳动耗费所给予的报酬,比如奖金、津贴、加班加点工资等。[②] 我国《关于工资总额组成的规定》第4条对工资的组成做出了详细的列举:"(一)计时工资;(二)计件工资;(三)奖金;(四)津贴和补贴;(五)加班加点工资;(六)特殊情况下支付的工资。"除此之外,工资还包括用人单位代扣代缴的个人所得税和各项社会保险费,[③] 不能只把工资理解为基本工资,只有基本工资加上辅助工资才能构成一个完整的工资组合。另一方面,要正确理解供养亲属抚恤金数额是定额的事实,工亡劳动者在生前也是靠自己所得工资来供养相关的近亲属,不能因为死亡的事实而增加这些被供养亲属所应该享受到的利益。如果需要供养亲属的数量较多,供养亲属抚恤金无论如何分配也不能满足他们的基本生

[①] 郑尚元:《工伤保险法律制度研究》,北京大学出版社,2004,第119页。
[②] 王全兴:《劳动法》(第二版),法律出版社,2004,第236~237页。
[③] 具体见《工资支付暂行规定》第15条规定:"用人单位不得克扣劳动者工资。有下列情况之一的,用人单位可以代扣劳动者工资:(一)用人单位代扣代缴的个人所得税;(二)用人单位代扣代缴的应由劳动者个人负担的各项社会保险费用……"

存需要，则需要借助其他的社会救济方式加以解决，《工伤保险条例》的规定仅止于此。

(二) 供养亲属抚恤金分配的利益相关者

利益相关者属于经济学上的概念，最早出现在1963年斯坦福大学一个研究小组的内部文稿中，是指那些没有其支持、组织就无法生存的群体，包括股东、雇员、顾客、供货商、债权人等。[①] 从法学的范畴考察利益相关者的概念，利益相关者包括立法者、执法者以及法律条文所直接针对的对象。[②] 毫无疑问，供养亲属抚恤金的利益相关者为无劳动能力、主要依靠工亡劳动者提供生活来源的近亲属，包括配偶、孤寡老人、孤儿、其他亲属。

《因工死亡职工供养亲属范围规定》第2条规定了因工死亡劳动者的供养亲属范围："本规定所称因工死亡职工供养亲属，是指该职工的配偶、子女、父母、祖父母、外祖父母、孙子女、外孙子女、兄弟姐妹。本规定所称子女，包括婚生子女、非婚生子女、养子女和有抚养关系的继子女，其中，婚生子女、非婚生子女包括遗腹子女；本规定所称父母，包括生父母、养父母和有抚养关系的继父母；本规定所称兄弟姐妹，包括同父母的兄弟姐妹、同父异母或者同母异父的兄弟姐妹、养兄弟姐妹、有抚养关系的继兄弟姐妹。"供养亲属抚恤金规定的范围恰好和《继承法》所规定的有继承权的近亲属的范围一致。虽然有的学者批评劳动部门无权界定供养亲属的范围，不能因社会保险经办机构与劳动部门存在管理与被管理的关系而超越其行政职能，亲属范围属于民法亲属法所规定的内容，[③] 但是无论如何，劳动部门的《因工死亡职工供养亲属范围规定》与亲属法的立法精神保持一致，似乎更应该把重点放在其如何分配上。

假定工亡劳动者的工资分配模式有以下三种情况 (图2)：
(1) 需要供养一个人：例如，一个配偶 (40%)；
(2) 需要供养两个人：例如，一个配偶 (40%) 加一个孩子 (30%)；
(3) 需要供养三个人：例如，一个配偶 (40%) 加两个老人 (各30%)。

---

① 刘丹：《利益相关者与公司治理法律制度研究》，中国人民公安大学出版社，2005，第38页。
② 汪全胜：《立法后评估的"利益相关者"模式》，《法治研究》2010年第1期，第14页。
③ 郑尚元：《工伤保险法律制度研究》，北京大学出版社，2004，第119页。

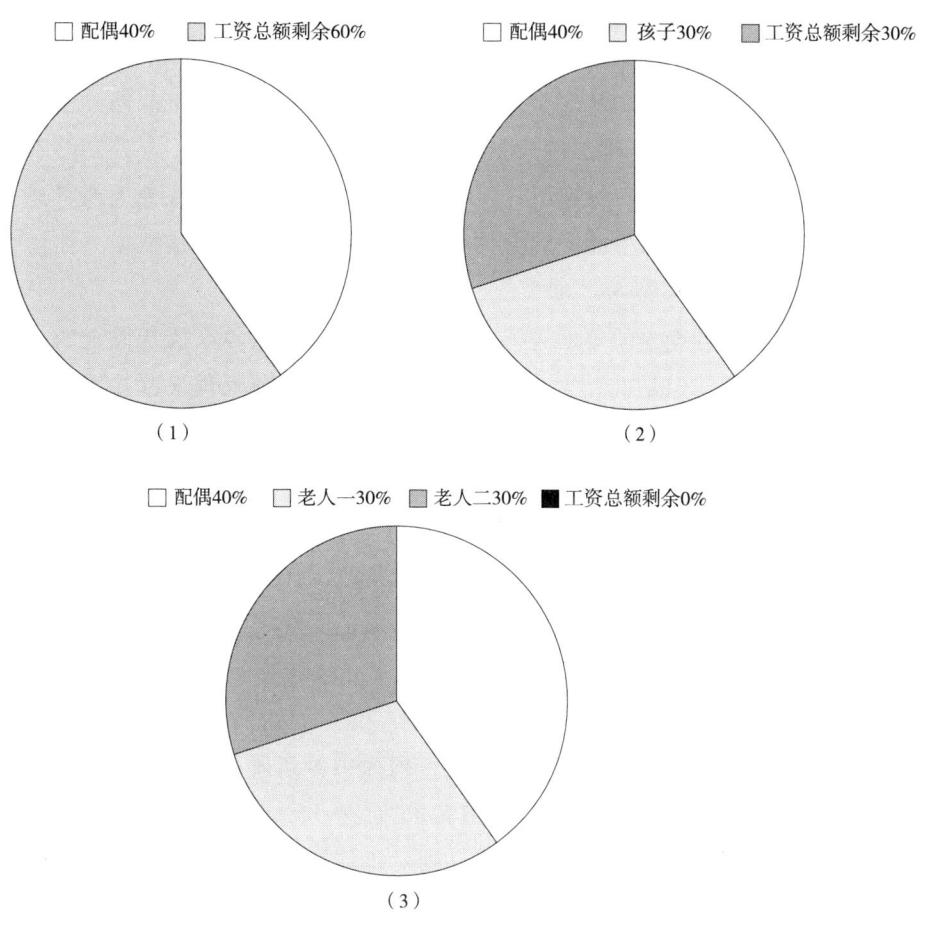

图 2　工亡劳动者工资的利用、分配与供养人数

注：不存在一个配偶（40%）加一个孤儿（40%）的模式，否则不能称其为孤儿，有可能是一个配偶（40%）加一个老人（30%），供养分配的方式同一个配偶加一个孩子；一般在假想状态下供养总额很少有能突破工资总额的（比如一个配偶、一个孩子、两个老人），因为几乎不可能需要供养那么多亲属且这些亲属恰好都满足由工亡劳动者供养且无劳动能力的双重条件。

采用利益相关者理论对供养亲属抚恤金的内部分配份额进行分析，似乎可以认为与工亡劳动者利益相关性最高的对象应该得到相对更大的分配份额。因为利益相关者之间也是存在竞争性的，一方利益的实现会以另一方部分利益的让渡作为代价。[①] 其实，供养亲属抚恤金的内部份额分配大致趋于平均，只是对两类主体略加偏重：一为工亡劳动者的配偶（40%）；

---

① 汪全胜：《立法后评估的"利益相关者"模式》，《法治研究》2010 年第 1 期，第 17 页。

一为孤寡老人和孤儿（40%）。相对于其他亲属而言，配偶之间的日常交往更为紧密，情感联系更为频繁，在《继承法》中对第一顺位继承人的罗列也是把配偶放于首位。从这个角度思考，供养亲属抚恤金对配偶分配较多的份额似乎也合情合理，在一夫一妻制度下，配偶双方互为对方的唯一。虽然其他亲属在一般情况下分配 30%，但是立法对于孤寡老人或者孤儿这种更为缺乏基本谋生能力的群体给予了特殊的优待，也是根据具体情势进行恰当处理的表现。

从利益相关者理论的角度进行分析，现行立法对供养亲属抚恤金的内部分配大致合理。但是也有学者认为，立法在其他细节处理上存在不恰当之处。有学者认为"由因工死亡职工生前提供主要生活来源"和"无劳动能力"如此双重条件的满足，使得供养亲属抚恤金发放范围存在过于狭窄之嫌，比如有劳动能力的仍在高校就读的年轻人，有劳动能力的残疾人、老年人可能会因为立法限制较严格而得不到救助，有违公平。[1]

此外，有人认为《因工死亡职工供养亲属范围规定》第 3 条关于"申请供养亲属抚恤金"的条件规定尚存在很多立法疏漏。比如：如何确定"提供主要生活来源"，子女给父母多少钱作为生活费，外人不得而知；如父亲有养老金，母亲没有收入，母亲能否列为供养亲属；父母均无固定收入，父亲已超过 60 周岁，而母亲则不满 55 周岁，父亲能否列为供养亲属；除工亡职工外，其父母尚有其他子女，则父母能否列为工亡职工的供养亲属。对此，应当通过解释的方式予以明确。还有学者认为由于年龄限制和经济能力条件的约束，多数工亡职工的配偶一般不能列为供养亲属的法律规定也存在极大的不合理之处。[2]

（三）供养亲属抚恤金的发放方式及相关争议

原则上，立法为供养亲属抚恤金规定按月发放的模式，原意是为需要供养的亲属按月提供生活来源，细水长流。但是，实践中会出现供养亲属抚恤金是否可以一次性领取的争议，伤残津贴也存在是否可以一次性领取

---

[1] 庄洪胜、郑忠艳、吴立涛：《劳动事故伤残鉴定与赔偿》，人民法院出版社，2009，第 270 页。
[2] 向春华：《论工伤范围与待遇的完善——〈工伤保险条例〉修改建议案之三》，《劳动保护》2006 年第 9 期，第 66 页。

的争议。二者争议的立足点完全不同，因为伤残津贴有可能由用人单位负责发放而存在发放主体风险，供养亲属抚恤金是否能够一次性领取的主要考量因素是操作的便捷性以及发放主体的意思自治。

某些省市的立法基于操作便捷性的考虑，规定某些特殊对象可以一次性领取供养亲属抚恤金。例如，《北京市外地农民工参加工伤保险暂行办法》第10条规定："因工死亡的外地农民工的供养亲属，符合享受供养亲属抚恤金条件的，按月支付，直至丧失领取条件时止。本人自愿选择一次性领取供养亲属抚恤金的，一次性支付的标准为：配偶为8万元；其他供养亲属为5万元，其中子女（含弟、妹）按照年满18周岁终止领取的供养余年计算。"同样，《天津市工伤保险若干规定》第25条规定，领取伤残津贴的职工或者领取供养亲属抚恤金的人员，其常住地不在本市的，可以按照相应标准一次性享受工伤保险待遇，工伤保险关系同时终止。上海市也规定外来务工人员的供养亲属抚恤金可以一次性领取。①

一次性领取的原则和立法不构成冲突，《企业职工工伤保险试行办法》第27条规定："领取伤残抚恤金的职工和因工死亡职工遗属，本人自愿一次性领取待遇的，可以一次性计发有关待遇并终止工伤保险关系，具体计发办法由各省、自治区、直辖市劳动行政部门规定。"领取年限可参照《最高人民法院关于审理人身损害赔偿案件适用法律若干问题的解释》第28条之规定："被扶养人为未成年人的，计算至十八周岁；被扶养人无劳动能力又无其他生活来源的，计算二十年。但六十周岁以上的，年龄每增加一岁减少一年；七十五周岁以上的，按五年计算。"

（四）以福建省厦门市为例验证供养亲属抚恤金的救济能力

表4 厦门市职工2000~2012年月均工资、消费与供养亲属抚恤金对照表

单位：元

年 份	职工月平均工资	抚恤金标准一 40%	抚恤金标准二 30%	居民月人均消费性支出
2000	1273	509	382	754
2001	1390	556	417	708

① 李斌：《工伤的应急处置与索赔》，北京大学出版社，2010，第138页。

续表

年　份	职工月平均工资	抚恤金标准一 40%	抚恤金标准二 30%	居民月人均消费性支出
2002	1488	595	446	709
2003	1585	634	476	788
2004	1712	685	514	1204
2005	1881	752	564	987
2006	2129	852	639	1180
2007	2413	965	724	1365
2008	2695	1078	809	1624
2009	3038	1215	911	1499
2010	3357	1343	1007	1663
2011	3842	1537	1153	1860
2012	4377	1751	1313	2077

资料来源：厦门统计信息网：2000~2012年厦门市国民经济和社会发展统计公报，网址：http://www.stats-xm.gov.cn/tjzl/tjgb/index_1.htm，最后访问日期：2013年10月14日。

1. 职工月平均工资预测模型

以年限作为自变量，以职工月平均工资作为因变量，从职工月平均工资随时间的走向趋势图（图3）可以看出，职工月平均工资和年限之间呈近似二次曲线关系。

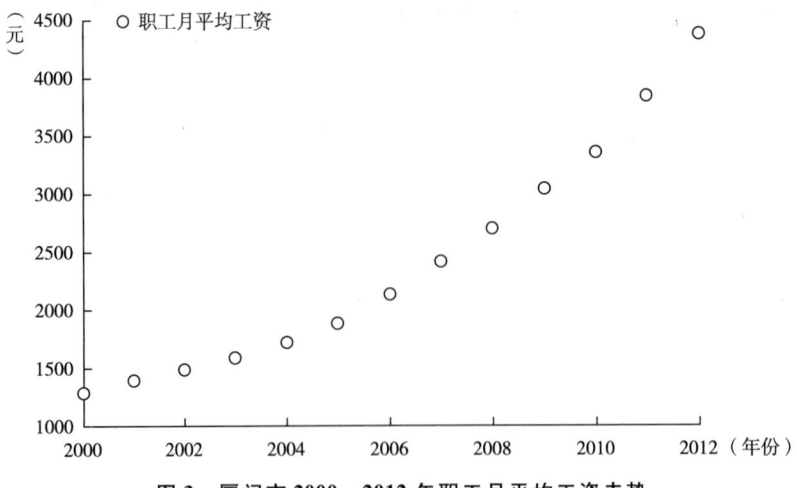

图3　厦门市2000~2012年职工月平均工资走势

现假设 2000 年为第 1 年, 2001 年为第 2 年, 依次类推, 2000～2012 年 13 年来对应的职工月平均工资如表 5 所示。

表5　厦门市 2000～2012 年职工月平均工资列表

单位: 元

时　　间	1 (2000)	2 (2001)	3 (2002)	4 (2003)	5 (2004)
月平均工资	1273	1390	1488	1585	1712
时　　间	6 (2005)	7 (2006)	8 (2007)	9 (2008)	10 (2009)
月平均工资	1881	2129	2413	2695	3038
时　　间	11 (2010)	12 (2011)	13 (2012)		
月平均工资	3357	3842	4377		

为寻找职工月平均工资与时间之间的关系, 建立职工月平均工资与时间之间的关系模型为

$$f(x) = ax^2 + bx + c$$

采用最小二乘法求解此模型, 得出

$$\begin{cases} a = 19.35 \\ b = -22.38 \\ c = 1336.4 \end{cases}$$

所以, 职工月平均工资与年限之间的关系为

$$f(x) = 19.35(x - 1999)^2 - 22.38(x - 1999) + 1336.4$$

职工月平均工资与年限之间的关系图如图 4 所示。

从所建立模型与现有数据之间的关系可以看出, 模型基本能够描述所有数据样本, 说明此二次模型为有效模型。

按照模型的预测, 在近五年内, 职工月平均工资如表 6 所示。

表6　厦门市 2013～2017 年职工月平均工资预测表

单位: 元

年　　限	2013	2014	2015	2016	2017
月平均工资	4815	5353	5931	6547	7201

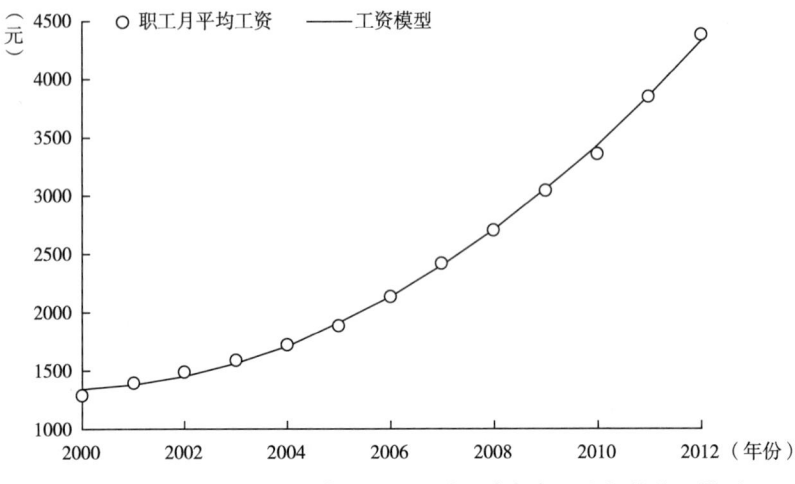

图 4 厦门市 2000~2012 年职工月平均工资与年限之间的关系模型

2. 居民月平均消费支出预测模型

从消费支出数据点趋势图（图 5）看出，月平均消费支出同年限之间基本呈二次曲线关系。

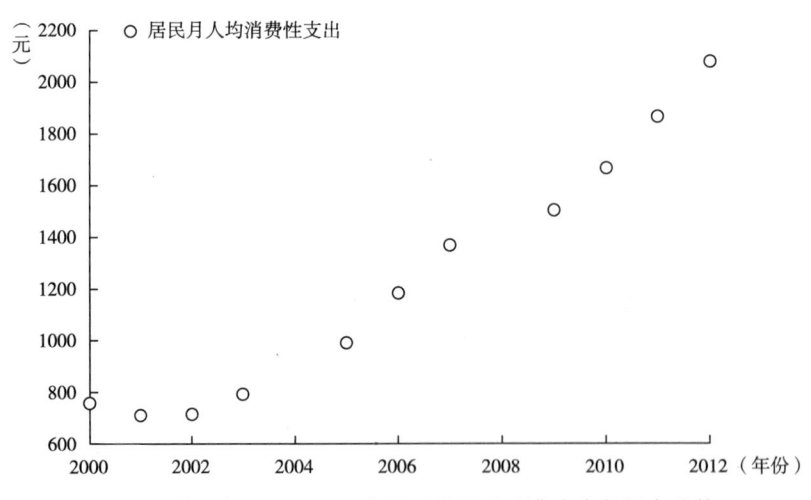

图 5 厦门市 2000~2012 年居民月平均消费支出数据点趋势

假设 2000 年为第 1 年，2001 年为第 2 年，依次类推，剔除异常点之后，选取的数据信息如表 7 所示。

表7　厦门市2000~2013年职工月平均消费支出列表（异常点除外）

单位：元

时　间	1（2000）	2（2001）	3（2002）	4（2013）	6（2005）
月平均支出	754	708	709	788	987
时　间	7（2006）	8（2007）	10（2009）	11（2010）	12（2011）
月平均支出	1180	1365	1499	1663	1860
时　间	13（2012）				
月平均支出	2077				

建立月平均消费支出与时间之间的关系模型为

$$y = ax^2 + bx + c$$

采用最小二乘法进行求解该模型，得出

$$\begin{cases} a = 6.82 \\ b = 19.67 \\ c = 656 \end{cases}$$

所以，职工月平均消费支出与年限之间的关系为

$$f(x) = 6.82(x-1999)^2 + 19.67(x-1999) + 656$$

关系图如图6所示。

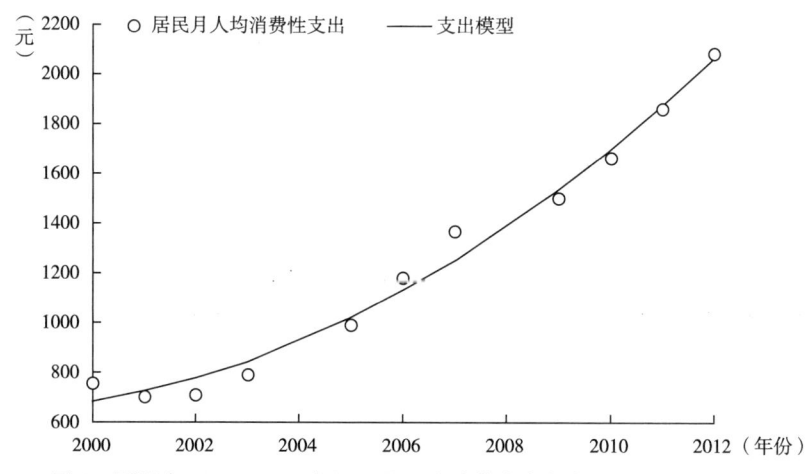

图6　厦门市2000~2012年职工月平均消费支出与年限之间的关系模型

按照此预测模型，可以预测近五年内月平均消费支出如表8所示。

表8 厦门市2013~2017年职工月平均消费支出预测表

单位：元

年限	2013	2014	2015	2016	2017
月平均消费	2267	2485	2715	2960	3218

3. 供养亲属抚恤金合理性的评估结论

根据职工月平均工资预测模型和月平均消费支出预测模型，如果亲属抚恤金按照月平均工资的40%和30%计算，则可以得出各相应年份供养亲属抚恤金的基本数额（表9）。

表9 供养亲属抚恤金与均值对照表

单位：元，%

预测年份	2013	2014	2015	2016	2017	所有年份均值
模型预测月平均工资	4815	5353	5931	6547	7201	2398
模型预测月平均消费支出	2267	2485	2715	2960	3218	1263
供养亲属抚恤金（40%）	1926	2141	2372	2619	2880	959
抚恤金占消费支出比率	84.96	86.16	87.37	88.48	89.50	75.50
供养亲属抚恤金（30%）	1445	1606	1779	1964	2160	719
抚恤金占消费支出比率	63.74	64.63	65.52	66.35	67.12	56.93

可见，供养亲属抚恤金的立法状况比较乐观：一方面，以所有年份的均值作为参照比较标准，2013~2017年近五年的抚恤金占消费支出比率（40%）、抚恤金占消费支出比率（30%）均处于均值的上面，比均值高出约10个百分点；另一方面，供养亲属抚恤金对于消费性支出的负担能力逐年增强，那么，对于法定范围近亲属的抚养能力逐年增强，供养亲属抚恤金的救济能力逐年提高。即便如此，40%和30%画线是否合理，可以从另一个侧面思考，若抚恤金占消费支出比率大到一定的程度，我们是否该考虑把40%和30%的比率稍微下调？若立法者考虑的是最大限度地满足被救济者的需求，当前的形势发展无疑得偿所愿；反之，如果希望将供养亲属抚恤金的救济能力维持在一定的限度内，以便此处投入的工伤保险基金能够转投工伤救济其他领域进行更有效率的运作，下调也是可以采用的方式。比如，抚恤金占消费支出比率（40%）、5年增长约5个百分点，若想维持在85%左右，则需要对供养亲属抚恤金（40%）的计算比率下调2个百分点至38%。

三 一次性工亡补助金立法评估

一次性工亡补助金是指由工伤保险经办机构支付给工亡职工的现金待遇。一次性工亡补助金的意义是多重的：第一，安慰工亡职工亲属；第二，保障工亡职工所养亲属的基本生活；其三，平衡工伤补偿与民事补偿的关系。[①]

（一）新旧立法救济能力的比较

旧《工伤保险条例》第37条第1款第3项规定："一次性工亡补助金标准为48个月至60个月的统筹地区上年度职工月平均工资。具体标准由统筹地区的人民政府根据当地经济、社会发展状况规定，报省、自治区、直辖市人民政府备案。"但是这条规定实施几年来受到的批评非常多，最主要的批评是"同命不同价"的问题，另外也存在补偿标准偏低[②]的问题。

新《工伤保险条例》对一次性工亡补助金的标准做了统一的硬性规定，新《工伤保险条例》第39条第1款第3项规定："一次性工亡补助金标准为上一年度全国城镇居民人均可支配收入的20倍。"新法的修改参照了死亡赔偿金的赔偿标准和赔偿力度，此次修改的意义主要在于：一方面，标准得以统一，杜绝了由于法条规定模糊与各统筹地区不规范立法所导致的一系列争议和不便，能够有效地避免"同命不同价"的现象；另一方面，一次性工亡补助金的补偿标准也得以提高，避免了工亡补助金远远低于死亡赔偿金的状况，有利于对工亡劳动者近亲属精神的抚慰和生活的救济。需要注意的是，上一年度是指工亡事故发生时间的上一年度。若以其他时间，比如以工伤认定时间或劳动能力鉴定时间为准，则不妥当，因为这两个时间都具有灵活性，可以人为延长，在实践

---

① 郑尚元：《工伤保险法律制度研究》，北京大学出版社，2004，第120页。
② 据相关学者调查发现：按照上限60个月计算，在北京及沿海经济发达地区，可达到10万元；而在绝大多数地区，一次性工亡补助金不超过6万元，此补偿标准显得太低。见向春华《论工伤范围与待遇的完善——〈工伤保险条例〉修改建议案之三》，《劳动保护》2006年第9期，第65页。

中难以确定。

部分省市一次性工亡补助金标准如表10所示。

表10 部分省市一次性工亡补助金标准表

单位：月，元

省 市	标 准	依 据	2012年月平均工资	最终金额（按旧法标准）
宁 夏	60	《宁夏回族自治区实施〈工伤保险条例〉办法》（2004）	4080	244800
天 津	60	《天津市工伤保险若干规定》（2003）	3872	232320
湖 南	54	《湖南省实施〈工伤保险条例〉办法》（2004）（被授予革命烈士称号的，为60个月）	3336	180144
河 南	54	《河南省工伤保险条例》（2007）	3163	170802
上 海	50	《上海市工伤保险实施办法》（2004）	4692	234600
西 藏	50	《西藏自治区实施〈工伤保险条例〉办法》（2004）（维护国家、公共利益中死亡的，60个月）	3600	180000
北 京	48	《北京市工伤保险实施办法》（2003）	7062	338976
黑龙江	48	《黑龙江省贯彻〈工伤保险条例〉若干规定》（2003）（30周岁以下每年轻1岁增加1个月，但最高不得超过60个月）	3217	154416
浙 江	60	《关于贯彻执行〈工伤保险条例〉有关事项的通知》（2004）	4234	254040
广 西	54	《广西壮族自治区实施〈工伤保险条例〉办法》（2007）	3135	169290
青 海	54	《青海省实施〈工伤保险条例〉办法》（2007）	3874	209196
云 南	48	《云南省贯彻〈工伤保险条例〉实施办法》（2003）	3242	155616
海 南	48~60	《海南经济特区工伤保险实施办法》（2005）（无供养为48个月，1人供养为52个月，2人供养为56个月，3人以上为60个月）	3290	157920 171080 184240 197400

续表

省 市	标 准	依 据	2012年月平均工资	最终金额（按旧法标准）
新 疆	48~60	《新疆维吾尔自治区实施〈工伤保险条例〉办法》（2003）（分情况确定，48个月、54个月、60个月）	3470	166560 187380 208200
厦 门	60	《厦门市实施〈工伤保险条例〉规定》（2004）	4377	262620

注：贵州、吉林、福建、河北、江西、江苏、湖北、安徽、四川、陕西、甘肃、内蒙古、山东、广东等省没有做统一的规定，一般由各统筹地区做出规定，然后报省政府备案。本表以2012年为例进行计算。

部分省市一次性工亡补助金新旧法标准对照如图7所示。

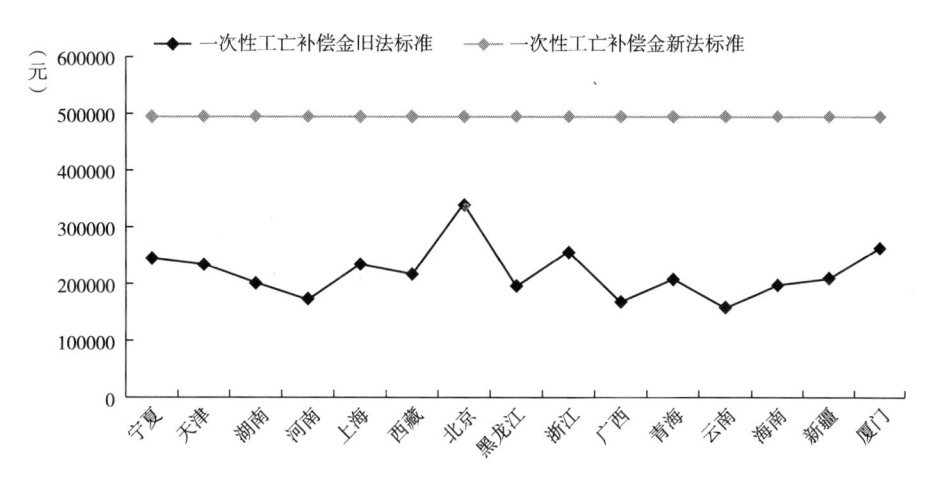

图7 部分省市一次性工亡补助金新旧法标准对照图

若按照上一年度全国城镇居民人均可支配收入的20倍计算（2012年城镇居民人均可支配收入24565元×20=491300），理论上的一次性工亡补助金为491300元。因此，新《工伤保险条例》相对于旧法条义的规定而言，是一次补偿标准的普遍性提高。旧法的规定虽然是一种因地制宜的考虑，结合当地的实际情况，但是客观上造成了"同命不同价"的现实（比如云南省155616元和北京市338976元相差悬殊）。因此，新法普遍地提高补偿标准是恰当的做法。但是，由于不同地区经济发展水平具有差异性，不同地区劳动力市场的劳动力价值存在差异性，不同地区生活消费水平也存在差异性，所以"一刀切"的做法还需要进一步加强研究，等待现实的考验。但无论如何，在具体的制度设计中，尤其是在赔偿标准上应该给予更多公平和正义价值的考量。虽然每个人对公平和正义的价值存在多元化的理解，但是对死亡补偿这一问题却可以从补偿额的明显差别予以反映，本来是平等的劳动者却产生赔偿额的极端个案差异，很难被认为是立法的理想状态。

（二）一次性工亡补助金的分配

一次性工亡补助金如何分配是一个值得关注的问题，遗憾的是新《工伤保险条例》并没有为我们提供明确的可参照性标准，结果引发了现实生活中工亡劳动者近亲属之间的争议。

通常认为，一次性工亡补助金至少需要对下列三类损失进行补偿：一为"家庭共有财产损失"，以共同生活为目的组成家庭需要每一个家庭成员承担必要的经济职能，劳动者因工死亡的事实减少了家庭预期经济收入；一为"受供养权利的丧失"，"供养亲属抚恤金"发放适用的范围极其有限，事实上劳动者对于其他有劳动能力的某些近亲属也承担着相应的扶助义务；一为"精神损害补偿"，工伤保险立法始终排除了精神损害的补偿，在这里可以将一次性工亡补助金视为对工亡劳动者近亲属具有一定的精神抚慰意义。在司法实践中，不同的法院对这三类补偿对象的理解和权重不同，也导致了实践中判决的差异，需要尽快出台一个统一的标准。[1]

认为一次性工亡补助金在性质上等同于遗产的人，主张应该对一次性工亡补助金按照《继承法》的相关规定进行平均分配。实践中，有一些人持有这样的看法，认为一次性工亡补助金是对死者余生可能创造的财富的补偿，应当理解为死者的遗产，一次性工亡补助金应由死者的继承人按《继承法》的规定继承较为适宜。[2]

多数人认为一次性工亡补助金与遗产存在质的不同。遗产是指被继承

---

[1] 见《中国社会保障》所载案例，有的法院把一次性工亡补助金视为遗产，按照《继承法》的规定进行分配；有的法院进行了相关的利益权衡，对不同近亲属确定的分配份额有所差异。参见向春华、张俞红《工亡补助金：纷争何时结》，《中国社会保障》2008年第4期，第62~64页。

[2] 张成木、邓昭国：《试论工亡赔偿金的性质和分配原则》，重庆法院网：http://cqfy.chinacourt.org/public/detail.php?id=15521，最后访问日期：2013年10月14日。

人死亡时遗留的个人所有财产和法律规定可以继承的其他财产权益，是继承法律关系的客体和继承权的标的。根据《继承法》的有关规定，遗产必须符合三个特征：第一，必须是公民死亡时遗留的财产；第二，遗产包括被继承人死亡时所遗留的财产权利和义务；第三，必须是合法财产。[①] 这三个条件必须同时具备，才能成为遗产。一次性工亡补助金本质上属于社会立法工伤保险待遇的范畴，由相应专门的工伤保险机构经办，和亲属法中的遗产概念不能同日而语，《继承法》中对于遗产的列举也并不包括一次性工亡补助金；更为重要的是，公民于生前可以自由处分自己的遗产，一次性工亡补助金的发生是基于因工死亡的事实，不存在生前自由处分一说。

弄清楚一次性工亡补助金的性质归根到底还是为了确定其适用的分配原则。基于以上的分析，则可以排除适用《继承法》的继承原则作为分配原则。在这里，可以参照对于死亡赔偿金性质的理解来帮助界定一次性工亡补助金的性质，死亡赔偿金不仅仅属于对近亲属的精神损害赔偿，也属于"逸失利益"的赔偿，即对相关权利人财产利益的补偿。[②] 据此，一次性工亡补助金主要补偿相关权利人的财产利益，辅助之以精神抚慰的意义。具体言之，相关权利人主要是指工亡劳动者的近亲属，相关财产利益既包括配偶对于预期夫妻共同财产的损失，也包括工亡劳动者生前负有抚养、赡养、扶助义务之关系较为密切近亲属所享有的经济利益的损失。"死者家庭预期共有财产收入损失"的损失对象是明确的，即对该收入享有支配权利的家庭成员，以与"受害人"有经济上的同一体关系作为请求权的基准；[③] 在此其中，配偶应该占有主要份额，因为配偶与工亡劳动者生前形成夫妻财产关系，共享受益、共担损失，劳动者工亡的事实于他们而言经济利益受到的损失更为严重且显而易见，其他与工亡劳动者形成家庭共有财产关系的被监护人以及其他亲属因有权请求相对较少的份额。"抚养、赡养、扶助"利益的损失对象包括按照相关法律的规定工亡劳动者对其负有抚养、赡养、扶助义务的人，但

---

① 蒋月、何丽新：《婚姻家庭与继承法》（第三版），厦门大学出版社，2008，第316页。
② 张新宝、明俊：《空难概括死亡赔偿金性质及相关问题》，《法学研究》2005年第1期，第142~143页。
③ 向春华：《工伤理论与案例研究》，中国劳动社会保障出版社，2008，第171页，转引自于敏《日本侵权行为法》（第二版），法律出版社，2006，第398页。

是这个需要具体情况具体进行判定，抚养、赡养、扶助义务的履行也存在是否必要或者紧迫的差别，如此可赋予法官进行相应判别的自由裁量权。除此之外，需要准确把握一次性工亡补助金的精神抚慰意义，一般认为与工亡劳动者存在较高程度情感联系的人才具备对其所遭受精神损害进行补偿的必要性，比如配偶、父母、子女。通过以上的分析可以得知，对于一次性工亡补助金的分配，立法应该赋予配偶较高的分配权重，赋予其他相关的近亲属一定的分配权重，具体有权享受的份额和近亲属的范围需要尽快出台相应的规范予以进一步明晰，给予司法实践一个可操作性的标准。

此外，一次性工亡补助金还在其他一些立法细节上存在显失公平之处。新《工伤保险条例》第39条第2款规定，伤残职工在停工留薪期内因工伤导致死亡的，其近亲属享受本条第1款规定的丧葬补助金、供养亲属抚恤金、一次性工亡补助金。而新法同一条第3款却规定一级至四级伤残职工在停工留薪期满后死亡的，其近亲属可以享受丧葬补助金、供养亲属抚恤金，无权享受一次性工亡补助金，有不公平之嫌。

The Assessment of Death Benefits under the New "Industrial Injury Insurance Regulations"
—From the Perspective of Regard Relief Capacity

Feng Yuan

Abstracts: The funeral allowance, bereavement payments and the lump sum work – related death allowance consist of the main apartment of the death benefits. Through the provincial standards and the eastern, central and western analysis of representative cities, the funeral allowance could cover the fundamental funeral expenses, except for burial fees, which base on the influence of people's recognition and mismanagement of the funeral industry instead of legislative defects. The adjusted basis, allocated body and allocation method of bereavement payments have some problems in details. Xiamen city is selected as a example to prove the reasonableness of bereavement payments, but whether to give proper control that was according to legislator' balance. Compared to the old regulations, the lump sum industrial death allowance reflects the general improvement of standard, which still has some drawbacks in remedies and allocation methods that bring the negative impact to relief capacity.

Key words: Death Benefits; Relief Capacity; Assessment

海峡两岸工伤保险制度比较研究

林荣泉[*]

目　次

一　两岸工伤保险之承保对象和承保范围差异
　（一）承保对象立法演进差异
　（二）两岸工伤保险之承保范围差异辨析
二　台湾地区工伤保险缴费与待遇特性及现有制度问题
　（一）保险缴费责任和待遇特性
　（二）工伤保险给付规定
　（三）工伤保险制度现存的问题
三　台湾地区工伤保险制度的缺失和执行难点
　（一）劳工保险制度的缺失
　（二）针对执行难点部分
四　完善大陆地区工伤保险制度的建议
　（一）个体工商户的雇工可参加投保工伤保险
　（二）增加在校学生可投保工伤保险的权利
　（三）增加退休人员可投保工伤保险的权利
　（四）变更非全日制劳工工伤保险投保人

摘　要：大陆与台湾地区在工伤保险制度上，有诸多的差异。大陆地

---

[*] 林荣泉，男，厦门大学法学院民商法专业2010级博士研究生，主要研究领域为劳动法和社会保障法。

区工伤保险的承保对象范围比较狭窄，对个体工商户就业、在校学生就业、退休人员就业、非全日制工等就业保险未详加规范，而台湾地区在上述部分已有明确的规定，故大陆地区工伤保险立法可借鉴台湾地区的情况。而台湾地区的工伤保险也存在诸多执行上的问题，如保险费率提拨不足，投保薪资以多报少等问题，建议吸收大陆地区法律中的规定供修法之参考。

关键词： 工伤保险制度 承保范围 保险缴费责任

在现代化生产的今天，工伤事故增多，日渐引起两岸就业者与企业的重视。大陆地区方面，2003年4月27日，《工伤保险条例》公布，2004年1月1日施行，几年后，铁路企业、私营轻工企业、建筑工矿企业等大量行业群体参与到工伤保险的运行中。而台湾地区，现制的投保对象相对全面，已成体系，特别是针对特殊群体的工伤保险保障。统计数据显示，截至2012年底，台湾地区总投保人数为970万9511人，[①] 应计保险费为新台币2601亿7454万2544元，[②] 而保险给付金额为新台币2626亿9050万3160元，[③] 亏损约为新台币25亿元。

目前，工伤保险是台湾各种职业保险中险种人数最多、范围最广、规模最大的，它对台湾经济和社会的影响是广泛而深远的。比较分析两岸工伤保险制度的不同以及各自的优劣点，能为彼此提供有益的借鉴参考。

一 两岸工伤保险之承保对象和承保范围差异

（一）承保对象立法演进差异

台湾地区工伤保险立法最早可追溯至1950年4月13日公布的《台湾

[①] 《表1 开办起劳工保险业务概况表》，"行政院"劳工委员会劳工保险局，网址：http://www.bli.gov.tw/reportY.aspx?y=101&f=h010，最后访问日期：2013年10月31日。

[②] 《表1 开办起劳工保险业务概况表》，"行政院"劳工委员会劳工保险局，网址：http://www.bli.gov.tw/reportY.aspx?y=101&f=h010，最后访问日期：2013年10月31日。

[③] 《表15 开办起劳工保险实际保险给付金额—按给付种类分》，"行政院"劳工委员会劳工保险局，网址：http://www.bli.gov.tw/reportY.aspx?y=101&f=h150，最后访问日期：2013年10月31日。

省劳工保险办法》，该办法采取了将工伤保险与养老保险等社会保险综合的立法模式。而1958年7月21日台湾地区公布《劳工保险条例》，确立了台湾地区现行工伤保险的基本内容和模式雏形，并在此后历经14次修正，逐步扩大台湾地区工伤保险的承保范围。1958年《劳工保险条例》规定："年满14岁劳工，（1）被雇于雇用劳工10人以上之公民营工厂、矿场、盐场、林场、茶场之产业工人；（2）交通公用事业工人；（3）职业劳工；（4）专业渔捞劳动者等，都应加入劳工保险为被保险人。"1968年7月23日条例修正后，设置了60岁的上限，并增列雇用劳工10人以上之农场、牧场之产业工人，交通、公用事业工人，政府机关、公立学校之技工、司机、工友和受雇于雇用10人以上公司、行号之员工为被保险人。1979年修正案又将"雇用10人"的限制性规定降低为5人，而1988年修正案将劳工最低参保年龄从14岁提高到15岁。

  大陆工伤保险的最早立法是1951年2月26日政务院公布的《中华人民共和国劳动保险条例》。该法所覆盖的承保范围极为有限，仅包括：有工人职员100人以上的国营、公私合营、私营及合作社经营的工厂、矿场及其附属单位的职工；铁路、航运、邮电的各企业单位及其附属单位的职工。该条例于1953年1月2日修正，而修正的《劳动保险条例》将保险覆盖承保范围扩大至工厂、矿场及交通事业的基本建设单位和国营建筑公司的职工。这种覆盖范围的扩大，仅是量上的增加，没有实质性扩大，工伤保险仅适用于企业职工。与之相对应的是，在机关单位、事业单位和社会团体中工作的劳动者，由于他们与单位之间形成不同于劳动关系的人事关系，而享受特殊的"公伤"保障制度。1996年原劳动部公布《企业职工工伤保险试行办法》，该办法是大陆地区改革开放后，重新确立工伤保险制度的标志。该试行办法将工伤保险覆盖范围限定在企业职工，并规定城镇个体经济组织中的职工可以参加工伤保险。原劳动和社会保障部陆续颁布《关于农民工参加工伤保险有关问题的通知》《关于铁路企业参加工伤保险有关问题的通知》《关于进一步推进矿山等高风险企业参加工伤保险工作的通知》《关于做好煤矿企业参加工伤保险有关工作的通知》等，加快推进了工伤保险各行业全面覆盖。这些规定将保护范围扩大到诸多急需工伤保障的高风险行业，并在法治层面强制要求这些行业加入工伤保险运行。并且，在国营企业加入工伤保险机制的基础上，进一步要求私营企业参加工伤保险。大陆地区这一切的努力有利于扩大工伤保险参与者范围，减少工伤保险基金的安全风险，从而有助于降低工伤事故的发生，促进安全生产。2003年国务院公布《工伤保险条例》，基本维持了1996年《企业职工工伤保险试行办法》的覆盖范围。根据2010年12月20日《国务院关于修改〈工伤保险条例〉的决定》修订的《工伤保险条例》扩大了工伤保险覆盖的投保范围，将工伤保险覆盖范围扩展至一般事业单位、社会团体、民办非企业单位、基金会、律师事务所和会计师事务所等组织。

（二）两岸工伤保险之承保范围差异辨析

1. 立法模式不同

大陆地区工伤保险是在社会保险法之下的专门立法。而台湾地区工伤保险没有独立立法，而是融合在劳工保险之中。这种将工伤保险与普通事故保险合并立法的模式遭到一些台湾学者的批评，他们认为合并立法的方式忽视了工伤保险的特殊性，导致工伤保险预防和康复功能不能充分发挥，并且工伤保险的投保薪资须配合劳工保险普通事故保险，以适当的保障为准，以至于获得的工伤保险理赔相对减少。但是，台湾地区"政府"反对工伤保险独立立法，它担心将工伤保险单独立法，需要另外设置一套保险计算机系统、作业模式和管理人力，徒增行政管理成本，因而，工伤保险在台湾地区仍融合在劳工保险立法之中。

2. 强制性不同

大陆地区工伤保险具有强制性，所有用人单位都必须依法为劳动者缴纳工伤保险费，参加工伤保险。对于地广人多的大陆地区，只有强制实施工伤保险才能保障工伤保险基金的充足和有效运行。台湾地区工伤保险参保本来也是单一强制性，但是，1973年《劳工保险条例》修正案增加了自愿参保对象，形成了以强制参保为主、自愿参保为辅的模式。虽然有自愿参保的规定，但是在自愿参保单位工作的劳工大多参加职业工会，多由职业工会为其参保。

3. 法理不同

大陆地区《工伤保险条例》由于深受劳动法的影响，工伤保险在设置参保范围时呈现两个特点：其一，将保障劳动者权益作为确定工伤保险覆盖范围的基本原则。《工伤保险条例》确定的覆盖范围只是劳动者，不涉及雇主，因而对于从事实际劳动的个体工商户本人是否能够自愿参保，《工伤保险条例》并未涉及。其二，劳动者的重要性在具体确定哪些劳动者能够享受工伤保险保障时，并未体现，而是不合理地以用人单位的性质作为划分劳动者是否能够参加工伤保险的依据。这两个看似相互矛盾的特征，深刻揭示出大陆劳动法对工伤保险立法的影响。《工伤保险条例》所覆盖的劳动者，不是以其付出劳动、换取工资收入这种从事社会劳动的实质要件为判断标准，而是以劳动者是否与单位存在劳动关系为判断依据。由于劳动关系和雇佣关系在法理与实务中均难给出明确区分标准，不少劳动者无法享受工伤保险保障，限制了大陆工伤保险的覆盖范围。与大陆相比，台湾地区没有劳动关系和雇佣关系的划分，台湾地区在确定工伤保险覆盖范围时，完全是从劳动者自身出发设定覆盖范围。在《劳工保险条例》中，虽然工伤保险的覆盖范围一部分是以劳动者所在的单位性质确定的，但除了依据劳动者所在单位确定工伤保险的覆盖范围外，《劳工保险条例》还依据劳动者所从事的行业，以及劳动者的特殊情形进行专门规范。台湾地区这种以劳动者为核心的工伤保险立法模式，不仅能依据劳动者所从事工种、职业、行业以及特殊情况进行详细规定，避免法律规定不周详进而引发实践纷争的弊端，还能够较好体现出工伤保险以保障劳动者为主的立法主旨。

二 台湾地区工伤保险缴费与待遇特性及现有制度问题

（一）保险缴费责任和待遇特性

在台湾地区，工伤保险又被称为职业灾害保险。台湾劳工保险的资金来源主要是劳资双方缴纳的保险费。保险费率分为普通事故保险费率和职业灾害保险费率。普通事故保险费率为被保险人当月的月投保薪资的7%，而职业灾害保险费率则依行业类别分为55种[①]，主要分类为：农、林、渔、牧业（2类）；矿业及土石采取业（1类）；制造业（18类）；电力及燃气供应业（1类）；用水供应及污染整治业（2类）；营造业（5类）；批发及零售业（2类）；运输及仓储业（7类）；住宿及餐饮业（1类）；资讯及通信传播业（3类）；金融及保险业（1类）；不动产业（1类）；专业、科学及技术服务业

[①] 参见2012年10月18日台湾地区"行政院"劳工委员会劳保三字第1010140428号函公告修正发布，并自2013年1月1日起施行。

（2类）；支持服务业（2类）；公共行政及国防、强制性社会安全（1类）；教育服务业（1类）；医疗保健及社会工作服务业（1类）；艺术、娱乐及休闲服务业（1类）；其他服务业（3类）。并依照其工作特征及危险程度制定差别费率，最高月投保薪资约为1.06%（水上运输业），最低为0.09%（金融及保险业）。至于保险费的分担比例，普通事故保险费由劳资双方分别按20%和80%的比例缴纳，职业灾害保险费则完全由雇主负担。

（二）工伤保险给付规定

劳工保险自1950年开办，在经历1968年、1973年、1979年、1988年、1995年、1998年及2009年等重大修订，并继劳保年金施行后，将"残废给付"名称改为"失能给付"，并规定各种给付得视实际需要情形分期实施。有关各项给付分述如下。

1. 伤病给付

职业伤害补偿费及职业病补偿费，均按被保险人遭受伤害或罹患职业病之当月起前6个月平均月投保薪资的70%，自不能工作之第4日起发给，每半个月给付一次；如经过1年尚未痊愈者，减为平均月投保薪资之半数，但以一年为限，前后合计共发给2年。

2. 职灾医疗给付

（1）被保险人遭遇职业伤害或罹患职业病，应向全民健康保险医事服务机构申请诊疗，免交全民健康保险规定之部分负担医疗费用，被保险人之保险医疗费用由劳保局支付。普通膳食费及一般治疗饮食费，给付30日内之半数，医疗费用支付标准准用全民健康保险有关规定办理。

（2）被保险人如在境外遭遇职业伤病并就诊，回台湾申请核退医疗费用之支付标准：门诊或住院诊疗费用，劳工保险局核实给付，但申请费用高于其急诊、门诊治疗当日或出院之日起前3个月全民健康保险给付特约医学中心门诊每人次、住院每人日平均费用标准者，其超过部分不予给付。另计算核退医疗费用时，有关外币兑换汇率基准日，以申请日之该外币平均兑换率计之。

3. 失能给付

（1）失能年金

①依被保险人的保险年资计算，每满1年，发给平均月投保薪资的

1.55%（即平均月投保薪资 × 年资 × 1.55%）。

②金额不足新台币 4000 元者，按新台币 4000 元发给。

③被保险人具有国民年金保险年资者，已缴纳保险费之年资，每满 1 年，按其国民年金保险月投保金额的 1.3% 计算发给（即民年金保险之月投保金额 × 缴费年资 × 1.3%）。

④合并劳工保险失能年金给付和国民年金保险身心障碍年金给付后，金额不足新台币 4000 元者，按新台币 4000 元发给。

⑤因职业伤害或罹患职业病失能者，另一次发给 20 个月职业伤病失能补偿一次金。

⑥保险年资未满 1 年者，依实际参加保险月数按比例计算；未满 30 日者，以 1 个月计算。

⑦眷属补助：加发眷属补助：请领失能年金给付者，同时有符合下列条件的配偶或子女时，每一人加发依《劳工保险条例》第 53 条规定计算后金额 25% 的眷属补助，最多加计 50%。

（2）失能补偿一次金：因普通伤害或罹患普通疾病失能者，最高第 1 等级，给付日数 1200 日，最低第 15 等级，给付日数 30 日。因职业伤害或罹患职业病失能者，增给 50%，即给付日数最高为 1800 日，最低为 45 日。

4. 死亡给付

（1）给付标准

①保险年资合并未满 1 年者，按其死亡之当月（含）起前 6 个月之平均月投保薪资，一次发给 10 个月遗属津贴。

②保险年资合并已满 1 年而未满 2 年者，按其死亡之当月（含）起前 6 个月之平均月投保薪资，一次发给 20 个月遗属津贴。

③保险年资合并已满 2 年者，按其死亡之当月（含）起前 6 个月之平均月投保薪资，一次发给 30 个月遗属津贴。

④因职业伤害或罹患职业病死亡：不论保险年资，按其死亡之当月（含）起前 6 个月之平均月投保薪资，发给 40 个月遗属津贴。

（2）给付方式

①一次给付：申请手续完备经审查应予发给者，劳工保险局于收到申请书之日起 10 个工作日内核付。

②年金给付：申请手续完备经审查应予发给者，自申请之当月起，按月发给，至应停止发给之当月止。

5. 老年给付

老年给付分三种给付项目：（1）老年年金给付；（2）老年一次金给付；（3）一次请领老年给付。

（1）老年年金给付

①按加保期间最高60个月之平均月投保薪资×年资×0.775% + 3000元。

②按加保期间最高60个月之平均月投保薪资×年资×1.55%。

（2）老年一次金给付

给付金额＝平均月投保薪资×给付月数。"平均月投保薪资"按加保期间最高60个月之月投保薪资平均计算。

（3）一次请领老年给付

给付金额＝平均月投保薪资×给付月数。

（三）工伤保险制度现存的问题

台湾地区工伤保险作为台湾劳工的保障，普遍受到劳工欢迎和认可。然而，这一制度在实施中也暴露出不少漏洞和问题，兹分别说明如下。

1. 劳工保险费率提拨不足

根据劳保局于2013年1月公布的资料，自2002至2011年平均收益率约3.03%，并考虑近期全球经济景气循环不佳，故采3%作为本次精算最适假设，其资产报酬率亦采3%，另以上下变动1%为范围，评估投资报酬率的变动对劳保财务的影响。精算报告结果显示，投资报酬率如由3%提升至4%，平衡费率虽由27.84%下降至23.45%，精算负债由7.3兆降至6.1兆，但如维持现制运作，亏损将在2027年发生，且因为资金成本增加，50年后劳保基金累积亏损缺口仍逐年扩大。显示劳保财务问题症结，除景气循环和投资报酬率的关键外，主要在于制度面的长期费率提拨不足，未能有效反应给付成本，以及高龄少子化压力因素所致，死亡率不断改善与劳动力人口增加有限，造成劳保财务长期失衡。

2. 劳工投保薪资以多报少

这是由制度本身的漏洞所造成的。如前所述，投保薪资是保险费的计算基础,投保薪资愈高,缴纳的保险费也愈高。而目前台湾劳工保险的投保薪资采用申报制,投保薪资与实际薪资是否相符,完全取决于投保人和被保险人的诚信。由于雇主要负担80%的普通事故保险费和全部的职业灾害保险费,所以往往尽量压低所属员工的投保薪资,以减轻保险费的负担。就被保险人而言,一般也乐于缴纳较低的保险费,因为和劳工最常发生关系的医疗给付并不因投保薪资高低而有任何差别待遇。

3. 职业工会的投保人数急剧增加

自2008年10月开办国民年金后,在职业工会投保劳保者,费率与国民年金同为6.5%,一样都是劳工自付六成,但用来作为年金给付计算基础的所得替代率,国民年金只有1.3%,劳保年金却有1.55%。因国民年金给付所得替代率较低,职业工会被保险人数呈不正常增加。经统计,在国民年金开办之前的2007年,投保人数约为229万余人,2008年投保人数增至249万人,激增20万余人。2011年底,投保人数已增至255万余人;2012年,投保人数为243万余人。①

三 台湾地区工伤保险制度的缺失和执行难点

(一)劳工保险制度的缺失

1. 针对劳工保险费率提拨不足情况

影响劳保收入的最直接手段,每调高费率0.5%②,一年保费增收粗略估计200亿元,相当可观。其次,费率调整速度也影响世代公平,现行劳保条例由每年调高0.5%~10%,并于其后每2年调高0.5%至上限13%的规定,其费率已属不低。现行法定13%的费率水平虽与精算最适平衡费率27.84%有差距,若再调高其上限,恐转嫁至劳工招致反对。故可考虑采"压缩调整时间"并将每年调高幅度定为1%,由劳资共同承担费用,既可快速累积基金,也较符合"世代公平"。另外,政府亦应建立完善基金管理,并保证提高收益率为6%以上。

---

① 《表2 历年来劳工保险投保单位及人数—按类别分》,"行政院"劳工委员会劳工保险局,http://www.bli.gov.tw/reportY.aspx?y=101&f=h020。
② 洪清海:《劳保财务平衡因素解析》,http://www.tpfl.org.tw,2012年11月13日。

2. 针对劳工投保薪资以多报少情况

此项制度缺失，乃是因为投保薪资以多报少，对雇主相对有利，劳工也乐于缴纳较低保费所造成。此项制度缺失，可通过有关单位针对投保薪资的定时查核，如有不实可处其罚金，倘若罚金比节省的保费大，自然而然也就减少了以多报少的情况。

3. 针对职业工会的投保人数增加情况

职业工会的设立，对于个体工商户或无一定雇主劳工有相当程度的帮助，也扩大了工伤保险的承保范围，并照顾广大个体工商户或无一定雇主之劳工。但这一制度的缺失在于，其保险费之40％由政府机关来补助，因而不管是否符合上述个体工商户或无一定雇主条件之劳工皆想办法找职业工会投保，降低企业或劳工之保费支出，又因国民年金开办后，给付所得替代率较低，职业工会被保险人数亦呈不正常增加。因此，应针对年资中断已久再返回工会加保者加强查核，给付时发现资格异常，或加保人数异常剧增等，职业工会均加以监管，或实地访查是否从业，如有不符加保资格规定者应予取消，已缴保费不予退还，自然会降低职业工会的投保人数。

（二）针对执行难点部分

台湾地区自从执行民主选举以来，很多公职人员皆由百姓直接选举产生，而针对上述制度上的缺失改善，要从劳工被保险人再缴保费以增加劳工保险基金的收入，唯此种措施又会得罪广大劳工百姓，因此，执政单位若欲改善工伤保险制度上的缺失，首先要有改革的魄力，方能顺利完成。

四　完善大陆地区工伤保险制度的建议

针对两岸工伤保险承保范围的比较分析，可得以下数点作为大陆地区工伤保险制度之建议，俾利将来修法之参考，兹说明如下。

（一）个体工商户的雇工可参加投保工伤保险

在个体工商户工伤保险保障方面，大陆工伤保险覆盖承保范围较为狭窄。因而，于立法之中扩大工伤保险覆盖承保范围，此可借鉴台湾地区的立法，对特殊主体详加规范。个体工商户的雇工可选择参加工伤保险。台湾地区虽没有个体工商户字眼，但仍有个体工商户的概念。

台湾地区《劳工保险条例》规定，无一定雇主或自营作业而参加职业工会者和无一定雇主或自营作业而参加渔会之甲类会员应强制参保，其自营作业者就是个体工商户的概念。另外，《劳工保险条例》规定，5人以下的单位为自愿参保。对于5人以下单位不强制参保的规定，台湾学者褒贬不一，有许多立法委员、社会保险专家学者、工商业领袖等主张1人以上单位即纳入强制加保对象。但又事关2500个职业工会的存在问题，如果立法规定1人以上的事业单位强制参加劳工保险，目前252万人的职业工人，大部分须转移至事业单位参保，职业工会会员自然减少。职业工会是靠会员会费维持其财务，会员一旦减少，职业工会就无法维持，因此会招致职业工会领袖反对，所以无法达此目标。纵使修法改为1人以上即纳入强制参保对象，要落实立法目标仍相当艰巨，依然有部分雇主不愿让其员工参加劳保，又无职业工会可参加，受害劳工反而更多。而大陆个体工商户实际参保数屈指可数，不妨参照台湾地区的规定，将个体工商户设定为自愿参保主体，这样的规定至少在现阶段保证了法律实效性，同时也没有损害个体工商户雇工的权益，还可减轻个体工商户的负担，促进大陆地区个体工商户的发展。

（二）增加在校学生可投保工伤保险的权利

在台湾地区，有关在校学生投入劳动力市场从事工作者，可分为：寒暑假期间从事短期工作或平时上课时夜间从事部分工时的工读生；高职或专科学校与事业单位订立建教合作契约，准许高职或专科学校学生至约定建教合作事业单位从事工作之建教合作劳动学生；纯依据学校规定修实习学分之实习生。工读生和建教合作劳动学生，其雇主若是合乎《劳工保险条例》规定的强制参保单位，雇主必须为他们办理参保手续，他们就享有工伤保险给付权，如果雇主不为他们办理参保手续，一旦发生职业灾害，雇主必须依据《劳动基准法》规定予以补偿。至于实习生，如果是学徒实习，雇主必须依据《劳工保险条例》规定，为他们办理参加劳工保险手续。但是学校于暑假推荐至事业单位修实习学分的实习者，雇主不须为他们办理参加劳工保险手续，因其不从事实际工作，无职业灾害问题。台湾地区在确定学生是否参加工伤保险时，依据的是实质性标准，即学生是否从事实际工作，而不是依据学生的身份确定其是否为工伤保险的被保险人。

而大陆1995年原劳动部制定的《关于贯彻执行〈中华人民共和国劳动法〉若干问题的意见》第12条规定："在校生利用业余时间勤工俭学，不视为就业，未建立劳动关系，可以不签订劳动合同。"该规定在否定在校学生作为劳动法律关系的主体资格的同时，也剥夺了在校学生实习、勤工俭学过程中遭受工伤事故时，享受工伤保险保障的权利。实践中，实习学生工伤事故层出不穷，实习学生种类不一而足，仅以在校生之身份剥夺其工伤保险权利之享有，于这些特殊劳工不利，对工伤保险覆盖面扩大也有影响。因而，不应以学生之身份决断工伤保险之有无，而应以学生工作是否构成实质性劳动付出、获取工资报酬为判断依据。

(三) 增加退休人员可投保工伤保险的权利

依据《劳动基准法》规定，台湾地区劳动者的退休年龄是65岁，但依据《劳工保险条例》规定，劳动者的退休年金给付年龄为60岁。劳动者年满60岁，如果享受养老保险的，单位可不再参加劳工保险，但雇主可以自愿参保工伤保险，独立计收工伤保险保险费，其工伤保险给付与《劳工保险条例》规定相同。

2008年1月10日"行政院"劳工委员会规定："对已领取劳工保险老年给付退保之劳工，以及年逾六十岁已领取其他社会保险养老给付之退休人员，如再实际受雇从事工作，其事业单位得自愿为该劳工办理参加职业灾害保险。其职灾保费全额由雇主负担，若发生职业灾害，劳保局仍依据劳工保险条例所规定之职灾保险给付给与，雇主仍应依据劳动基准法规定补偿。"但是，如果被保险人离职退保未领取劳工保险支付的老年给付，于满60岁后再从事工作，必须参加工伤保险。

在大陆，劳动者退休之后被单位返聘，或退休后重新工作的，根据2008年9月18日国务院颁布的《劳动合同法实施条例》第21条规定："劳动者达到法定退休年龄的，劳动合同终止。"该规定实际上是将退休人员排除在劳动者之外，不能和单位构成劳动关系，意味着即使在工作中发生事故伤害，也不能认定为工伤。工伤保险以保障劳动者工作风险为目的，如果劳动者达到退休年龄后，继续从事稳定的社会劳动工作，并据此获取劳动报酬，用人单位应为其参加工伤保险，化解工作中潜藏的事故风险，以保障退休劳动者的生命权、健康权和劳动权。

(四) 变更非全日制劳工工伤保险投保人

在台湾地区，非全日制工被称为部分工时劳工，其工伤保险的实施也不尽如人意。非全日制工是否参加工伤保险，需根据其所工作的单位确定。根据1980年9月19日"行政院"劳工委员会的规定："凡受雇于雇用员工5人以上事业单位之部分工时人员，如经雇主轮派定时到工者，应依《劳工保险条例》第六条及其施行细则第二十五条（现行施行细则已删除）之规定由雇主办理加保。"但是，如果非全日制工所工作单位的雇员不足5人，要看该单位是否自愿参保，如果为自愿参保单位，亦须为非全日制工办理参保手续。由此看来，由于非全日制工就业的灵活性，导致其享受的工伤保险保障也因此而降低。但台湾地区的非全日制工大部分为无一定雇主的职业工人，可以参加职业工会，再由职业工会为其参加劳工保险，享有工伤保险给付，无形中使工伤保险承保覆盖面扩大。

在大陆，理论上非全日制工属于工伤保险覆盖范围中的劳动者，但是这种相对灵活的用工方式、用人单位的多样化，导致用人单位缺乏为这种工作不稳定的劳动者缴纳工伤保险费的积极性，使得这类群体实际参加工伤保险的概率大大降低。根据2010年10月28日通过的《社会保险法》，非全日制工不仅是工伤保险，其所能享受的养老保险等社会保险，也因为工作灵活性的特点，参保方式与全日制劳动者有较大差别。因而，试图成功地将非全日制工纳入工伤保险覆盖范围，必须对现行由用人单位作为劳动者工伤保险唯一投保人的做法进行变更。鉴于大陆工会系统之发达，与政府关系之密切，实质影响之深远，我们完全可以参照台湾地区的做法，委托地方工会作为非全日制工的投保人，为其向社会保险经办机构缴纳工伤保险费，费用则由非全日制工所在用人单位支付或探寻其他途径。将工会作为投保人，不仅避免了因用人单位众多而相互推诿无人投保之弊，又可实现向非全日制工提供有效工伤保障之实。

A Comparative Study on Industrial Injury Insurance System between the Two Sides of the Taiwan Strait

Lin Rongquan

Abstract: There are many differences on industrial injury insurance system between the mainland and Taiwan. On mainland area, the subject of industrial injury insurance is relatively narrow, so the employment security of the individual businessman, college student, retiree, part-time workers is lack of detailed rules. But Taiwan has clear rules in this part, so the mainland can analysis its own situation and draw lessons from Taiwan to better its legislation. And there are many problems on the execution of the industrial injury insurance of Taiwan region, such as inadequate insurance rate of capitals, making a false declaration of quantity on insurance salary, etc. The author suggests Taiwan absorb some regulations of the mainland law as the reference in the process of law revision.

Key words: Industrial Injury Insurance; System; Insurance Coverage; Liability of Insurance Expense

域外法观察

台湾地区工会法强制入会相关规定与工作权间之调和

邱骏彦[*]

目　次

一　前言

二　劳工团结自由权之意义

（一）劳工团结与一般市民结社的本质有所不同

（二）自劳动从属性思考劳工团结的本质

（三）劳工积极的团结自由与消极的团结自由

三　强制入会与团结自由权之间的调和可能性

（一）强制入会规定与工作权间之关联

（二）强制入会规定

（三）有关强制入会规定之比较法考察——以日本法为中心

四　台湾强制入会规定与工作权保障之冲突与调和——代结论

摘　要：台湾地区现行的工会法自有强制入会相关规定以来，已经将近九十年。在1987年以前，由于长期戒严，工会运动处处受到管控，强制入会条款充其量只是美化团结权之表征而已，解严后，劳动权利开始受到瞩目，强制入会条款所牵涉者不只是劳工团结自由权利是否受到侵害，而且也会影响到非自由意愿下被工会与雇主联手强制扣除会费之问题。往前

---

[*] 邱骏彦，中国文化大学法律学系法律研究所专任教授，法学博士，主要学术领域为劳工法、社会保障法、民事契约法等。

一步也有必要深究强制入会条款与单一工会、"宪法"第15条保障工作权之间的妥适性。这些都与广大劳动者的权利息息相关，故成为学界、司法实务界、行政机关及劳资团体共同关心的议题焦点。本文从《工会法》第7条强制入会规定开始，首先阐述劳工团结自由权的意义，其次探讨其与"宪法"保障工作权之间的关系；最后探讨《团体协约法》第14条工会工厂强制入会条款之法律实质效果。

关键词：团结自由权　强制入会　工作权　调和

一　前言

台湾地区的《劳动基准法》是规范个别劳工与雇主间有关劳动条件最重要的法律。唯《劳动基准法》之规范功能有其界限，无法对各行各业以及规模大小不同之企业劳动关系予以最妥适相应之规范。再者，劳工劳动条件也无法仅靠《劳动基准法》规范，毕竟《劳动基准法》所规范者只是劳动条件的最低基准而已，并非台湾劳动职场上具有普适价值的一般应有标准。如果台湾劳工们只要求雇主"依照劳动基准法"，那就不能怪台湾劳工目前之工资、工时等劳动条件水平为何回溯十五年前水平。毕竟《劳动基准法》所规定者只是让劳工职业生涯中能像人一样有尊严提供劳务获取工资赖以维生之功能而已。况且台湾现行《劳动基准法》中各种法定基准，自1984年法施行以来近三十年几乎没有太多实质上之进步修正。因此"依照劳动基准法"，绝不是现实劳动实务上应有之劳动条件反映。任何一个国家、政府、人民和劳资双方间，皆应该朝向"优于劳动条件最低基准"之方向努力才对。

研究世界劳资关系发展史，可以了解人民生活水平要提高，劳方生存之道只有通过团结力量与资方进行各种劳动条件之协商。而国家作为保护人民之主体，起码应有义务制定法律规范来消除劳工团结路上之障碍，使劳工得以自由团结组织与雇主立于平等地位协商劳动条件。再者，劳工基于劳动契约有听从雇主指挥监督提供劳务之义务，而劳工提供劳务最主要目的乃在于获取生活资金来源，如何避免雇主滥用无薪休假减少工资，或如何在物价高涨时代向雇主请求加薪，其实某种层面与劳工自身及其家属之生存权息息相关，也跟劳工是否能仰赖团结组织力量，来抵挡雇主恣意之劳动行为有关。因此，劳工团结自由权利是否能无碍行使，肯定会影响到劳工劳动条件、就业安全，甚至也会影响到整体社会之治安水平。

近代各国劳动法之发展，首先都是从规范劳动条件最低基准而制定劳动者保护立法出发，继而保障工会团结自由及承认争议行为合法性，设定劳资实质对等之劳资关系法领域。如果从先进国家发展进程考察，自19世纪前半期开始至劳动法制完善为止，大约需历时100年。特别是有关劳资关系法领域，往往会受到该国历史发展与政经情势影响，必须历尽各种曲折后才能完成人民之劳动法制度。

国家为了维护社会秩序与公共安全，当然也有必要拥有若干权力来对劳工运动予以管控，避免工会运动暴走。因此以国家安全为理由将公权力带入劳资关系私领域，究竟可以扩张到何种程度，往往是国家权力主义者与法制度正义维护者之间，经年累月之论争焦点。于此意义下，有关劳工团结自由权之落实以及国家权力之作用两者间，就有两个议题值得重视。一是国家权力与劳动基本权之间如何调和；二是劳资双方私的自治与劳动基本权及基本人权相互间之调和问题。作为一个劳动者，当然有权向国家要求起码的尊严，因此劳工尊严思想与基本人权体系如何联系，在劳动法理论中如何通过规范伦理来实现其机能，是吾人不容忽略，且必须时常放入脑海里之课题。

自从台湾地区有《工会法》以来，强制入会条款已经近九十年，根深蒂固。过去由于长期戒严下工会运动处处受到管控，强制入会条款充其量只是美化团结权之表征而已，在近百年法制中丝毫没有受到学界青睐。1987年解严后劳工运动比以前蓬勃发展，劳动权利也开始受到瞩目，强制入会条款所牵涉者不只是劳工团结自由权利是否受到侵害，进而也会影响到非自由意愿下被工会与雇主联手强制代扣会费等问题。甚至往前一步也有必要深究强制入会条款与单一工会、"宪法"保障工作权之间的妥适性。凡此皆与广大劳动者的权利息息相关，自然变成学界、司法实务界、行政机关及劳资团体关心的议题焦点。

本文最主要目的，乃在提起台湾劳动法中有关强制入会性质之条款究竟有哪些需要加以探究者，这些条款与单一工会规定究竟会引起何种问题，使有兴趣研究"强制入会条款是否伤害劳工消极团结自由"议论能有更丰富的思考空间。至于台湾地区"宪法"第15条明示之工作权本质与内涵，就委由宪法学者之大作讨论，本文避开抽象性之争议。再者，在海峡两岸经济合作框架协议（简称ECFA）下之两岸服务贸易协议签订后，预料将会有更多大陆经营者前往台湾经营事业，本文提供给大陆经营者未雨绸缪了解台湾地区现行法令规定，应该也有所助益。

二 劳工团结自由权之意义

针对劳工团结自由之保障，近年来以国际劳工组织（ILO）制定两个公约所揭示之精神最为重要。一是第87号《结社自由及组织权之保护公约》（The Freedom of Association and Protection of the Right to Organise Convention）。另一是第98号《组织权及团体协商公约》（The Right to Organise and Collective Bargaining Convention）。这两份文件皆以维护劳工团结组织安全、促进劳资双方团体协商，借以订定团体协约确保劳工劳动条件向上提升为其主要目的。然而，所谓劳工结社自由，与一般市民之结社自由是否应该等同视之，或两者间存有不同意义内涵，都有可能影响到法律对于劳工团结权保障之强度与范围，值得吾人关切。

（一）劳工团结与一般市民结社的本质有所不同

一般论及市民结社自由保障时，都会从积极自由和消极自由两方面加以论述。其内涵大抵包括结社自由、加入社团组织之自由以及不加入社团组织之自由等。但对于劳工的团结权保障，是否也像一般市民结社自由一样包括消极团结自由呢？世界各国理解劳工团结权所采取的角度不同，乃至于对团结自由所要赋予或达成的目标远近各异，因此，各国法律制度所用以规范的程度和内涵存在差异。有些国家对于积极团结和消极团结之自由，采取两相兼顾的态度。有些国家则仅针对积极团结自由予以保障，而未及于消极团结自由。例如，《日本宪法》第28条有关劳动者的团结权，[1]并未设定保障消极团结权，因此日本劳资双方于团体协约[2]中约定成工会

---

[1] 《日本宪法》第28条：《勤労者の団結する権利及び団体交渉その他の団体行動をする権利は、これを保障する》（劳工的团结权及团体交涉等其他团体行动之权利，应予以保障）。
[2] 工会代表劳工与用人单位所订立之契约，在台湾被称为团体协约，亦即大陆地区《劳动合同法》第51条所称之集体合同。

工厂制（Union shop）[1]之强制入会，除非有特别情事外，一般情形并不被认为违法。另外，德国联邦宪法法院及学界通说见解，亦大抵认为国家基于公共利益之理由，经由行政手段以强制某特定人加入特定团体时，若该限制为轻微且不违反比例原则，应尚无涉及违宪与否之争议。[2]

一般市民结社自由概念，所要面对者包含抽象、广泛之一般团体，而且一般市民之结社未必经常带有对抗对象之存在；但论及劳工团结自由时，不能忽略劳工总是要经常面对雇主或雇主团体存在之概念，也必须与雇主有对抗行为才能得到劳动条件提升与改善之结果。因此，不能轻易把劳工团结当成只是市民结社之一种形态来观察。

（二）自劳动从属性思考劳工团结的本质

劳工团结权之所以能被各国政府认可而成为一种普适的人权价值，是因为劳工不断争取作为一个人能够生存的权利，在历经各个时代不断争取的累积过程中，让政府与雇主意识到劳工总是必须面对雇主或雇主团体之存在。而此种面对关系，必然产生出从属关系，特别是对于未加入团结组织之劳工更是必然与雇主间产生高度从属关系。过去以来，劳资关系的形成和发展，几乎都是在这种所谓劳动者从属性之法律主体认识基底下所展开。即使是现代流行之资本主义劳动法，其所规范对象并非将劳动法看成只是劳动一般的法，而是普遍将劳动法认为是有关从属劳动关系的法。[3]此种认知，其实不只是在大陆法系之间，甚至连英美法系国家也包含在内，可说是国际上之共通倾向。换言之，劳动法核心领域，是在从属劳动

---

[1] Union shop，一般翻译成工会工厂制度，是指劳资双方经过合意于团体协约中约定，不论应征者是否属于工会会员，雇主均可雇用。唯新进员工必须在受雇后一定期间内（通常为30日），或试用期满后，加入企业所属工会，并需于受雇期间内继续保有工会会员资格。
[2] 法治斌、董保城：《宪法要义》，元照出版有限公司，2006，第238页以下；林明锵：《同业公会与经济自律》，《台北大学法学论丛》，台北大学法律学院，第71期第3页以下。
[3] 例如，劳动基准法的适用对象，不论各国几乎都只锁定在雇佣契约（或称劳动契约），而不是及于所有的劳务给付契约，因此，例如委任、承揽等传统典型劳务给付形态关系者，不在劳动基准法之规范对象内。此乃因劳动法初始所要保障者，被设定在与雇主间具有从属关系之弱势劳工而已。即使集体劳动关系法中有关劳工团结自由权利，一般也不及于具有专门技术能力者（如企业CEO）身上。不过随着时代变迁，此种过去发展以来旧观念，亦有改变必要与趋势。例如真正委任契约之经理人，虽无劳动基准法各种制度之适用无疑，但委任经理人从事工作时如果遭遇职业灾害，亦无缘向雇主请求职灾补偿，是否合理？不无值得大家重新思考之处。

关系下发展而成，而且既然是关联着具有从属劳动关系，也就会有承认以团结权为基础的集体劳动关系法之形成。

然而，与劳动法之发展具有相当关联之劳动从属性，究竟要以何种意义之从属思维来予以掌握，学理上乃至于政策上有不同见解。在还没进步到 20 世纪宪法时代，美国早早就以美式商业工会主义（Business unionism）①为基础所登场的华格纳法（1935 年）展开美国团结权法制。唯此种华格纳法所追求的主要目的，仅是以矫正劳动力市场中劳资双方交涉力量不均衡之现象为理念，故一开始就欠缺正面审度劳资双方经济力量差异所衍生出来有关生存基本权是否必须纳入视野来加以考察之问题。华格纳法，在保护与促进劳工团结之点上，积极排除雇主否认工会之障碍，以团结来增强劳工交涉能力，通过协助与促进劳资双方交涉力对等之团体交涉方式，达到提升劳工工资、增大劳工购买力，使国家社会整体经济可以脱离不景气。于此点功能上，华格纳法可以说在当代美国扮演了重要角色，使雇主不再忌讳劳工团结，也使雇主愿意与劳方通过团体交涉来除去产业和平之阻挠，华格纳法即是美国在此种政策目标下制定出来救经济、救劳资和谐之重要法律。

唯随着华格纳法飞跃进展，美国开始思考劳资双方真实平等原则，不能只是要求资方，也应该对劳方同时有一定程度之要求，避免最后演变成劳资反而失衡之后果。因此，基于务必使劳资双方"交涉力量均衡"之理念发酵，开始对于工会也要课以"团体交涉"之应诺义务，同时对于工会方面之争议行为，也开始了物极必反之种种限制，以至于 1947 年以后被塔虎脱－哈特莱法所取代。② 其实台湾于 2011 年开始施行之新修正《团体协约法》第 6 条所揭示之诚信协商义务条款中，不只是课雇主无正当事由不

---

① 加入工会所需要缴纳会费之义务，工会实质上会以要求雇主加薪方式来返还，使加入工会之会员劳工实质上不会有任何损失。
② 1947 年 6 月塔虎脱－哈特莱法的出现，可以说是美国劳资关系史上开始改恶之重要转折点。该法是由塔虎脱氏及美国下议院劳动委员长哈特莱（F. Hartley）提案制定。主要内容包括禁止 Closed shop 制度，也禁止了工会罢工争议行为。Closed shop 制，台湾地区翻译成封闭工厂制，主要是指工会与雇主所签订之团体协约中，明定雇主只能雇用特定工会会员，要求新受雇员工必须在受雇上班前就加入工会，否则雇主不得予以雇用。当然工会如果能与雇主签订此种团体协约，简直是一种强制入会，对工会最有保障，但另一方面当然也有可能被工会所滥用。塔虎脱－哈特莱法的制定，严重伤害到了工会安全与工会功能，也伤害到了工会的团体协商力量。因此引起美国全体劳工激烈反抗，衍生出极大的抗争风潮，后来美国政府只好从善如流，将塔虎脱－哈特莱法予以冻结。

得拒绝劳方协商之请求，同时也课劳方无正当事由不得拒绝资方协商请求。换言之，《团体协约法》第6条不当劳动行为，是继受了塔虎脱－哈特莱法之概念，对于劳资双方都同样课以诚信协商之法律上义务。以上由美国劳动法之发展历程考察，吾人可知美国法并未特别着重在劳动从属性之思考点，而是着重在促进商业经济发展下双方平等概念。首先让弱势劳方团结组织工会，以整体社会力量容许工会发展至一个临界点后，开始打着劳资双方真实平等旗号，将工会团结发展之力量往回牵索，使美国式劳资双方之发展形成力量均衡之相互拉扯关系。

劳工团结自由与一般人民结社自由应该有所不同，因此德国魏玛宪法中首先揭示基于从属性观念而必须保障劳工之团结自由权。在德国学界讨论中，针对"劳动从属性"或"从属劳动"之问题，就有各种不同角度切入论述。有些理论是从个别劳工与雇主间经济力强弱之主要差异来掌握而提出经济从属性说，也有学者是从劳动力与劳工自身人格之不可分性着眼而主张人的从属说，也有些理论是从经营组织体中劳动条件集体决定之必然性着眼，而主张组织以及技术从属说，等等，不一而足。但无论如何，劳工为了赚取生活资金来源以维持生活，唯有与雇主订立雇佣契约在雇主指挥监督下提供劳务，因而与雇主间产生了人的从属关系。劳动法就是在此种从属性的掌握下所展开的法律关系，而非仅是一种单纯阶级从属性看待。承认劳工团结权，目的就是要终结阶级性之差异，让个别劳工通过团结组织能达到劳动条件改善、经济地位向上之终极目标。劳工团结权既然主要是为了打破阶级从属关系，因此只要能有助于该目的达成，对于一切团结自由都必须予以重视。而这里所谓团结自由，当然就必须采取广义解，包含不团结的自由。

（三）劳工积极的团结自由与消极的团结自由

就一般市民结社自由而言，不加入团体之自由应该也是结社自由之本质。但就劳工团结权而言，其团结自由获得法律承认，乃是植基于劳工唯有团结才能生存之必然性，以及以团结行为对于劳动者生活维护之重要性为前提。在劳动者相互间，团结自由比不团结之自由或远离团结之自由，显然要具有优位性，此观念应该是团结权保障理论之归结。毕竟劳工若不通过团结组织而与雇主个别协商来处分自己劳动力时，可能会对于委诸团体协商之其他劳工带来不利结果。即使前者并无主观意图降低其余劳工之劳动条件，但客观上却可能带来其他劳工不利之影响。因为个别劳工与雇主在经济力之对抗关系上，往往会使资方立于较有利地位。从而，团结组织之劳工，其团结之努力既然受到法律肯认且赋予团结权保障之效力，则不想团结之劳工，通过工会工厂之团体协约约定（Union shop）被强迫必须加入工会之事实上强制，原则上并不应该被视为违法。①

三 强制入会与团结自由权之间的调和可能性

（一）强制入会规定与工作权间之关联

在台湾地区，"宪法"第15条中明文规定"人民之生存权、工作权及财产权，应予保障"。不过，该"宪法"中工作权之性质及其内涵究竟如何解，迄今为止仍处于各家学说百家争鸣阶段。有学者从国家之给付与照顾义务着眼，认为"宪法"明文之工作权是宣示人民可以向国家请求训练工作能力与国家应创造工作机会给人民之一种社会权利。也有主张从欧盟人权宪章以及《德国基本法》第9条第3项之规定进一步认为工作权本质应该属于一种劳动团结权。大法官会议解释第373号亦提及自"宪法"第14条人民集会自由与第153条国家应有改善劳工生活之义务，加上现代法治国家普遍承认之劳工基本权利，导出劳工拥有团结权。当然也有学者主张工作权之本质只是一种自由权之性质，② 大法官第404号解释隐含类似看法。更有学者参考《日本宪法》相关规定，主张工作权其实就是一种劳动权。③

依笔者浅见，台湾地区的"宪法"第15条工作权文意没有非常具体明示其内涵，本质上是否隐含"宪法"有意将工作权作为一种抽象、宽广的权利来适用呢？其宣示之意义本就具有动态与静态两方面意旨。动态方面之意涵比较趋近于社会权性质，隐指人民得有向国家请求创造足够工作

---

① 蓼沼谦一：《団結権と労働者および労働組合像》，季刊劳働法100号，1976，第61页。
② 例如李惠宗教授，《宪法工作权保障系谱之再探——以司法院大法官解释为中心》，《人民工作权之内涵与保障研讨会论文集》，第3~5页，2002年12月20日政治大学法学院公法研究中心举办。
③ 蔡茂寅：《工作权保障与劳动基本权的关系及其特质》，《律师杂志》第219期，第22页以下。

机会或训练工作技能之权利；而静态方面之意涵则与"宪法"第15条另外宣示之生存权，共同隐指国家应该维护劳动人民借着工作获得生存空间之机会不至于被错误政策或法令所抹杀。换言之，国家有维持保有人民得借工作权之实现来得到生存温饱之义务。

劳工之团结自由固然必须获得法律保障，这在台湾地区新修正《工会法》中已有相当程度之纳入。除了《工会法》第4条第1项明确揭示"劳工均有组织及加入工会之权利"等规定外，第35条尚且针对雇主妨碍工会组织、成立或阻挠工会活动等，置有不当劳动行为之禁止规定，这些都是对于劳工积极团结之实质保障。但《工会法》中却没有针对劳工之消极团结自由置有保障规定，且若干条文中似乎明白宣示劳工并无消极不团结之自由。[①] 问题是这些剥夺劳工消极不团结自由之规定，是否会与劳工之工作权保障产生冲突，可能是台湾《工会法》中有必要重新审视思考之议题。以下首先针对台湾《工会法》中明文剥夺劳工消极不团结自由之规定叙述于后。

(二) 强制入会规定

1. 《工会法》第7条之"强制入会"

《工会法》第7条规定："依前条第一项第一款组织之企业工会，其劳工应加入工会。"其意指当企业内劳工有组织企业工会时，所有企业内受雇劳工皆有加入该企业工会之义务。本条规定可以说是承继旧《工会法》规定而来，旧《工会法》第12条规定："凡在工会组织区域内，年满十六岁之男女工人，均有加入其所从事产业或职业工会为会员之权利与义务……"不论新旧法，皆有一般所称之"强制入会"规定。唯此强制入会规定，等同是剥夺了劳工不愿加入团结组织之消极团结权。严格来讲，既然

[①] 例如《工会法》第7条规定"依前条第一项第一款组织之企业工会，其劳工应加入工会"。此规定必须与第9条第1项"依本法第六条第一项所组织之各企业工会，以组织一个为限"之规定合并观察。另外，《团体协约法》第14条增订了工会工厂之效力规定，明定团体协约中得约定雇主雇用劳工，以特定工会会员为限。还有，《团体协约法》第13条明定了禁止搭便车条款"团体协约得约定，受该团体协约拘束之雇主，非有正当理由，不得对所属非团体协约关系人之劳工，就该团体协约所约定之劳动条件，进行调整。但团体协约另有约定，非该团体协约关系人之劳工，支付一定之费用予工会者，不在此限"。

条文明定劳工"应"加入工会，看起来似为强制性规定，但《工会法》第7条之违反并未附有罚则，因此充其量只是一个训示性规定。不过，并不是每个劳工皆了解法律规定之意义，假如有企业工会执该规定要求劳工一定入会，否则恫吓劳工可能违反法律规定而致失掉工作时，即有可能劳工惧怕失业之虞致不得已加入工会，亦即《工会法》第7条有关强制入会之规定，可能与工作权产生密切关联。

依据"宪法"第23条规定精神，于有特殊必要者时，要非不得以法律限制工作权。因此，假设政府政策上认为劳工积极团结自由之保障极度重要，若不贯彻积极团结自由权，可能无法使劳工借此提升劳动条件、改善工作环境、促使社会安全时，在符合比例原则要求下，要求劳工有加入企业工会之义务，亦即不得主张消极团结自由权利，未必就是不适当。

不过即使劳工之积极团结自由对劳工生存维护何等重要，但处在不同时代、不同客观环境、不同需求，甚至不同法规范体制下，都有必要为综合考量。吾人从劳资关系历史发展轨迹以观，团结自由或工会运动当然是促使劳工提升劳动条件、改善生活之重要手段，因此法律是否完整赋予团结自由将会与劳工生存之维护息息相关。但即便团结自由如此重要，是否应该容许政府借着公权力来强制劳工团结，不无商榷余地。真正的团结权促成，是否必须在强制劳工团结之公权力干预下，才能显示出团结自由之生命力呢？公权力不只必须拿来防止不当妨碍或干涉团结权行使，事实上亦不得拿来作为强制团结之点上，其实是团结权与结社自由之共通精神所在。如果结社自由之消极团结权不容忽略时，何以劳工之消极团结自由必然导致可以忽略之结果，理论上难以圆融说明。

黄程贯教授曾在早期文献中提到《工会法》中强制入会条款，"均只具有训示规定之法律性质，因此可知劳工消极同盟自由中之不组成工会之自由，并未遭到剥夺……因此台湾目前之强制入会制度，只是在一旦工会组成而存在后，以制定法（工会法）剥夺个别劳工之不加入工会之自由而已"。[①] 但笔者认为如果少数人组成之工会，并非该企业全体劳工之意思时，若仅因少数人组成工会，掌握了单一工会既得利益资格，就可以剥夺多数人消极不加入该工会之自由，岂不是一种不当之

---

① 黄程贯：《强制入会？》，《台湾社会研究》（季刊）第13期（1992年），第34页。

意思强制？

在一个国家从极端专制要过渡到民主自由体制时，笔者亦赞同适度扩大劳工积极团结的空间，赖以加速民主化进程、缩短调和劳资间差距之时间，乃属有效之选择手段之一。但如果一个社会已达民主化程度时，就应采取积极团结权与消极团结权并重之态度，才是符合民主真谛。此外，更不容忽视台湾目前仍是单一工会制的事实下，剥夺劳工消极团结权将会带来何种更严重的后果。

新《工会法》第9条第1项规定："依本法第六条第一项所组织之各企业工会，以组织一个为限。"因此不但劳工团结权行使受限，单一工会制度下无形中产生多少御用工会（company union），若与强制入会相结合时，台湾劳工之劳动基本权将受到如何钳制，实有深入探讨之必要。例如，某银行雇主不耐工会与之抗衡，利用工会理事长改选之际，饬令所属各分行经理登记参选，结果由分行经理当选了该企业工会理事长。由于企业工会仅能组织单一工会之规定，该银行劳工只能眼睁睁坐令工会变成实质的御用工会，而无法另行组织具有实质工会机能之企业工会。此时，若劳资双方共同要求所有受雇劳工皆遵守强制入会规定，且由资方开始强制自劳工工资中代扣会费交予工会，则对于劳工消极不加入该团结组织之权利，有多大伤害呢？

因此，笔者认为，在台湾工会力量未张，工会组织亦大多属于小力量之中小企业工会，且在单一工会原则下时，《工会法》第7条强制入会规定，其实极有可能带来违反劳工真正团结权行使之虞。尽管该规定并无实质上之拘束力，果如此的话又何必强在《工会法》中置有强制入会之规定呢？

2. 《团体协约法》第14条之工会工厂强制入会

劳工团结组成工会后，所追求之目标除了为会员劳工谋求最大福利而要积极与雇主进行团体协商外，如何广纳更多劳工加入工会实现组织扩大，并避免会员劳工流失等，当也是工会之重要任务之一。因此，自古以来世界各国之工会很多都会与雇主间订定以劳工加入特定工会为雇用条件之协定，以此种组织强制方式来达到组织扩大之效果。而各种组织强制手段中，又以订定工会工厂协定（Union shop）者为代表。

新《团体协约法》第14条增订了工会工厂条款之效力规定，明订团体协约中得约定雇主雇用劳工,以特定工会的会员为限。换言之,与工会约定有工会工厂条款之雇主雇用劳工后,该劳工必须在受雇后一定期间内加入企业所属工会为会员,否则雇主即不得继续雇用该劳工。在此种工会工厂约款下,所有受雇劳工等同于实质上被强制入会。

《团体协约法》第 14 条所涉及之工会工厂条款,其实质上强制入会之规定虽然与《工会法》第 7 条强制入会规定有异曲同工,但工会工厂条款可以说比《工会法》强制入会规定更具有强制效力。毕竟后者(《工会法》第 7 条)只是空有其表之宣示性条款,但工会工厂条款却实质上左右受雇劳工不加入工会就丧失工作权之结果,其对于劳工消极团结自由之剥夺可谓有过之而无不及。但如果以台湾法律一向对于劳工团结自由仅保障积极团结权,而刻意忽略消极团结权之保障而言,《团体协约法》允许工会工厂条款之存在也就不足为奇。

再者,工会工厂条款毕竟是劳资双方协商后订定成团体协约之合意,尽管隐含强烈之强制入会效果,但终究是团结劳工们之自由意愿,而非国家政策上之产物。基于尊重私法自治原则精神,工会工厂条款即使对于后来新进员工有剥夺消极团结自由之疑虑,唯考量团结劳工之力量,总比不团结劳工更有实力与雇主立于平等立场,对于维护劳工劳动条件亦较能发挥效果上考量的话,未必不能准许工会工厂条款存在或否定其必要性。因此,劳工相互间之团结强制,亦即团结组织之劳工强制未团结组织劳工必须加入工会,原则上如果没有特殊情事,应该可视为系适法之决定。①

3.《团体协约法》第 13 条规定之禁止搭便车条款

不能忽略新《团体协约法》第 13 条所规定之禁止搭便车条款,亦隐含有强制入会精神。《团体协约法》第 13 条明定:"团体协约得约定,受该团体协约拘束之雇主,非有正当理由,不得对所属非该团体协约关系人之劳工,就该团体协约所约定之劳动条件,进行调整。但团体协约另有约定,非该团体协约关系人之劳工,支付一定之费用予工会者,不在此限。"虽然本条规定不是直接强制未加入团结组织之劳工一定要加

---

① 黄程贯教授亦持相同见解,唯黄教授文中言及的是闭厂条款(Closed shop),仍与工厂工会条款稍有不同。参见黄程贯《强制入会?》,《台湾社会研究》(季刊)第 13 期(1992 年),第 52 页。

入团结组织，但至少明定未加入团结组织之劳工，拟享受跟团结组织劳工同样劳动条件时，就必须至少交等同于会费程度之代金予工会。一般称此规定为禁止搭便车条款，其规范目的可以说是保护工会组织之团结存在，避免非工会会员于未尽会费义务下享有会员权利，间接可能带来瓦解工会组织之后果。

该规定对于与劳工工作权之间的关系上，比起前述工会工厂条款而言冲突性并没有那么强烈，更没有像《工会法》强制入会条款对于工作权之伤害。因此，虽然实质上要求非工会会员亦必须交等同于会费之费用，但天底下没有白吃的午餐，且在保障现有工会前提下，禁止搭便车条款应该也是一般劳工所能接受的法规范。①

（三）有关强制入会规定之比较法考察——以日本法为中心

1. 日本工会与工会法之发展

日本工会运动最早发端于明治三十年（1897年），当时工会运动被政府视为违法行为，受到各种严厉之镇压控制。1900年，日本制定《治安警察法》中对于工会相关活动置有若干限制，原本规定是禁止以恐吓、胁迫等方式迫使劳工加入工会，也明定对于煽动、诱惑劳工进行同盟罢工者处以刑罚。唯后来该规定被不当地扩大解释，变成政府得以威吓或镇压方式禁止工会为了提升劳动条件所采取之任何活动。此种对于工会采取高压控制手段之政策，一直到大正时期才有所转变。大正年代，当时社会上出现了一批比较稳健作风之工会运动，当时政府中也有若干有识之士认为与其压制工会运动，不如采取培育健全之工会措施，因此可以说在大正年间开始了制定现代工会法之契机。

第二次世界大战后，联合国军总司令部（GHQ）认为奖励劳工团结有助于加速促进日本民主化过程。因此，1945年12月，日本制定了工会法，翌年3月开始施行。此时期之工会法被称为"旧工会法"。1949年日本政府已有实际制定本国法律之能力，遂研议将旧工会法大幅度修正，制定成目前仍在施行之新工会法。日本新、旧工会法之基本架构并

---

① 黄程贯教授观点亦同旨。参见黄程贯《强制入会?》，《台湾社会研究》（季刊）第13期（1992年），第52页。

无太大差异，其中比较显著者为旧工会法中规定，劳工团结组织成立工会时，必须先向主管机关申请许可。而新工会法中删除了工会设立许可制之规定。

现代日本于工会法规范下，劳工团结组织工会无须再向行政机关申请许可或报备，当然亦无须得到雇主承认或首肯，因此有关劳工团结组织工会，是采取自由设立主义。然而劳工团结组织如果要取得一定程度之法保护资格，至少必须受到具有实质上工会之要求，不能单凭若干人联合起来自称工会，即可要求与雇主进行团体协商或进行擅离职务罢工抗争寻求民刑事免责之保障。所谓工会之实质上要求，起码工会之组织成员必须是以工会法上之劳工为主体，且工会必须是以劳动条件之维持改善为主要目的，订定有统整会员劳工行动之工会章程，依据章程选出代表工会之理事长等。不过工会如果要取得法人资格，仍必须事先通过劳动委员会之资格审查许可，完成设立登记程序。因此，有关工会之法人资格，日本目前仍采取许可主义。[1] 然而工会是否为法人，并非工会从事固有任务和活动所不可欠缺之资格，法人资格之取得充其量只在成为财产关系主体上有其必要。团结组织工会目的并不在于经营事业，而是以通过跟雇主之间的团体协商来维持或提升劳动条件水平，因此是否拥有法人资格对于工会而言并非重要事项。更何况日本工会大多数为企业工会，拥有不动产之工会可说凤毛麟角，因此日本工会也不太在乎是否要取得法人资格。[2]

2. 日本工会组织各种强制措施的适法性

由以上所述日本工会法之生成与演变，可知日本工会并未采取单一工会主义，同时日本工会法中也完全看不到所谓强制入会规定。从劳工加入工会或不加入工会之自由，乃至会员退出工会之自由，在日本几乎是劳工团结自由之重要基本原则，可以说受到完整之保障。虽然日本法中没有强制入会规定，但工会为了扩大组织力量而与雇主合意有某种形态的组织强

---

[1] 下井隆史：《劳使关系法》，有斐阁，1995，第14页。
[2] 日本目前有取得法人资格登记之工会，大约仅占工会总数之一成。因此绝大多数工会于财产法上准用社团之规定。除了大企业员工所组成之超大型企业工会及产业别联合会以外，大多数企业工会都是向雇主无偿借贷办公室作为工会事务所，且工会会费依法可以工会名义于金融机构开账户储存，因此不太有申请法人资格之必要。但是日本法明定拥有法人资格之工会，有所得税、固定资产税等之免税优惠。参照日本《劳働组合基础调查》，另外参照下井隆史，劳使关系法，有斐阁，1995，第15页。

制条款者,并非少见。其中以订有工会工厂协定者居多。① 所谓工会工厂条款之主要内涵在于"雇主必须将不加入工会者、被工会除名者或擅自退出工会之劳工予以解雇处分",通常都是由工会与雇主针对上述意旨达成合意,而明定于团体协约中形成制度化。此种劳资双方合意之工会工厂条款,虽非法律所规定,但只要劳工受雇于雇主,就必须依适用于该职场之团体协约规定于一定时间内加入工会,因此此种工会工厂条款就成为一种具有实质效力剥夺劳工消极团结自由权之强制入会效果。

问题是此种工会工厂条款,也会产生许多劳资纠纷,例如首先可以想到的是团体协约之债务不履行纠纷。如果雇主对于不加入工会之受雇劳工,不依工会工厂条款予以解雇时,工会是否可以对雇主追究债务不履行损害赔偿责任呢?理论上工会当然可以对雇主主张债务不履行责任,但由于日本企业别工会与雇主间即使订有工会工厂条款之强制入会,却有不少在实质上只是绅士约定而已,工会未必会因此对雇主提起诉讼,反而会以此作为下次谈判协商之有利筹码者居多。因此有关这方面的诉讼,在日本几乎没有出现过。

但针对工会工厂条款效力出现比较多之纠纷类型者,集中在雇主依约定对于不加入工会或退出工会之会员劳工予以解雇处分时,劳工所提雇主依照工会工厂条款之解雇无效之诉。其中特别著名且受到社会瞩目之争议,往往都是劳工退出与雇主订有工会工厂条款之工会后,另外加入其他工会或另外自组其他工会,因而遭受雇主解雇之例。

工会工厂条款是针对劳工积极团结或消极不团结之自由以及选择工会之自由,以解雇威胁加以制约之制度。这种制度所引起之纠纷,如果认为应该属于劳资自治范畴,而不以法律问题视之处理,当然会引起争论。实务上,目前日本企业内存在有对抗关系之复数工会者不在少数,一般而言雇主如果愿意与工会订定工会工厂条款者,当然会以关系良好之工会为对象,也因为雇主此种选择,难免会使工会工厂条款成为雇主对工会差别待遇的武器。这也就是为何系属法院之诉讼,绝大多数皆属于雇主对于其他工会之会员(或被工会除名者)予以解雇后之争议事件缘由。

---

① 日本工会组织形态与台湾极为类似,都是企业别工会占大多数。许多工会为了扩大力量,皆想尽办法实施组织强制手段,一般以与雇主订定工会工厂条款(Union shop)者居多,其他尚有 Closed shop 制的闭厂型条款、Open shop 制等比较多见。参见下井隆史《劳使関系法》,有斐阁,1995,第 33 页。

早期日本学界多数认为,劳资双方合意签订强制劳工加入特定工会之协定应属违法、无效。直至最近,仍有学者认为工会工厂条款如果是以解雇威胁来限制劳工之不团结自由,应属于对于工作权侵害,因此采取无效见解为宜。① 因为如果是以工作机会丧失作为威胁来限制劳工不加入工会之自由或限制劳工退出工会之自由者,可谓显著侵害了劳工基本权利,而且如果工会之除名处分得与该劳工工作机会之丧失做两相联结时,赋予工会如此大的统制措施权限,不仅欠缺了显著合理性,也都超出了私法自治之容许范围。

不过现代日本学界多数学者认为,工会工厂条款是伴随着日本工会运动之历史产物,目前已经在日本国内普遍发展,因此绝大多数学者见解并不支持上述无效说。一般通说见解认为,在未侵害到劳工之工会选择自由或未侵害到少数工会之团结权时,可以选择尊重多数决之意思。② 换言之,如果企业工会是由代表过半数以上之劳工所组成,则该企业工会与雇主订定了工会工厂条款时,该工会或可据以进行有效之组织强制。但必须:(1) 不得限制工会选择之自由; (2) 不得侵害少数工会之团结权; (3) 只能针对退出工会者或不愿加入工会者,有工会工厂条款效力所及之可能。③ 另外,工会所为除名处分时,雇主是否必须依据工会工厂条款来解雇该名劳工,则必须针对工会之除名处分以严格基准来加以审查该除名处分是否有效。日本工会法第7条第1项第1款但书所定"过半数以上劳工所组成之工会"与雇主间所订定之工会工厂条款基本上具有法的效力。④

日本最高法院亦采取与学界多数说相同见解,于有关被工会除名处分劳工之解雇案件上,⑤ 最高法院认为"工会工厂条款之约定,只有能被认

---

① 西谷敏教授的见解,参见《労働法における個人と集団》,1992,第113页。西谷敏教授批判工会工厂条款有效说,认为持有效说者过度轻视了劳工个人的自由意思,等于完全不重视以解雇作为威胁手段之组织强制的不当性。本来连工会章程都不可以限制会员退会之自由,竟然劳资双方合意工会工厂条款就可限制劳工不加入工会或退会之自由,法理上等同于前后矛盾。而且实务上之发展,可能产生工会除名如果无效则解雇势必跟着无效之结果,容易带来许多弊端。因此,西谷敏教授认为工会工厂条款严重限制了宪法第13条幸福追求权所赋予不得强制劳工违反自己意愿之团结自由,故应认为违反宪法以及违反公序良俗而解为无效。参见西谷敏《労働法》,日本评论社,2009,第466页。
② 小島典明:《労使自治とその法理》,日本労働協会雑誌333号,1987,第13页以下。另外,山口浩一郎同旨,《労働組合法》,有斐閣,1996,第39页。
③ 荒木尚志:《労働法》,有斐閣,2009,第484~486页。
④ 下井隆史:《労使関系法》,有斐閣,1995,第36页。
⑤ 日本食盐制造事件,最二小判昭和50.4.25,民集29卷4号第456页。

定妥善扮演了正当机能时,才可承认其法效力"。因此,雇主依据工会工厂条款有义务来解雇被工会除名之劳工者,只有在"该名劳工未具正当事由,却不肯加入工会组织,以致无法取得工会会员资格,或者系争劳工有效地退出工会,或被工会除名以致丧失工会会员资格者",雇主才得据以解雇劳工。由以上说明可以看出,日本司法实务上虽与学界多数说一样采取工会工厂条款有效说之见解,但同时却采取极严格之基准判断其效力。例如,企业内有复数工会存在时,首先,绝对必要尊重之原则是工会工厂条款之效力并不及于既存的其他工会会员。其次,某工会与雇主间缔结有工会工厂条款之团体协约,该工会所属会员劳工退出该工会,而后加入同属该企业之其他工会,此时雇主依据工会工厂条款来解雇该名劳工是否有效之争议案件中,早期日本法院多数做出有效之肯定判决,但后期认为无效之判决反而占大多数。另外,被订有工会工厂条款之工会除名后加入其他工会之劳工,虽然部分法院肯定雇主依据工会工厂条款来解雇该劳工应属有效,但也有法院认为该解雇行为应属无效。最后,从缔结有工会工厂条款之工会退出后,劳工另组工会时,雇主依据工会工厂条款对于该劳工之解雇行为应属无效。以上所列举若干工会工厂条款于实际运作中是否有效之争议类型中,最高法院在三井仓库港运事件中做出了统一见解:①"虽然缔结有工会工厂之协定,但若以解雇之威胁来强制劳工加入某一特定工会者,等于侵害到劳工之工会选择自由,及其他工会之团结权,在法律上应不被允许。"因此工会工厂条款中,有关加入工会工厂条款以外之工会以及从工会工厂条款退会或被该工会除名之劳工,如果加入其他工会或自行筹组新的工会者,雇主有义务必须解雇该名劳工之约定部分,依据民法第 90 条规定精神,应解为无效。综上所述,可以说日本对于复数工会并存下之工会工厂条款之效力所及,认为只有对于缔结协定后才新受雇之劳

---

① 三井仓库港运事件,最一小判平成元.12.14,民集 43 卷 12 号页 2051。《ユニオン・ショップ協定によって、労働者に対し、解雇の威喝の下に特定の労働組合への加入を強制することは、それが労働者の組合選択の自由及び他の労働組合の団結権を侵害する場合には許されない》。したがって《ユニオン・ショップ協定のうち、締結組合以外の他の労働組合に加入している者及び締結組合から脱退し又は除名されたが、他の労働組合に加入し又は新たな労働組合を結成した者について使用者の解雇義務を定めた部分は、民法九十条により無効となると解すべきである》。另外,日本钢管鹤见制作所事件中最高法院也是采同旨判决内容(日本钢管鹤见制作所事件,最一小判平成元.12.21,判例时报 1340 号,第 135 页)。

工,以及从工会退会后却不加入任何工会之劳工,雇主解雇方属合法。

四 台湾强制入会规定与工作权保障之冲突与调和——代结论

台湾劳工想要提升劳动条件,不可能只仰赖《劳动基准法》修改劳动条件,那是一个遥远难以期盼的梦想。比较务实的方法唯有通过工会与雇主进行团体协商,才有可能提升劳动条件水平让生活质量向上。因此,现在须面对强制入会规定有无违反"宪法"保障人民工作权之精神,应否宣告无效,或《工会法》中究竟有无必要置设强制入会规定,甚至先期研究劳资双方自行缔结强制入会团体协约有效性之认定基准等课题,都是未雨绸缪,也是今日不做明日便会后悔之工作。

本文认为对于劳动人权保障尚在起步阶段之台湾而言,强制入会规定本身,原有其提升劳工团结之效果,因此对照台湾之劳动人权发展现况,强制入会规定本身在台湾"宪法"下不必然有违宪之虞。但有无违宪与是否适宜立法强制入会规定,应是两个不同层次之议题。盖人民结社自由受宪法保障,其内涵一定包括积极团结自由与消极不团结自由二者,普适价值中当无议论。而劳工强制加入工会之规定,等于限制劳工消极不团结之自由,如果因为必须提升劳工团结力量来与劳工生存利益相结合时,亦即如果要限制劳工消极不团结自由,起码必须给予劳工有积极团结自由充分之保障才行。换言之,要剥夺劳工消极不团结自由前,必须先让劳工得以自由意愿享有完整组成工会之积极团结自由,也必须让劳工有完整选择加入何者工会之自由才行。否则,如果某一企业工会被雇主掌控而变成御用工会时,于单一工会原则下劳工已无另组其他企业工会之可能,而不团结之消极自由又被强制入会规定所剥夺时,对劳工之伤害可谓莫此为甚。

由于台湾目前企业工会采取单一工会原则,因此《工会法》第 7 条所定之强制入会,等于宣告劳工没有另组工会,也几乎没有选择工会之自由。[①]

[①] 台湾目前法律虽然规范单一工会原则,例如《工会法》第 9 条第 1 项规定企业工会以组织一个为限,第 9 条第 2 项亦明定同一行政区划内之职业工会,亦以组织一个为限。但严格言之,台湾工会实务上、法律上或企业内并非真正单一工会而已。例如,同一企业内有可能过去之厂场工会与企业工会并存,亦有可能同一金融控股公司内有金控工会本身与旗下子公司之企业工会同时存在之情形。唯此种例外情形毕竟少数。

尽管《工会法》之强制入会规定并未设置罚则，但强制入会总是法律规定，纵因强制入会规定对于劳工团结权之强化有其功能，但台湾在单一工会原则下之强制入会规定，如果因此过度伤害到劳工积极团结自由者，恐亦非合乎宪法精神之法规范。

但笔者并非意指强制入会规定应属违宪，而是如果台湾《工会法》取消例如第9条单一工会原则之规定时，在强制入会规定下，即使劳工不愿加入现有工会，也还有另组其他工会而加入之可能。斯时，强制入会规定就有其强化团结之真正效果。①

另外，也须考量在台湾目前工会种类——企业工会、产业工会、职业工会三种类中，为何独厚企业工会使之享有强制入会之保障，而置其他工会种类于不顾。这种规定是否有违反平等原则之虞，有无必要使毫无作用之强制入会规定继续存在，亦非毫无审慎再议之余地。

笔者比较关怀者为《团体协约法》第14条所定之工会工厂条款之效力问题。在台湾《工会法》现行强制入会规定并未附有罚则，因此无实际强制力之下，如果企业工会与雇主间缔结有工会工厂条款之团体协约时，其产生实质上等同于强制入会之效果，则与劳工工作权暨团结权保障之间恐亦生有必须直视之问题。又因为台湾目前采取单一工会原则，如果企业工会已为雇主掌控而成为御用工会，该御用工会又与雇主缔结有工会工厂

---

① 其实新《工会法》修法阶段时，学界中尝有主张应取消单一工会允许复数工会存在之组织形态论调，"劳委会"初亦不表反对。唯此一修正草案公告时，受到绝大多数工会反对。反对之内心真意应为基于既得利益，岂容许企业内另组工会来瓜分利益（或职业工会亦因为既得利益考量，岂容许同一行政区划内另有其他工会分一杯羹）。而表现于外部之堂皇理由则皆主张如果容许复数工会存在，首先一定产生劳劳纠纷（工会与工会为了利益而先内斗），势必削弱工会团结力量，更无法保障劳工权益云云。最后，劳委会在压力下主张因循旧《工会法》规定，仍明定单一工会原则送立法院通过。笔者认为台湾工会应采取复数工会原则，才有翻身除弊痛下针砭之可能。盖台湾工会组织现况，2012年第2季截止，依"劳委会"统计企业工会台湾地区仅有889家，而职业工会却有3933家；企业工会会员劳工台湾地区仅有53.2412万人，但职业工会会员劳工台湾地区合计却高达276.55万人，不论工会家数或会员劳工人数，职业工会皆为企业工会之约5倍，由此可见职业工会组织率或力量才是台湾工会主力。可是事实上台湾的职业工会几乎只是劳保工会，只负责帮无一定雇主之劳工加保劳保之功能而已。此由职业工会2012年度现今3000多家工会数中，竟然无一家与雇主或雇主团体订有团体协约可见一斑（企业工会889家中，现今有68个团体协约）。因此，台湾唯有将单一工会（企业工会与职业工会）原则废止，修正成复数工会原则后，才能激发职业工会之竞争活力，借着优胜劣败自然淘汰尸位素餐者，使好的工会存续下来，真正发挥劳工之团结力量。

条款之团体协约时，则嗣后受雇用之劳工几乎变成无路可逃，等于法律逼使劳工加入不具团结力之工会，恶法之危害莫此为甚。

因此，在台湾未来有关"团体协约法"第 14 条所定之工会工厂条款于适用上发生争议时，基于本文以上论述之归纳，得有几点值得注意：

（1）工会工厂条款之适用，应不得及于团体协约缔结前既已在职之员工。

（2）工会工厂条款之有效适用，必须缔结者为过半数以上劳工所组成之工会。

（3）劳资双方基于雇主依据工会工厂条款而解雇劳工时，首先必须审度该条款之有效性。

工会工厂条款之适用，不得侵害到其他工会之团结自由权。盖受雇劳工即使拒绝加入缔结有工会工厂条款之工会，但该劳工如果有加入企业外之产业工会或职业工会时，雇主亦不得依该工会工厂条款之规定而解雇该劳工，避免侵害到其他工会之团结自由权。

Reconciliation between Compulsory Union Membership Rules in Taiwan's Labor Union Law and the Right to Work

Qiu Junyan

Abstract：It has been nearly 90 years since Labor Union Act in Taiwan has relevant provisions of compulsory union membership. Due to martial law has been chronically imposed in Taiwan, Trade unionism had been strictly restrained under most circumstances. The provisions of compulsory union membership were no more than symbolic appearance, only used to embellish the Right to Organize, and haven't been slightly taken seriously in legal institution almost 100 years. After the abolishment of martial law, not only labor movements have been much more thriving then before, but the rights of labor have also been paid attentions. What the provisions of compulsory union membership involved, is not only whether the free rights of labor's union being infringed, but it also progressively causing the problem of compulsory check-off made by both employers and labor unions to the involuntary labors. Furthermore, it is also necessary to research in depth about the provisions of compulsory union membership and single union status, connecting them with Article 15 of Constitutional law, considering their applicability between the rights to work. These are highly related to the rights of multitudinous labors, certainly it would become issue concerned by the fields of academic, judicial operational, and labor-management groups. This paper is going to be carried out begin with the link between compulsory union membership in Labor Union Act, Article 7, and the right to work ensured by Constitutional law. Secondly, the substantial legal effect of the provision about compulsory union membership for Union shop, stipulated in Collective Agreement Act, Article 14, will also be reviewed.

Key words: The Right to Organize; Compulsory Union Membership; The Right to Work; Conciliation

育婴休假法律问题探讨

——基于台湾地区劳动立法和学说的考察

胡玉浪[*]

目　次

一　育婴休假制度的证成
　（一）平衡家庭与工作的矛盾和冲突
　（二）促进人口再生产和劳动力的再生产
　（三）促进男女两性平等
二　育婴休假的决定与实施
　（一）育婴休假制度的规范性质
　（二）劳工申请育婴休假的条件和程序
　（三）育婴休假的时间限度和时段安排
三　育婴休假期间育婴津贴、社会保险和就业培训问题的解决
　（一）育婴津贴
　（二）社会保险
　（三）就业培训
四　育婴休假与劳工复职
　（一）劳工申请复职是否应经过雇主的同意
　（二）劳工申请复职时的职位和待遇安排
　（三）劳工申请复职与雇主的裁员解雇

---

[*] 胡玉浪，福建农林大学法律系教授，法学博士，硕士生导师，主要学术领域为劳动法和社会保障法。

摘　要：育婴休假制度属于劳动基准法的组成部分。设立育婴休假制度的目的是平衡工作与育婴的矛盾，促进两性平等以及人口和劳动力的再生产。育婴休假期间劳工有权获得育婴津贴，参加社会保险，获得就业信息和培训，劳工也有权依法终止劳动契约，但是雇主不得随意终止劳动契约。在育婴休假结束之后，劳工有权按照约定的时间申请复职，也可以申请提前或延后复职，该复职请求权具有形成权的效力。

关键词：育婴休假　育婴津贴　工作权　劳工复职

育婴休假（child care leave or parental leave），是指国家通过立法规定，对于养育未满一定岁数幼儿的劳工，有权向雇主申请一定期间的休假，以便能暂时中止劳动给付义务，在家养育幼儿，待休假时间结束之后，重返工作岗位继续履行劳动合同。实践证明，育婴休假制度的实施对于保护幼儿的健康成长，协调劳工工作与家庭生活的冲突，促进男女两性平等，鼓励育婴劳工重回职场发挥就业稳定功能等具有重要作用。目前，意大利、法国、德国、挪威、瑞典、加拿大、日本、中国台湾等发达国家和地区均设有育婴休假制度，育婴休假制度的设立已成趋势。我国劳动法对育婴休假制度未做明文规定。2011年颁布的《深圳经济特区性别平等促进条例（修改建议稿）》第18条曾对育婴休假问题做出规定，[①] 虽然最终未获通过，但至少说明育婴休假问题已经进入大陆地区立法视野，也反映了社会大众对建立育婴休假制度的热切期盼。海峡两岸一水相隔，同文同种，传统文化、职场环境与法律制度有很多相似之处，"台湾的育婴休假制度在经济合作与发展组织（OECD）中来说，整体上较为进步"，[②] 值得借鉴。本文主要以中国台湾地区关于育婴休假（育婴留职停薪）制度的相关立法和学说为基础，对育婴休假问题进行初步探讨，希望有助于推动大陆地区育婴休假法律问题的研究，促进育婴休假法律制度的建立与完善。

---

① 《深圳经济特区性别平等促进条例（修改建议稿）》第18条第2款规定："生育或者抚养三周岁以内子女的父母，每年可分别享有十天育婴假。育婴假期间的工资和福利待遇由用人单位根据国家有关规定决定。"

② 谢棋楠：《台湾对生产育儿劳工之保护法制》，《厦门大学法律评论》（2010年卷），厦门大学出版社，2011，第268页。

一 育婴休假制度的证成

(一) 平衡家庭与工作的矛盾和冲突

一旦劳工有生儿育女的情事发生,如何调节工作与家庭生活之间的矛盾,就成为父母最为关切和需要解决的问题。工作是大多数人赖以维生的手段,生儿育女又是人类的本能,但工作与育婴存在一定的冲突。一方面,劳工有继续工作、获得经济收入的压力,另一方面有育婴时间支出、精力与情感投入的压力,从而形成工作压力和家庭生活的两相排挤,甚至成为劳工被迫离职的重要原因。根据台湾地区"行政院"主计处 2006 年"台湾地区妇女婚育及就业调查"统计分析,15~64 岁已婚女性因结婚退出职场的比率为 28.95%,占婚前有工作女性之比率(结婚离职率)为 34.31%,而其复职率为 40.97%;因生育而离职的比例达 15.39%,其复职率为 56.40%。换言之,女性劳动力因结婚而退出职场的比例高达六成以上,因生育退出劳动力市场未再复职的比例也有将近五成。[①] 育婴休假制度设计的最直接目的,就是让有婴幼儿的劳工在劳动关系维持和基本所得保障的情况下,为了养育小孩所获得一定期间的休假,使其能够在子女出生之后最初也是最具决定性之成长阶段暂时离开职场专心养育婴儿,并在育婴休假结束之后重返职场,以满足劳工工作与家庭生活的双重需要,摆脱因育婴而在工作与家庭之间挣扎甚至职业生涯被迫中断的困境。

(二) 促进人口再生产和劳动力的再生产

孩子是家庭的希望,父母与家庭也有保护和照顾孩子的义务。从劳动再生产的观点来看,人口的再生产也就是下一代劳动力的再生产。从社会可持续发展的角度看,儿童乃民族命脉的延续,每一个新生儿的诞生,都是国家和民族未来的希望。由于儿童是家庭、社会及国家的人力资源,有益于整个家庭、社会和国家,因此,育婴成本自然也应由家庭、雇主和国家来共同分担。具体是:劳工承担停薪损失和育儿责任,雇主承担给假和

[①] 黄秀真:《促进工作平等措施法规范之研究——以性别工作平等法为中心》,中正大学,2007,第 68 页。

工作保障的义务，政府承担育婴津贴的支付义务。通过三方责任分担机制，来调和育婴与工作之间的矛盾，一方面劳工能够有放松的心情、充足的时间尽心养育幼儿，并有一定的所得保障；另一方面又无须担心因育婴休假而丢掉工作，其更深远的意义，则与促进人口再生产和劳动力再生产的人口政策与家庭政策有关。根据台湾"行政院"主计处的统计，台湾出生人数1981年为414069人，1991年为321932人，2001年为260354人，2010年为166886人，新生儿出生率呈逐渐下降的趋势。育婴休假制度的设立，就是通过政府介入劳动力市场，干涉劳动力自由提供，促进人口再生产和劳动力的再生产，以解决台湾社会人口再生产和劳动力再生产的危机。

（三）促进男女两性平等

长期以来，生儿育女被认为是女性的天然职责。然而，正如联合国《消除对妇女一切形式歧视公约》前言及第5条所指出的：养育子女和家庭责任不应该由女性单独承担，应该由男女劳动者及社会共同承担。台湾地区《性别工作平等法》第16条规定："受雇者任职满一年后，于每一子女满三岁前，得申请育婴留职停薪。"由此可见，育婴休假已被确定为父母履行亲职照顾婴儿所需要的假期，其不仅适用于女性劳工，也适用于男性劳工，父母中的任何一方均有权利也有义务扮演"亲职"的角色，从而改变传统文化将生儿育女完全加诸女性身上的角色义务和刻板印象，促进男女两性共同承担家庭责任，努力实现两性平等之终极目标。当然，从北欧、日本、中国台湾等国家和地区实施育婴休假制度的情况看，男性劳工使用育婴休假制度的比率仍然偏低，偏低的部分原因是传统性别角色观念的作祟，另一重要原因就是男女平均薪资差异使得女性申请育婴休假的机会成本较小。[1] 因而就促进劳动力市场两性平等的目标而言，育婴休假制度的实施仍有不足，但至少指明了努力方向：生儿育女是父母的共同责任，而不是妇女劳工一方的义务，也可以避免让雇主产生"女工一旦怀孕，极有可能申请育婴休假，造成公司困扰"之固有观念，在一定程度上降低就业性别歧视。

---

[1] 刘梅君：《两性工作平等法与母性保护之关联》，《律师杂志》第242期。

二 育婴休假的决定与实施

(一) 育婴休假制度的规范性质

育婴休假制度的核心是保护幼儿与家庭，促进劳动力再生产，提升劳动力品质，但雇主也可以从劳动力再生产以及父母当下的育婴消费中获得反射利益。因此，从社会永续发展以及企业可持续发展的角度看，通过法律强制设立育婴休假制度确有必要性和正当性。但若从某一雇主的角度考察，该雇主对育婴休假制度的设立与实施可能会有不愿配合甚至抗拒的倾向。主要原因是：

第一，虽然从整个社会的角度看，人口再生产和劳动力的再生产有其必要性，但是对个别雇主而言，其很难直接感受到这种必要性的存在。

第二，在育婴休假期间，虽然雇主不必支付工资或者育婴津贴，但有提供假期的义务，这会对企业的运营和人力资源安排带来消极影响。

为了保证育婴休假制度的贯彻实施，台湾地区《性别工作平等法》第21条规定，劳工请求育婴留职停薪时，雇主不得拒绝，亦不得视劳工为缺勤而影响其全勤奖金、考绩或给予其他不利处分；劳动行政主管部门应将雇主执行育婴留职停薪制度纳入劳动检查项目（第6条第1项）；雇主违反上述规定时，处新台币1万元以上10万元以下罚金（第38条）。由此可见，育婴休假制度的法律性质可界定为因法律之强行规定而设定之劳动基准。任何以劳动契约、团体协约、工作规则或劳动习惯为名剥夺劳工育婴休假权利、设定高于法律规定的休假条件或者对休假劳工施加不利待遇等行为，均属无效。

(二) 劳工申请育婴休假的条件和程序

1. 申请主体

台湾地区《性别工作平等法》第16条规定："受雇者任职满一年后，于每一子女满三岁前，得申请育婴留职停薪。"可见，"劳工请求休假的要件并不以劳动者对企业的贡献作考量，亦即赋予休假并不以劳动者的出勤率、年资或在企业内的职等作为准否的条件；企业对劳动者在休假期间的劳动条件保障亦不能依劳动者在企业内的职等作不同等级的规定与对待"。[1]

2. 育儿需要

台湾地区《性别工作平等法施行细则》第 12 条规定："本法第十六条第一项、第十八条第一项及第十九条所称子女，指婚生子女、非婚生子女及养子女。"《性别工作平等法》第 22 条规定，受雇者之配偶未就业者，不得请求育婴留职停薪，但有正当理由者，不在此限。结合《性别工作平等法》第 16 条的规定，即劳工申请育婴休假时必须有三岁以下幼儿须亲自养育，至于该子女是婚生子女、非婚生子女或养子女，在所不问；劳工配偶未就业者，不得请求育婴休假，以兼顾企业的经营利益，但若该配偶有身心障碍或其他无法胜任照顾幼儿工作等正当理由者除外。

3. 申请方式

台湾《育婴留职停薪实施办法》第 2 条规定："受雇者申请育婴留职停薪，应事先以书面向雇主提出。前项书面应记载下列事项：一、姓名、职务。二、留职停薪期间之起迄日。三、子女之出生年、月、日。四、留职停薪期间之住居所、联络电话。五、是否继续参加社会保险。六、检附配偶就业之证明文件。"

（三）育婴休假的时间限度和时段安排

1. 育婴休假的时间限度

根据《性别工作平等法》第 16 条，劳工申请育婴休假的期间，以其子女满三岁止，但不得逾二年；同时抚育子女二人以上者，其育婴留职停薪期间应合并计算，最长以最幼子女受抚育二年为限。也就是说，育婴休假的年限不超过二年，同时抚育两个以上子女者，如接连两个相差一岁的子女，育婴休假期间的计算，并不是以每一个子女单独计算后再加总。例如，在前一个子女育婴休假期间，又生了另一个子女，则无论前一个子女的育婴期已进行多久，其所得申请的休假期间也仅止于最幼子女二年的期限。换言之，若前一个子女已请育婴假期一年，又生了第二个子女，则以

---

[1] 陈忠良：《育儿休假制度之研究——从日本经验探讨我国育儿休假制度之规划》，政治大学，1996，第 145 页。

第二个子女请假满二年为限,而非前一个子女的假期还剩一年,再加上第二个子女可得请假的期间为二年,总共三年。①

2. 育婴休假的时段安排

育婴休假为父母履行亲职照顾婴儿所需要的假期。育婴休假期间雇主有人力资源安排的困难以及使用替代劳工之相关成本,而劳工也有工作能力维持和家庭所得减少的问题。育婴休假究竟得请多长时间,何时休假,何时复职,才能让雇主与劳工双方能够维持平衡各得其利,无法有固定的答案。台湾《育婴留职停薪实施办法》第2条规定,育婴留职停薪期间以不少于六个月为原则。因而最少请假半年,强制请假半年。但在实践中,育婴休假的假期并不一定是越长越好。由于育婴留职停薪期间不计入工作年资,② 劳工对育婴休假时间的需求也可能发生变化,因此令劳工有配合家庭变化和客观情况,而有自由缩短或延长假期之权,应为较适于理论和实践需要之制度。立法强制劳工一定要请一定长度之假期,虽有利于雇主调配人力,然而不能应不同劳工的不同需求。

三 育婴休假期间育婴津贴、社会保险和就业培训问题的解决

(一) 育婴津贴

1. 政府支付育婴津贴的必要性

工资是劳动给付的对价。育婴休假时间是劳工请假照顾婴儿的时间,以取代在外工作获得工资,为此就产生休假期间劳动者如何维持生活的问题。从台湾实施育婴休假制度的实践看,2002年3月8日开始实施的《性别工作平等法》第16条规定,"受雇者任职满一年后,于每一子女满三岁前,得申请育婴留职停薪","育婴留职停薪津贴之发放,另以法律定之"。但是所谓的《育婴留职停薪津贴发放办法》迟至2009年《就业保险法》修正时才正式公布实施。也就是说,从2002年育婴休假制度设立至2009

---

① 刘梅君:《两性工作平等法与母性保护——立法之意义、释义及理论浅谈》,《律师杂志》第271期。
② 《育婴留职停薪实施办法》第4条规定:"育婴留职停薪期间,除劳雇双方另有约定外,不计入工作年资计算。"由于劳工相对于雇主而言明显处于弱势地位,因此,育婴休假期间由劳雇双方约定计入工作年资的难度较大。

年《就业保险法》修正之前，所谓育婴休假其实就是"无薪休假"，劳工没有工资收入，也无法获得政府的育婴津贴，为此劳工申请育婴休假的态度并不积极。根据台湾"行政院"劳工委员会的统计，2003年表示需要使用育婴休假的劳工占50.64%，但真正使用的比例只有0.5%；在2005年领取劳工保险生育给付的7.7万名受雇女性劳工中，只有1989名申请育婴休假，仅占总数的2.6%，此与期待劳工选择育婴休假的立法目的存在明显的落差。实践证明，对于许多中低收入家庭而言，双薪是维持家庭生计的必要，反过来说这些家庭无法承担一份薪水的损失，因此是否发放育婴津贴以及育婴津贴的发放标准，是育婴休假制度能否被充分利用的关键因素。如果育婴休假成为低收入家庭请不起的假期，育婴休假制度就会在劳工生计维持的权衡下形同虚设，沦为"富人条款"。如果低收入家庭因经济原因无法申请育婴休假，却又要负担就业保险费用，育婴休假制度就会沦为穷人补贴富人的制度。为了避免育婴休假制度沦为富人家庭的专利，而成为一般劳工可以实质利用之家庭友善措施，育婴津贴的发放确有必要，并且育婴津贴的发放水平不能过低。

2. 育婴津贴的法律性质

育婴津贴到底是将育婴本身视为一项劳动而给予的津贴，还是因育婴留职停薪所衍生出来的劳动所得中断的补偿？从法理上讲，育婴津贴的发放，若只是限于受雇劳工，就代表着育婴津贴是一种补偿性质之薪资替代措施，补偿父母因照顾子女无法工作而导致的收入损失；若系所有的父母皆可领取，则可视为对其因培养下一代生产力所付出的劳动之鼓励与协助，意味着国家将养育子女责任视为社会共同责任,[1] 也就代表着育婴津贴是一种生活补助金。由于育婴休假制度的实施，关系到人口再生产和劳动力再生产的基础，因此若规定育婴成本须由全体社会成员共同承担，从理论上讲并无不妥。但在实践中，日本、中国台湾等都只对在职劳工提供育婴津贴，育婴津贴实际上被界定为劳工劳动所得中断的补偿。如台湾地区《性别工作平等法》第16条规定："受雇者任职满一年后，于每一子女满三岁前，得申请育婴留职停薪。"台湾地区《就业保险法》第11条规

---

[1] 郝凤鸣：《从社会保障观点论育婴休假相关法律之改革》，《台湾法学杂志》2006年第11期。

定:"被保险人之保险年资合计满一年以上,子女满三岁前,依性别工作平等法之规定,办理育婴留职停薪。"从立法关于"受雇者任职满一年"及"保险年资合计满一年"之规定可知,育婴津贴制度是以与劳动就业相联结为其制度本质,亦属以就业保险金为给付财务的支持,为社会保险金,而非以税款给付的生活补助金,更非社会救济金。[①] 劳工不参加就业保险,不会影响其申请育婴休假的权利,但是将无法申领育婴津贴。

3. 育婴津贴的给付水平与给付方式

《就业保险法》第19条第2项规定:"育婴留职停薪津贴,以被保险人育婴留职停薪之当月起前六个月平均月投保薪资百分之六十计算,于被保险人育婴留职停薪期间,按月发给津贴,每一子女合计最长发给六个月。前项津贴,于同时抚育子女二人以上之情形,以发给一人为限。父母同为被保险人者,应分别请领育婴留职停薪津贴,不得同时为之。"《就业保险法施行细则》第19条第2项规定:"育婴留职停薪津贴的给付期间自育婴留职停薪之日起至期满之日止。但被保险人提前复职者,计至复职之前一日止。前项津贴,按月于期末发给;不足一月部分,以三十日为一月,按比例计算。"从台湾实施育婴休假制度的实践看,政府给予育婴津贴之辅助,对于女性劳动参与率的确有提升作用。但其给付六个月(每一个子女,父母可分别请领六个月,合计最长可领十二个月,但两人请领期间不得重叠)与60%之上限标准,所得替代率仍然偏低,低薪劳工无法负担育儿期间之开销,其无疑是富人制度,因为仅有经济情况好的人才请得起育婴假。而父或母若没有申请育婴假,则等同于自动放弃育婴休假与育婴津贴之辅助。因此,需增加津贴的给付水平与发放时间长度,维持更高的所得替代率,方可提升劳工对育婴休假制度的使用率。由于在家庭内部父亲的收入通常高于母亲的收入,因此现行制度更无法鼓励父亲申请育婴休假。[②] 对于应发的育婴留职停薪津贴,经保险人审查应予发给者,由保险人汇入被保险人所指定的金融机构之本人账户。[③] 基于复职、离职、兼

---

① 谢棋楠:《加拿大妇女劳工生育与育儿两性共同责任政策》,《中华女子学院学报》2012年第1期。
② 谢棋楠:《台湾对生产育儿劳工之保护法制》,《厦门大学法律评论》(2010年卷),厦门大学出版社,2011年,第264页。
③ 参见台湾地区《就业保险法施行细则》第12条。

职、解雇等情形造成育婴休假的目的不复存在,育婴津贴则停止发放。

(二) 社会保险

社会保险是以实质上的雇佣关系的存在为判断基础。由于育婴休假期间劳工与雇主之间的劳动关系仍然存在,只是暂时中止劳动给付义务,所以劳工的社会保险资格并不消灭,缴费义务仍然存在。[1] 况且在育婴休假期间,劳工同样可能生病需要治疗,所以能否维持医疗保险关系对劳工来说至关重要。在休假期间是否继续缴纳养老保险、失业保险等,也会对劳工未来的保险给付产生重要影响。但若换一个角度观察,由于育婴休假期间劳动者所得保障有限,又必须缴纳社会保险费用,由此也会给劳工带来很大的经济负担,并直接影响到劳工的休假意愿。为了解决这一问题,日本《雇佣保险法》规定,在育婴休假期间,雇主的保险责任继续存在;劳动者可以请求免交健康保险和退休保险费。[2] 台湾的做法则独树一帜。《性别工作平等法》第16条规定:"受雇者于育婴留职停薪期间,得继续参加原有之社会保险,原由雇主负担之保险费,免予缴纳;原由受雇者负担之保险费,得递延三年缴纳。"也就是说,育婴休假期间原由雇主负担的保险费,不是由雇主继续缴纳,而是改由政府支付,这是立法当时为取得资方的支持而做出的妥协让步。所谓"得递延三年缴纳",是指劳工于育婴留职停薪期间,保险费仍将按照原投保金额等级计算,自行负担的保险费最多可顺延三年缴纳,其后每月多负担顺延期间一个月保险费,直至全数缴还为止,但劳工也可以选择不顺延缴费方式,在留职停薪期间仍按月缴纳保险费。[3] 另据《性别工作平等法施行细则》第9条,受雇者依《性别工作平等法》第16条第2项规定继续参加原有之社会保险,不包括参加劳工保险之职业灾害保险,其应于原投保单位继续投保。

(三) 就业培训

育婴休假是使劳工在劳动关系维持的情况下为了养育小孩所获得的一

---

[1] 陈忠良:《育儿休假制度之研究——从日本经验探讨我国育儿休假制度之规划》,政治大学,1996,第140页。
[2] 〔日〕荒木尚志:《日本劳动法》,李坤刚、牛志奎译,北京大学出版社,2010,第93页。
[3] 谢棋楠:《台湾对生产育儿劳工之保护法制》,《厦门大学法律评论》(2010年卷),厦门大学出版社,2011,第256页。

定期间的休假。育婴休假期间劳动关系继续存在,但劳工已离开工作岗位,并不得与其他企业建立劳动关系,①而是在家专心抚育幼儿,由此就产生与劳动力市场相脱节的问题。劳工育婴休假的时间越长,其与劳动力市场相脱节的程度就愈高。在育婴休假期间,劳动者熟悉的就业环境也可能发生变化。所有这些都会对劳动者产生劳动能力维持与职业技能提升的内在需求与外在压力。为了促进劳动者在育婴休假结束之后能够顺利重返工作岗位,台湾地区《育婴留职停薪实施办法》第8条规定:"受雇者育婴留职停薪期间,雇主应随时与受雇者联系,告知与其职务有关之教育训练讯息。"通过参加教育训练,使劳工在育婴休假期间仍然能够与劳动力市场保持紧密的联系,不断提升就业技能,维持一定程度的竞争能力,顺利重返工作岗位,不致因履行亲职而对工作日渐生疏而无法适应,甚至丧失回复职场的劳动能力,造成劳动力的不当流失。基于诚信原则,在劳工复职之后雇主也应当给予适当的训练及一定阶段的适应时间。

四　育婴休假与劳工复职

育婴休假的立法目的在于使劳工能够在维持既有的劳资关系下兼顾家庭和工作的需要,免除后顾之忧,若劳工休假结束后不能重返工作岗位,不仅和鼓励劳工育婴休假陪伴幼儿成长的立法目的不合,也会降低劳动者的休假意愿。②为了保证劳动者在育婴休假结束之后能够顺利回到工作岗位,台湾地区《性别工作平等法》第17条规定:受雇者于育婴留职停薪期满后,申请复职时,除有法定情形,并经主管机关同意者外,雇主不得拒绝。所谓"申请复职"应是"请求继续履行雇佣关系","不得拒绝"应是"应继续履行雇佣关系"或"不得终止雇佣关系"。因为"育婴留职停薪"的法律意义是"留职""停薪",雇佣关系仍然存在,只是部分权

---

① 台湾地区《育婴留职停薪实施办法》第7条规定:"受雇者于育婴留职停薪期间,不得与他人另订劳动契约。"其主要理由是:在育婴留职停薪期间,双方的劳动关系仍然存在,劳工无权随意再找其他的工作。
② 陈忠良:《育儿休假制度之研究——从日本经验探讨我国育儿休假制度之规划》,政治大学,1996,第145页。

利义务（工作、工资）暂停履行，而"申请复职"则是请求继续履行原暂停履行之权利义务。亦即恢复"停薪"之部分及其相对应之"工作"。在雇主拒绝劳工复职引起劳动争议时，被拒绝之劳工所得寻求之司法救济途径仍是请求"确认雇佣关系存在及给付工资"，其理由则是雇主之拒绝系属违法不生劳动契约终止之效力，以及因此延伸的雇主不得拒绝给付工资。[①]

（一）劳工申请复职是否应经过雇主的同意

育婴休假不是解除劳动契约关系之永久性离职，而是继续维持劳动契约关系之暂时性离职。由于留职停薪期间雇佣关系继续存在，因此，劳工按照预定的时间申请复职不必征得雇主的同意。在现实中，劳工申请提前或延后复职，往往有其需要，如劳工家庭经济状况恶化需要提前上班，为了缩短回复工作之适应期提前上班或以部分工时或弹性工时方式上班，因子女死亡、送养他人等育婴休假的原因消失而提前上班，因家庭变故无人照顾婴儿而需要延期上班等。为了解决这一问题，《育婴留职停薪实施办法》第3条规定："受雇者于申请育婴留职停薪期间，得与雇主协商提前或延后复职。"也就是说，与劳工按照预定时间申请复职不必经过雇主的同意不同，在育婴休假期间劳工可以与雇主协商提前或延后复职，不是由劳工单方通知雇主就形成效力。由于育婴休假期间，企业为因应劳动者的休假往往订有一定的计划，配备替代人员，[②] 若劳动者随时要求提前或延后复职，企业将难以立即做出反应，因此，需要对劳工的复职请求予以一定的限制。但是规定劳工申请提前或延后复职需要经过雇主的同意，则会对劳工的权利形成困扰，即雇主不同意劳工提前或延后复职时，劳工就无法提前或延后复职。因此，应当通过立法规定，育婴休假期间劳工可以事先（如提前一个月）以书面形式通知雇主缩短或延长假期，该通知具有形成权的效力。要求以书面形式预先通知，是为了保证雇主在人力资源安排上有一定的弹性空间，强调该通知有形成权的效力，是为了对抗雇主在提前或延后复职问题上的单方决定权，以兼顾双方当事人的利益。

---

① 俞慧君：《两性工作平等法》，蔚理法律出版公司，2002，第145页。
② 台湾地区《育婴留职停薪实施办法》第6条规定："育婴留职停薪期间，雇主得雇用替代人力，执行受雇者之原有工作。"

（二）劳工申请复职时的职位和待遇安排

复职，对于劳工而言，不但过去的工作经验得到肯定评价，也可以继续发挥能力；对企业而言，不会失去教育训练的投资，得以确保优秀的人才及熟练的劳动力。① 复职是否就是恢复原职？从职位保障的程度考察，劳工留职停薪事实上可以分为："绝对保障任（原）职"、"保障任职（但不一定是原职）"以及由劳工表达复职意愿供雇主用人参考资讯等多种可能的权益安排做法。雇主则相应负有"保障原职"、"保留职位"和"参考斟酌（无保留职位义务）"等不同内涵、程度的义务。相对于意定留职停薪而言，育婴留职停薪属于法定留职停薪制度的一部分。在育婴休假期间，企业职位空缺之保有运用牵涉经营状况、人力调度等多种因素。在劳工长期离开原任职位的情况下，雇主可能因主客观情势因素，难以或根本无法让劳工回归原职，故所谓复职基本上应指回复原有职务，以及"原职相当职级之职务"。② 劳工回复原工作时或原工作不存在回复同值之工作时，雇主需给付原工作同样之工资，但若该工作职位之工资已调高时，雇主应给付调高之工资。③

（三）劳工申请复职与雇主的裁员解雇

从劳动法的角度考察，育婴休假制度属于劳资双方维持劳动关系，暂停工作和工资给付义务之人事管理措施。育婴留职停薪期间，劳工可以依法终止劳动契约，④ 但是雇主不得随意终止劳动契约。《性别工作平等法》第 17 条规定："受雇者于育婴留职停薪期满后，申请复职时，除有下列情形之一，并经主管机关同意者外，雇主不得拒绝：一、歇业、亏损或业务紧缩者。二、雇主依法变更组织、解散或转让者。三、不可抗力暂停工作在一个月以上者。四、业务性质变更，有减少受雇者之必要，又无适当工作可供安置者。雇主因前项各款原因未能使受雇者复职时，应于三十日前

---

① 陈忠良：《育儿休假制度之研究——从日本经验探讨我国育儿休假制度之规划》，政治大学，1996，第 154 页。
② 陈建文：《留职停薪约定之内涵理解歧异》，《台湾法学》2011 年第 5 期。
③ 谢棋楠：《加拿大妇女劳工生育与育儿两性共同责任政策》，《中华女子学院学报》2012 年第 1 期。
④ 参见台湾地区《育婴留职停薪实施办法》第 5 条。

通知之,并应依法定标准发给资遣费或退休金。"这是雇主拒绝育婴休假劳工复职请求权必须具备的法定事由和条件。从字面分析,劳工"申请复职时"发生上述原因,雇主得预告终止劳动契约,但是"申请复职时"只是一个非常短暂的时间。如果劳工"申请复职后"一段时间发生前述原因,本来就和一般被资遣的劳工没有区别,雇主当然可以终止劳动契约,但在劳工"申请复职前"一段时间发生前述原因,雇主是否得终止劳动契约拒绝复职则成问题,解释上应认为雇主得拒绝劳工复职,始符合法律之本旨。如果严格解释只限于劳工"申请复职时"那一片刻具有法定事由雇主始得终止劳动契约,将使该法律之规范功能几乎丧失。[①]

Legal Issue on Child Care Leave
—An Observation of the Labor Legislation and Theory in Taiwan

Hu Yulang

Abstract: The rules of child care leave is part of the labor standards law. The establishment of system of child care leave is to balance the contradiction between work and nursery, promote the gender equality and the reproduction of population and labor force. Nursery workers during the period of leave shall be entitled to parental allowance, and they shall have right to attend social insurance, obtain employment information and training, labor also have right to terminate the labor contract, but the employer shall not terminate the labor contract at will. At the end of the parental leave the workers shall have the right to apply for reinstatement at the prescribed time, also can apply in advance or delay the reinstatement. The right to reinstatement is of formation efficiency.

Key words: Child Care Leave; Nursery Allowance; The Right to Work; Labor's Reinstatement

---

① 俞慧君:《两性工作平等法》,蔚理法律出版公司,2002,第145页。

美国失业保险之费率制度及其性质：以台湾地区的就业保险观察

谢棋楠[*]

目　次

一　前言
二　美国失业保险具强制性失业保险计划性质
　　（一）（薪资给付）基期规定之强制
　　（二）美国有延长失业给付之强制制度
三　美国失业保险并非多重层面之社会保险
四　美国失业保险课税（费）标的
五　美国失业给付额计算方式
　　（一）所得比例制
　　（二）均等金额制
　　（三）美国失业给付之给付期间
六　美国惩罚性费率（penalty rate）或行政罚制度
七　结论
　　（一）弱化普遍性连带互助原则
　　（二）增强选择性负担成本原则
　　（三）在平等和效率的权衡上，更加注重效率
　　（四）更发挥市场竞争机制的作用
　　（五）注重个体的公平性

---

[*] 谢棋楠，中国文化大学劳工系教授，学术领域为劳工法和劳资关系。

摘　要：美国的失业保险与中国台湾地区的失业给付在性质上皆属于社会保险，属于强制性失业保险计划。美国加保失业保险的受雇劳工遍及各业，投保人数占全体受雇劳工的97%。美国各州所定最长给付期限以26周为准，许多州规定如失业率达5%以上，或过去13周中失业率达5%以上时，则可延长13周。和台湾地区不同，美国失业保险并非多重层面的社会保险。台湾《就业保险法》属积极型就业安全制度一环。而美国各州的失业保险制度，仍仅限于失业给付性质之立法。美国采经验费率制，失业保险税率与劳工的失业风险相关。台湾地区就业保险的保险费按被保险人当月的月投保薪资1%计收，其与劳工的失业风险欠缺关联性。实施经验费率较能使雇主参与到失业保险的体制中，因为其必须提供经验要素之有关资料，有助于基层雇主参与就业市场之就业稳定。

关键词：经验费率　所得支援　失业给付　基期

一　前言

美国的失业保险制度是于被保险之劳工的失业期间短期地保障其部分所得的制度。失业保险给付是美国社会保险体系中最早且涉及面最宽的一项社会保险措施。

美国失业保险与中国台湾地区失业给付制度的主要目的相同，失业保险之主旨都是保障具有工作能力的被保险人，当其遭遇非自愿性失业，且未找到适当工作之前，依法可领取失业给付，以维持其基本经济生活。美国失业保险制度的主要目的与台湾就业保险失业给付制度基本相同，即减轻失业者负担，促进失业者重新就业。而在给付的制度设计上，也有很多相似的地方。例如，对于所适用的劳工及其给付领取的资格，皆有严格限制。但台湾《就业保险法》在立法精神上，从过去劳保失业给付办法时期仅消极性地核发失业给付，已转为积极地促进就业，[1] 台湾职业训练局亦于《就业保险法》实施后，推行各项训练计划，并结合民间训练单位办理多元训练课程，促使训练与推介就业紧密结合，避免就保资源浪费。

---

[1] 李健鸿：《"积极促进"治理下就业保险失业给付制度的实践困境》，《台湾民主》2010，第125~176页。

二 美国失业保险具强制性失业保险计划性质

美国的失业保险与中国台湾地区的失业给付由于在性质上皆属于社会保险,政府不得拒绝任何合格雇主参加投保,因此必须强制投保。否则,雇主(投保单位)平时均不投保,失业事故即将发生时才加入保险,则此保险在财务上必然无从承担。虽有个别立法或者综合立法之保险制度之差异,甚至有一个独立或综合之计划之差异,但两地的制度皆属于强制性失业保险计划(compulsory unemployment insurance schemes),即经由国家或地区政府立法,规定全部或一部分产业之劳工必须加入失业保险制度,劳工无自由选择的权利。两地的制度皆非自愿性失业保险计划,或单纯为失业时之救助计划。美国每年纳入失业保险的受雇劳工遍及各业,投保人数占全体受雇劳工的97%。

(一)(薪资给付)基期规定之强制

因失业保险为一需缴纳保费之制度,在台湾地区,申请失业给付,需符合失业前加保且缴纳保费至规定最低期间之要件,故于基期中之就业时间长度不足之劳工,不在适用之列。至于美国投保资格的认定,一般是指至少雇佣一名劳工在20周以上或是基期中任一季中支付薪资在1500美元以上的雇主,均属强制投保的对象。

(二)美国有延长失业给付之强制制度

美国各州所定最长给付期限以26周为准,许多州规定如失业率达5%以上,或过去13周中失业率达5%以上时,则可延长13周。台湾《就业保险法》第16条第1项规定:"……但申请人离职办理本保险退保时已年满四十五岁或领有社政主管机关核发之身心障碍证明者,最长发给九个月。"《就业保险法》第16条第2项规定:"中央主管机关于经济不景气致大量失业或其他紧急情事时,于审酌失业率及其他情形后,得延长前项之给付期间最长至九个月,必要时得再延长之,但最长不得超过十二个月……"

三 美国失业保险并非多重层面之社会保险

目前各国和地区之失业给付制度所附立之制度不同,中国台湾地区、日本、韩国与加拿大之就业保险制度较相似,[①] 属于多重社会层面目的社会保险制度,非单独之失业保险立法。台湾地区《就业保险法》属积极型就业安全制度一环。而美国各州之失业保险制度,仍仅限于失业给付性质之立法,尚非如台湾地区与加拿大为积极整合失业保险、职业训练以及就业服务等就业安全制度之就业保险立法制度。以立法内涵而言,台湾地区《就业保险法》之制度与加拿大之《就业保险法》相似,而与美国之失业保险差异较大。由台湾地区《就业保险法》所使用的法律名称与立法过程可知,该法适用之原则虽是继承其前身《劳工保险失业给付实施办法》的体制,却加强推动积极型就业安全政策,其是与加拿大、英国、韩国等国一样将"失业保险"制度转型成为"就业保险"制度。[②] 例如,同是《就业保险法》之给付项目,台湾地区请领该法下之育婴津贴之请领资格,与请领失业给付之请领资格不同,因而可以看出台湾现行就业保险制度已与原本失业保险制度之性质不同。而依加拿大《失业保险法》第20条第1项及《就业保险法》第23条第1项规定,请领育婴津贴之申领人,并不需符合其具能力工作而无法觅得工作之劳工之资格,也与请领失业给付之资格不同。然而,其在美国《失业保险法》下并无相应之相关制度。因而,台湾地区就业保险制度之目的,已非仅为单一失业层面之目的,而为具有多重社会层面目的(multi-purpose)之制度,可以说已是一种广泛性的所得支援制度。

四 美国失业保险课税(费)标的

台湾地区与美国课税(费)之原则差异不大。在具体实施中,美国失

[①] 郭振昌:《韩国雇佣(就业)保险制度及其经验启示》,《就业与训练》1997年第5期,第49~57页;陈云中:《台湾建立就业保险制度之研究:以日本雇佣保险制度为借镜》,《社会科学论丛》1988年第36期,第9~83页;黄琬玲:《加拿大失业保障与就业促进制度之探讨》,《政大劳动学报》2009年第24期,第1~42页;郭振昌:《加拿大就业保险制度及其经验启示》,《劳工行政》1998年第118期,第56~66页;郭振昌:《加拿大就业保险制度及其经验启示》,《就业与训练》1998年第2期,第40~48页;郭振昌:《加拿大就业保险制度概要》,《空大学讯》2001年第246期,第88~98页。

[②] See Klaus Schömann, Stefanie Flechtner, Ralf Mytzek and Isabelle Schömann: Moving towards employment insurance: unemployment insurance and employment protection in the OECD, No FS 100 - 201, Discussion Papers, Research Unit: Labor Market Policy and Employment from Social Science Research Center Berlin (WZB), 2000. Jochen Clasen & Daniel Clegg, Beyond Activation: Reforming European Unemployment Protection Systems in Post–Industrial Labor Markets, 2006, 8 (4) European Societies 529.

业保险税的模式不同，课税标的规定有所差异，尽管其基本内容相同。美国失业保险为一种典型的劳工之受益保险，其制度上有专用性与直接返还性。美国以雇主实际支付给劳工之薪资额为基础征收失业保险税，失业保险以薪资税筹资，得课税工资的征收最低额低。因失业保险税之税基是工资，许多州适用之公式，是以工资为税基去兼顾公平与效率。有些州之得课税工资包括货币收入和非货币收入，作为税基的工资薪金既包括由雇主支付的现金，又包括具有工资薪金性质的实物性及其他等价物的收入；也有些州的得课税工资标的不包括纳税人工资薪金以外的其他收入，但皆不包括由雇主和劳工工资薪金以外的投资所得、资本利得等所得。而台湾地区与日本相同，是以月投保薪资之金额计算得之，其本身已仅限于现金工资之部分。因而，台湾地区的就业保险费也是以劳动所得为费基，管理上与美国之薪资所得税的税基基本相同。

美国之得课税工资上限的设置，是一种效率机制，得课税工资薪金通常规定最高限额，超过部分不课失业保险税。台湾地区也设有最高月投保薪资。而台湾地区与美国的保险资金也由政府指定专门机构负责管理和运营，以确保基金保值增值。

美国采经验费率制，失业保险税率与劳工的失业风险相关。而台湾地区就业保险之保险费按被保险人当月之月投保薪资1%计收，其与劳工的失业风险欠缺关联性。而美国各州之实绩费率，则须观察失业劳工在受雇基期中工资额、失业给付之给付金额以及失业保险税之征收与基金余额之相应状况。员工就业稳定性差的雇主，所面临的税率要高于那些员工就业相对稳定的雇主。

美国鼓励多雇主联合申请评估经验值而适用同一优惠经验费率，美国德拉瓦州的制度中，许多投保单位雇主之雇主可以经共同书面申请而成为一个联合适用经验税率之适用单位。于就业部核准同意时给予其一联合账户（joint account），于估算经验费率时，一起适用。若数雇主得联合申请，则不仅关系企业可以联合适用，中小企业组成联盟者亦应令其得以联合一起适用，劳工于联盟企业内解雇与受雇移转，并非失业，若有优惠诱因，将促进雇主间合作，不使劳工失业。而如上述，实施经验费率较能使雇主参与到失业保险的体制中，因为其必须提供经验要素之有关资料，有助于基层雇主参与就业市场之就业稳定。

美国失业保险采实绩费率。对于所提供评估实绩费率之与估定标准经验要素，则需保守考虑。其经验费率也曾衍生不法取巧适用较低费率之问题。基于保守考虑，政府甚至要将信赖值降低。因为经验费率是未来要采用的，因此不但要能反映当期之成本，还要能因应将来可能的变化。给予优惠实绩费率，是因其符合失业事故预防诱导性原则。在失业保险费率厘定过程中，对于重视失业给付损失预防者，而照表予以降低费率优待。其制度实宜先以适用准备金比率公式，以不损失过多准备金为原则。经验费率涉及被保险人在保险期限内的失业事故之失业给付情况、准备金与费率调整估定方式。雇主极易于钻营其漏洞，不得不防。其实，美国各州之经验费率公式在考虑保费费率之决定时，其一些经验要素之计算期间，通常不仅仅采用一年的经验。因为低估未来应征收之保费而订定之费率过低，所会造成的准备金不足是无法向雇主再收取的。相反，若采较保守的保费还可以用下一期降低保费费率之方式予以处理。因此，各州通常都用3~5年的经验来厘定失业保险之保费费率。且计算失业保险之保费费率时套用之公式均以过去3~5年的累积数值来计算。也就是说，用累积已缴保费减累积计算之失业给付为费用来求算。其采用累积的原因是大数法则会使求得之累积经验值波动减少。

然而，其所有的经验税率都有上限和下限，也就是说，失业率很低的企业的费率不能低于某一数值，失业率很高的企业的税率也不能高于某一数值。而即使在美国，每个州实行的都是不完全经验税率，只是不完全的程度不同而已，并无法有完全经验税率。[①] 美国有由联邦立法规定一个统一的全国性失业保险费率，以及各州的最低失业保险费率。在其最低费率的基础上，各州可以自行确定具体费率。因而，各州费率不同。而台湾地区的失业给付之制度，台湾地区的就业保险资金主要来源于雇主和劳工缴纳的就业保险费，《就业保险法》规定失业给付方式，在全国各地以同样条件和同样比例支付失业给付。就业保险费不仅用于资助失业劳工，弥补失业者失去的收入，还用于资助积极劳动力市场政策的实施，改善就业机会和就业环境。就业保险制度与积极劳动力市场政策相互关联，

---

① Robert, O'Leary, Christopher J. Tannenwald, "Unemployment insurance policy in New England: Background", *New England Economic Review*, 1997, at note 11.

是兼顾公平与效率的举措。在这些措施之压力下，更需确保就业保险资金具有稳定的来源。

美国自20世纪30年代以来，即将失业保险税费的征收融入其国家的岁入管理，因而其税务管理体系扩展到失业保险税费的边际成本非常小。美国失业保险税的征收与其一般内地税（含所得税）一样，都由一般税捐机关征收，如何解释工资，有其统一标准。美国一般税收和社会保险税费征收具相关的共同性，其中包括需要使用唯一的一个登记号码，以识别是一般税收或社会保险税费的缴纳者；需要按照相同的所得定义，以为雇主申报表的形式，获取信息的征收管理体系。要求雇主从劳工的收入中代扣一般税收和社会保险税费并通过银行缴纳给征收管理部门。其有有效的征收管理系统去监督那些没有申报和纳税的雇主。而且使用现代基于风险的审计方法来认定申报表信息的准确性。其失业保险税务与一般的税务管理一体化，事实上其一体化可以降低政府的管理成本，人员的减少、人力资源管理和培训的规模经济，减少管理人员的数量以及资料的填写、税款的缴纳、执法和资料认定等过程。降低办公设施、通信网络和相关功能的成本。取消重复的信息技术开发，降低了系统开发和维护的风险，从而降低了纳税（费）成本。将就业保险税费的征收和税务管理一体化，也大大降低了雇主的遵循成本，采用统一的记账凭证制度、个人所得税、增值税和薪资税以及按照所得和薪资的社会保险税费的统一审计程序，减少纸上工作。其网际网络电子申报和纳税制度普及率的提高，也降低了纳税人和缴费者的缴纳成本。制度简化也可提高雇主计算税款的准确性，因而提高遵从度。而台湾地区是由独立于财税单位的就业保险机构为就业保险费的征收，不是采取主要由税务管理机构来征收管理。台湾地区"国税局"和劳保局属两个不同机构，会有两套给予薪资所得之定义。劳保局发展的组织文化和过程与"国税局"不同。但征收功能的重复，申报表的处理和税费款的强制征收及对雇主的监督等事项都发生重叠。

五　美国失业给付额计算方式

美国的失业保险给付可分几种。

（一）所得比例制

美国的失业保险给付大多以保险人失业前之近期内的平均薪资若干百分比来计算其给付额，此被称为所得比例制，亦有某些州采薪资分级表予以计算。大多数失业给付替代率也不同，通常相当于工资总额的50%，而订有最高及最低之给付金额。

（二）均等金额制

美国有些州的失业给付金额，是采用均等金额制以代替所得比例制之计算方式，其给付金额通常因家庭地位、劳工年龄而有所差异。若失业劳工为家长，则除基本给付外，再加上给配偶及子女的补助金额，这些补助金额系以均等金额方式或平均薪资之附加百分比发放。仅13州有此规定。台湾地区则依《就业保险法》第16条，台湾失业给付按申请人离职办理就业保险退保之当月起前6个月平均月投保薪资的60%按月发给。

（三）美国失业给付之给付期间

美国的失业给付期间因其均一期限与差异性期限之限制，而有不同，美国失业劳工可领取失业给付期限长度，取决于申领人工作的年资以及计算公式，各州规定不相同。

有些州的失业保险制度，其给付期限的规定是，凡符合给付资格之每一申领人都是统一相同的给付期限，不论其过去工作的年限如何，所缴保险税多少。美国有8州及波多黎各之失业保险法之一般或标准措施，均规定所有合格申领人领统一的给付期限。

有对给付期限之一般规定或标准限制，不同规定者，每一申领人不是领取统一相同之周数者，其有些是基于申领人之年龄、家庭责任，或当地经济情况等原因而不同。有些州之制度，是规定在可领最高数额之周以下，依缴纳保险税数额、过去工作久暂，以及工资收入额，而异其可领取之周数。使得其各州之各种公式大不相同，甚至有过去工作期间或工资数额相同，而所得领取之周数彼此各异之案例。

50州和哥伦比亚特区规定以26周为正规失业给付之上限。但有华盛顿州及马萨诸塞州，为30周之上限规定。有适用以最低期限周数以上者，其自 10~13 周最低期限,周数不等。

因而,美国失业劳工于其失业期间之给付期间限制方式,可分为均一期限与差异性期限两种。

1. 均一期限(uniform limits)

凡具有给付资格者,不论其过去职业为何,保费多少,其给付期间都一律相同。赞成均一期限者认为,差异性期限对于经常被雇用之劳工有利,但使职业不稳定者吃亏,因此需要更长期之给付保障。其认为危险分担是社会保险之特色,因而若依个人储蓄或私人保险之概念,则失去社会保险危险分担之精神。

2. 差异性期限(variable limits)

在规定最高期限以内,随缴纳的保费数额、过去就业期间,亦即为工资所得总额之不同而有差异。其给付期限应与过去就业期间成正比。

台湾地区依《就业保险法》第 16 条,失业给付按申请人离职办理本保险退保之当月起前 6 个月平均月投保薪资的 60% 按月发给,最长发给 6 个月。

美国多数州,申领失业保险给付,得视被保险劳工于基期中有工作(insured employment)[①] 与符合收入工资条件,而符合失业保险适用之准则。有些州则以向就业服务机关登记求职,其失业非基于自愿或不正当行为,并且最近 5 季中有 2 季就业,至少每周领有 30 小时薪资者为给付对象。有些州为过去一年内对相当于下限所得 50 倍以上的薪资缴纳过保险费,在失业期间具有工作意愿及能力者为给付对象。而美国多数的州规定受领失业给付者,必须在申请给付前一年的"基期"(base period)内,不得少于规定定额之最低收入。[②] 关于基期,有规定为申请给付前五个保险季中的"四个保险季",或规定在申请给付前有 52 周或 1 年。有的规定基期为 12 个月,分为 4 个历季,即 1 月至 3 月,4 月至 6 月,7 月至 9 月,10 月至 12 月。因而,其基期约为 1 年,其与台湾地区《就业保险法》第

[①] 依台湾地区《就业保险法》第 11 条,是规定为保险年资。事实上,台湾地区是需符合合计有一年之工作年资期间,始符合申领要件。

[②] 依台湾地区《就业保险法》第 11 条,台湾失业保险失业给付之申领资格要件中,其计算劳工申领前有工作之基期是以其非自愿离职办理退保当日前 3 年内,而其工作年资(保险年资)合计满 1 年以上。

11 条规定之基期为 3 年,实远为宽松。

六　美国惩罚性费率(penalty rate)或行政罚制度

美国部分州之规定,对于漠视失业给付损失之预防者与漠视失业保险制度运作之程序者,另设惩罚性费率或行政罚制度而予惩罚。而在台湾地区,确认申领是否确遭解雇,目前由职训局进行事前访谈,劳保局进行事后抽查。应以若确有违法者以明定之惩罚性费率或行政罚处罚之,以杜绝劳资双方共同假造离职原因不法巧取失业给付。以前述美国之经验,台湾地区就业保险若采行实绩费率,并无助于解决劳雇联手、巧取失业给付问题。《就业保险法》第 36 条有关"为虚伪之证明、报告、陈述者"之相关罚则规定,及《就业保险法》罚金应行注意事项,处以罚金或特别设置之惩罚性费率之保费。

失业保险之保费之收缴与给付应有单独之会计,美国之失业保险与其他社会保险税是不同税种,其他税种各有不同的税率、税目和使用方向,其他不同的税种针对不同的社会保险而设立。因此,美国的失业保险税实际上是独立的一个税类。和其他税类相比,其主要特点是该类税收自成收支体系,虽然划入财政收支,但专款专用。因而,若台湾地区欲实施实绩费率制,其失业保险之保费之收缴与给付应先有单独之会计。失业保险之会计,每一投保单位皆应有其单独之账户。

七　结论

美国经验费率体制的遵循原则不一致,实有:(1)美国弱化普遍性连带互助原则,(2)美国增强选择性负担成本原则,(3)在平等和效率的权衡上,美国政府更加注重效率;(4)美国更发挥市场竞争机制的作用;(5)美国注重个体的公平性。其经验费率体制,本质上是一种希望抑制企业解雇劳工的差别税率制度。

(一)弱化普遍性连带互助原则

与台湾地区就业保险制度着重于连带互助原则不同,美国经验费率体制显然使其弱化。台湾地区就业保险制度除了将原有的失业给付办法纳入其中,并与职业训练、就业服务相结合,使得劳工失业时除了原有的失业给付外,还可通过相关辅导与训练进而再就业。对于失业问题的解决,不再停留于消极的给付,而是配合积极的就业促进之概念。而台湾地区就业保险基金由政府成立的保险人管理,除法定给付项目外,指定用途,专款专用,虽带有有偿性质,但仍以普遍性连带互助为原则,体制上不认为少裁员之企业有补贴多裁员雇主之意义。台湾地区之体制是在制度上承认雇主解雇员工非其完全得以掌控,就业保险之失业给付如实施实绩费率制,系强调雇主个体之责任,唯经济衰退时之不可抗力因素,并非任何单一企业所能掌握。例如,因金融危机而致企业减少员工之雇用,因此而加重雇主与劳工之保费负担,并不符合普遍性连带互助原则。台湾地区就业保险制度的公平是体现于其互济性与福利性,[①] 实现公平与效率是基于社会公平的考量,而在政府与市场之相关机制相结合下而兼顾其公平与效率。就业保险制度的效率体现于受益权利与缴费义务的相对性,从而便于劳动力的合理提升与流动。

(二) 增强选择性负担成本原则

美国依据雇主解雇劳工的经验情况,而对该雇主进行评估,据其评估而确定雇主应负担的失业保险税率。美国失业保险经验费率制度的目的,是使美国在缺乏限制企业解雇劳工的制度之体制下,希望能将解雇劳工的社会成本由雇主单独承担,而增强选择性负担成本。

(三) 在平等和效率的权衡上,更加注重效率

如前述,美国政府遇有基金之资金短缺,税率即相应提高,为满足不同公式下对保险资金的需求。其制度将税率与失业给付或准备金适足率联系起来,保持相应变化,更加注重效率,而确保失业给付基金的稳定可靠。

(四) 更发挥市场竞争机制的作用

即使在美国之经验费率下,相对的在一个州中负担多少失业保险税会

[①] 王彦文:《台湾就业安全体系发展之研究——社会民主主义的福利理论观点》,高雄"国立"中山大学政治学研究所硕士在职专班硕士论文,2009。

如何影响整体的经济竞争力,学者间仍很有争议,因为经济学家间尚未对实际承担失业保险税之负担的情况获有共识。而根据最近的研究,在长期上大部分失业保险税之负担,是劳工在负担而不是雇主在负担。但在中短期其成本仍是由雇主在负担,高失业保险费率不利于雇主之整体经济竞争力。其制度显然希望更发挥市场竞争机制的作用,而希望实现低费率引发低失业。

(五) 注重个体的公平性

美国采用的经验费率是以个体为基础之差别保险税率。而其各州之不同公式下又以不同的方式以对应失业风险。按经验费率缴纳保险费,比较接近商业保险中的个人公平。而现今台湾地区职业灾害经验费率仅见于各种社会保险制度中。而其实行经验税率,是希望将对个别企业所应负担之税率与劳工失业事故风险联系起来。因而其非就其社会公平性而设。台湾地区就业保险着重社会的公平,而不在经验费率上追求个人的公平,不是造成失业危险性高者保险费高,也不是给付水平高时保险费也高。① 因台湾地区就业保险追求的是社会的公平,同样投保薪资所得等级者,负担相同的保险费,符合水平的公平;而投保薪资所得高者相较于投保薪资所得低者,负担较高的保险费,亦符合于垂直的公平,因此台湾地区之费率体制具有强制社会互助之意义。所以,台湾地区目前实施中的就业保险被保险人负担的部分有社会公平的含义。

Unemployment Insurance Rates System and Its Properties in the US: Employment Insurance Observation in Taiwan

Xie Qinan

Abstract: The United States' and China Taiwan's unemployment insurance

---

① 例如,对已年满45岁或领有社政主管机关核发之身心障碍证明者,最长发给9个月,其雇主亦不因而需缴较高保费。

benefits due to the nature of social insurance, both belongs to compulsory unemployment insurance program. American employed labors who have the unemployment insurance spread in fields of every industries, the insurance account for 97% of all employed workers. The most commonly prescribed payment deadline of every States will be subject to 26 weeks, many states stipulate: if the unemployment rate reaches over 5%, or the unemployment rate reaches over 5% in the past 13 weeks, it can prolong 13 weeks. Comparing with Taiwan, the United States' unemployment insurance is not the unemployment insurance of multiple levels. Taiwan employment insurance law belongs to the active employment security system. But the United States' unemployment insurance is still limited to unemployment benefits nature. Americans use the experience rate, unemployment insurance rates associated with the risk of unemployment of labor. Taiwan employment insurance premium is collected by 1% from insurants' insurance payment of every months. It lack of relevance with the risk of unemployment. Using experience rate can better engage employers to the unemployment insurance system, because he/she should provide relevant information of the experience, which involve employers at the grass-roots level to the stability of the job market.

Key words: Experience Rate; Income Support; Unemployment Benefit; Base Rate

美国老年人的退休保障

戴维·英格利士[*] 著 贺 赞[**] 译

目 次

一 现行老年保障的挑战
（一）退休后的收入来源
（二）雇主退休金下降
（三）计划失败
（四）自愿性401（K）计划的兴起
（五）传统的储蓄模式可能已经过时
（六）个人退休金账户
（七）人口老龄化
二 社会保障概述
（一）OASDI
（二）社会保障福利的资格
（三）劳动者每月的福利是如何计算的
（四）提前退休
（五）延迟退休
（六）正常退休年龄的变化
（七）月收入审查

---

[*] 〔美〕戴维·英格利士，密苏里大学法学院教授，美国律师协会法律与老龄化委员会主席，主要学术领域为房地产与信托、遗产计划与税收、老龄法与信托管理。
[**] 贺赞，华南师范大学法学院讲师。

>   （八）配偶的福利
>
>   （九）子女福利
>
>   （十）父母福利
>
>   （十一）残障福利
>
>   三　社会保障改革的需要
>
>   （一）信托基金
>
>   （二）改革社会保障

摘　要：在美国，老年人的退休收入来源包括四个，分别为：国家社会保障体系提供的福利、由雇主提供的退休金、兼职工作的收入和劳动者自己的储蓄。但是，美国的退休保障体系正面临巨大挑战，比如提供退休金的雇主减少、私人存款不足、传统储蓄模式过时以及人口老龄化加剧等。本文通过对美国现行社会保障制度的介绍，提出社会保障制度改革的几项建议，包括提高税率、扩大收入基数、调整生活成本指数、推迟正常退休年龄、延长收入期、多样性信托基金投资等。

关键词：老年保障的挑战　退休收入　社会保障　改革需要

在美国，退休养老计划通常被比喻成四条腿的椅子。退休收入来源包括四个，分别为：国家社会保障体系提供的福利、由雇主提供的退休金、兼职工作的收入和劳动者自己的储蓄。但是，美国的退休保障体系正面临巨大压力。提供退休金计划的雇主数量减少，美国人中有较多私人储蓄的也极少。因此，必须更多地依赖社会保障，但目前社会保障的资金不足以支付数量激增的美国老年人的福利。改革势在必行。

一　现行老年保障的挑战

（一）退休后的收入来源

对于年龄 65 岁或 65 岁以上的个人，国家社会保障计划是其最大的收入来源。在该年龄组别的人士中，约 2/3 的收入来源于社会保障，约 1/4 的收入通过继续工作而获取。他们平均 1/5 的收入来源于由雇主提供的退休金，1/10 强的收入来源于个人储蓄收入。① 但是，使用平均数掩盖了广泛的财富差距。只有 1/3 的 65 岁以上个人的收入完全来源于雇主退休金，只有 1/5 的 65 岁以上个人有较丰厚的储蓄收入。很多老人甚至会耗尽自己有限的积蓄。85 岁或 85 岁以上的人过半的收入来源于社会保障。65~69 岁的人中，约 3/10 的人过半的收入来源于社会保障。②

（二）雇主退休金下降

在美国，提供退休金的雇主数量正在减少。2000~2009 年，参加退休金计划的雇员的百分比从 44.4% 下降到 39.6%。全职全年工作的劳动者中，2000~2009 年的退休金计划参与率从 60.6% 下降至 54.4%。下降的原因是提供退休金福利的雇主数量在下降。1999~2009 年，雇主提供退休金福利的百分比从 69.4% 下降到 61.8%。③

（三）计划失败

美国于 1986 年废除了强制退休制度，但绝大多数美国人退休。大多数劳动者预期在 65 岁退休，但平均退休年龄实际上是 62 岁。通常由于疾病或残疾，约 2/5 的人比预期提前退休。④ 此外，超过 40% 的人将他们的预期寿命低估了 5 年或 5 年以上。⑤ 其结果是，许多相信自己对退休已经有充分规划的人都严重低估了他们的收入需求。事实上，近半数年龄在 45 岁以上的劳动者都没有试图去计算他们将需要多少钱以退休。⑥

对于那些做退休计划的人，要估计退休金福利也已变得更加困难。1980~2008 年，私人公司中参与福利退休金计划的雇员的百分比从 38% 下

---

① Employee Benefit Research Institute, EBRI Databook on Employee Benefits, Chapter 7: Sources of Income for Persons Aged 55 and Older, updated November, 2011.
② Employee Benefit Research Institute, Sources of Income for Those Age 65 and Older in 2007, Fast Facts #124, June 4, 2009.
③ Employee Benefit Research Institute, Economic Pressure Forces More American Workers Out of Work–Based Retirement Plans, News Release, October 13, 2010.
④ Employee Benefit Research Institute, Will More of Us Be Working Forever? The 2006 Retirement Confidence Survey, Issue Brief 292, April, 2006.
⑤ Society of Actuaries, 2005 Risks and Process of Retirement Survey, March, 2006.
⑥ Employee Benefit Research Institute, A Decade Later, Workers No More Likely to Calculate Retirement Needs, Fast Facts #238, July 18, 2013.

降至 20%。① 在固定福利计划中，退休劳动者以工资的百分比按月取得固定养老金。另一类型的养老金叫固定缴款计划。在固定缴款计划下，雇主每年按劳动者工资的特定百分比缴款。固定缴款计划中，劳动者很难预测其退休养老金的数额。劳动者养老金的数额将取决于养老金账户中资产的投资表现。

（四）自愿性 401（K）计划的兴起

在美国，越来越多的雇主提供一种被称为 401（K）的退休计划，该计划以"授权建立这类计划的美国法第 401 条 K 项条款"命名。1992～2010 年，参与退休计划的家庭中拥有 401（K）计划的家庭数量增长了 1 倍以上，从 31.6% 增长到 82.1%。在 401（K）计划下，雇员可以选择获得额外工资，也可以选择将该份额外工资投入 401（K）账户。近 20% 的符合条件的雇员选择获得额外的工资，而不是参加 401（K）。②

（五）传统的储蓄模式可能已经过时

标准的退休模型通常会建议准退休人员将退休前收入的 70%～90% 用于积累。但是，这种估计没有考虑到逐渐增长的医疗费用和退休人员在何种程度上能够削减其以往的消费开支。为获得退休前收入的 85%，并确保在整个退休期间都能维持这一水平的收入，参加固定缴款退休金计划的员工应该确保其通过养老金资产价值和其他途径已经累积的资产达到相当于工资 11 倍的水平。③

（六）个人退休金账户

为了鼓励私人储蓄，美国国会于 1981 年授权个人建立个人退休金账户（IRA）。符合条件的个人可以每年缴纳 5500 美元到 IRA 账户。个人退休金账户的缴纳额可以在缴纳者所得税申报表中扣除。通过 IRA 账户获得的收

---

① The Disappearing Defined Benefit Pension and Its Potential Impact on the Retirement Incomes of Baby Boomers, Social Security Bulletin, Vol. 69, No. 3, 2009.
② Employee Benefit Research Institute, Individual Account Retirement Plans: An Analysis of the 2010 Survey of Consumer Finances, Issue Brief #375, September 2012.
③ AON Hewitt, The Real Deal, 2012: Total Retirement Income at Large Companies.

入不需缴纳所得税。IRA 账户的所有者只在提款时才需缴税。尽管有着这些显著的优势，IRA 账户的使用率仍然很低。虽然 4/10 的美国家庭拥有某种形式的个人退休金账户，但 2011 年只有 16% 的美国人在 IRA 账户中进行了缴纳。[1]

（七）人口老龄化

2010 年，约 4000 万美国人年龄在 65 岁或以上。但是，在未来 30 年左右的时间，这个数字将增加 1 倍。2020 年，美国人年龄 65 岁或 65 岁以上的人数将达到 5500 万，2030 年将达 7200 万，2040 年将达 7900 万。[2] 人口的迅速老龄化将使保证美国老年人经济安全和稳定这一目标更具挑战性。通过缴税而为联邦社会保障计划提供资金的劳动者的数量增速却慢得多。

二 社会保障概述[3]

在美国，政府福利有些是需要提供证据证明其财政需要的，有些是无论收入高低提供给每一个人的。无论收入高低，劳动者都可以获得社会保障退休福利。补充性的社会保障收入（SSI），为贫困个人按月支付福利，也归社会保障局管理，但这里不讨论。

在美国，政府还支付一定的健康福利。几乎所有 65 岁或 65 岁以上的人都可参加一个被称为医疗照护的健康保险计划。贫困人口，无论其年老与否，均可参加名为"医疗救助"的健康计划。对于既不属于年老人口也不属于贫困人口的个人，获取医疗保险是一个挑战。如果政府或雇主不提供健康保险，个人必须从一个私营保险公司购买保险，否则就没有医疗保险，将近有 5000 万美国人没有医疗保险。[4] 2010 年的病人保护和合理医疗

---

[1] Investment Company Institute, The Role of IRAs in U. S. Households' Saving for Retirement, ICI Research Perspective, Vol. 18, No. 8, December 2012.
[2] U. S. Census Bureau, 2012 National Population Projections: Table 2, Projection of the Population by Selected Age Groups and Sex for the United States, 2015 to 2060.
[3] This part of the article is based mostly on an updated version of David English, What Estate Planners and Their Clients Need to Know About Social Security, 25 Estate Planning 90, February, 1998.
[4] U. S: Census Bureau, Health Status, Health Insurance, and Medical Services Utilization: 2010, P70 – 133RV, July 2013.

费用法案，也被称为 Obama care，是为减少不参保的人数。

虽然在本文中将不详细讨论 1965 年《医疗保险法》，但该法的制定，已经在加强老年美国人的退休保障方面做了很多工作。制定《医疗保险法》之前，多数老年美国人是未参保的，很可能随时因昂贵的医疗费用而遭受经济上的打击。

（一） OASDI

OASDI 是社会保障所提供的各种福利的方便简称［政府管理的联邦老年、遗属和伤残人信托保险基金（Federal Old – Age and Survivors Insurance and Disability Insurance Trust Funds，英文简称 OASDI，一般简称为联邦社保基金）］。社会保障为 62 岁或 62 岁以上的劳动者及其配偶提供老年福利。社会保障为劳动者的幸存的 60 岁或 60 岁以上的配偶，其未成年子女，成年残疾儿童，为劳动者照顾其未成年子女的尚存的父母，以及劳动者的供养父母支付遗属津贴。社会保障为正常退休年龄以下的残疾劳动者支付残疾抚恤金。

社会保障资金主要来源于工资预扣税和自雇收入税收。雇主支付相当于雇员工资 7.65% 的税收，并从雇员的工资中代扣代缴额外的 7.65%。在这个总计工资的 15.3% 中，12.4% 被分配到社会保障中，2.9% 被用于医疗保险住院补助。最高税率适用于工资或自雇收入高于 113700 美元者（2013 年数字）。应税工资通常规定最高限额（超过部分不缴纳社会保险税），最高限额每年根据通货膨胀调整。

（二） 社会保障福利的资格

完全福利只支付给"完全保险"的个人，要完全保险，个人必须有 10 年或更确切地说，覆盖 40 个季度（quarters of coverage，简称 QC）的就业或自雇。对于 2013 年，个人必须赚取至少 1160 美元以获得一个季度覆盖。即使一个人只在一年中的一个季度里实际执行了工作，个人年收入达到 4640 美元的个人仍将获得 4 个季度覆盖。

完全保险的个人有权获得所有系列的福利。"临时投保"的个人获得较少福利，只需要 6 个季度覆盖。下面的讨论假定是完全保险的劳动者或自雇人士。

（三）劳动者每月的福利是如何计算的

确定劳动者的每月福利的关键因素是基本保险金额（primary insurance amount，PIA）。PIA 是指向在正常退休年龄（65~67 岁出生年份而定）申请福利的劳动者支付的退休福利。劳动者的 PIA 金额取决于工作年限，在那些年中的最大社会保障工资基数，劳动者的实际工资或自雇收入。PIA 与劳动者的工资水平不一定成正比，但向低收入职工倾斜。终身收入较高的劳动者获得较高的福利，但收入较低的劳动者得到占收入较高比例的福利。

（四）提前退休

劳动者的退休福利直至 62 岁才开始享受。考虑提前退休的劳动者应该制订好计划以更好地弥补资金短缺。65 岁之前退休的劳动者也应该仔细审视自己的医疗保险方案。即使已经领取社会保障金，医疗保险也要直到劳动者 65 岁才能享受。

由于预期支出的时间较长，在 62 岁申请福利的劳动者获得的福利相应较低。劳动者的福利将每月减少 $5/9 \times 1\%$（如果比正常退休年龄提前 36 个月以内），如果比正常退休年龄提前 36 个月以上，则每多提前一个月福利将减少 $5/12 \times 1\%$。对于比正常退休年龄提前整 3 年退休并申请福利的劳动者，其每月能获得的福利将减少到只相当于 80% 的 PIA。

（五）延迟退休

正常退休年龄后申请福利的劳动者有权获得每年增长 8% 的福利，劳动者延迟退休最迟至 70 岁。

（六）正常退休年龄的变化

为了省钱，美国国会在 1983 年修改立法以改变正常的退休年龄。正常退休的年龄，自社会保障起源时起规定为 65 岁，对于 1938 年或以后出生的人开始推迟。对于在 1943~1954 年出生的人，正常退休的年龄是 66 岁。

对于在1960年或以后出生的人，正常退休的年龄为67岁。随着这种推迟逐步引进，在62岁退休的人会看到他们的福利减少了30%（5/9×1%乘以36个月，5/12×1%乘以24个月）。

（七）月收入审查

社会保障的对象是已经退休的人。在收入审查下，如果劳动者继续获得一定水平以上的工资，在正常退休年龄以前退休的劳动者或受益人的社会保障福利将降低。对于正常退休年龄是65岁以上的劳动者和其他受益人，收入每超过最低水平3美元，社会保障福利就减少1美元。这一最低收入水平在2013年是40080美元（每月3340美元）。62～65岁的劳动者在2013年如果不降低福利，最多只能收入15120美元（每月1260美元）。对于62～65岁的劳动者，收入每超过最低水平2美元，福利就减少1美元。

（八）配偶的福利

一个完全保险的社会保障参与者的配偶有权获取老年、遗属、残障或与该劳动者赡养的未成年人责任有关的福利。

社会保障不同于普通的雇主养老金。典型的雇主养老金在劳动者活着时对配偶不提供任何福利，在劳动者死亡后向幸存的配偶支付100%或50%的养老金。但为弥补向配偶支付养老金的成本，劳动者本应获得的养老金必须通过保险精算来降低。然而，社会保障没有这样的精算调整，而是授予已婚的劳动者额外的福利。一名单身劳动者与已婚劳动者获得相同的福利，但劳动者的配偶或尚存配偶仍然获得丰厚的福利。

62岁以上的配偶一般有权获得相当于劳动者PIA 50%的福利。如果配偶是负责照顾劳动者的残障儿童或16岁以下的孩子，任何年龄段的配偶也有权获得相当于50%的PIA。尚存配偶的福利受不同的规则调整。年龄在60岁以上的未亡配偶一般有权获得假设该劳动者达到退休年龄本应获得的福利。因为负责照顾劳动者的未成年人或残障儿童而符合资格的任何年龄的尚存配偶，将收到相当于劳动者PIA的75%的福利。

随着两个养家者这一家庭模式数量的增加，配偶的福利变得不那么重要。独立收入较高的配偶通常能依据自己的——而非该劳动者的收入记录获得福利，尤其是在劳动者仍然活着时。

（九）子女福利

针对子女的福利是非常有限的，主要对象是18岁以下的未婚子女。符合条件的还有未满19岁的尚未毕业的高中学生，以及残障始于22岁之前的任何年龄的子女（针对发展性残障）。一个子女的福利等于生存劳动者PIA的50%，如果该劳动者已经死亡，则子女获得其PIA的75%。

（十）父母福利

已故劳动者的父母有权依据劳动者的收入记录获得遗属福利金，如果（1）父母年龄62岁以上，（2）父母自劳动者死亡之后尚未结婚，（3）如果在孩子死亡时父母过半的经济支持来源于孩子，那么，符合资格的父母有权获得相当于孩子PIA的82.5%的福利。

（十一）残障福利

残障福利金可支付给在正常退休年龄之前退休的残障劳动者。"残障"是指缺乏从事任何活动以自食其力之能力，且该状态已经持续或将持续至少一年，或者可预期将导致死亡之结果。由于确定先决条件需要对事实进行密集型审查，请求残障福利通常需要广泛的医疗证据并聘请律师办理，劳动者通常可以获得等于100% PIA的残障福利金。

三 社会保障改革的需要

每6个美国人中，领取社会保障福利者多于1人。5700万受助人当中，4000万是退休劳动者和退休职工的赡养家属，600万是死亡劳动者的遗属，1100万是残障劳动者。在2012年，平均每月社会保障支出1230美元/人，社会保障加上医疗保险，占联邦支出的38%。[1]

（一）信托基金

社会保障税的处理方式不同于其他税费。超出福利支付的社会保障税

---

[1] 2013 Annual Report of the Board of Trustees of the Federal Old-Age and Survivors Insurance and Disability Insurance Trust Funds.

分配给社会保障信托基金。几十年来，收入的税收大大超过支出的福利，导致信托基金大量正结余。但在 2010 年情况发生了变化。由于老年人口的快速增长和年轻劳动者数量下降，自 2010 年以来每年的社会保障开支已经超过了税收的征收。在 2012 年，赤字为 550 亿美元。据预计，2033 年，信托基金将被耗尽。此后，代收代缴税款将只够支付大约 3/4 的福利。其余的必须由其他税收来源支付。[①]

2007 年底开始的经济衰退影响了信托基金的财务状况，税收收入较低，原本可能不需要申请退休或残障福利的个人也提出请求。信托 2006 年年报曾预计，到 2040 年，信托基金才能恢复支付能力。[②]

（二）改革社会保障

在 2010 年，美国参议院老龄化问题特别委员会发表了一份关于消除长期赤字的信托基金可以采取的步骤。[③] 从本质上讲，其是在增加社会保障税、减少福利、提高信托基金结余中的投资回报这三者之间选择。

1. 提高税率

参议院的报告估计，通过将社会保障税提高 2.2%，从 15.3% 提高到 17.5%，104% 的长期赤字将被消除。

2. 扩大收入基数

现行的社会保障税税率为 15.3%，适用于年收入高于 113700 美元的工资者。该收入标准每年根据通货膨胀而予以调整。消除工资限额和将 15.3% 税率应用于所有工资，无论多高，将弥补 95% 的信托基金的长期赤字。因为福利公式保证较低收入劳动者每缴纳 1 美元税收所获得的福利高于较高收入的劳动者，取消工资上限可以获得的额外税收收入将高于额外支出的福利。

一个更复杂的拓宽税基的形式是提高工资上限，从而使 90% 的工资总额在经济上用于社会保障。但是，这一步骤可以消除的信托基金长期赤字

[①] 2013 Annual Report of the Board of Trustees of the Federal Old-Age and Survivors Insurance and Disability Insurance Trust Funds.

[②] 2006 Annual Report of the Board of Trustees of the Federal Old-Age and Survivors Insurance and Disability Insurance Trust Funds.

[③] U. S. Senate Special Committee on Aging, Social Security Modernization: Options to Address Solvency and Benefit Adequacy, Report No. 111-187, May 13, 2010.

只有 28%。

扩大税基以将所有的劳动者纳入社会保障的做法效果更小。虽然社会保障起源于 1935 年的立法，排除了大量类别的劳动者，但是多年来几乎所有的劳动者都被纳入系统中。未纳入系统的唯一显著的类别是州政府和地方政府劳动者。但多年来，许多州和地方政府也已自愿加入社会保障体系。目前，73% 的州政府和地方政府的劳动者被社会保障覆盖。剩余的州政府和地方政府的劳动者也被要求加入系统，不过，该部分人可以消除的长期赤字只有 9%。

3. 调整生活成本指数

社会保障福利因通货膨胀而逐年增加。目前衡量通货膨胀的标准是城市工薪族和文职人员的消费物价指数。一方面，该指数已被批评为过于低，因为它没有充分考虑到某些开支，特别是医疗费用，医疗费用对老人的影响比其他人群更大。另一方面，该指数也被批评为过高，因为它并不反映某些商品的价格涨幅超过其他商品所导致的消费模式的变化，比如节省食品上的开支以购买较高价的汽油。每年降低 1% 生活费用自动调整水平（COLA）（基于消费价格上涨而调整的工资水平）可以减少 78% 信托基金的长期赤字。降低生活费用自动调整水平的 1% 的一半可以消除赤字的 40%。采用所谓的"链接"指数而改变购买喜好将消除赤字的 24%。

4. 推迟正常退休年龄

社会保障下，1960 年或以后出生的人正常退休年龄是 67 岁。如果既定的这一推迟退休年龄时间表加快的话，67 岁正常退休适用于 1953 年或以后出生的人，然后每隔两年推迟 1 个月退休年龄，那么，1977 年或以后出生的人将 68 岁退休，这些变化会减少长期赤字的 23%。如果正常退休年龄继续以每隔两年 1 个月的速度推迟，在 2025 年或以后出生的人的正常退休年龄将达到 70 岁，这种变化将减少长期赤字的 62%。

5. 延长收入期

社会保障福利的计算公式确定的最高收入年限是 35 年。如果年数由 35 年增至 38 年，这将减少 14% 的长期赤字。如果提高至 40 岁，赤字将减少 23%。

6. 多样性信托基金投资

社会保障信托基金目前是投资于美国国债。如果信托基金投资于回报率较高的其他资产，长期赤字将会减少。但其他投资，如投资于股票，也会涉及更大的风险。如果替代性投资价值下跌，长期的赤字将增加，而不是减少。

美国参议院委员会的报告未讨论美国前总统布什的建议。布什建议：允许55岁以下的劳动者从他们的社会保障税中提取2%~4%存入个人账户，投资于股市。① 所有这些私人投资建议，都遇到重大的政治反对。此外，如果允许年轻劳动者将缴纳转换到个人账户，将需要筹集数万亿美元以支付已经由当前的退休人员和即将退休的人员赚取的福利。自成立以来，社会保障就存在资金不足的问题。美国需要利用当前的税款来支付已退休劳动者的福利，这使得重大改革的推行非常困难。

Assuring Retirement Security for America's Elderly
David English

Abstract: In the United States, the four sources of retirement income are the national Social Security program, retirement pensions provided by the worker's employer, earnings from part-time work, and income from the worker's own savings. However, the national Social Security program is facing huge challenges, such as the declining number of employers offering pension plans, the lack of private savings, and the outdated traditional savings models, the growing number of elderly, etc. This article makes an introduction about the US current social security system, puts forward some proposal, including raising tax rate, broaden revenue base, adjusting Cost-of-living Index, raising normal retirement age, lengthening the earnings period, diversifying trust fund investments.

Key word: Retirement Income; Social Security; Challenge; Need for Reform

---

① For a summary of President Bush's proposal, see James G. Lakely, Bush Focuses on Fixing Social Security, Washington Times, December 10, 2004.

美国慈善捐赠法

戴维·英格利士[*] 著　贺　赞等[**] 译

目　次

一　慈善目的
二　税收减免
三　慈善组织的类型
四　慈善捐赠计划
五　管理
六　"类似目的"原则及其例子
七　对"类似目的"原则的批判

摘　要：慈善捐赠是向以慈善为目的的组织所做的捐赠。慈善组织既可以以公司的形式存在，也可以以信托的形式存在。联邦税收法以不同的方式对慈善机构进行分类，并给予慈善捐赠者特殊的税收优惠以鼓励慈善捐赠。很多慈善活动并不满足"慈善目的"的规定，当捐赠文件中规定的特定慈善目的落空或者变得不现实时，法院可以适用"类似目的"原则修改慈善捐赠，并以符合捐赠人原慈善目的的方式重定向财产，或是宣布该慈善捐赠失败，将财产返还给捐赠人。但是，考察实际的法院案件可以发现，法院总是或者几乎总是得出"捐赠者有普遍的慈善目的并应用'类似目的'原则"。

---

[*]　〔美〕戴维·英格利士，密苏里大学法学院教授，美国律师协会法律与老龄化委员会主席，主要学术领域为房地产与信托、遗产计划与税收、老龄法与信托管理。
[**]　贺赞，华南师范大学法学院讲师；何清、李钰婷，华南师范大学法学院2012级硕士研究生。

关键词： 慈善捐赠　税收优惠　慈善目的　类似目的

一　慈善目的

慈善捐赠是向以慈善为目的的组织所做的捐赠。判断一个组织是否具有慈善目的，是由各个州的法律来决定的。对"慈善目的"的最常用的定义来源于《统一信托法》（UTC）第405条的规定，美国已有26个州采纳了该法。慈善目的既可以满足特定的项目——救助贫困，促进教育/宗教，提高健康水平，又可以基于政府或市政目的，抑或是保障社会总体利益的目的。公布的许多案例表明：很多慈善活动并不满足"慈善目的"的规定。

二　税收减免

联邦政府鼓励给予慈善捐赠者特殊的税收优惠，以鼓励慈善捐赠。慈善捐赠符合慈善性税收减免的条件，这意味着一项慈善捐赠可以在应缴纳收入所得税的收入部分进行扣减。对慈善性税收减免的资格，联邦税法增加了其他要求。除了具有正当的慈善目的，接受捐赠的慈善组织只能在最小限度内参加政治运动或立法游说的活动。组织也不得为其雇员或其他参与者提供过度的补偿。

为了能获取减免的资格，该组织必须向美国国内收入署（IRS）申请税务豁免函。所有已获得必要豁免函的慈善组织被列在公布的第78号文件中，该出版物在互联网上可查询到。

三　慈善组织的类型

根据州法，慈善组织既可以以公司的形式存在，也可以以信托的形式存在。联邦税收法以不同的方式对慈善机构进行分类。"公共"的慈善组织是一种直接向公众提供服务的组织。著名的美国杜克大学和西北大学的公益慈善事业就是这方面的例子。大部分的公益慈善事业组织根据州法以公司形式组织。基金会并不直接提供服务，而是授权给个人或者其他组织进行相关行为。例如，著名的福特基金会就是由福特汽车公司的所有者所创办的。许多基金会根据州法以慈善信托的组织形式存在。

社区基金会在美国发挥日益重要的作用。社区基金会既可以以公司的形式存在，也可以以信托的形式存在。它们有别于其他类型的基金会之处在于它们是带着使某个特定的城市或者州变得更好的目标而成立的。社区基金会支持某个特定的地理区域中的众多活动。这些社区基金会也为捐助者寻找该社区特定的慈善机构进行捐赠提供信息。一些社区基金会规模很大。例如，密苏里州堪萨斯市的社区基金会在2011年募集到了超过2亿美元的赠款。

四 慈善捐赠计划

大多数人都向公共慈善机构进行非限制性的捐赠。然而，有时捐赠者对他们的捐赠的用途有着特别的愿望。奖学金基金便是一个很好的例子。许多奖学金基金会都是永久性的。为了确保基金可以永久利用，就必须限制捐赠资金的用途。很典型的是，奖学金基金会的收入只会被用于支持奖学金。基金还必须受目的的限制，如在本例中，基金只能被用于发放奖学金。为了确保慈善机构遵守限制，捐赠者在捐赠文件中应当明示保留执行该项限制的权利。在做出限制性捐赠之前，捐赠者应当咨询慈善机构以确定这些限制是否可被接受。附带过多限制条件的捐赠有时会遭拒绝。

作为一种向公共慈善机构捐赠的替代性方法，捐助者可以建立自己的慈善信托或慈善公司。建立一个慈善信托或慈善公司的优势是捐献者对于捐赠将如何管理拥有更大的控制权。创建一个慈善信托或设立慈善公司，并让公共慈善机构接受资金，是一种好的实践模式，否则，这些慈善信托或慈善公司将有可能会被终止。

五 管理

总检察长是美国各州政府的最高法律官员。总检察长的众多职责之一是监督慈善组织并实施对慈善捐赠的限制，该权力向来是强有力的。但是，在许多总检察长办公室中，慈善部门的人手都很少。例如，密苏里州总检察长的慈善办公室只配备了两个律师。担心慈善机构管理不善的捐赠者应该安排私人管理。

慈善信托基金有时可能由受益人管理。问题在于，能否确定受益人的利益是否达到将被认为"具有特殊利益之人"的程度。例如，在一个旨在对密苏里大学提供援助而建立的慈善信托中，密苏里大学就是具有特殊利益的"人"，并且能够管理信托的条款。

假如捐赠者在捐赠文件中明确保留设定限制的权利，捐赠者可以对慈善机构如何使用该项资金设限。在慈善信托中，《统一信托法》（UTC）第405条自动授予信托委托人执行信托条款的权利，不论该权利是否在信托条款中明确被保留。UTC的起草人相信大多数委托人都希望有权执行自己的捐赠条款。向慈善公司做出的捐赠通常由《统一机构基金审慎管理法》而非《统一信托法》约束。与《统一信托法》不同，《统一机构基金审慎管理法》并不自动授予捐赠者管理捐赠的权利。

六 "类似目的"原则及其例子

"类似目的"原则是一个具有历史意义的法律原则，其允许法院修改慈善信托或其他类型慈善捐赠的规定。在传统的原则下，如果捐赠文件中规定的特定慈善目的落空或者变得不现实，法院可以适用"类似目的"原则修改慈善捐赠，并以尽可能符合捐赠人原慈善目的的方式重定向财产。但是，如果法院认为捐赠者没有一个更广泛的慈善目的，则宣告捐赠失败，并将捐赠退还给捐赠者或捐赠者的继承人（如果捐赠者死亡）。

现举两例"类似目的"原则适用的例子：

（1）某所大学由于不再有足够的学生报读而关闭。法院可能会指令将该大学校园用于一些其他慈善活动，或者指令将该大学校园出售，并将销售收入给另一所大学。

（2）一项为申请华南师范大学的密苏里州居民设立的奖学金，没有足够多的密苏里州居民申请，法院可能放宽限制，允许所有美国居民申请该奖学金。

七 对"类似目的"原则的批判

在传统的原则下，如果要适用"类似目的"原则，法院必须确定捐赠者有普遍的慈善目的。如果法院认为捐赠者最初的计划是如此具体，捐赠者并无普遍的慈善目的，那么慈善捐赠即失败，财产归还给捐赠者或其继承者。但是，考察实际的法院案件可以发现，法院将总是或者几乎总是得出"捐赠者有普遍的慈善目的并应用'类似目的'原则"。法院命令将财产归还给捐赠者或其继承人的情形非常罕见。《统一信托法》（UTC）第413（a）条就是基于这个实际经验。在UTC下，如果最初的慈善目的落空或者变得不现实或不经济，法院必须适用"类似目的"原则。只有在信托文件有明确规定的情况下，信托才会被返还给捐赠者或其继承者。

The US Law on Charitable Gifts

David English

Abstract: Charitable gifts are gifts made to organizations that have a charitable purpose. A charitable organization may be organized under state law either as a corporation or as a trust. The federal tax law also classifies charitable organizations in various ways, and encourages the making of charitable gifts by giving the donor significant tax benefits. But a lot of activities do not constitute a charitable purpose. When the specific charitable purpose expressed in the document of gift fails or becomes impracticable, the court may apply "cy pres" to modify the charitable gift and redirect the property in another way that matches the donor's specific charitable purpose or declare the charitable gift failed and the property was returned to the donor or donor's successors. But examination of actual court cases indicates that the court will always or almost always find that the donor had a general charitable purpose and apply cy pres.

Key words: Charitable Gifts; Tax Benefits; Charitable Purpose; Cy pres

遵守与妥协：男女同工同酬的法理学[*]

Cher Weixia Chen[**] 著　王铀镱　张卉婕[***] 译

目　次

一　选题背景

二　本论题研究的问题与假设

三　针对假设一之分析

（一）检测立法上"高级别遵守"之标准

（二）判断司法机关是否积极适用男女同工同酬之标准

四　针对假设二之分析

（一）同工同酬的三个层次理解

（二）如何实施同工同酬

（三）互动：横向与纵向

五　结论

（一）造成工资上的性别差异之原因是复杂多样的

（二）国内法在立法层面上一般会遵守国际公约的规定

（三）法院对于男女同工同酬原则的解释通常有所妥协

（四）男女薪酬平等是一个全球性问题

---

[*] 本文是根据作者应厦门大学法学院社会法研究所之邀于 2013 年 11 月 25 日所做学术演讲整理而成。此次演讲题目是 Compliance & Compromise: The Jurisprudence of Gender Pay Equity，使用英语演讲。征得演讲人及其同名著作出版人的同意，发表于此，以便更多社会法同仁及感兴趣者分享。

[**] Cher Weixia Chen，美国乔治梅森大学（George Mason University）人文与社会学院助理教授，主要从事国际和比较法研究。

[***] 王铀镱，厦门大学法学院 2012 级博士研究生，主攻劳动法与社会保障法；张卉婕，厦门大学法学院 2013 级硕士研究生，主攻劳动法与社会保障法。

摘　要：探讨在国际法视野下国际劳工标准之男女同工同酬问题，重点在于讨论国内立法与司法系统如何回应国际劳工组织第100号公约关于同工同酬的规定。根据"跨国法律过程"理论来解释"遵守"的现象，认为它由本土化、法官解释和互动三部分组成。在发达国家，从"同等工作，同等报酬"到"类似工作，同等报酬"再到"同等价值，同等报酬"已是大势所趋；但在发展中国家，情形仍不容乐观。现行国际法关于男女同工同酬规则取得了普遍的认同和遵守，但是，国际劳工组织公约的同工同酬原则没有很好地在各国实践中得到体现。同工同酬仍然是一个含糊不清的概念，且不为公众所理解。普遍情况下，国家在男女薪酬平等的领域内都遵守国际公约，但这种遵守始终伴随着妥协。要在国内法中落实国际公约中的规定，应当引入"同等价值，同等报酬"概念，明确酬金所涵盖的内容，建立起客观的工作评价方法。只有通过全面立法才可能实现消除不同性别之间的工资差距。

关键词：男女同工同酬　遵守　妥协　跨国法律程序

一　选题背景

男女同工同酬不仅仅是一个涉及基本人权的问题，更是一个有关正义的论题，而在本人从事的劳动法和国际比较研究领域内，学者们主要将目光锁定于强迫劳动、滥用童工等现象上，男女同工同酬的问题没有得到应有的重视。基于以下几点原因，选择了此论题进行研究：

第一，男女同工同酬问题涉及职场女性以及她们的家庭生活，是一个极具重要性的问题，却长期被忽略。男女同工同酬是男女平等的一部分，男女平等又是人权的基本问题，应当得到必要的重视。

第二，本人在日常生活中接触到的大部分受人尊敬的女教授们，都有着出色的工作能力，但在工作环境中，仅因为她们是女性而没有获得公正的待遇。在大学校园中，教师的工资一般与学历、职称挂钩，但是，女性教职工实际上却很难晋升到高层职位，也就难以获得公平的工资待遇。

第三，根据2005年的调查，全球女性平均工资只有男性工资的78%，在日本、韩国、新加坡和马来西亚等国家，比例更是低至60%以下。男女薪酬差异现象仍普遍存在于现代劳动力市场。这种男女薪金不平等的原因是复杂的，最主要的就是历史的以及社会结构性的原因，在有些国家，因特殊习俗原因，不存在讨论男女同工同酬的可能性。

第四，国际公约的有效性长期受到质疑，大部分国家在遵守国际公约时都有所打折，许多国际公约（尤其是国际劳工组织第 100 号公约）没有在各国得到很好的实施。

二　本论题研究的问题与假设

问题：国内法是否遵守了国际法上的男女同工同酬，又是如何遵守的？

假设之一：国内法体系会遵守国际公约的相关规定；

假设之二：这种遵守是通过跨国法律程序来实现的。

本研究主要是欲证明：批准国际劳工公约有助于改善劳动者的劳动条件，国家法律制度应当通过参与"跨国法律过程"逐步与国际劳工组织第 100 号公约接轨。

三　针对假设一之分析

假设一认为，国内法体系会遵守国际公约的相关规定。"遵守"（compliance）一词存在着多种解释，在本研究中，将"遵守"定义为"符合国际劳工组织第 100 号公约的一种状态（status）"，在这个概念下开展研究更容易对"遵守"的程度进行量化，又能避免产生需要做价值判定的争议。遵守包括两个方面的内容：立法上的遵守和司法上的遵守。该种遵守又可以分为三种级别，即高级别遵守、中级别遵守和低级别遵守。要辨别一个国家是否实现了对国际公约的"高级别遵守"，可以通过以下两种检测方式。

（一）检测立法上"高级别遵守"之标准

检测立法上的"高级别遵守"，可以借助以下三个标准：

（1）一国是否有明确的法律法规以"同等报酬分配给同等价值工作"，

而不是"同等报酬分配给同等工作"作为原则，并就如何落实该原则做了全面的指导。

（2）一国是否设有专门处理同工同酬问题的司法机构或准司法机构。

（3）女职工依据特殊的立法在此问题上获得大量的金钱补偿。

通常，国家在男女薪酬平等的领域内都遵守国际公约，但这种遵守始终伴随着妥协，很难达到"高级别遵守"。促成这种低级别遵守的因素有很多：缺乏真实情况的知识和信息、缺乏足够的数据和研究、对公约所记载的同等价值概念的理解能力有限、对工作评价原则缺乏了解、对于必要数据的收集与分析以及建立较为完善的工作评价体系缺乏财政支持等。此外，各国的文化可能会阻碍各国政府认识到性别工资差距这个问题的重要性。历史的和结构性的性别歧视是实现男女同工同酬的根本性障碍，许多以女性为主的工作类型，其价值被习惯性低估，如照顾家庭和儿童的工作被认为是女性的天职而不被认为是一种劳动，护士、文秘工作也被认为天然地适合女性，这也是造成工资上的性别不平等的主要原因之一。

（二）判断司法机关是否积极适用男女同工同酬之标准

判断司法机关是否积极适用男女同工同酬，应考虑以下标准：

（1）法院是否处理了一定数量的同工同酬案件；

（2）这些决定是否有利于女职工；

（3）国际劳工标准或其他地区法律是否被援引，并对法院判决活动有约束力。

根据以上标准，加拿大的司法机构在实施男女同工同酬方面表现尤为突出，可列为最为活跃的地区之一，瑞士、澳大利亚、英国等国家活跃性较弱，而其他的批准国有时甚至是完全不活跃的，因为几乎没有同工同酬的案件被呈上法院。司法上男女同工同酬的消极性来源于多方面的原因，法官对国际法的不了解可能也是其中的一项原因。国际法在一国法律制度中的地位、法院的权限、法官个人对于运用国际法的态度都会影响到一国司法机关对国际公约的遵守状况。

这三个测试标准可以用来判断决策者是否已履行其国际义务，也对相关非政府组织的程序设置有所帮助，国际劳工组织还可以依此作为标准判断国际公约的有效性。

四 针对假设二之分析

假设二认为对国际公约的遵守是通过跨国法律程序来实现的。"跨国法律过程"由"本土化"、"法官解释"和"互动"三个方面构成。"本土化"就是前述的国家立法与司法系统对于男女同工同酬的国际公约规定的遵守情况。

(一) 同工同酬的三个层次理解

理解同工同酬，有下列三个层次：
(1) 最基础的"同等工作，同等报酬"；
(2) 中等层次的"类似工作，同等报酬"；
(3) 理想化的"同等价值，同等报酬"。

大多数国家的立法和司法系统是支持国际劳工标准的，并通过立法将男女同工同酬的条款写入国家的法律，在154个批准了该公约的国家中，88%的国家在法律法规中有"同等工作，同等报酬"或"等价工作，等价报酬"等类似规定，这种高比例无疑是显著的、令人鼓舞的。另外，在政府间还有一种新兴的理论，就是单纯地移除男性与女性之间的工资差异是不够的，国际劳工组织专家委员会认为还应当在不同的行业中对男女之间的职位和工资进行分析。

(二) 如何实施同工同酬

尽管如此，同工同酬在现实生活中如何实施又是一大难点，因为对于"同等价值的工作"这一概念的界定是模糊的。对于公约的批准国，选择何种方式来评价男性与女性的工作价值是一项复杂的挑战，各国家和地区都难以达成共识。例如，牙买加和德国都选择以"工作的类型"作为判断工作价值的依据，而波兰劳动法中则规定薪酬的确定不仅要公平还要客观，要综合工作表现、工作所需技能以及工作成果的数量与质量等更加客观的因素来确定报酬。不仅"同等价值"难以界定，"报酬"也不是一个统一的概念，根据该公约第1条，"报酬"指"通常的、基本的或最低的工资或薪金，以及雇主因雇用工人而直接或间接向其支付的其他任何现金报酬或实物报酬"。对于公约中广泛的报酬概念,各国没有异议,但在具体立法和实践中,各国之间又都有显著差异,如是否包含假期、保险、养老金等各国均有各自的做法。

若想保障公约中男女同工同酬的原则,批准公约的国家不仅应该有强制性立法,还应当将司法程序作为贯彻该原则的一种重要手段。所以法院对于同工同酬的"法官解释"对于遵守国际公约有着重要意义,它为解决"同工同酬"争议提供了不可替代的平台。就目前的状况来看,没有一个法院赋予男女同工同酬以最广泛的概念,通常只停留在"同等工作,同等报酬"这个层面,"类似工作,同等报酬"在一定程度上得到接受,而"同等价值,同等报酬"则是完全不可能的。

(三) 互动:横向与纵向

"互动"的过程分为横向互动与纵向互动,互动的主体包括国家、国际劳工组织、其他国际组织、非政府组织等,这种互动的过程主要是公约的批准国在寻求履行国际义务和本国国情之间的一种妥协。此外,互动不仅在管理机构及其成员国之间发生,还在工会、雇主组织、法院、律师和非政府组织等与管理机构国际劳工组织和政府之间发生,这些互动并不总是和谐一致的。尽管如此,这种跨国互动一定程度上提升了对于国际公约的遵守程度。

五 结论

本研究通过对各国遵守国际法的状况进行法律判断,兼采了定量和定性的社会科学研究方法,分析了规则与行为之间的因果关系,研究借鉴了大量的法学和政治学的文献,并参考了经济学、社会学、人类学、哲学和性别研究方面的文献。在此基础上,本人收集了一些国家公开的法院记录以及国际劳工组织专家委员会报告等数据来支持该项研究,围绕"遵守与妥协"这一主题,以"跨国法律程序"作为框架展开研究,并得出以下结论。

(一) 造成工资上的性别差异之原因是复杂多样的

历史和社会结构性的原因成为妇女追求男女同工同酬的重要障碍,而男女同工同酬作为基本人权的重要组成部分，应当得到应有的重视，本人建议修正现有的工作评价体系有助于改善男女工资不平等的现状。

（二）国内法在立法层面上一般会遵守国际公约的规定

这种遵守是通过"跨国法律程序"实现的，"跨国法律程序"由三部分内容构成：与各国、各国际机构之间的互动，诠释国际法律规范和将国际法律规范内化到国内制度。大部分公约批准国在立法上都遵守了国际劳工标准，将该标准内化到国内法中并对"同工同酬"做出规定，但对"同工同酬"这一概念的解释仍无法统一。在发达国家中，从"同等工作，同等报酬"到"类似工作，同等报酬"再到"同等价值，同等报酬"已是大势所趋，而在发展中国家仍不容乐观。

（三）法院对于男女同工同酬原则的解释通常有所妥协

法院在司法过程中，对于男女同工同酬原则的解释通常是基于平衡履行国际义务与尊重国情而做出妥协。实际上，几乎不存在法官赋予男女同工同酬以最广泛的概念的现象，而是只停留在"同等工作，同等报酬"这个层面，"类似工作，同等报酬"则得到部分支持，而"同等价值，同等报酬"仍是难以接受的标准。对此，本人建议采取一些措施提升法官对国际劳工标准的认识，如将国际劳工法纳入法学院和律师考试的必修课程，建立起在线国际劳动法资料库并允许全球法官和法律从业人员自由访问，鼓励非政府组织和其他有关组织举办研讨会等对国际劳工法进行传播和分享。

（四）男女薪酬平等是一个全球性问题

男女薪酬平等，不仅是一个国内问题，而且是一个全球性问题。国际劳工组织和批准国家必须认识到实现没有任何妥协的男女同工同酬是它们的终极目标。男女工资差异的原因是多维度的，只有全面的方法才可能在缩小两性差别上取得成效。因此对于改善工资上的性别差异的倡导者，本人提供了涉及各级法律和机构的综合性的方法，这种方法最起码要包括：

（1）批准有关国际公约（尤其是国际劳工组织第100号公约）的同工同酬的原则；

（2）明确法律法规中对于"同等价值"以及"报酬"的广泛定义；

（3）建立起客观的工作评价方法；

（4）在制定相关决策的各个阶段要加强与雇主、非政府组织和其他相关组织的合作；

（5）将行为守则和援助行动纳入政策；

（6）制定关于提高全社会男女同工同酬意识和提升个人工作能力的适当方案。

即使在现阶段难以实现全社会男女同工同酬，也可以通过提高个人意识，通过诉讼程序来改变自身的状况。

Compliance & Compromise: The Jurisprudence of Gender Pay Equity

Cher Weixia Chen

Abstract: Equal pay for men and women under the international labor standards from the perspective of international law is a very important but ignored issue. Particularly it focus on that how both of the domestic legislation and the judicial system respond to ILO Convention No. 100th concerning equal pay for equal work rules. According to the theory of "transnational legal process", the phenomenon of "compliance" is explained to consist on three parts of localization, interpretation and interaction. In developed countries it is the trend generally from "equal pay for equal work" to "equal pay for similar work" to "equal pay for equal value". However in developing countries, the situation is not optimistic. The principle of equal pay for equal work in international law has been generally recognized and abided in their legislation, unfortunately, it has not been practiced well. The concept of equal pay for equal work remains an ambiguous, and without understanding for the public. In general, states have complied with gender pay equality from international conventions, but the Compliance seems always that is has been accompanied by compromise. To implement the provisions of the international convention in domestic law, those should be done that the concept of "equal pay for equal value" should be introduced, contents of reward should be defined clearly, a evaluation method should be established. It will be possible to eliminate gender wage gap as long as comprehensive legislation could be made.

Key words: Equal Pay for Men and Women; Compliance; Compromise; Transnational Legal Process

跨国流动人口与妇女劳动力社会保障权利探析

——欧盟法的考察

郝鲁怡*

目　次

一　问题的提出

二　欧盟跨国流动人口社会保障立法考察

　（一）社会保障协调制度的原则

　（二）社会保障协调制度的内容

三　欧盟妇女劳动力社会保障立法考察

　（一）法定社会保障计划中的性别平等

　（二）职业社会保障计划中的性别平等

　（三）个案思考——欧盟退休制度中性别平等问题

四　结语

摘　要：完善的社会保障体系对经济的发展具有积极、正面的影响，有利于加强和巩固劳动权利保护和社会整合。欧盟在一体化进程中，将经济与社会政策作为推动其社会保障制度建立与发展的主导因素，逐渐构筑起以调整特定群体社会保障权利为立法目标的欧盟层面社会保障法律制度。

关键词：社会保障　跨国流动人口　性别平等

---

* 郝鲁怡，中国社会科学院国际法研究所助理研究员，主要学术领域为国际公法、国际人权法和欧盟法。

一 问题的提出

何为社会保障？受社会的差异、文化背景的不同、经济发展的不平衡等因素影响，各国对社会保障内涵的解释视角迥异，至今并没有形成统一的、权威的理论观点。英国《贝弗里奇报告》认为社会保障由社会保险、社会救济和自愿保险构成，是对收入达到最低标准的保障。[①] 美国在1935年《美国联邦社会保障法》中认为，社会保障反映了国家支持目标的一个概况：从有条件的保险（局限于参保工人）到为所有贫困和需要帮助的社会成员提供的社会保护制度。法国认为社会保障是社会权利，即所有人，无论是自下而上靠工作为生者，还是无工作能力者，都应得到生活的保障，甚至包括他的家庭成员；所有存在的社会风险都应得以覆盖，如疾病、残疾、养老、家庭成员的死亡、工伤事故的预防和补偿、职业病、家庭生育等。国际劳工组织将社会保障界定为：社会保障是指社会通过它的一系列处置经济和社会风险的公共措施，为它的成员提供保护和提供医疗照顾、家庭津贴，否则这种风险将导致薪金的停止支付，或因疾病、生育、工伤、失业和死亡导致实际收入的减少。从各国以及相关国际组织对社会保障内涵的诠释来看，社会保障制度具有：主体的完整性——是针对全体社会成员的一种保障制度；外延内容的宽泛性——社会保障权利的实现通过社会保险、社会救济等手段实现；保护的全面性——社会保障涵盖疾病、养老、失业等各个方面。促进就业的失业保险和福利制度、具有持续性的老年保障制度、维持健康和生活质量的医疗保障制度，构成现代社会保障制度的三大支柱。

在过去几十年欧洲一体化发展进程的不同阶段中，以经济和社会条件为依托，欧盟政策制定者对国家和欧盟层面就业和社会政策进行了干预。经济状况、政治抱负、扩展动力以及欧盟各国国家社会政策等因素，共同形成具有欧盟层面的社会保障制度。然而，欧盟层面的社会保障制度远未形成规范欧盟全体成员国的、统一的社会保障法律体系，在一定程度上，

[①] 杨艳琳：《西方社会保障理论的发展》，《华中师范大学学报》（人文社会科学版）2001年第2期。

其社会政策价值更为明显。欧盟层面的社会保障制度作为一种从属性政策工具，始终围绕着如何保证共同体能够更好地达到其经济目标而运行。这种社会政策性的定位决定了欧盟层面社会保障立法更具有针对性，倾向于对特定群体目标的关注，其中调整跨国流动劳动力和妇女劳动力社会保障权利的法律制度，是欧盟层面社会保障法律制度的重要组成部分。

二 欧盟跨国流动人口社会保障立法考察

人口跨国流动过程中更需要具有连续性、一体化的社会保障制度。它对于人口流动的重要性体现在：建立跨国或跨地区连贯的、统一的社会保障制度，能够防止劳动力因就业地区的改变而丧失所享有的社会保障权利或导致所享社会保障权利的混乱。缺少了社会保障制度的庇佑，跨国或跨地区流动的劳动力就像是飘零的浮萍，无法扎根于就业国，往往处于就业国劳动力市场的最底层。不仅使其跨国流动所追求的经济利益失去意义，而且加剧流动劳动力的不安定因素进而激发社会矛盾。可以说，连续、统一的社会保障制度是保护人口在跨国流动过程中所享劳动权利的一种安全阀。

人口跨国自由流动是欧盟建立的基础之一，因而创设保护流动人口劳动权利的区域性社会保障制度是重中之重。由于欧盟共有 28 个成员国，[①]试图用一体化的实体法来取代各个成员国国内社会保障制度几乎是不可能完成的任务。鉴于此，欧盟社会保障制度的设计非常巧妙，它以尊重各国国内社保法为基础，将社会保障权利的内容仍然纳入各成员国国内立法范畴，同时制定类似冲突规范的规则，指引移民在跨国流动时适用单一特定成员国国内社会保障法律，由此避免因成员国国内立法迥异导致移民重叠适用多个成员国的社会保障制度，或无法适用任何一个成员国的社会保障制度。

因而，从一定意义上讲，欧盟社会保障制度的创设思路是协调（coordination）而非统一（harmonization），是一种带有冲突规范性质的协调机制。

---

① 2013 年 7 月 1 日克罗地亚成为欧盟第 28 个成员国。

1971年6月14日,欧共体理事会颁布(EEC)第1408/71号《在共同体内流动的就业者和自营业者及其家庭适用社会保障制度的条例》,[1] 确立了劳动力在欧共体成员国之间流动时所享有的社会保障权利。1972年5月21日欧共体理事会又颁布了(EEC)第574/72号《关于实施(EEC)第1408/71号条例的程序性规则的条例》,[2] 为(EEC)第1408/71号条例的实施提供了程序性规则,包括确定每一成员国的社会保险机构、[3] 相关资料的制作、福利金取得方式、医疗审查程序以及一国机构代替另一国机构支付保险金后的偿付问题等。这两项条例以就业者和自营业者为主体,建立了共同体内部劳动力跨国流动的社会保障机制,以确保成员国社会保障制度的差异不会对行使自由流动权的劳动力造成负面影响。2003年5月14日,欧盟理事会颁布(EC)第859/2003号《将(EEC)第1408/71号和(EEC)第574/72号条例扩展适用于第三国国民的条例》,[4] 又将欧盟社会保障协调制度的涵盖范围扩展至第三国国民跨国流动行为。但第三国国民的范畴有一定限制:应当是在欧盟某一成员国合法居留的第三国国民。[5] 2004年4月29日,欧盟议会与理事会共同颁布(EC)第883/2004号《社会保障体系之协调条例》,[6] 在内容上取代了(EEC)第1408/71号条例,但为保持法律的确定性,(EEC)第1408/71号条例仍然对共同体特

---

[1] The Council of the European Communities, "Regulation (EEC) No 1408/71 of the Council on the Application of Social Security Schemes to Employed Persons and Their Families Moving within the Community", *Official Journal of the European Communities* L149, 5.7.1971, pp. 2 - 50.

[2] The Council of the European Communities, "Council Regulation (EEC) No 574/72 laying down the procedure for implementing Regulation (EEC) No 1408/71 on the application of social security schemes to employed persons, to self-employed persons, to self-employed persons and to their families moving within the Community", available at http://eur-lex.europa.eu/LexUriServ/LexUriServ.do?uri=CONSLEG: 1972R0574: 20070412: EN: PDF, (Last visited on August 21, 2012).

[3] Council Regulation (EEC) No 574/72 Annex 2 详细列出各种类社会福利在每一成员国的社会保险职能机构。

[4] The Council of the European Union, "Council regulation (EC) No 859/2003 of the Council Extending the Provisions of Regulation (EEC) No 1408/71 and Regulation (EEC) No 574/72 to Nationals of Third Countries Who are not already covered by Those Provisions Solely on the Ground of their Nationality", *Official Journal of the European Union* L124, 20.5.2003, pp. 1 - 3.

[5] Council regulation (EC) No 859/2003 第1条。

[6] The European Parliament and the Council of the European Union, "Regulation (EC) No 883/2004 of the European Parliament and of the Council on the Coordination of Social Security Systems", *Official Journal of the European Union* L166, 30.4.2004, pp. 1 - 123.

定行为和共同体作为一方签订的协议具有法律效力。① 2009年9月16日，欧盟议会与理事会共同颁布（EC）第987/2009号《关于实施（EC）第883/2004号条例的程序性规则的条例》。② 据此，欧盟确立了调整欧盟成员国之间的内部劳动力跨国流动和第三国劳动力跨国流动的一体化社会保障协调制度。

（一）社会保障协调制度的原则

欧盟针对跨国流动劳动力所建立协调制度的原则包括以下几个方面：

1. **平等原则**

（EEC）第1408/71号条例第3条和（EC）第883/2004号条例第4条均规定，本条例调整的个人范畴，无论根据条例的协调制度适用哪一个成员国的社会保障法律，均有权依据该国法律，同该国国民享有平等的权利和承担相同的义务。这实际是一项国民待遇原则，意味着只要欧盟公民或第三国国民纳入了某成员国的社会保障计划，那么该国就要赋予该公民或第三国国民与本国国民平等的社会保障权利与义务。

2. **社会保障法律适用的单一国原则**

欧盟社会保障制度作为协调性机制，其核心内容体现在，指引跨国流动的个人在同一时期只适用单一成员国的社会保障法，以避免因跨国流动行为导致重复适用多个国家社会保障制度或无法适用任何一国社会保障制度。由于（EEC）第1408/71号条例强调调整就业者和自营业者的社会保障权利，因此"就业"成为确定社会保障权利的指引规则——"就业国"标准。该条例指出，本条例调整的工人仅适用单一成员国立法。工人在哪一成员国就业，就适用就业地国家的社会保障法律制度，即使该工人在另一成员国定居。③（EC）第883/2004号条例就一些特殊情况增加了另一项标准——"居住国"标准，包括：（1）失业人员失业保险金的取得，适用失业人员居住国的社会保障法律；（2）非就业的其他人员的社会保障权利

---

① 参见 Regulation（EC）No 883/2004 前言 para. 44。
② The European Parliament and the Council of the European Union, "Regulation（EC）No 987/2009 of the European Parliament and of the Council Laying down the Procedure for Implementing Regulation（EC）No 883/2004 on the Coordination of Social Security Systems", *Official Journal of the European Union* 30.10.2009 L 284, pp. 1-41.
③ 参见 Regulation（EEC）No 1408/71 第13（2）（a）（b）（c）（d）条。

适用其居住国社会保障法律。①

3. 社会保障的时间累计原则

如果说单一国原则是典型的冲突性规则，那么时间累计原则就是一项重要的实体性规范。（EC）第883/2004号条例第6条规定，如果一个成员国的法律规定社会保障权利和福利的获得、保留、持续、恢复以及给付，或取得/免除强制性、选择性和自愿性保险等是以保险、就业、自营业或居住的期限届满为条件，那么保险机构就应当考虑将其与在其他成员国的保险、就业、自营业或居住的时间合并计算。该原则的重要性在于，缺少累计计算，移民因跨国流动行为造成保险时间的断裂，将直接影响社会保障权利和福利的享有。

（二）社会保障协调制度的内容

（EC）第883/2004号条例第4条中涵盖了所有成员国国内立法中的各种社会保障种类，包括：（1）医疗福利金和生育福利金；（2）因工伤事故和职业病而提供的福利金；（3）残疾人福利金、赡养福利金和指定用于改善劳动力能力的福利金；（4）向老年人提供的福利金；（5）向死者家属提供的抚恤金；（6）丧葬费；（7）失业救济金；（8）家庭福利金。

（EC）第883/2004号条例并没有明确这些社会保障的支付主体。因此，相关利益的取得方式，即是否通过捐献或社会资助，或是由雇主、社会保险机构或公共管理机构支付，并不影响权利本身的存在。② 根据（EEC）第1408/71号条例第2条第4款规定，免费的社会保障制度从共同体法律意义上来说，也属于社会保障福利金。在该条例中，福利金被定义为：所有的福利金和养老金，包括所有出自财政拨款的部分，所有的追加资金、调节资金以及补贴等。③

1. 医疗福利金和生育福利金

（EEC）第1408/71号条例第三编第一章确定了各类人员享受医疗福利金和生育福利金的特殊规则。每一成员国国内涉及医疗福利金和生育福利

---

① 参见 Regulation（EC）No 883/2004 第11（3）（c）（e）条。
② Nicola Roger and Rick Scannell, Free Movement of Persons in the Enlarged European Union, Sweet & Maxwell Limited, 2006, p225.
③ 参见 Regulation（EEC）No 1408/71 第18-35条。

金的立法各有不同，大致分为两大类别：一是现金福利；二是实物福利。现金福利用于弥补由于生病而失去的收入损失。一些成员国国内立法规定，如果个人不能工作，还应当在一段时间内取得工资，欧洲法院判定支付工资具有现金福利的性质。实物福利包括药物和牙科诊治、住院等，各国的规定各不相同。

原则上，如果个人在投保社会保险成员国内居留，其有权依据该国的社会保障法律享有医疗福利。如果个人在非投保社会保险成员国内居留，条例规定，其有权依据投保成员国法律享有由该国保险职能机构支付的医疗现金福利，或有权依据居留国法律享有由居留国的社会保险职能机构代表投保国机构支付的实物福利。获得实物福利的原因是提供看护或照料等实物性福利的医生或机构不可能了解其他国家（投保国）的立法，因此只能依据本人所在国（即该个人现居留国）法律提供实物福利。

如果个人在非投保国短暂停留，根据福利性质和停留时间长短，有权享受"必需的医疗"，该福利由停留国社会保险职能机构依据投保国法律支付。如果个人专门前往其他成员国接受医疗诊治，则有关诊治费用由其保险职能机构全部承担，但应当得到保险职能机构的预先许可。

欧盟层面社会保障协调机制在医疗福利方面的统一性表现在使用统一的表格（E 表格）和医疗保险卡。通常情况下，如果个人在非投保成员国内居留，其需要向居留国的医疗保险职能机构进行登记，登记时应当提交投保国医疗保险职能机构签发的 E 表格。E 表格的作用主要是信息的获取，包括申请、社保接续、社保记录、待遇证明、应对特殊情况以及费用报销等方面。E 表格适用的对象包括一般参保者、参保者亲属、雇主以及医疗保险管理机构。[1] 各类人员使用的 E 表格种类不同，如就业者或自营业者及其家庭成员使用 E-106，退休人员及其家庭成员使用 E-121，旅游者使用 E 111 等[2]。

自 2004 年 6 月 1 日起，欧盟公民有权持有欧洲医疗保险卡，在不同欧盟成员国境内临时停留时享受医疗福利，包括看病和就地报销。欧洲医疗保险卡有效区域包括欧盟所有成员国，以及 4 个非成员国——冰岛、挪威、

---

[1] 王虎峰：《全民医保制度下异地就医管理服务研究——欧盟跨国就医管理经验借鉴》，《中共中央党校学报》2008 年第 6 期。

[2] E-111 表格已被欧洲医疗保险卡取代。

列支敦士登、瑞士。欧洲医疗保险卡由各成员国自行负责制作和发放,但不同国家欧洲医疗保险卡格式相同并且具有相同的技术特征,以及供医疗机构区分签发国家的识别标志。欧洲医疗保险卡有效期由各成员国确定。到 2006 年底,已有近 1.5 亿欧盟公民持有欧洲医疗保险卡,占欧盟总人数的 1/3。[①] 欧盟成员国学生如果在其他成员国因上学居留,在其来源国投保保险,则其有权享受学习国家所有医疗实物福利,同时应当提交其父母投保的保险职能机构签发的 E – 109 表格[②]。

2. 残疾人福利金、赡养福利金

(EEC)第 1408/71 号条例第三编第二章规定有关残疾人福利金的详细条款。成员国关于残疾人福利金的规定各不相同。一些成员国仅向残疾事件发生时投保残疾保险的个人支付该福利金,支付金额由具体保险期限的保赔率予以确定。另一些国家规定可以向曾经投保的个人支付残疾福利金,支付金额依据保险期限的长短确定。两者区别在于,前一种情况下,伤残发生时个人必须实际在保。投保期间长短与福利的取得不具有必然关系,无论投保多长时间,福利金数额由伤残发生时的实际投保的保赔率确定。后一种情况下,在伤残发生当时不要求该人员必须实际在保,只要该人员曾经投保过该保险,福利金数额由曾经投保期间的长短确定。

原则上,如果个人仅在一个国家投保残疾保险,则投保国保险职能机构依据本国法律支付福利金。

如果个人在多个国家投保残疾保险,存在以下不同情况:(1)若投保的国家均依保险期间长短决定福利金额,则该人员可分别在这些国家取得不同的福利金;(2)若投保的国家均依伤残发生的保赔率决定福利金额,则该人员依据伤残发生时实际在保的保险在相应国家取得福利金;(3)若投保国家同时有(1)、(2)两种情况,则该人员既可以取得(1)中的福利,也可以取得(2)中的伤残发生时实际在保的福利。需要注意的是,条例在避免权利人福利缺失的同时,也禁止权利人的重复获

[①] Marc Lange, European Health Insurance Card (EHIC): towards simplification for healthcare professionals, at http://www.vaestorekisterikeskus.fi/vrk/fineid/files.nsf/files/DE26117898F344CAC22573EE0037C5E6/$file/EHIC_towards_simplification_for_healthcare_professionals_Article_Marc_Lange.pdf, Feb 12, 2009.

[②] European Commission Report, General Direction for Employment, Social Affair and Equal Opportunities: the Community Provisions on Social Security, 2004.

利，因此第（1）种情况下，权利人取得的福利不得高于单独依据第（1）、（2）种投保方式情况个人所取得的福利。

3. 老年福利金

（EEC）第 1408/71 号条例第三编第三章规定了老年福利金的有关条款。在人口老龄化状况严重的欧洲，老年福利金是最重要的社会保障福利之一。[①] 条例规定老年福利的适用原则包括：（1）个人投保的成员国应当保存个人的保险记录，直到达到领取养老金的年龄。因此，投保的国家负有支付养老金的义务，此项义务不能转移到其他国家。（2）个人投保超过一年以上的每一个成员国均有义务向达到领取养老金年龄的个人支付老年福利金。因此，如果个人曾在三个成员国工作并投保养老保险，则当该个人达到领取养老金年龄时，可分别获得三份福利金。福利金权益依据在不同国家的时间长短按份额发放。（3）福利金的支付依据个人在成员国实际的投保情况予以计算。（4）个人在多个国家投保，投保期限未超过一年的，可将其与在其他国家的投保期间累计计算。

同时，条例规定领取养老金的年龄由各国依据国内法自行确定，成员国亦有权根据性别不同，确定不同的养老金年龄。

4. 因工伤事故和职业病获得的福利金

（EEC）第 1408/71 号条例第三编第四章对因工伤事故和职业病取得福利金的情况做出了相关规定。条例规定，因工伤事故或患职业病的个人有权获得实物福利金。实物福利金的支付依据其定居国法律确定，如果个人的居留国与投保的国家不是同一成员国，则由居留国相关机构依据居留国法律向个人支付实物福利金，其支付的福利金由投保国机构予以偿付。

现金福利金则依据事故或疾病发生时个人投保的国家法律确定，由投保国家相关机构予以支付。若现金福利金额的计算参考权利人家庭成员的数量，则居留在其他国家的家庭成员应予以考虑。

5. 向死者家属提供的抚恤金或丧葬费

（EEC）第 1408/71 号条例第三编第五章规定了死者家属取得抚恤金或丧葬费的相关条件。一般而言，该福利金的支付原则与残疾人福利金或老

[①] Nicola Roger and Rick Scannell, Free Movement of Persons in the Enlarged European Union, Sweet and Maxwell Limited, 2006, p. 227.

年福利金的支付原则基本相同。

死者的遗孤如果在成员国投保,则有权依据该国法律获得遗孤抚恤金;如果在两个或两个以上成员国投保,则有权依据某成员国法律的最高额获得遗孤抚恤金。

6. 失业救济金

(EEC)第1408/71号条例第三编第六章规定了失业救济金的适用原则。与其他福利金相比,失业救济金的取得条件较为苛刻,其取得原则主要有以下几个方面:

(1)保险期间的跨国累计计算。投保失业保险国家依据保险期限、就业或自营业期限的长短确定失业救济金时,应当将个人在其他成员国投保失业保险的期限以及就业或自营业期限累计计算。

(2)如果个人在居留国投保,则该人员有权依据居留国法律享有与居留国国民相同的失业救济金权利。如果个人居留国与投保国不是同一成员国,则其失业后返回居留国的,有权依据居留国法律取得失业救济权益。

(3)如果个人在主张失业救济金的同时寻找工作,则失业救济金的取得应当满足特定的条件:①失业后,个人至少在4周内不得随意离开住所地,以保证支付失业救济金的国家职能部门能够找到本人。②4周的时间经失业救济部门同意可以缩短。③个人前往其他成员国寻找工作的,在进入其他成员国7天内应当向该国的失业救济部门登记。④寻找工作的成员国失业救济部门可向个人支付最长期限为3个月的失业救济金,支付的救济金由原失业保险投保国机构予以偿付。在此期间内,如果个人未能找到新的工作,需返回原失业保险投保成员国继续取得失业救济金;如果超过期间未能返回,则将丧失取得所有失业救济金的权利。上述规定显然适用于失业者因寻找工作进行迁移活动时失业救济金权利的转移。这种权利转移的前提是个人首先在迁出国享有取得失业救济金的权利,从而在迁入国亦有权继续取得失业救济金,反言之,倘若某个人在成员国不享有失业救济的权利,其迁移至另一成员国寻找工作时,亦不得享有该权利。

7. 家庭福利金

(EEC)第1408/71号条例第三编第七章涉及家庭福利金的相关规定。各成员国国内立法有关家庭福利金的性质和支付内容大相径庭。

原则上,如果家庭成员居留在就业者或自营业者以本人名义投保的成员国内,由该国负责支付家庭福利金,其金额与该国国民获得家庭福利金的数额相同。如果家庭成员未在就业者或自营业者以本人名义投保的成员国内居留,则根据家庭成员居留国或本人投保国的国内法律支付家庭福利金数额相对高的那个国家负责支付家庭福利金。

三 欧盟妇女劳动力社会保障立法考察

在欧盟发展战略中,妇女劳动力是促进经济增长、增加就业的不容忽视的人力资本因素,因而受到广泛关注。增加就业人数的必要性以及男女享受平等机会的观念,构成欧盟福利国家经济政策和社会政策的重要组成部分。

早在1966年,欧共体委员会就曾指出:"妇女正在进入所有的工作领域……在此语境下,下述措施是必需的:男女之间实现完全的同等报酬,鼓励从事不致导致低职业阶层分类的兼职工作,修改社会保障立法,为妇女劳动力提供防止新型歧视的必要工作保护,为妇女更好地被雇主接纳提供帮助,以及采取实质性的促进工作与家庭生活协调的共同措施。"[①] 欧盟社会保障立法经历长期发展,性别平等原则指导下的社会保障立法主要体现在欧盟理事会颁布的指令中。包括:1978年12月19日欧共体理事会(EEC)第79/7号《关于男性与女性在社会保障方面平等待遇实施规则的指令》;1986年7月24日欧共体理事会(EEC)第86/378号《关于男性与女性在职业社会保障计划中平等待遇实施规则的指令》。

(一)法定社会保障计划中的性别平等

(EEC)第79/7号指令第2条规定,本指令适用于劳动人口(包括自营业者)的法定社会保障计划,包括其就业活动因疾病、事故或失业而中断的工人,寻找工作的个人,退休和伤残工人。第3条规定,指令适用的领域包括:(1)因疾病、伤残、工作中的事故和职业病,失业和老年等原因产生风险的法定社会保障计划;(2)社会援助,但不包括遗

---

① Anaa Van Der Vleuten, *the Price of Gender Equality, Member States and Governance in the European Union* (Hampshire: Ashgate Publisher, 2006), p. 70.

属抚恤和家庭福利。指令第 4 条是该指令的核心条款，确定了不得基于性别产生歧视的男女平等待遇原则，特别涉及：（1）社会保障制度的范畴；（2）贡献义务的要求和贡献的计算；（3）福利的计算以及福利期间和维持福利权利的条件。指令第 5 条和第 6 条进一步确定，成员国应当采取必要措施，将与该指令平等待遇原则不相符的国内法律、法规或行政规定予以废止。同时，确保未能享受平等待遇的个人有权通过司法程序得以救济。

（二）职业社会保障计划中的性别平等

（EEC）第 86/378 号指令是专门涉及职业社会保障计划的男女平等待遇。该指令第 2 条对职业社会保障计划给予界定。职业社会保障计划是指不受（EEC）第 79/7 号指令调整的，其目的是对受雇者的经济活动或职业行业的福利给予保证，旨在补充或取代法定社会保障计划所提供之福利，无论参加该计划属于强制性或可选择性。

该指令第 3 条和第 4 条明确规定，该指令适用于劳动人口（包括自营业者）的社会保障，包括其就业活动因疾病、事故或失业而中断的劳动力，寻找工作的个人，退休和伤残工人。指令适用的领域包括：（1）因疾病、伤残、工作中的事故和职业病，失业和老年（包括提前退休）等原因产生风险的职业保障计划；（2）为其他社会福利提供的职业保障计划，无论是现金或实物形式，特别包括基于雇佣关系产生的遗属抚恤金或家庭补助。

指令的第 5 条与第 6 条是核心条款。第 5 条确定：在下列情况中不得基于性别原因产生直接歧视或间接歧视，涉及：（1）社会保障的范畴和条件；（2）贡献义务的要求和贡献的计算；（3）福利的计算和享受福利的权利。第 6 条极为详尽地列举出哪些行为得以被认定为基于性别原因所实施的违反平等待遇原则行为，其中包括了积极区别对待性质的行为。这些行为表现包括：（1）决定参加职业计划的人选；（2）为参加职业计划设定强制或选择的性质；（3）参加职业计划年龄上适用不同的规则，或规定就业最小期限，或获得福利的计划成员资格；（4）对贡献的偿付上适用不同规则；（5）在福利的取得上设定不同条件，或限制某一性别的工人取得福利；（6）规定不同的退休年龄；（7）在产假期间或因家庭原因的休假期间中止享受或取得权利；（8）用例外的方式设置不同的福利标准；（9）规定对雇主不同的贡献程度；（10）适用不同标准或标准只针对特定性别适用。

综上，基于性别、种族、人种、年龄、残疾、国家血统和其他因素的歧视使特定的人群在其生存社会中遭到排斥，同时加大了已经存在的对弱势和边缘化群体的不平等。在获得社会福利和社会援助方面纳入社会性别视角，一定程度上为弱势群体权利保障提供了基础性法律依据。

（三）个案思考——欧盟退休制度中性别平等问题

1. 退休养老金支付的法定性和职业性划分

最早涉及养老金男女平等待遇的案例可以追溯到著名的"Defrenne"案中。[①] 1971 年的"Defrenne I"（Defrenne 诉 Belgian State）案中，将法定社会保障计划排除在"男女同等报酬"的范畴之外。欧盟法院认为，"现金方式或实物方式支付"的概念不包括受立法直接调整的计划，即法定计划，理由是雇主、员工和公共机构在执行法定社会保障计划的措施时更多出于社会政策考虑而非基于雇佣关系。因此，法定社会保障计划不受《罗马条约》[②] 第 119 条之"男女同等报酬原则"的保护。1990 年 Barber 诉 Guardian Royal Exchange 案中，[③] Barber 先生是皇家交易所养老基金的成

---

① "Defrenne"案分为三个案件，包括：（1）1971 年 Defrenne 诉比利时政府养老金案，"Defrenne 诉 Belgian State（No.1）（C-80/70）"，亦称为"Defrenne I"。（2）1976 年的 Defrenne 诉 Sabena 航空公司男女同工同酬案，"Defrenne 诉 Sabena（No.2）（C-43/75）"，亦称为"Defrenne II"，该案中欧盟法院判定《罗马条约》第 119 条具有直接适用效力。（3）1978 年的 Defrenne 诉 Sabena 航空公司男女同工同酬案涉及第 119 条在成员国内适用时的具体问题。"Defrenne 诉 Sabena（No.3）（C-149/77）"，亦称为"Defrenne III"。

② 1957 年 3 月 25 日在罗马签署的《建立欧洲经济共同体条约》（*The Treaty Establishing the European Economic Community*），亦称《罗马条约》。1993 年生效的《马斯特里赫特条约》将其更名为《建立欧洲共同体条约》，简称《欧共体条约》，参见《马斯特里赫特条约》第二编第 1 条, The European Communities, "The Treaty on European Union", p. 8。其内容经后续条约 1997 年《阿姆斯特丹条约》、2001 年《尼斯条约》的历次修改。将各自的相关内容合并为统一版本。（Consolidated Version of the Treaty Establishing the European Community）。2009 年 12 月 1 日生效的《里斯本条约》将《欧共体条约》再次更名为《欧盟运作条约》（*The Treaty on the Functioning of the European Union*），参见《里斯本条约》第 2 条, The European Union, "the Treaty of Lisbon", p. 42。

③ Barber v. Guardian Royal Exchange Assurance Group, (Case 262/88), [1990] ECR I-01889.

员，基金规定获得养老金的年龄是男性为62岁，女性为57岁。同时，养老基金作为雇佣合同的一部分同时规定，受雇者被裁员时如果男性年龄达到55岁，女性达到50岁，则有权享受即时养老金。Barber先生被裁员时的年龄为52岁，因此没有获得即时养老金，而需递延至62岁。为此，欧盟法院以雇佣关系为标准认为本案所涉养老金属于职业养老金，而职业养老金应当被纳入《罗马条约》第119条"男女同等报酬"的范畴，因此为职业养老金的支付基于性别设定年龄的差别违反了男女平等原则。

将养老金支付的性别平等问题诉求于"男女同等报酬"原则予以保护是一种较为普遍和安全的救济方法，原因在于欧盟关于调整男女同等报酬的立法较为具体而完善，不仅得到欧盟基础性条约《罗马条约》第119条具有直接适用效力条款之保护，而且还受到欧盟男女同工同酬指令的全面详尽的调整和规范。值得一提的是，欧盟法院在上述案件中，为养老金支付的问题适用同等报酬原则划定了一条区分养老金类型的分界线，即法定社会保障计划中的养老金制度不被纳入《罗马条约》第119条所称"报酬"的范畴，无法受男女同等报酬原则的调整和保护；而职业社会保障计划中的养老金制度则属于前述"报酬"的范畴，该类型的养老金支付问题需要遵循男女同等报酬原则。

2. 退休年龄的性别平等问题

在欧盟，男女是否必须适用一致的退休年龄之规定？差别性男女退休年龄的规定是否违反男女平等原则？

首先，欧盟立法在调整退休年龄问题上，亦区分社会保障计划的法定性和职业性。（EEC）第79/7号指令第7（1）条确定了法定社会保障计划适用男女平等待遇原则的例外范围，其中第7（1）（a）条规定，在法定社会保障计划之下，准予享受退休养老金以及可能影响其他福利的退休年龄确定可以排除适用男女平等待遇原则。

为此，欧盟法院对该指令第7（1）条例外原则的适用规则给予司法上的解释。1993年"Thomas and Others"案中，[1] 英国1975年《社会保障法》中规定严重伤残无法工作的个人有权获得政府的严重伤残津贴，照顾

---

[1] Secretary of State for Social Security v Evelyn Thomas and others, (Case 328/91), [1993] ECR I-1427.

严重伤残人士的个人有权获得看护津贴，但如果达到或超过退休年龄（男性为 65 岁，女性为 60 岁），则无权享受上述津贴。Thomas 女士与其他原告均因超过女性 60 岁退休年龄而无法获得严重伤残津贴或看护津贴。英国最高法院就第 79/7 号指令第 7（1）（a）条是否允许成员国立法设定男女不一致的退休年龄向欧盟法院提请初步裁决。欧盟法院认为，在探讨指令第 7 条所设定的适用男女平等待遇的例外时，首先考虑到平等待遇原则之根本重要性，对于性别歧视禁止的例外情况，如第 7（1）（a）条之退休年龄问题，应当予以严格的解释。第 79/9 号指令的前言中虽然没有提及第 7（1）之例外的原因，但从第 7（1）条规定的例外性质上能够推断出，欧盟旨在允许成员国在退休问题上赋予妇女暂时性优惠，使妇女逐步适应养老金制度，以便不扰乱成员国养老金制度中复杂的财政平衡。法院对第 7（1）（a）条中"可能影响其他福利"的适用范畴做出解释：如果其他福利所受之歧视与设定男女不一致退休年龄之间存在必要的客观的联系，则这种歧视适用第 7（1）（a）条之退休年龄确定上的男女平等待遇原则例外的延伸保护。因此，该案中法院在审查严重伤残津贴和看护津贴制度后，认为严重伤残津贴和看护津贴之歧视与男女退休年龄差别规定之间存在必要和客观之联系。因此，被告得以援引第 7（1）（a）条之男女平等待遇原则的例外，其有关男女退休年龄不一致的立法没有违反（EEC）第 79/7 号指令。

2004 年 "Bourgard 诉 Institut national" 案中，① 比利时皇家法令规定关于自营业者的养老金制度。皇家法令规定男性自营业者可以在退休年龄前 5 年提前取得养老金，每提前一年，养老金数额则减少 5%。但没有规定女性提前取得养老金及养老金数额相应减少。法令规定正常退休年龄男性为 65 岁，女性为 60 岁。Bourgard 先生在 60 岁时选择提前取得养老金，但由于比退休年龄提前 5 年，因此他所获得的养老金数额减少了 25%。Bourgard 先生认为因男女退休年龄不同而造成的养老金减少违反了（EEC）第 79/9 号指令第 4 条法定社会保障计划的男女平等待遇原则，同时也不适用第 7（1）（a）条之男女退休年龄的平等待遇原则例外保护。欧盟法院在

---

① Robert Bourgard v Institut national d'assurances sociales pour travailleurs indépendants, (Case 172/02), [2004] ECR I - 05823.

该案中，再一次强调了对指令第 7（1）(a）条的适用应当给予严格解释，如果成员国对取得退休养老金为男女设定不同的退休年龄，则由此产生的延伸性歧视只有与退休年龄差别规定之间存在必要和客观的联系，这种歧视才受到第 7（1）条平等待遇原则例外的保护。

职业社会保障计划内的退休年龄问题则适用不同的调整规则。（EEC）第 86/378 号指令第 6（1）条明确规定，职业社会保障计划中，基于性别产生的直接和间接歧视行为包括设定不同的退休年龄。因此，职业性养老金制度的男女退休年龄适用禁止性别歧视之原则。

2008 年在"Commission 诉 Italy"案中，① 欧盟委员会诉称意大利规定国内公务员的退休年龄男性为 65 岁、女性为 60 岁违反了男女同等报酬原则。欧盟法院认定，基于性别区分不同的年龄条件违反了男女平等待遇原则。

2009 年"Commission 诉 Greece"案中，② 欧盟委员会认为希腊民事和军事养老金法令规定男女不同的退休年龄和最短服务年限，导致男性待遇低于女性，违反了男女平等待遇原则。希腊抗辩主张该养老金制度属于法定社会保障计划，因此男女退休年龄不一致的规定受到（EEC）第 79/7 号指令第 7（1）(a）条男女平等待遇原则适用例外的保护。欧盟法院通过对该养老金的性质进行审查，认为本案以雇佣关系为标准确立的养老金属于职业社会保障计划范畴，因此认定养老金的支付基于性别来区分不同的年龄条件和服务年限条件，违反了男女平等待遇原则。

以欧盟法院的司法裁决为基础，希腊和意大利分别修改了国内的相关法律。意大利法律规定，2012 年 1 月 1 日起，公务员女性退休年龄适用与男性相同的 65 岁。希腊于 2013 年起，公务与军事领域实施男女退休年龄平等化。③

---

① Commission of the European Communities v Italian Republic, (Case C – 46/07), [2008] ECR I – 00151.
② Commission v Greece, (Case C – 559/07), Press Releave No 26/09, 2009, available at http://curia.europa.eu/jcms/upload/docs/application/pdf/2009 – 03/cp090026en.pdf, (Last visited on Nov. 11, 2010).
③ EU hails end of earlier female pension retirement in Italy, Greece, available at http://www.phantis.com/news/eu – hails – end – earlier – female – pension – retirement – italy – greece, (Last visited on March 6, 2011).

如表 1 所示，至 2009 年，欧盟各成员国规定的男女退休年龄之比较。[1]

表 1　欧盟各成员国规定的男女退休年龄之比较

国　　家	2008 年法定退休年龄（男性/女性）	预计 2020 年法定退休年龄（男性/女性）
比 利 时	65 岁/65 岁	65 岁/65 岁
保加利亚	63 岁/60 岁	63 岁/60 岁
捷　　克	62 岁/60 岁零 8 个月	63 岁 8 个月/63 岁 4 个月
丹　　麦	65 岁/65 岁	65 岁/65 岁
德　　国	65 岁/65 岁	65 岁 9 个月/65 岁 9 个月
爱沙尼亚	63 岁/61 岁	63 岁/63 岁
爱 尔 兰	65 岁/65 岁	66 岁/66 岁
希　　腊	65 岁/60 岁	65 岁/60 岁
西 班 牙	65 岁/65 岁	65 岁/65 岁
法　　国	60 岁/65 岁	60 岁/69 岁
意 大 利	65 岁/60 岁	66 岁 7 个月/61 岁 7 个月
塞浦路斯	65 岁/65 岁	65 岁/65 岁
立 陶 宛	62 岁/62 岁	62 岁/62 岁
拉脱维亚	62 岁 6 个月/60 岁	64 岁/63 岁
卢 森 堡	65 岁/65 岁	65 岁/65 岁
匈 牙 利	62 岁/62 岁	64 岁/64 岁
马 耳 他	60 岁/60 岁	63 岁/63 岁
荷　　兰	65 岁/65 岁	66 岁/66 岁
奥 地 利	65 岁/60 岁	65 岁/60 岁
波　　兰	65 岁/60 岁	65 岁/60 岁
葡 萄 牙	65 岁/65 岁	65 岁/65 岁
罗马尼亚	63 岁 8 个月/58 岁 8 个月	65 岁/60 岁
斯洛文尼亚	63 岁/61 岁	63 岁/61 岁
斯洛伐克	62 岁/59 岁	62 岁/62 岁
芬　　兰	65 岁/65 岁	65 岁/65 岁

---

[1] European Commission, Joint Report on Pensions: Progress and Key Challenges in the Delivery of Adequate and Sustainable Pensions in Europe, Occasional Papers 71, 2010, p. 21.

续表

国　家	2008 年法定退休年龄（男性/女性）	预计 2020 年法定退休年龄（男性/女性）
瑞　典	65 岁/65 岁	65 岁/65 岁
英　国	65 岁/60 岁	65 岁/65 岁

如前文所述，2012 年 1 月 1 日起，公务员领域女性退休年龄与男性相同。

四　结语

欧盟社会保障立法之所以聚焦于跨国流动人口和妇女劳动力两个领域，是因为二者与欧盟一体化进程中的经济和社会政策密不可分。欧盟各成员国，特别是工业化国家一直受到人口老龄化和劳动力短缺的困扰，严重影响欧盟经济的发展和增长。相应地，促进劳动力就业成为欧盟经济和社会政策的核心内容。因此，作为弥补劳动力短缺重要因素的跨国流动人口和妇女劳动力，便成为欧盟社会保障法律制度的关注焦点。

在调整跨国流动人口的社会保障权利方面，欧盟立法意在解决跨国流动人口在欧盟区域内行使自由流动权时，因欧盟成员国之间社会保障制度差异而可能产生的各种问题。比如，有的国家规定以居留为基础享受社会保障，而有的国家规定以经济活动为基础取得社会保障。相应地，由于不同成员国社会保障权利取得条件不同，公民在迁移过程中可能有权享受双重社会保障，也可能无权享受任何国家的社会保障。通过欧盟条例所确立的单一适用成员国社会保障法律的原则，能够避免不同成员国之间法律适用的重叠和冲突。如果有关国家的社会保障权利没有产生冲突，那么欧盟立法尊重各国国内法的相关规定。因此，现有的欧盟社会保障次级立法，并非真正属于调整欧盟内部流动人口社会保障权利的实体法律。就法律性质而言，它们更接近于解决不同成员国国内社会保障权利法律适用冲突的冲突规范立法，实质上是一种解决欧盟各国社会保障法律冲突的协调机制。

在调整妇女劳动力的社会保障权利方面，欧盟立法强调性别平等原则是妇女社会保障权利保护的基本原则，并通过欧盟法院的审判实践对相关规则给予了较为清晰明确的解释。同时，男女退休年龄问题亦在欧盟立法及司法领域得到广泛的关注。以雇佣关系为标准所确定的职业社会保障计划的男女退休年龄受到性别平等原则的保护，欧盟立法及法院判例中均明确要求男女应当享有相同的退休年龄；而基于国家社会政策所确定的法定社会保障计划的男女退休年龄则可以适用性别平等原则的例外，即可设定有差别的男女退休年龄。值得一提的是，虽然欧盟立法许可法定社会保障计划男女退休年龄适用性别平等原则之例外，但大多数欧盟成员国仍然规定了相同的男女退休年龄，在这一问题上遵循了性别平等原则。在一定程度上，欧盟成员国男女退休年龄的趋同性表现，为目前我国男女退休年龄问题之争论提供了很好的实例参考。

On the Trans-national Flow Population and Social Security Rights of Female Labors
—An Observation on Law of the EU

Hao Luyi

Abstract: Perfect social security system will lead to the positive impact on economy development, to strengthen and consolidate the labor rights protection and social integration. On the integration process of European Union, both of the economic policy and social policy are the leading factor which promotes developing of the social security system. It has gradually built up social security legal system of EU which aims to protect social security rights of the specific groups.

Key Words: Social Security; Trans-national Flow Population; Gender Equality

征稿启事

为繁荣社会法学研究、促进学术交流，《社会法论丛》编辑部诚挚向海内外的社会法研究者、实务工作者约稿。

一、征稿范围

本刊现设"理论探索与争鸣"、"劳动法研究"、"社会保障法研究"和"域外法观察"四个栏目，未来可增设"社会福利法研究"和"典型案例研究"等栏目，还可根据需要灵活设立若干专题。凡符合本论丛之栏目或专题的投稿，皆受欢迎。

二、征稿要求

1. 本刊以学术水平作为选稿的基本标准。要求来稿论点鲜明，无政治性错误；立论客观，论述新颖，说理通畅，论据充分，资料翔实，数据可靠。

2. 来稿请用 Word 排版。按标题（不超过20字，必要时可加副标题）、作者、单位、摘要（200~300字）、关键词（4~5个）、正文之顺序撰稿。若是基金项目，请注明课题全称和批准文号，文章注释请参考本书刊注释体例。

3. 来稿文责自负，遵守知识产权保护规则。切勿一稿多投，严禁抄袭剽窃。文稿中摘编或引用他人作品，请在注释中标明其作者和文献来源。本刊有权对拟用文稿做文字上的修改、删节，对图表有权按规范、标准等要求做技术处理，凡不同意者，请在来稿时申明。

4. 作者请自留底稿。刊用与否，均恕不退稿。

5. 投稿请注意：邮件主题务请包含"投稿《社会法论丛》"之文字。

有意者请与本刊联系。

投稿邮箱：maggie@ xmu. edu. cn。

欢迎赐稿！

《社会法论丛》编辑部

注释体例

为便于学术交流和推进本刊编辑工作的规范化，本刊对注释体例做出以下规定，敬请注意：

一、一般规范

1. 采用脚注，注释序号用①，②，③……标识在标点符号之后，每页重新编号。

2. 引用书籍须注明出版年份，如果被引用书籍属于再版书籍，要注明"修订版"等。

3. 引用期刊论文须注明作者姓名、论文名称、期刊名称、期刊年份、期号。

4. 引用未公开发表的资料，须注明作者、资料来源与年份。

5. 引用网上资料，须注明作者、文献名称、访问路径、访问时间。

6. 若引用资料非引自原始出处，须加注"转引自"。

二、注释例

（一）专著类

例如，刘剑文：《财税法专题研究》，北京大学出版社，2007，第148～149页。

（二）期刊类

例如，姜颖：《无固定期限劳动合同立法完善之探讨》，《中国劳动关系学院学报》2008年第5期。

（三）文集、教材类

例如，王全兴主编《劳动法学》（第二版），高等教育出版社，2008，第500、502页。

葛克昌：《论公法上金钱给付义务之法律性质》，载《行政法争议问题研究》（下），五南图书出版公司，2000，第 1076 页。

（四）译作类

例如，〔德〕沃尔夫根·冯·李希霍芬：《劳动监察——监察职业指南》，刘燕斌等译，中国劳动社会保障出版社，2004，第 8 页。

（五）报纸类

例如，李轶捷：《"无固定"，想说爱你不容易》，《劳动报》2010 年 11 月 20 日。

（六）古籍类

例如，（清）沈家本：《沈寄簃先生遗书》甲编，第 43 卷。

（七）辞书类

例如，《辞海》，上海辞书出版社，1979，第 932 页。

（八）港台著作

例如，钟秉正：《社会保险法论》，三民书局，2005，第 80~83 页。

（九）外文类

书籍

Ellis Evelyn, *European Community Sex Equality Law* (Oxford: Clarendon Press, 1988).

期刊

Bermann George A., "The Single European Act: A New constitution for the Community?" *Columbia Journal of Transnational Law*, 27 (2), 529 - 587, 1989.

判例

United States v. Liss, 137 F. 2d 995 (2d Cir, 1943)

法条

National Environmental Policy Act of 1969, §102, 42 U.S.C. §4332 (1970)

（十）网络资料类

例如，降蕴彰：《劳动合同法今年修改，重点规范劳动派遣用工》，网址：http://www.doc88.com/p-999957147610.html，最后访问日期：2012 年 3 月 26 日。

(十一) 未公开出版物类

例如,阮华燕:《广东省社会保险费改税探究》,厦门大学硕士学位论文,2006,第20页。

对于以上注释内容,请自行核对。

图书在版编目（CIP）数据

社会法论丛.2014年卷.总第1卷/蒋月主编.北京：社会科学文献出版社，2014.4
 ISBN 978-7-5097-5796-3

Ⅰ.①社… Ⅱ.①蒋… Ⅲ.①社会法学-文集 Ⅳ.①D90-052

中国版本图书馆 CIP 数据核字（2014）第 050846 号

社会法论丛 2014 年卷（总第 1 卷）

主　　编／蒋　月

出 版 人／谢寿光
出 版 者／社会科学文献出版社
地　　址／北京市西城区北三环中路甲 29 号院 3 号楼华龙大厦
邮政编码／100029

责任部门／社会政法分社（010）59367156　　　责任编辑／芮素平
电子信箱／shekebu@ssap.cn　　　　　　　　　 责任校对／张千兵
项目统筹／刘晓军　　　　　　　　　　　　　　责任印制／岳　阳
经　　销／社会科学文献出版社市场营销中心（010）59367081　59367089
读者服务／读者服务中心（010）59367028

印　　装／三河市尚艺印装有限公司
开　　本／787mm×1092mm　1/16　　　　　　印　张／25
版　　次／2014 年 4 月第 1 版　　　　　　　　字　数／402 千字
印　　次／2014 年 4 月第 1 次印刷
书　　号／ISBN 978-7-5097-5796-3
定　　价／98.00 元

本书如有破损、缺页、装订错误，请与本社读者服务中心联系更换

▲ 版权所有　翻印必究